Linux System Programming V1.0

리눅스시스템 프로그래밍 V1.0

홍지만 지음

도서출판 그린

머리말

이 책의 목적

이 책의 목적은 Linux·Unix 환경에서 시스템 프로그래밍 기본 능력을 키울 수 있게 하는 것이다. 따라서 다양한 예제 프로그램을 제공함으로써 Linux·Unix가 제공하는 시스템호출 함수와 라이브러리 함수들의 기능과 활용법을 쉽게 이해할 수 있게 하였다.

이 책의 내용과 용어 사용

이 책은 저수준 파일 입출력, 고수준 파일 입출력, 프로세스 제어, 저수준 파일 입출력, 쓰레드 라이브러리, 디몬 프로세스, 시그널, 세마포어 등 프로세스간 통신, 고급 파일 입출력 등 Linux·Unix 환경에서 시스템 프로그래밍을 할 때 꼭 필요한 시스템호출 함수와 라이브러리 함수를 다루고 있다.
프로그래머들이 자주 사용하는 용어는 가능하면 우리말로 번역하지 않고 원어 그대로 사용하였다. 영어로 된 프로그래밍 용어들을 우리말로 번역하면 오히려 가독성이 떨어지기 때문이다.

감사의 글

이 책이 나오기까지 이 책의 모든 예제 소스코드를 하나하나 실행하고 에러가 없는지 확인한 연구실 학생들(지현호, 김기수, 강기욱, 이성욱, 김경민, 변기범, 이정환, 손명준, 이진우, 이한솔, 허만우, 김명, 김용민, 최정우)에게 진심으로 감사의 말을 전한다. 학생들의 도움이 없었다면 이 책의 출간은 불가능했을 것이다.

저자 소개

컴퓨터공학 학·석·박사학위를 받고 대학에서 운영체제, 리눅스 시스템 프로그래밍, 임베디드 소프트웨어 등을 강의하고 있다. 운영체제 성능 개선, IoT 가상화, 시스템 소프트웨어 기반 보안시스템 분야 연구와 산·학·연 기술개발 과제를 수행하고 있다. 2015년부터 세계 최초의 컴퓨터 학회인 미국컴퓨팅학회(ACM, Association for Computing Machinary)의 융합·응용분과(SigAPP) 회장을 맡고 있다.

차 례

I. 기본 지식 / 11

II. 파일 입출력 / 59

III. 파일 속성과 디렉터리 / 103

V. 프로세스 / 211

VI. 시그널 / 291

IX. 프로세스간 통신 / 407

X. 고급 입출력 / 453

XI. 시스템 관련 정보 / 501

XII. 설계 / 529

XIII. 부록 / 545

Ⅰ. 기본 지식

본 장에서는 Linux · Unix 시스템 프로그래밍을 위해 필요한 기본적인 개발 도구의 사용법에 대해 설명한다. Linux · Unix 시스템에서도 Windows 운영체제와 같이 GUI(Graphical User Interface, 그래픽 사용자 인터페이스) 기반의 IDE(Intergrated Development Environment, 통합 개발 환경)을 제공하는 다양한 프로그램들이 있다. 그러나, Linux · Unix 시스템에서 전통적으로 사용해 왔던 텍스트 위주의 개발 도구들을 익힌다면, 오히려 Windows 운영체제에서 제공되는 다양한 IDE 보다 Linux · Unix 시스템의 전통적인 개발 도구들이 더 매력적이고 효율적이라는 것을 알 수 있을 것이다.

I. 기본 지식

1. Linux · Unix 시스템 역사

가. Unix 개발과 보급

1960년대 중반 MIT(Massachusetts Institute of Technology), AT&T의 벨 연구소(Bell Labs) 그리고 GE(General Electric)가 연합하여 GE-645 컴퓨터에서 수행되는 시분할(time sharing)을 지원하는 Multics(Multiplexed Information Computing Systems)라는 운영체제를 개발하였다. Multics 개발에 참여한 AT&T 벨 연구소의 캔 톰슨(Ken Thompson)과 데니스 리치(Dennis Ritchie) 등이 보다 성능이 좋고 작은 규모의 운영체제를 만들기를 시도하였고 그 결과로 탄생된 것이 Unix이다. Unix라는 이름이 만들어진 것은 Multics에서 Multi를 Uni로 변경했다는 설과 멀틱스가 아니라는 뜻인 UNmuliCS에서 나온 것이라는 설이 있다.

초기 Unix를 개발할 당시에 사용했던 컴퓨터는 당시 최고의 성능을 자랑했던, DEC에서 만든 PDP-7이었다. Multics를 개발한 경험이 있던 Ken Thompson을 비롯한 개발자들은 PDP-7에서 행성 시뮬레이션 프로그램(Space Travel)을 실행시키면서 발생한 다양한 문제점을 해결하고자 했던 것이 Unix라는 컴퓨터 역사 상 최고의 제품을 만들게 된 계기가 되었다.

정부의 연구개발 과제도 아니었고 회사에서 제품으로 만들기 위한 연구개발도 아니었음에도 불구하고 하고 싶은 일을 자유롭게 그리고 자발적으로 하고자 한 프로그래머의 정신과 자유로운 개발 환경에 의해 만들어진 것이 Unix라고 할 수 있겠다. 짧은 시간에 상용화를 해야 한다는 우리나라 정부 연구개발 정책이 절대로 좋은 결과를 만들 수 없다는 것을 보여주는 실례라고 하겠다. 실제로, 2000년대 이후 우리나라의 운영체제관련 연구 개발 정책은 당장 상용화가 가능해야 함과 동시에 지금까지 만들지 않았던 새로운 것을 만드는데 중점을 두고 있다고 해도 과언이 아니다.

Multics를 만들기 위해 사용된 프로그래밍 언어는 B언어이다. B언어는 Ken Thompson이 주도로 만들었으며 Ken Thompson의 아내 이름 Bonnie를 따서 이름을 B로 했다는 설, 선사시대 티벳 지방의 뵌(Bön)에서 이름을 B로 했다는 설, 그리고 Assembly의 첫 알파벳 "A" 보다 개선되었다는 뜻에서 이름을 B로 했다는 설이 있다. 요컨대, Unix를 만들기 위해 사용된 프로그래밍 언어 이름이 단순히 알파벳 C라는 것을 보면 A -> B

-> C로 이어지는 프로그래밍 언어의 이름은 참 흥미롭다.

Dennis Ritchie가 C언어를 개발하고 이를 기반으로 Unix가 개발되었다. C언어의 포인터, 구조체 등의 개념이 없었으면 Unix가 만들어질 수 없었을 것이다. 물론 "닭이 먼저냐 계란이 먼저냐"는 해묵은 논쟁과 비슷하게 Unix를 만들기 위해 C언어가 먼저 만들어졌을 수도 있고, 반대로 Unix를 만들면서 새로운 기능이 생겼고 이들을 제대로 구현할 수 있게 C언어에 새로운 기능을 넣었을 수도 있다.

개발자 입장에서 보면 C언어의 기본 기능을 먼저 개발하고 Unix 개발을 시작했고, Unix에 다양한 기능을 추가하기 위해서 적절히 C언어의 기능을 확장했다고 생각된다. 그리하여 컴퓨터 역사에 있어 최고의 작품 중 하나인 C언어를 기반으로 기존에 없었던 새로운 개념의 운영체제인 Unix가 개발되었다.

Unix가 C언어를 기반으로 개발되었다고 하는 것은 대단한 의미를 지닌다. 사실, 운영체제의 성능을 향상시키기 위해서는 C언어가 아니라 어셈블리 언어로 개발하는 것이 더 좋을 것이다. 그러나 Unix의 첫 번째 철학인 이식성(Portability)을 높이기 위해 C언어를 기반으로 개발된 것이 사실이나, C언어의 구조체 등의 다양한 자료구조 및 포인터 개념이 없었으면 Unix가 만들어질 수 없다는 것도 사실이다.

결국 다른 하드웨어 기반의 컴퓨터 시스템으로 보다 쉽게 이식(porting)하기 위해 기계마다 형식이나 명령어가 다른 어셈블리를 기반으로 만들지 않고 C언어를 기반으로 Unix를 만든 것이다. 이로 인해 Unix는 쉽게 전파되었고, 미국 내 연구소, 대학은 물론 IBM, HP 등 굴지의 컴퓨터 회사들도 Unix를 주목하게 되었다. 실제로 1977년에는 125개의 미국 대학과 300개 이상의 기업 및 연구소에서 Unix를 사용하였다고 한다.

Unix를 처음 개발한 AT&T는 당시 미국 내 전화통신 시장을 장악하고 있어 독과점금지법(Antitrust Law)으로 인해 컴퓨터 관련 사업 진출이 불가능하였다. 따라서 AT&T는 Unix를 바로 상용화하지 못하고 연구소, 대학 그리고 관련 기업에게 소스 코드를 공개하였다. 이로 인해 보다 많은 대학과 연구소들이 Unix를 사용하게 되었고 소스 코드를 수정하여 새로운 형태의 Unix를 출시하기도 하였다.

궁극적으로 미국의 독과점금지법은 Unix의 상용화를 어느 정도 지연 시켰지만, 반대로 무료로 사용할 수 있는 최고 수준의 운영체제라는 점에서 Unix를 급속도로 전파되게 만 만들었으며 나중에 Unix가 상용화되어서도 연구소나 대학에서 Unix가 아닌 다른 운영체제를 사용한다는 것을 상상도 하지 못할 정도가 되게 한 이유가 되었다.

Unix가 여러 연구소와 대학에 보급되고 사용자가 크게 늘면서 Sun Microsystems를 비롯한 여러 컴퓨터 회사들이 Unix를 기반으로 한 컴퓨터 시스템 시장에 뛰어들게 된다. Sun Microsystems는 버클리 대학 컴퓨터 전공 학생들이 만든 업체로 이들은 BSD (Berkley Software Distribution)를 기반으로 SunOS를 개발하였다. SCO(Santa Cruz Operation)는 Microsoft와 AT&T의 System III를 기반으로 한 Xenix를 개발하였고, Digital

Equipment도 BSD를 기반으로 한 Ultrix를 개발하였다. 1980년대 중반에는 IBM, HP, Silicon Graphics, Data General 등의 회사가 다양한 Unix 제품을 개발하였다.
그러나 여러 회사들이 Unix 개발에 뛰어들면서 호환성 문제가 발생하기 시작했다. 이에 따라 몇몇 회사들이 Unix 통합 버전을 개발하기 시작하였다. 대표적인 예가 1988년 봄에 Sun Microsystems와 AT&T가 기존의 System V 와 BSD의 기능을 통합하여 개발한 System V Release 4 (SVR4)이다. 추후 Sun Microsystems는 SunOS를 버리고 SVR4를 기반으로 개발된 Solaris를 출시하였다.
AT&T와 Sun Microsystems의 공동개발에 대응해서 IBM, Digital, HP 등은 새로운 Unix를 만들기 위해 OSF(Open software foundation)를 결성하고 OSF/1을 개발하였다. OSF/1의 커널은 최초에 IBM의 AIX를 기반으로 개발되었으나, 후에는 카네기 멜론 대학의 MACH 커널을 기반으로 HP와 IBM, Digital이 만든 각종 라이브러리와 유틸리티들이 사용되었다. 하지만, OSF/1 개발 완료가 늦어지면서 IBM은 AIX를 별도로 출시하고 다른 몇몇 회사는 SVR4가 출시된 후 자사 컴퓨터 시스템의 운영체제로 SVR4를 채택하게 되었다. 나중에 AT&T는 Unix 개발의 핵심 연구실인 USL(Unix System Laboratories)은 Novell에 넘기고, Novell은 UNIX 상표권을 X/Open 컨소시엄에 넘기게 되며, 1995년에는 Unix 소스 코드를 SCO에 매각하게 된다.
BSD는 University of California, Berkeley의 컴퓨터시스템 연구그룹(CSRG, Computer Systems Research Group)에서 개발한 Unix 계열의 운영체제이다. BSD라는 용어는 System V 계열의 Unix에서 분기되어 만들어진 BSD 계열의 운영체제라는 뜻으로 사용되고 있다.
BSD는 1975년 Ken Thompson이 버클리 대학에서 방문교수로 있으면서 개발이 시작되었다. Ken Thompson은 버클리 대학에 Unix 초기 버전의 설치를 도와주었고, 당시 버클리 대학의 대학원생이었던 빌 조이(Bill Joy) 등이 새로운 운영체제인 BSD(Berkley Software Distribution)를 개발할 수 있도록 도와주었다. 1978년에는 빌 조이를 비롯한 여러 개발자가 비록 독립적인 운영체제는 아니었지만 Unix 초기 버전(Version 6)을 기반으로 1BSD를 개발하고 출시하였다.
실제로 초기 BSD는 AT&T에서 공식적으로 배포 허가를 받은 Unix의 변형판이었다. 당시 Unix는, 교육기관에 실행이미지 뿐만 아니라 소스 코드까지 거의 무료로 사용하는 것을 허용하였기 때문에 BSD 개발이 용이하였을 뿐만 아니라 BSD의 보급이 쉽게 이루어지게 되었다. 후에 BSD는 DEC, ULTRIX, Sun Microsystems 등의 회사에서 개발한 상용 운영체제의 기반이 되었으며 워크스테이션 등의 시스템에서 많이 사용되었다. 특히, 대표적인 BSD 기반의 상용 운영체제가 스티브 잡스(Steve Jobs)가 설립한 회사인 NeXT가 개발한 NeXTSTEP이다. NeXTSTEP은 넥스트 워크스테이션에 사용하기 위해 개발되었으며 그래픽 방식에서 마우스 조작으로 다양한 소프트웨어를 개발할 수 있는 환경을 제공하였으며 후에 Apple에서 만든 매킨토시 컴퓨터의 운영체제인 macOS X와 아이폰의 iOS로 발전하였다.

또한 BSD는 공개용 소스 개발의 기초를 제공하였다. BSD는 공개용 운영체제인 FreeBSD, NetBSD, OpenBSD 개발의 기반이 되었으며 PC 등 개인용 컴퓨터의 운영체제에 이식되어 대학에서는 교육용으로 사용되기도 한다. <표 1-1>은 Unix 시스템의 영향을 받아 출시된 운영체제와 기반이 되는 운영체제들을 나타내며, <그림 1-1>은 Unix를 기반으로 시작되는 다양한 운영체제들의 연표를 보여주고 있다.

〈표 1-1〉 몇몇 운영체제를 기반으로 등장한 다양한 운영체제들

기반 운영체제	출시된 운영체제
BSD	FreeBSD
	BSD/OS
	SunOS
BSD, Mach	NextStep
BSD, OSF/1	DEC OSF/1
BSD, System V	Linux
	Solaris
	IRIX
BSD, System V, OSF/1	AIX
	HP-UX 10
System V	SCO Unix

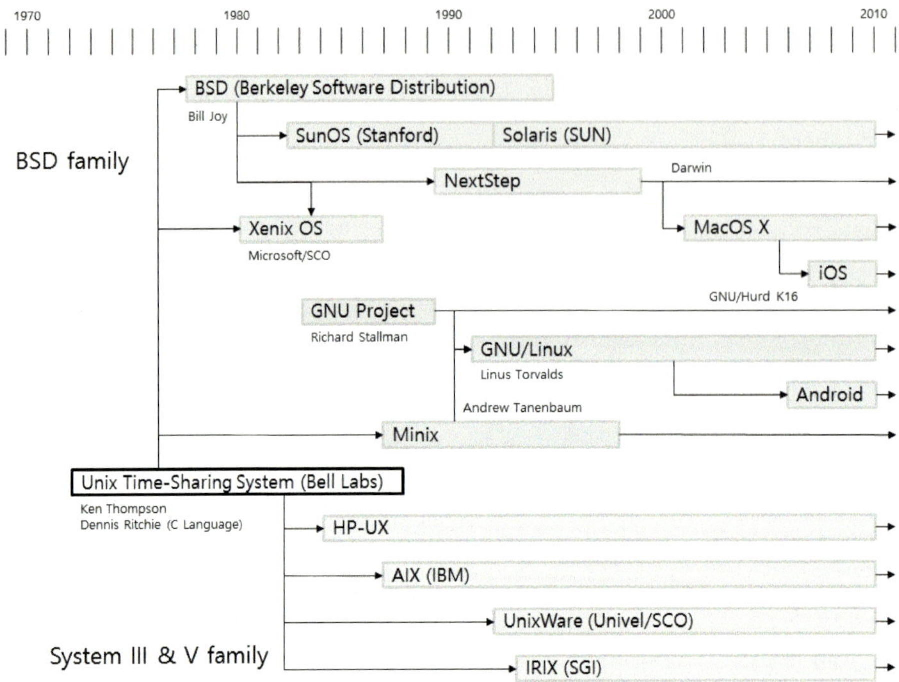

〈그림 1-1〉 Unix 기반 운영체제들의 연표

2. Linux·Unix 시스템 개발도구

가. vi 편집기

vi는 Linux·Unix 시스템에서 주로 사용하는 텍스트 편집기로서 프로그래머에게 텍스트 작업에 간결한 인터페이스와 키보드를 벗어나지 않고 모든 일을 할 수 있는 기능을 제공한다. vi는 1976년 빌리 조이(Billy Joy)에 의해 개발되었으며 천크 할리(Chunk Haley)와 함께 개발한 라인 편집기인 ex를 발전시켜 1979년 BSD에 내장시켰다. 따라서 vi라는 이름도 ex의 VIsual mode에서 나온 것이다.

요즘 Linux 사용자는 기본 편집기인 vi보다는 개선된 기능을 많이 가지고 있는 vim (Virtual IMproved)을 더 많이 사용한다. Linux 배포판에는 vim 편집기를 기본적으로 사용하고 있는데 쉘 프롬프트에서 vi라고 실행시켜도 vim이 실행된다.

Ubuntu와 Mint에는 기본적으로 vim-tiny가 설치되어 있다. 그러나 vim-tiny의 환경설정을 하면 약간의 에러가 있을 수 있기 때문에 vim을 사용하는 것이 더 좋다. vim-tiny를 지우고 싶으면 패키지를 삭제한 후에 설치하셔도 된다. 다양한 기능을 제공하는 vim 패키지를 설치하려면 다음과 같은 명령을 수행하면 된다.

〈표 1-2〉 vim 패키지 설치를 위한 명령

운영체제	명령
Ubuntu	sudo apt-get install vim
Fedora	sudo yum install vim

```
oslab@localhost:~$ vim - version
VIM - Vi IMproved 7.4 (2013 Aug 10, compiled Nov 24 2016 16:44:48)
Garbage after option argument: "-version"
```

위에서도 언급하였지만 vi라는 명령으로 실행시켜도 vim이 실행된다. 만약 vi를 실행시켰을 때 vim이 실행되지 않으면 .bashrc를 수정하면 된다. vi 명령어로 ~/.bashrc 파일을 오픈하고, ~/.bashrc의 끝 부분에 alias vi='vim' 문장을 추가하고 저장한다. 쉘에서 source ~/.bashrc를 입력하여 수정된 파일을 자기 시스템에 적용한다.
vim을 설치 후 추가적인 기능을 더 사용하기 위해서는 .vimrc 수정을 할 수 있다. <표 1-3>은 .vimrc파일에 작성할 수 있는 몇몇 속성들을 설명하고 있다.

〈표 1-3〉 .vimrc에 추가할 수 있는 속성들의 예시

기능	설명
set number(nu)	vim 편집기 내부에서 줄 번호를 표시해주는 기능
set tabstop(ts)=4	vim 편집기 내부에서 tab키 입력 시 얼마의 띄어쓰기로 표현될 것인지를 설정할 수 있는 기능
set ruler	현재 커서의 위치를 편집기 우 하단 부분에 표시해주는 기능
set cindent	C언어를 사용할 때 자동으로 들여쓰기
set autoread	작업 중인 파일이 외부에서 변경되었을 때 자동으로 불러오는 기능
set hlsearch(hls)	검색 수행 시 검색어에 하이라이트 기능
set autoindent	자동 들여쓰기 기능
set shiftwidth=4	자동 들여쓰기 4칸
set backspace=eol,start,indent	줄의 끝, 시작, 들여쓰기에서 백스페이스입력시 이전 줄로 돌아가는 기능
set history=1000	vi 편집기록을 최대로 기억할 수 있는 개수 설정. .viminfo에 기록되는 값

<표 1-4>는 이 책에서 제공하는 예제 프로그램 소스 코드를 컴파일하고 실행하는 최적을 환경을 보여준다.

〈표 1-4〉 본 책에서 사용되는 실행환경 및 컴파일러 버전

운영체제	컴파일러 버전
Ubuntu 16.04 LTS	Gcc 5.4.0
Fedora 25	Gcc 5.4.0
macOS X El Capitan 10.11.6	Apple LLVM 8.0.0

(1) vi 시작하기

다음과 같이 쉘 프롬프트 상에서 명령어를 입력하면 vi를 사용할 수 있다. vi 명령어와 file명을 주면 편집 화면으로 넘어간다.

$ vi [file]

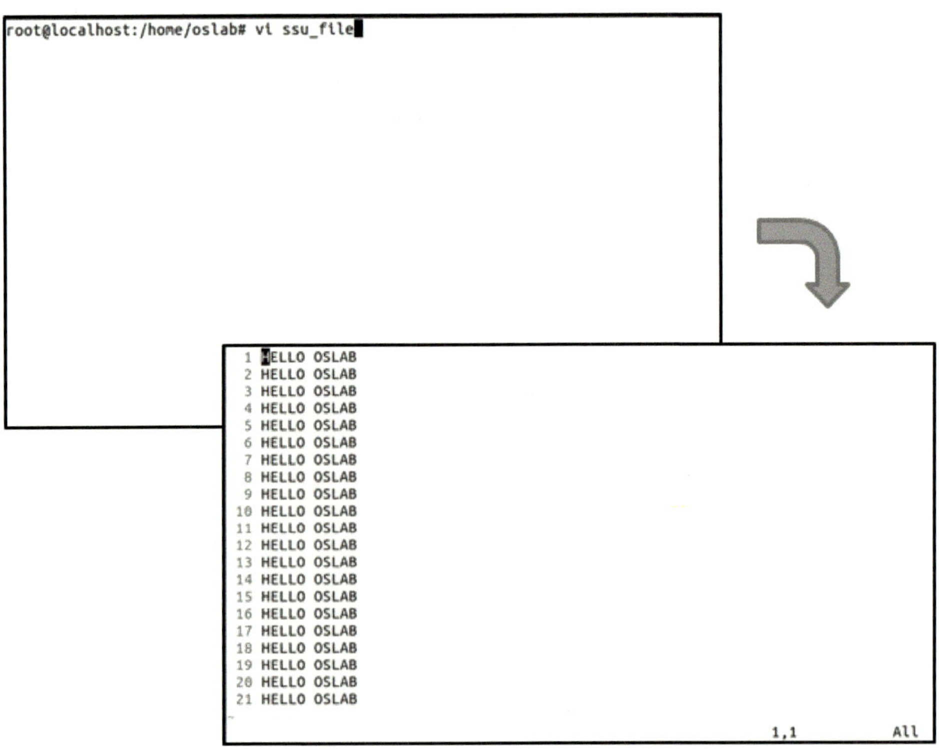

〈그림 1-2〉 vi 편집기를 이용한 문서 편집

기존의 문서를 편집하고자 할 때에는 파일의 이름을 구체적으로 [file]에 명시하면 된다. 읽기 전용으로 문서를 열 때는 -R 옵션을 사용하면 된다.

$ vi -R [file]

(2) Mode

vi는 전용 모드(Mode)를 제공하고 있다. 전용 모드는 일반 모드(Normal Mode), 입력 모드(Insert Mode), 명령 모드(Command Mode)로 나눌 수 있다. 실제로 모드는 하나의 터미널 화면에서 마치 가상적으로 세 개의 화면을 사용자가 볼 수 있음을 의미한다.
일반 모드는 특정 키로 명령을 받을 수 있는 화면이라고 생각하면 되고, 입력 모드는 화면에 텍스트를 입력할 수 있는 화면이라고 생각하면 된다. 명령 모드는 원래 Unix에서 제공하는 기본 텍스트 편집기인 Edit가 허용하는 모든 명령을 : 키를 눌러 입력을 받아들이는 화면이라고 생각하면 된다.
어떠한 모드에서도 일반 모드로 전환하려면 <ESC> 키를 누르면 되고, 입력 모드로 전환하기 위해서는 소문자 a, i, o 혹은 대문자 A, I, O 키를 누르면 된다. 최근 버전의 vi는 i 키를 누르면, 하단에 —INSERT—가 나오면서, 텍스트를 입력할 수 있음을 알려주기도 한다.
명령 모드로 전환하기 위해서는 일반 모드에서 : 키를 누르면 된다. : 키를 누르면 이 화면 왼쪽 하단에 나오고 다양한 명령어를 입력할 수 있기 때문에 명령 모드를 일반적으로 콜론 모드(:, colon mode)라고 부르기도 한다.
<ESC> 키는 여러 번 눌러도 되며, 기본적으로 vi 에디터를 사용할 때는 <ESC> 키를 누르고 시작하며 프로그래밍을 하는 중에도 중간에 <ESC> 키를 눌러 일반 모드로 전환하고 입력 모드를 위한 키를 누르거나 명령 모드를 위한 : 키를 누르는 것이 일반적이다.
또한 최신 버전의 vi는 가상모드(Visual Mode)를 제공하여 시각적으로 블록을 선택, 복사, 삭제할 수 있게 해 주는 기능을 제공해준다. 일반모드에서 v, V, <CTRL>+ v 키를 누르면 가상모드로 전환할 수 있다.

〈표 1-5〉 vi 모드의 종류

모드	설명
Normal Mode (일반 모드)	메뉴와 같은 기능
Insert Mode (입력 모드)	타이핑하는 모든 글자가 입력됨
Command Mode (명령 모드)	복잡한 메뉴와 명령을 실행할 때 사용
Visual Mode (비주얼 모드)	시각적으로 블록을 선택, 복사, 삭제할 수 있는 모드

〈표 1-6〉 입력 모드 전환키

입력 모드 전환키	설명
a, A	a(append)는 현재 커서 위치에 한 칸 뒤로 이동 후 입력 모드로 전환
	A는 현재 행의 끝으로 이동 후, 입력 모드로 전환
i, I	i(insert)는 현재 커서 위치에서 입력모드로 전환
	I는 현재 행의 맨 앞으로 이동 후, 입력 모드로 전환
o, O	o(open line)는 아래로 새로운 행을 하나 개행 후 입력 모드로 전환
	O는 위로 새로운 행을 하나 개행 후 입력 모드로 전환
R	수정(replace) 모드로 작동하므로 모든 글자는 덧써짐

〈표 1-7〉 비주얼 모드 전환키

비주얼 모드 전환키	설명
v	일반 비주얼 모드
V	비주얼 라인 모드
<CTRL>+ v	비주얼 블록 모드

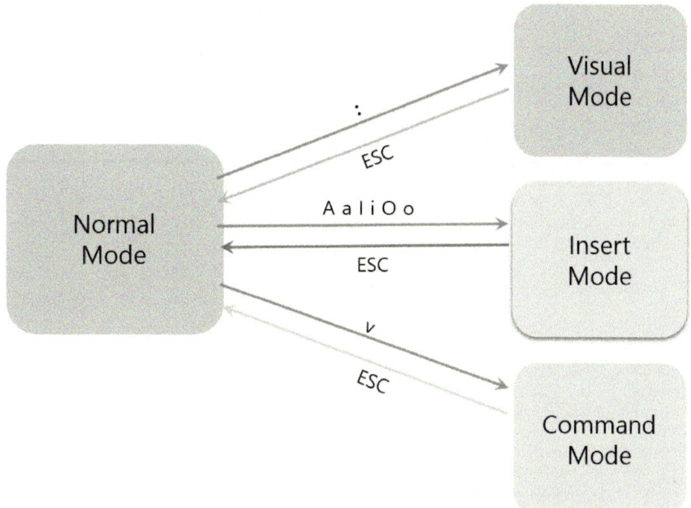

〈그림 1-3〉 vi 편집기에서의 모드 전환 방법

• 일반모드

일반 모드는 화면 좌측 하단에 특정 모드를 가리키는 메시지 부분이 비어 있다. 화면에 등장하는 ~는 아무런 내용이 없음을 나타낸다.

〈그림 1-4〉 vi 편집기에서 일반 모드

•입력 모드

화면 좌측 하단에 "INSERT" 메시지가 나타나며 입력하고 싶은 내용을 원하는 만큼 입력할 수 있다. 입력이 끝나면 <ESC>를 눌러서 다시 일반 모드로 돌아갈 수 있다.

〈그림 1-5〉 vi 편집기에서 입력 모드

•명령 모드(콜론 모드)

입력하는 모든 것이 명령어로 해석되며 명령을 입력함으로써 복사, 붙이기, 삭제 등의 작업을 수행한다. 일반 모드 즉, <ESC> 키를 누르고 : 키를 누르면 화면 좌측 하단에 : 이 나오고 여기에 다양한 명령어를 쓰면 된다.

〈그림 1-6〉 vi 편집기에서 명령 모드

(3) 기본적인 편집 명령(Normal Mode)

〈표 1-8〉 기본적인 편집 명령

명령어	설명
h(좌), j(하), k(상), l(우)	한 문자씩 이동
x	한 문자 삭제
u, <CTRL>+ r	Undo와 Redo
i, a	입력
dd, o, O	줄 삭제, 추가
yy	현재 커서가 있는 행 복사
P	현재 커서 이전에 붙여넣기
p	현재 커서 이후에 붙여넣기

(4) 검색하기와 바꾸기(Normal Mode)

검색을 위해서는 Normal Mode에서 / 키나 ? 키를 입력해야 한다. /는 커서의 위치에서 아래 방향으로 정방향 검색을 하며 ? 키는 커서의 위치에서 위 방향으로 역방향 검색을 한다. 기존 문자열을 다른 문자열로 바꾸기 위해서는 일반 모드에서 : 를 입력한다. 바꾸기는 파일 전체를 대상으로 할 수도 있고 특정 범위만 지정하여 실행할 수도 있다.

〈표 1-9〉 패턴 검색

명령어	설명
/[name]	[name]을 커서 앞에서부터 검색
/	이전의 검색을 커서 앞에서부터 검색
?	이전의 검색을 커서 뒤에서부터 검색
?[name]	[name]을 커서 뒤에서부터 검색
n	이전의 패턴에 대해 뒤로 검색을 반복
N	/ 나 ? 명령에 대해 같은 방향으로 반복

〈표 1-10〉 패턴에 의한 치환

명령어	설명
:s/String1/String2/	커서가 위치한 행의 첫 번째 String1을 String2로 바꿈
:%s/String1/String2/	파일 전체에서 모든 String1을 String2로 바꿈
:%s/String1/String2/g	파일 전체에서 모든 String1을 String2로 바꿈
:%s/String1/String2/gc	파일 전체에서 모든 String1을 String2로 바꿀 때 수정할지 여부를 물음
:[범위]s/String1/String2/	[범위] 안의 모든 행에 대해서 각 행의 첫 번째 String1을 찾아 String2로 바꿈
:[범위]s/String1/String2/g	[범위] 안의 모든 행에서 String1을 String2로 바꿈
:[범위]s/String1/String2/gc	[범위] 안의 모든 행에 대해서 각 String1을 String2로 바꿀 때 수정할지 여부를 물음

(5) vi 종료하기(Command Mode)

〈표 1-11〉 vi 종료하기

명령어	설명
ZZ	작업 내용을 저장하고 종료
q	아무런 작업을 하지 않은 경우의 종료
q!	작업 내용을 저장하지 않고 종료
wq [filename]	파일명을 지정하면 새 파일로 저장
wq	작업 내용을 저장하고 종료(ZZ와 동일한 기능)
wq!	쓰기 권한이 없어도 저장 후 강제 종료

(6) vi 명령어 요약

〈표 1-12〉 vim 편집기 시작

명령어	설명
vim [file]	vim를 시작하여 지정한 파일 편집
vim -R [file]	읽기 전용(read-only) 편집기로서 vim를 시작하여 지정한 파일 편집
view [file]	읽기 전용(read-only) 편집기로서 vim를 시작하여 지정한 파일 편집

〈표 1-13〉 vim 편집기 종료

명령어	설명
:ZZ	데이터를 저장하고 종료
:q!	데이터를 저장하지 않고 종료

〈표 1-14〉 시스템이 다운된 후에 되살리기

명령어	설명
vim -r	되살릴 수 있는 모든 파일 이름 보여주기
vim -r [file]	vim를 시작하여 지정한 파일 되살리기

〈표 1-15〉 디스플레이 제어하기

명령어	설명
^L	현재 화면을 다시 출력하기
:set number	내부 줄 번호 출력하기
:set nonumber	내부 줄 번호 출력하지 않기

〈표 1-16〉 편집기 커서 이동

명령어	설명
(	다음 문장의 처음으로 이동
)	이전 문장의 처음으로 이동
{	다음 문단의 처음으로 이동
}	이전 문단의 처음으로 이동
H	화면 맨 위로 이동
M	중간으로 이동
L	맨 아래로 이동

〈표 1-17〉 편집 버퍼를 통한 이동

명령어	설명
^F	한 화면 아래로 이동
^B	한 화면 위로 이동
n^F	n화면 아래로 이동
n^B	n화면 위로 이동
^D	반 화면 아래로 이동
^U	반 화면 위로 이동
n^D	n줄 만큼 아래로 이동
n^U	n줄 만큼 위로 이동

〈표 1-18〉 검색에서 사용하는 특수 기호

명령어	설명
.	뉴 라인을 제외한 모든 단일 문자와 대응
*	0 또는 그 이상의 선행 문자와 대응
^	줄의 시작과 대응
$	줄의 끝과 대응
₩<	단어의 시작과 대응
₩>	단어의 끝과 대응
[]	묶여진 문자중의 하나와 대응
[^]	묶여진 문자를 제외한 아무것과 대응
₩	이어지는 기호를 문자로 그대로 해석

〈표 1-19〉 줄 번호로 탐색

명령어	설명
nG	줄번호 n으로 건너뛰기
1G	버퍼의 첫줄로 건너뛰기
G	편집 버퍼의 마지막 줄로 건너뛰기

〈표 1-20〉 입력 모드로 전환

명령어	설명
i	입력 모드로 전환하고 커서 위치 앞에 삽입
a	입력 모드로 전환하고 커서 위치 뒤에 삽입
o	커서 위치 아래에 빈 행을 삽입하고 입력 모드로 전환
I	입력 모드로 전환하고 커서를 현재 줄의 맨 앞에 위치하고 커서 위치 앞에 삽입
A	입력 모드로 전환하고 커서를 현재 줄의 맨 끝에 위치하고 커서 위치 뒤에 삽입
O	커서 위치 위에 빈 행을 삽입하고 입력 모드로 전환

〈표 1-21〉 내용 고치기

명령어	설명
r	단지 한 글자만 변경(입력 모드로 바뀌지 않음)
C	커서의 위치로부터 줄 끝까지 삽입에 의한 변경
R	입력하는 대로 겹쳐 써서 변경
s	삽입에 의해 한 단어의 변경
cc	전체 줄을 삽입에 의한 변경
S	전체 줄을 삽입에 의한 변경
c<move>	커서의 행부터 방향키의 위치의 행까지 삭제하고 삽입
~	대, 소문자 바꾸기

〈표 1-22〉 고치기의 취소 또는 반복

명령어	설명
u	편집 버퍼를 수정했던 마지막 명령을 취소
U	제일 마지막에 작업했던 줄을 원래대로, 다시 누르면 작업 취소
.	편집 버퍼를 수정했던 마지막 명령 반복

〈표 1-23〉 줄 길이의 조정

명령어	설명
r<Return>	문자를 뉴 라인으로 변경
J	커서 위치의 아래쪽 행을 올림

〈표 1-24〉 문자 삭제

명령어	설명
x	커서가 있는 문자 삭제
X	커서의 왼쪽 문자 삭제
D	커서부터 줄의 끝까지 삭제
dd	현재 줄의 전체 삭제
d<move>	커서의 행부터 방향키의 위치의 행까지 삭제
dG	커서부터 끝까지 삭제
d1G	커서부터 맨 앞까지 삭제

〈표 1-25〉 마지막으로 지운 것 복사하기

명령어	설명
p	마지막으로 지워진 것을 커서의 뒤/아래에 삽입
P	마지막으로 지워진 것을 커서의 앞/위에 삽입
xp	두 문자를 바꿈
ddp	두 줄을 바꿈

〈표 1-26〉 여러 줄의 복사와 이동

명령어	설명
:[num1]co[num2]	[num1] 번째 행을 복사하여 [num2] 번째 행 줄 밑에 삽입
:[num1], [num2]co[num3]	[num1] 번째 행부터 [num2] 번째 행까지 복사하여 [num3] 번째 행 줄 밑에 삽입
:[num1]m[num2]	[num1] 번째 행을 잘라내 [num2] 번째 행 줄 밑에 삽입
:[num1], [num2]m[num3]	[num1] 번째 행부터 [num2] 번째 행까지 잘라내 [num3] 번째 행 줄 밑에 삽입

〈표 1-27〉 쉘 명령 실행

명령어	설명
:[command]	vi를 중단하고 [command] 쉘 명령을 실행
:!!	vi를 중단하고 이전의 쉘 명령을 실행
:sb	vi를 중단하고 쉘을 실행
:!csb	vi를 중단하고 새로운 C-쉘을 실행

〈표 1-28〉 데이터 읽기

명령어	설명
:[num]r [file]	[num] 번째 행 다음에 [file]의 내용을 삽입
:r [file]	[file]의 내용을 커서 위치 다음 행에 삽입
:[num]r ![command]	[command]의 결과를 [num] 번째 행 다음에 삽입
:r ![command]	[command]의 결과를 커서 위치 다음 행에 삽입
:r !look pattern	지정한 pattern으로 시작된 단어 삽입

〈표 1-29〉 데이터를 처리하기 위한 쉘 명령의 사용

명령어	설명
[n]!![command]	[n]번 줄에서 [command]의 실행
![move] [command]	커서부터 방향키의 방향까지 [command]실행

〈표 1-30〉 데이터 저장하기

명령어	설명
:w	원래의 파일로 데이터를 저장
:w [filename]	[filename]로 데이터를 저장
:w>>[filename]	[filename]에 데이터를 추가

〈표 1-31〉 편집하고 있는 파일을 바꾸기

명령어	설명
:e [filename]	현재 파일을 닫고 [filename]의 편집
:e! [filename]	현재 파일을 닫고 [filename]의 편집, 저장 메시지 무시

vi 에디터에 대한 상세한 기능은 http://vimdoc.sourceforge.net/htmldoc/usr_toc.html을 참고하기 바란다. vi 에디터는 많은 명령어와 기법을 머리로 외우는 것이 아니다. 보다 많은 실습을 통해 손가락이 외우게 해야 한다. 손가락이 외운다는 말이 이상하게 들릴 수 있으나 실제로 두 손바닥을 벌리고 맞대어 꽉 붙혀 손가락이 움직이지 않게 해 보자. 이 때 w 키가 어디 있는지 생각해 보자. 아마 잘 생각이 나지 않을 것이다. 그러나 이 상태에서 붙인 손바닥을 약간 느슨하게 떨어뜨려 놓은 상태에서 w 키를 키보드에서 누른다고 생각하면 왼쪽 약지가 까닥까닥 움직이는 것을 느낄 수 있을 것이다.

물론 영문, 국문 타이핑에 익숙한 사람이면 자판 배열을 머리가 다 외우고 있을 것이다. 그러나 특정 키의 위치를 알고 있는 두뇌의 명령이 빠르게 신경을 타고 특정 키에 해당하는 손가락에 전달되기 때문에 손가락으로 외워야 한다고 이야기 한 것이다. vi 에디터를 잘 쓰고 싶다면 손가락이 외울 정도로 많이 타이핑 해봐야 할 것이다.

나. gcc

(1) gcc(GNU Compiler Collection) 소개

원래 gcc는 리처드 스톨만(Richard Stallman)이 1987년 만든 컴파일러로 처음에는 C 언어만 지원하여 이름도 "GNU C 컴파일러"였지만, 후에 C++, Java, Fortran, ADA 등 여러 프로그래밍 언어를 지원하면서 현재의 이름으로 변경되었다. gcc는 GNU 시스템의 공식 컴파일러이고 많은 컴파일러와 운영체제를 만드는 데 사용되고 있다. gcc를 사용하면 같은 파서로 코드를 처리하므로 시스템에 종속적인 컴파일러를 사용했을 때에 비해 이식성을 향상시킬 수 있다.

(2) gcc의 실행 과정

실제로 gcc는 컴파일러가 아닌 소스 파일을 이용하여 실행 파일을 만들 때 까지 필요한 프로그램을 차례로 실행시키는 툴이다. 프로그램의 실행 과정은 <그림 1-7>과 같다.

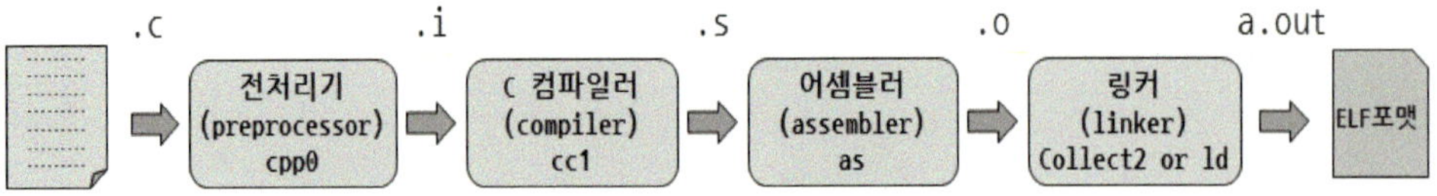

〈그림 1-7〉 gcc의 실행 과정

•전처리 단계

코드 상단에 #으로 시작하는 전처리 부분을 처리하는 과정이다. 전처리 부분에 명시된 헤더파일을 삽입하고 실행 문장의 매크로를 상수로 변환한다. 전처리된 파일인 ssu_hello.i를 만드는 방법은 다음과 같다.

$ gcc -E ssu_hello.c -o ssu_hello.i

•전처리 단계 예시

<ssu_hello.c>

```
#include <stdio.h>
#include <stdlib.h>

int main(void)
{
    printf("Hello OSLAB~!\n");
    exit(0);
}
```

실행 결과

```
extern int rpmatch (const char *__response) __attribute__ ((__nothrow__
, __leaf__)) __attribute__ ((__nonnull__ (1))) ;
# 898 "/usr/include/stdlib.h" 3 4
extern int getsubopt (char **__restrict __optionp,
        char *const *__restrict __tokens,
        char **__restrict __valuep)
     __attribute__ ((__nothrow__ , __leaf__)) __attribute__ ((__nonnull__
(1, 2, 3))) ;
# 950 "/usr/include/stdlib.h" 3 4
extern int getloadavg (double __loadavg[], int __nelem)
     __attribute__ ((__nothrow__ , __leaf__)) __attribute__ ((__nonnull__
(1)));



# 1 "/usr/include/x86_64-linux-gnu/bits/stdlib-float.h" 1 3 4
```

```
# 955 "/usr/include/stdlib.h" 2 3 4
# 967 "/usr/include/stdlib.h" 3 4

# 3 "ssu_hello.c" 2


# 4 "ssu_hello.c"
int main(void)
{
 printf("Hello OSLAB~!\n");
 exit(0);
}
```

• 컴파일 단계

전처리된 파일 *.i를 이용하여 컴파일러가 어셈블리어 파일 *.s로 변환한다. 어셈블된 파일 ssu_hello.s를 생성하는 방법은 다음과 같다.

$ gcc -S ssu_hello.i -o ssu_hello.s

• 컴파일 단계 예시

```
실행 결과
        .file   "ssu_hello.c"
        .section        .rodata
.LC0:
        .string "Hello OSLAB~!"
        .text
        .globl  main
        .type   main, @function
main:
.LFB2:
        .cfi_startproc
        pushq   %rbp
        .cfi_def_cfa_offset 16
        .cfi_offset 6, -16
        movq    %rsp, %rbp
```

```
        .cfi_def_cfa_register 6
        movl    $.LC0, %edi
        call    puts
        movl    $0, %edi
        call    exit
        .cfi_endproc
.LFE2:
        .size   main, .-main
        .ident  "GCC: (Ubuntu 5.4.0-6ubuntu1~16.04.4) 5.4.0 20160609"
        .section        .note.GNU-stack, "", @progbits
```

•어셈블 단계

어셈블리어로 된 *.s 파일을 이용하여 이진 코드의 오브젝트 파일을 생성한다. 오브젝트 파일을 생성하는 방법은 다음과 같다.

$ gcc -c ssu_hello.s -o ssu_hello.o

•어셈블 단계 예시

```
실행 결과
root@localhost:/home/oslab# od ssu_hello.o -h
0000000 457f 464c 0102 0001 0000 0000 0000 0000
0000020 0001 003e 0001 0000 0000 0000 0000 0000
0000040 0000 0000 0000 0000 02d8 0000 0000 0000
0000060 0000 0000 0040 0000 0000 0040 000d 000a
0000100 4855 e589 00bf 0000 e800 0000 0000 00bf
0000120 0000 e800 0000 0000 6548 6c6c 206f 534f
0000140 414c 7e42 0021 4700 4343 203a 5528 7562
0000160 746e 2075 2e35 2e34 2d30 7536 7562 746e
0000200 3175 317e 2e36 3430 342e 2029 2e35 2e34
0000220 2030 3032 3631 3630 3930 0000 0000 0000
0000240 0014 0000 0000 0000 7a01 0052 7801 0110
0000260 0c1b 0807 0190 0000 001c 0000 001c 0000
0000300 0000 0000 0018 0000 4100 100e 0286 0d43
```

•링크 단계

오브젝트 파일은 라이브러리 함수에 해당하는 코드가 없기 때문에 실행될 수 없다. 여러 파일로 이루어진 프로그램의 경우에도 오브젝트 파일 간 연결이 되지 않은 상태이다. 링커는 라이브러리 함수와 오브젝트 파일들을 연결해 실행 가능한 파일을 생성한다. 이진 코드로 이루어진 실행 가능한 파일을 생성하는 방법은 다음과 같다.

$ gcc ssu_hello.o -o ssu_hello

•링크 단계 예시

실행 결과

```
oslab@localhost:~$ gcc ssu_hello.o -o ssu_hello
oslab@localhost:~$ ./ssu_hello
Hello OSLAB~!
```

〈표 1-32〉 파일 확장자에 따른 처리 방법

확장자	종류	처리 방법
.c	C 소스 파일	gcc로 전처리, 컴파일, 어셈블, 링크
.c .cc	C++ 소스 파일	g++로 전처리, 컴파일, 어셈블, 링크
.i	전처리된 c 파일	gcc로 컴파일, 어셈블, 링크
.ii	전처리된 c++ 파일	g++로 컴파일, 어셈블, 링크
.s	어셈블리어로 된 파일	어셈블, 링크
.S	어셈블리어로 된 파일	전처리, 어셈블, 링크
.o	오브젝트 파일	링크
.a .so	컴파일 된 라이브러리 파일	링크

〈표 1-33〉 gcc의 옵션

옵션	의미
-E	전처리를 실행하고 컴파일을 중단
-c	소스 파일을 오브젝트 파일로만 컴파일하고 링크하는 과정을 생략

-o	바이너리 형식의 출력 파일 이름을 지정하는데, 지정하지 않을 시 a.out 이라고 기본 이름으로 실행 파일 생성
-I	헤더 파일을 검색하는 디렉토리 목록을 추가
-L	라이브러리 파일을 검색하는 디렉토리 목록을 추가
-l	라이브러리 파일을 컴파일 시 링크
-g	바이너리 파일에 표준 디버깅 정보를 포함
-ggdb	바이너리 파일에 GNU 디버거인 gdb 만이 이해할 수 있는 많은 디버깅 정보를 포함
-O	컴파일 코드를 최적화. -O1과 동일한 결과를 보임
-Olevel	최적화 할 level을 지정
-DFOO=BAR	명령행에서 BAR값을 가지는 FOO라는 선행 처리기 매크로를 정의
-static	정적 라이브러리에 링크

다. libc.a 라이브러리

(1) 라이브러리란?

자주 사용되는 유용한 함수에 대해 오브젝트 파일을 모아둔 것으로 시스템에서 제공하는 라이브러리 디렉토리 /usr/lib에 존재한다. 라이브러리는 크게 정적 라이브러리와 동적 라이브러리로 나뉜다.

정적 라이브러리는 .a 확장자를 가진다. 여러 개의 오브젝트 파일들을 하나로 묶어 사용하기 때문에 Archive 파일이라고도 부른다. 컴파일 시간에 코드를 포함하여 컴파일하기 때문에 정적 라이브러리라고 부른다.

Linux·Unix 시스템 계열에서는 Shared Object(.so) 파일을 사용한다. 이 경우, 실행 시간에 라이브러리 파일을 찾아 코드를 포함하기 때문에 동적 라이브러리라고 부른다. 즉, 정적 라이브러리는 컴파일 시간에 코드를 결정하기 때문에 소스 코드가 변경되면 새로 컴파일 해야 하지만 동적 라이브러리의 경우 라이브러리만 교체하는 것으로도 변경이 가능하다.

(2) 정적 라이브러리 만들기

아래와 같이 "Hello OSLAB~!" 문자열을 출력하는 ssu_func()를 정적 라이브러리로 파일로 만들어본다. 그리고 컴파일 링크 옵션을 통해서 main()에서 호출할 수 있도록 한다.

〈표 1-34〉 라이브러리에 등록할 오브젝트 파일의 소스 코드

ssu_main.c	ssu_test.c

#include <stdlib.h>
 	
int main(void)
{
    ssu_func();
    exit(0);
}
	#include <stdio.h>
	
	void ssu_func(void) {
	    printf("Hello OSLAB~!\n");
	}

위와 같은 실행 파일과 라이브러리 파일의 오브젝트 파일을 ssu_test.c를 이용해서 만든다. 그리고 ssu_test.o 파일을 라이브러리 파일로 만든다. 이 때, *.a 파일명에 접두사 lib가 붙어야함에 주의해야 한다.

〈표 1-35〉 정적 라이브러리로 libtest.a에 ssu_test.o를 등록

```
oslab@localhost:~$ gcc -c ssu_main.c
oslab@localhost:~$ gcc -c ssu_test.c
oslab@localhost:~$ ar cr libtest.a ssu_test.o
oslab@localhost:~$ ls libtest.a
libtest.a
```

만들어진 *.a 파일과 ssu_main.o 파일을 이용하여 실행 가능한 파일 ssu_main을 만든다. 아래와 같이 gcc에 링크 옵션 -l 에 라이브러리 명을 명시해 줄 때 접두사 lib를 제외한 파일명을 명시해 주어야한다.

〈표 1-36〉 링크 옵션을 통해서 정적 라이브러리와 ssu_main.o 파일을 링크

```
oslab@localhost:~$ gcc  - o ssu_main ssu_main.o -L. -lssu
oslab@localhost:~$ ./ssu_main
Hello OSLAB~
```

(3) 동적 라이브러리 만들기

아래와 같이 "Hello OSLAB~!" 문자열을 출력하는 ssu_func()를 동적 라이브러리 파일로 만든다. 그리고 동적 라이브러리를 적절한 위치로 옮겨서 main()에서 호출할 수 있게 한다.

〈표 1-37〉 라이브러리에 등록할 오브젝트 파일의 소스 코드

ssu_main.c	ssu_test.c

#include <stdlib.h>
 	
int main(void)
{
    func();
    exit(0);
}
	#include <stdio.h>
	
	void ssu_func(void) {
	    printf("Hello OSLAB~!\n");
	}

위와 같은 실행 파일과 라이브러리 파일의 오브젝트 파일을 만든 후 ssu_test.o 파일을 라이브러리 파일로 만든다. 단, *.a 파일명에 접두사 lib가 붙어야한다. <표 1-38>은 컴파일 된 오브젝트 파일을 .so파일로 묶는 과정이다. -fPIC옵션은 Position- Independent Code의 약자이며 ssu_test.o 파일을 동적 라이브러리로 사용할 수 있도록 컴파일 하는 옵션이다.

〈표 1-38〉 동적 라이브러리로 사용하기 위한 컴파일 진행

```
oslab@localhost:~$ gcc -c -fPIC ssu_test.c
oslab@localhost:~$ gcc -c ssu_main.c
oslab@localhost:~$ gcc -shared -o libssu.so ssu_test.o
oslab@localhost:~$ ls libssu.so
libssu.so
```

위와 같이 작성한 동적 라이브러리를 /usr/lib에 복사하지 않고 실행하면 라이브러리를 찾을 수 없다는 메시지를 출력한다. 그렇기 때문에 작성한 동적 라이브러리를 /usr/lib에 복사 후 실행 파일을 실행해야 한다.

〈표 1-39〉 동적 라이브러리를 /usr/lib에 복사하고 실행

```
oslab@localhost:~$ gcc - o ssu_main ssu_main.o - L. -lssu
oslab@localhost:~$ ./ssu_main
./ssu_main: error while loading shared libraries: libssu.so: cannot open shared object file:
No such file or directory
oslab@localhost:~$ sudo cp libssu.so /usr/lib
oslab@localhost:~$ ./ssu_main
Hello OSLAB~!
```

라. gdb(GNU DeBugger)

GNU 소프트웨어 시스템을 위한 기본 디버거이며, 다양한 Linux·Unix 시스템 기반의 시스템에서 동작하는 이식성 있는 디버거이다. C, C++, Fortran 등의 여러 프로그래밍 언어를 지원한다. 프로그램의 버그를 잡기 위해 다음과 같은 작업을 수행할 수 있다. 예를 들어, 프로그램의 버그를 잡기 위해 조건 설정 후 프로그램을 시작하거나, 특정 조건을 만나면 프로그램을 정지시킬 수도 있다. 또한, 프로그램이 정지되었을 때 프로그램의 상태를 검사하거나, 프로그램 내부의 설정을 바꾸어서 버그 수정 후, 다음 버그를 검사할 수 있다.

(1) gdb 실행

gdb 명령을 실행하는 방법은 다음과 같다.

$ gdb [prog [core | procID]]

prog는 디버깅 할 프로그램 이름이다. core는 프로그램 실행 중에 "segmentation fault" 등의 에러로 비정상 종료할 때 생성되는 파일이다. core파일에 저장되는 내용은 비정상 종료 될 때의 시스템 내부 상태이다. 또한, 비정상 종료된 곳의 소스 코드 위치 표시도 가능하다. procID는 이미 실행 중인 프로그램을 디버깅하고 싶을 때 사용한다. 디버깅할 프로세스의 ID(PID)가 파일 이름으로 사용된다. 파일 이름으로 사용한 PID와 같은 이름의 파일이 있을 경우, gdb는 그것을 core 파일로 인식한다.

(2) gdb 사용법 및 명령어

〈표 1-40〉 gdb를 시작 및 호출하는 방법

설명	명령어
디버깅 정보를 삽입	$ gcc -o fact fact.c -g $ gdb fact
main()에 breakpoint를 설정	(gdb) break main
1번 breakpoint를 삭제	(gdb) delete 1

〈표 1-41〉 gdb로 실행 및 탐색하는 방법

설명	명령어
디버그 할 프로그램을 실행	(gdb) run
프로그램이 어디서 멈췄는지 출력	(gdb) list (gdb) list function (gdb) list i
프로그램의 다음 라인을 실행	(gdb) next (gdb) n
안으로 들어감	(gdb) step
stack trace 출력	(gdb) backtrace (gdb) where (gdb) frame 0 (gdb) frame 1
함수 호출로부터 리턴	(gdb) return
다음 breakpoint전까지 프로그램 실행	(gdb) continue
class나 command에 관한 도움말을 출력	(gdb) help
gdb 종료	(gdb) quit

〈표 1-42〉 변수의 값을 탐색하는 방법

설명	명령어
변수 i 값을 표시	(gdb) display i (gdb) delete display i (gdb) disable display i (gdb) enable display i
변수 i 에 대한 H/W, S/W watch point설정	(gdb) watch i
변수 i 값을 출력	(gdb) print i
변수 i 의 주소를 출력	(gdb) print &i
변수에 값을 재배정	(gdb) set variable n=6 (gdb) continue
fact()를 다른 파라미터로 호출	(gdb) call fact(4)

변수의 데이터 타입 표시	(gdb) ptype i (gdb) whatis i
상태 표시	(gdb) info (gdb) info breakpoints i (gdb) info watchpoints i

〈표 1-43〉 Segmentation Fault

설명	명령어
core 파일로 디버깅	gdb demo core (gdb) disassembly

(3) gdb 예제 ssu_bug

gdb 예제는 bug가 있는 ssu_bug.c를 gdb를 사용하여 디버깅한다. gdb를 사용하기 위해서 gcc 컴파일 시 -g 옵션을 추가해서 컴파일한다.

```
$ vi ssu_bug.c
$ gcc -g -o ssu_bug ssu_bug.c
```

<ssu_bug.c>

```
#include <stdio.h>
#include <stdlib.h>

#define NUM 5

int score[NUM];

int ssu_sum(int count) {
    int i;
    int sum;

    for (i = 0; i < count; i++)
        sum += score[i];

    return sum;
```

```
}

int main(void)
{
    int count = 0;
    int i = 0;

    printf("input scores. input -1 to finish.\n");

    for (i = 0; i < NUM; i++) {
        printf("score #%d : ", count+1);
        scanf("%d", score[count]);

        if (score[count] == -1)
            break;

        count++;
    }

    printf("%d scores read.\n", count);
    printf("--- result ---\n");
    printf("sum : %d avg : %d\n", ssu_sum(count), ssu_sum(count) /
count);
    exit(0);
}
```

실행 결과

```
oslab@localhost:~$ gcc -g -o ssu_bug ssu_bug.c
oslab@localhost:~$ ./ssu_bug
input scores. input -1 to finish.
score #1 : 102
Segmentation fault (core dumped)
```

• Step #1

위 프로그램을 실행하여 사용자 입력을 받으면 "Segmentation fault (core dumped)" 메시지가 출력되며 종료된다. 어떤 문제가 발생했는지 알아보기 위해서, 비정상으로 종료된 결과로 생성된 core 파일을 인자로 줘서 gdb를 실행해본다. 또한 gdb 실행 후 backtrace 명령어로 소스 코드의 어느 위치가 잘못되었는지 파악하고, Segmentation fault가 발생한 위치의 코드를 수정한다. 실행은 다음과 같은 순서로 진행한다.

```
$ gdb program_name corefile_name
(gdb) backtrace (=bt)
(gdb) list 27
```

위 명령들을 수행하기 전에, 비정상 종료가 되었을 때 그 프로그램에 대한 core 파일을 생성하기 위한 사전 준비 과정이 필요하다. 이 수행은 반드시 루트 권한으로 수행해야 한다.

$ echo 1 > /proc/sys/kernel/core_uses_pid : core.[pid]로 core 파일이 생성된다. core_uses_pid 파일의 값은 default 0이다. 파일의 내용이 1이면 core.[pid]의 형태로 core 파일이 생성된다.

$ ulimit -c 1024 : ulimit 명령어로 core 파일 크기를 변경한다. 최초에 아무런 설정을 하지 않았다면 core 파일의 크기는 0이다.

〈표 1-44〉 core파일 생성 및 gdb로 검사하는 과정

실행 결과

```
root@localhost:/home/oslab# echo 1 > /proc/sys/kernel/core_uses_pid
root@localhost:/home/oslab# ulimit -c 1024
root@localhost:/home/oslab# ./ssu_bug
input scores. input -1 to finish.
score #1 : 102
Segmentation fault (core dumped)
root@localhost:/home/oslab# ls -l core.5099
-rw------- 1 root root 397312 Jan 13 10:50 core.5099
root@localhost:/home/oslab# gdb ssu_bug core.5099
```

```
GNU gdb (Ubuntu 7.11.1-0ubuntu1~16.04) 7.11.1
Copyright (C) 2016 Free Software Foundation, Inc.
License GPLv3+: GNU GPL version 3 or later <http://gnu.org/licenses/gpl.html>
This is free software: you are free to change and redistribute it.
There is NO WARRANTY, to the extent permitted by law.  Type "show copying"
and "show warranty" for details.
This GDB was configured as "x86_64-linux-gnu".
Type "show configuration" for configuration details.
For bug reporting instructions, please see:
<http://www.gnu.org/software/gdb/bugs/>.
Find the GDB manual and other documentation resources online at:
<http://www.gnu.org/software/gdb/documentation/>.
For help, type "help".
Type "apropos word" to search for commands related to "word"...
Reading symbols from ssu_bug...done.
[New LWP 5099]
Core was generated by `./ssu_bug'.
Program terminated with signal SIGSEGV, Segmentation fault.
#0  0x00007f0c27ff2d95 in _IO_vfscanf_internal (s=<optimized out>,
    format=<optimized out>, argptr=argptr@entry=0x7ffdc6679b88,
    errp=errp@entry=0x0) at vfscanf.c:1902
1902    vfscanf.c: No such file or directory.
(gdb) backtrace
#0  0x00007f0c27ff2d95 in _IO_vfscanf_internal (s=<optimized out>,
    format=<optimized out>, argptr=argptr@entry=0x7ffdc6679b88,
    errp=errp@entry=0x0) at vfscanf.c:1902
#1  0x00007f0c27ffe58f in __isoc99_scanf (format=<optimized out>)
    at isoc99_scanf.c:37
#2  0x0000000000400664 in main () at ssu_bug.c:27
(gdb) list ssu_bug.c:27
22
23              printf("input scores. input -1 to finish.\n");
24
25              for (i = 0; i < NUM; i++) {
26                      printf("score #%d : ", count+1);
```

```
27                      scanf("%d", score[count]);
28
29                      if (score[count] == -1)
30                              break;
31
```

•Step #2

라인 27에서 에러가 발생하였음을 확인할 수 있다. 라인 27을 score[count]에서 &score[count]로 변경한 후 컴파일 및 실행한다.

〈표 1-45〉 변경 후 실행 결과

```
실행 결과
root@localhost:/home/oslab# ./ssu_bug
input scores. input -1 to finish.
score #1 : 90
score #2 : 80
score #3 : 70
score #4 : 60
score #5 : 50
5 scores read.
— result —
sum : 33464 avg : 6622
```

•Step #3

마지막에 출력값인 sum, avg 값이 제대로 출력되지 않는 경우 발생한다. gdb를 실행하여 main()와 ssu_sum()에 breakpoint를 설정한 후 변수 값들을 검사한다.

$ (gdb) program_name
(gdb) break main
(gdb) break ssu_sum
(gdb) run
(gdb) watch score

(gdb) continue (=c)

...

(gdb) display sum

〈표 1-46〉 breakpoint를 통해 구간 사이에서 변수 값 검사

```
root@localhost:/home/oslab# gdb ssu_bug
GNU gdb (Ubuntu 7.11.1-0ubuntu1~16.04) 7.11.1
Copyright (C) 2016 Free Software Foundation, Inc.
License GPLv3+: GNU GPL version 3 or later <http://gnu.org/licenses/gpl.html>
This is free software: you are free to change and redistribute it.
There is NO WARRANTY, to the extent permitted by law.  Type "show copying"
and "show warranty" for details.
This GDB was configured as "x86_64-linux-gnu".
Type "show configuration" for configuration details.
For bug reporting instructions, please see:
<http://www.gnu.org/software/gdb/bugs/>.
Find the GDB manual and other documentation resources online at:
<http://www.gnu.org/software/gdb/documentation/>.
For help, type "help".
Type "apropos word" to search for commands related to "word"...
Reading symbols from ssu_bug...done.
(gdb) break main
Breakpoint 1 at 0x40060f: file ssu_bug.c, line 20.
(gdb) break ssu_sum
Breakpoint 2 at 0x4005dd: file ssu_bug.c, line 11.
(gdb) run
Starting program: /home/oslab/ssu_bug

Breakpoint 1, main () at ssu_bug.c:20
20              int i = 0;
(gdb) watch score
Hardware watchpoint 3: score
(gdb) c
Continuing.
input scores. input -1 to finish.
```

```
score #1 : 90

Hardware watchpoint 3: score

Old value = {0, 0, 0, 0, 0}
New value = {90, 0, 0, 0, 0}
0x00007ffff7a6dd97 in _IO_vfscanf_internal (s=<optimized out>,
    format=<optimized out>, argptr=argptr@entry=0x7fffffffddd8,
    errp=errp@entry=0x0) at vfscanf.c:1902
1902    vfscanf.c: No such file or directory.
(gdb) c
Continuing.
score #2 : 80

Hardware watchpoint 3: score

Old value = {90, 0, 0, 0, 0}
New value = {90, 80, 0, 0, 0}
0x00007ffff7a6dd97 in _IO_vfscanf_internal (s=<optimized out>,
    format=<optimized out>, argptr=argptr@entry=0x7fffffffddd8,
    errp=errp@entry=0x0) at vfscanf.c:1902
1902     in vfscanf.c
(gdb) c
Continuing.

(중략)

score #5 : 50

Hardware watchpoint 3: score

Old value = {90, 80, 70, 60, 0}
New value = {90, 80, 70, 60, 50}
0x00007ffff7a6dd97 in _IO_vfscanf_internal (s=<optimized out>,
    format=<optimized out>, argptr=argptr@entry=0x7fffffffddd8,
    errp=errp@entry=0x0) at vfscanf.c:1902
```

```
1902      in vfscanf.c
(gdb) c
Continuing.
5 scores read.
— result —

Breakpoint 2, ssu_sum (count=5) at ssu_bug.c:11
11              for (i = 0; i < count; i++) {
(gdb) display sum
1: sum = 32767
```

•Step #4

ssu_sum() 내에서 **sum** 변수의 값이 처음에 무작위 값인 **32767**로 초기화 되어 있기 때문에 원하는 결과가 나오지 않고 있음을 확인할 수 있다. 아래와 같이 **sum** 변수를 **0**으로 초기화하면 원하는 결과가 출력된다.

〈표 1-47〉 sum 변수를 정상적으로 초기화 한 실행 결과

```
실행 결과
Breakpoint 2, ssu_sum (count=5) at ssu_bug.c:11
11              for (i = 0; i < count; i++) {
(gdb) display sum
1: sum = 32767
(gdb) set variable sum = 0
(gdb) c
Continuing.

Breakpoint 2, ssu_sum (count=5) at ssu_bug.c:11
11              for (i = 0; i < count; i++) {
1: sum = 350
(gdb) set variable sum = 0
(gdb) c
Continuing.
sum : 350 avg : 70
[Inferior 1 (process 5123) exited normally]
```

마. ctags, cscope, make

(1) ctags

ctags는 소스 코드에서 태그의 데이터베이스 파일을 생성하는 명령어이다. C 언어뿐만 아니라 다양한 프로그래밍 언어를 지원한다. 커널 소스 코드 분석 등의 작업을 할 때 유용하게 사용된다. ctags 사용을 위해서는 다음과 같이 ctags를 설치해야 한다.

```
$ sudo apt-get install ctags
$ ctags —version
```

설치 후 분석을 원하는 소스 코드가 있는 경로에서 tags 파일을 생성한다. 기본 라이브러리에도 태그 검색을 하고 싶을 경우에는 /usr/include경로로 가서 tags 파일을 생성시켜 주면 된다.

```
$ sudo ctags -R
```

tags 파일은 4개의 필드로 구성되어 있다. 4개의 필드는 각각 태그명, 파일명, 정규표현식, 태그가 정의된 형태(s, f, d 등)이며 각 필드는 tab으로 구분되어 있다.

〈표 1-48〉 tags 파일 필드

list	kernel/include/list.h	/^struct list $/;"	s
list_back	kernel/lib/list.c	/^list_back (struct list *list)$/;"	f
list_begin	kernel/lib/list.c	/^list_begin (struct list *list)$/;"	f
list_elem	kernel/include/list.h	/^struct list_elem $/;"	s
list_empty	kernel/lib/list.c	/^list_empty (struct list *list)$/;"	f
list_end	kernel/lib/list.c	/^list_end (struct list *list)$/;"	f
list_entry	kernel/include/list.h	107;"	d

ctags의 경로를 설정하려면 로그인 계정에만 적용할 때는 ~/.vimrc, 모든 계정에 적용할 때는 /etc/vimrc 파일에 <표 1-49>와 같은 코드를 추가하면 된다. 추가되는 코드의 의미는 각각 현재 폴더, 상위 폴더, 상위의 상위 폴더를 의미하며 /usr/include/ 폴더에서 tags 파일을 검색한다는 뜻이다. 각 경로는 ;(세미콜론)으로 구분되고 공백이 없어야 한다. 다른 파일도 검색하고 싶을 경우 경로를 추가하면 된다.

〈표 1-49〉 ctags 경로 설정

```
set tags=./tags;../tags; ../../tags;/usr/include/tags
```

ctags에서 사용되는 명령어는 vi 편집기에서 소스 코드 파일을 오픈한 후 실행할 수 있다. 이 중에서, : (콜론) 이 포함된 명령어는 명령 모드에서 실행할 수 있다. <표 1-50>은 ctags에서 자주 사용되는 명령어를 보이고 있다.

〈표 1-50〉 ctags에서 자주 사용되는 명령어

명령어	설명
<CTRL>+] :tj <tag>	커서 아래의 태그가 정의된 파일로 이동. 스택에 현재 위치 저장
<CTRL>+t :po	스택에서 이동하기 전 단계의 위치를 불러와서 이동
:tselect <tag> :ts <tag>	같은 이름의 tag가 여러 개 일 때, 목록을 보여줌. 번호를 이용해서 선택할 수 있음
:tnext :tn	여러 개의 태그 이름이 존재할 때, 다음 태그를 선택
:tprevious :tp	이전 태그를 선택
:tfirst :tf	가장 처음에 찾았던 태그를 선택
:tlast :tl	가장 마지막 태그를 선택

(2) cscope

cscope는 ctags보다 더 자세한 분석이 필요할 때 사용한다. 태그의 정의만 찾는 ctags와 다르게 사용된 파일 및 함수가 호출 된 위치 또는 해당 함수가 호출하는 함수 등 상세한 분석이 가능하다. C언어뿐만 아니라 다양한 프로그래밍 언어를 지원한다. cscope를 설치하려면 다음의 명령을 실행하면 된다.

```
$ sudo apt-get install cscope
```

설치가 끝나면, mkcscope.sh 파일을 생성해서 <표 1-51>와 같은 내용을 입력한다. 생성은 vim 편집기를 사용해도 된다. 만약 나중에 문제가 발생한다면 'find ...'문장을 한 라인으로 작성한다.

〈표 1-51〉 mkcscope.sh의 구성

```
#!/bin/sh
rm -rf cscope.files cscope.out
find . \( -name '*.c' -o -name '*.cpp' -o -name '*.cc' -o -name '*.h' -o -name '*.s' -o
-name '*.S' \) -print > cscope.files
cscope -i cscope.files
```

작성한 mkcscope.sh를 chmod명령을 통해서 읽기, 쓰기, 실행 권한을 설정한다. 그리고 실행할 수 있도록 /usr/bin 디렉토리로 이동시켜 준다.

$ sudo chmod 755 mkcscope.sh
$ sudo mv mkcscope.sh /usr/bin/

분석하고 싶은 소스 코드들이 있는 디렉토리로 돌아온다. 그리고 cscope.out과 cscope.files를 생성하기 위해서 mkcscope.sh를 실행한다.

$ sudo mkcscope.sh

생성을 마치고 사용자 입력 대기 상태가 되면 <CTRL>+ d를 눌러서 빠져 나온다. 빠져 나온 다음, cscope 명령어를 사용하여 실행한다.

$ cscope

cscope를 종료하려면 <CTRL>+ D를 누르면 종료가 가능하다. 이 이후에 다음 실행은 cscope나 mkcscope.sh를 통해 실행 가능하다.

(3) make

make는 프로젝트 관리 유틸리티로서 컴파일 시간을 단축하고 파일의 종속 구조를 빠르게 파악할 수 있게 해준다. Makefile에 기술된 대로 컴파일 명령 또는 쉘 명령을 순차적으로 실행한다. make를 사용하지 않을 경우에는 <표 1-52>와 같이 ssu_main.c ssu_os.c ssu_esp.c ssu_lsp.c 4개의 소스 코드들을 각각 컴파일 해서 마지막에 모든 오브젝트 파일을 대상으로 한 번 더 링킹을 해야 한다.

〈표 1-52〉 make를 사용하지 않을 경우

```
oslab@localhost:~$ gcc -Wall -W - c ssu_lsp.c
oslab@localhost:~$ gcc -Wall -W - c ssu_esp.c
oslab@localhost:~$ gcc -Wall -W - c ssu_os.c
oslab@localhost:~$ gcc -Wall -W - c ssu_main.c
oslab@localhost:~$
gcc -Wall - W ssu_lsp.o ssu_esp.o ssu_os.o ssu_main.o - o ssu_prog
```

Makefile의 구성은 <표 1-53>과 같다. 매크로(Macro) 정의 부분에 자주 사용되는 문자열을 정의한다. 규칙(Rule) 정의 부분은 타겟(Target), 종속 항목(Dependency), 명령(Command)으로 이루어지는데 타겟에 생성할 파일을 작성한다. 그리고 종속 항목에는 타겟을 만들기 위해 필요한 파일의 목록을 작성한다.

〈표 1-53〉 Makefile의 구성

```
Macro


Target : Dependency1 Dependency2 …
         Comand1
         Comand2
         …
```

다음으로 타겟을 만들기 위해 필요한 명령을 작성한다. 주의할 점으로는 명령은 Tab으로 시작해야 한다는 것이다. make 명령은 실행할 때 현재 디렉토리에서 Makefile을 찾는다. make 실행 시 타겟을 지정할 수 있고 타겟을 지정하지 않으면 제일 처음의 타겟을 수행한다.

종속 항목이 없을 경우 타겟 파일이 현재 디렉토리에 있는지 확인 후 없을 경우에만 명령을 실행한다. 종속 항목이 있을 경우 종속 항목을 순차적으로 수행하고 종속 항목 파일이 존재하는지 확인한다. 종속 항목 파일이 존재하지 않으면 종속 항목을 만들기 위한 타겟을 실행하고 타겟이 없다면 에러로 종료한다. 종속 항목 파일이 존재하면 타겟과 마지막 수정시간을 비교하고 모든 종속 항목을 생성한 후 타겟과 마지막 수정시간(들)을 비교한다. 종속 항목의 마지막 수정시간이 최신일 경우 타겟을 만들기 위해 명령들을 수행한다. 마지막 수정시간은 파일의 stat 구조체 맴버인 st_mtime 변수를 확인한다.

타겟과 종속 항목들은 보통 파일명을 명시하지만 반드시 그럴 필요는 없다. 명령 수행이 정상적으로 이루어지면 더미 타겟(Dummy Target)이 정상적으로 생성되었다고 간주한다. 더미 타겟이란 파일이 생성되지 않는 개념적인 타겟을 뜻한다.

Makefile을 작성할 때 주의해야 할 사항이 있다. 명령의 시작은 반드시 Tab으로 시작해야 하며, 비어있는 행은 무시된다. 또한, 한 줄 주석은 # 으로 시작하고 ₩ 를 사용하면 여러 줄 주석을 사용할 수 있다. 또한, ; 으로 명령행을 나눌 수 있다. 종속 항목이 없는 타겟도 사용 가능하고 명령 부분에는 어떤 명령이 와도 상관이 없다. 이 때, 이 위치에 더미 타겟을 사용할 수 있다.

•make 예제 1

<ssu_make.c>

```
#include <stdio.h>
#include <stdlib.h>

int main(void)
{
    printf("Hello OSLAB~!\n");
    exit(0);
}
```

<Makefile>

```
ssu_make : ssu_make.c
    gcc -Wall -W ssu_make.c -o ssu_make
clean :
    rm ssu_make
hi :
    echo hello~
ping :
    echo pong
list :
    ls -al *.c
```

```
backup :
    ls ssu_make.c
    cp ssu_make.c ssu_make_bak.c
everything : hi ping list backup

실행 결과
oslab@localhost:~$ make hi
echo hello~
hello~
oslab@localhost:~$ make ping
echo pong
pong
oslab@localhost:~$ make list
ls -al *.c
-rw-rw-r-- 1 oslab oslab   78 Jan 13 11:02 ssu_make.c
oslab@localhost:~$ make backup
ls ssu_make.c
ssu_make.c
cp ssu_make.c ssu_make_bak.c
oslab@localhost:~$ make
gcc -Wall -W ssu_make.c -o ssu_make
oslab@localhost:~$ make clean
rm ssu_make
oslab@localhost:~$ make everything
echo hello~
hello~
echo pong
pong
ls -al *.c
-rw-rw-r-- 1 oslab oslab   78 Jan 13 11:08 ssu_make_bak.c
-rw-rw-r-- 1 oslab oslab   78 Jan 13 11:02 ssu_make.c
ls ssu_make.c
ssu_make.c
cp ssu_make.c ssu_make_bak.c
```

make 예제 1에서는 Makefile을 작성하는 방법을 보여준다. 작성한 Makefile 내부에는 clean, hi, ping, list, backup, everything과 같은 make명령어와 같이 쓰일 수 있는 타겟들이 있다. 그리고 그 타겟들의 오른편에는 만족되어야 할 종속 항목들이 있고, 종속 항목이 만족되면 실행될 명령이 바로 아랫줄에 자리 잡고 있다. 만약, make를 명령행에서 타겟 없이 실행한다면 Makefile 내부의 첫 타겟인 ssu_make가 실행된다.

• make 예제 2

<ssu_main.c>

```
#include <stdio.h>
#include <stdlib.h>

void ssu_os1(void);
void ssu_os2(void);
void ssu_esp1(void);
void ssu_esp2(void);
void ssu_lsp1(void);

extern int i;

int main(void)
{
    ssu_os1();
    ssu_os2();
    ssu_esp1();
    ssu_esp2();
    ssu_lsp1();
    printf("[%s] in %s:%d\n", __FILE__, __func__, __LINE__);
    printf("i = %d\n", i);
    exit(0);
}
```

<ssu_os.c>

```
#include <stdio.h>
```

```
int i = 10;

void ssu_os1(void) {
    printf("[%s] in %s:%d\n", __FILE__, __func__ , __LINE__);
}

void ssu_os2(void) {
    printf("[%s] in %s:%d\n", __FILE__, __func__ , __LINE__);
}
```

<ssu_esp.c>

```
#include <stdio.h>

void ssu_esp1(void) {
    printf("[%s] in %s:%d\n", __FILE__, __func__ , __LINE__);
}

void ssu_esp2(void) {
    printf("[%s] in %s:%d\n", __FILE__,  __func__ , __LINE__);
}
```

<ssu_lsp.c>

```
#include <stdio.h>

static void ssu_lsp2(void);

void ssu_lsp1(void) {
    printf("[%s] in %s:%d\n", __FILE__, __func__ , __LINE__);
    ssu_lsp2();
}

static void ssu_lsp2(void) {
    printf("[%s] in %s:%d\n", __FILE__, __func__ , __LINE__);
}
```

<Makefile>

```
ssu_prog : ssu_main.o ssu_os.o ssu_esp.o ssu_lsp.o
    gcc -Wall -W ssu_main.o ssu_os.o ssu_esp.o ssu_lsp.o  -o ssu_prog

ssu_main.o : ssu_main.c
    gcc -Wall -W  -c ssu_main.c

ssu_os.o : ssu_os.c
    gcc -Wall -W  -c ssu_os.c

ssu_esp.o : ssu_esp.c
    gcc -Wall -W  -c ssu_esp.c

ssu_lsp.o : ssu_lsp.c
    gcc -Wall -W -c ssu_lsp.c
```

실행 결과

```
oslab@localhost:~$ make
gcc -Wall -W -c ssu_main.c
gcc -Wall -W -c ssu_os.c
gcc -Wall -W -c ssu_esp.c
gcc -Wall -W -c ssu_lsp.c
gcc -Wall -W ssu_main.o ssu_os.o ssu_esp.o ssu_lsp.o -o ssu_prog
oslab@localhost:~$ ./ssu_prog
[ssu_os.c] in ssu_os1:7
[ssu_os.c] in ssu_os2:12
[ssu_esp.c] in ssu_esp1:5
[ssu_esp.c] in ssu_esp2:10
[ssu_lsp.c] in ssu_lsp1:7
[ssu_lsp.c] in ssu_lsp2:13
[ssu_main.c] in main:19
i = 10
```

Makefile 내부에서도 매크로를 정의할 수 있다. 매크로를 정의하는 방법은 NAME = string 형식을 사용하면 된다. 이렇게 정의한 매크로를 참조하는 방법은 다음과 같다. ${NAME} or $(NAME)처럼 $을 시작으로 괄호 또는 중괄호로 묶어서 참조한다. 이 때,

정의되지 않은 매크로를 참조한다면 NULL 문자열로 치환된다. 중복된 매크로 정의는 제일 마지막에 정의된 값을 사용한다.
매크로를 정의 할 때, NAME2 = my $(NAME)처럼 이전에 정의된 매크로를 참조해서 정의할 수도 있다. 매크로를 정의 할 때 주의할 점은 문자열에 따옴표(')를 넣으면 따옴표 또한 문자열의 일부로 인식될 수 있다. 또한, 매크로의 이름에 :, =, # 등을 사용할 수 없다. 그리고 매크로의 시작은 Tab으로 시작할 수 없으며 반드시 사용될 위치보다 먼저 정의되어야 한다. <표 1-54>는 make 예제 2의 Makefile을 매크로를 사용해서 다시 정의한 것이다.

〈표 1-54〉 Makefile 작성 시 매크로를 사용한 경우

```
OBJECTS = ssu_main.o ssu_os.o ssu_esp.o ssu_lsp.o
TARGET = ssu_prog
CC = gcc
CFLAGS = -Wall -W

$(TARGET) : $(OBJECTS)
    $(CC) $(CFLAGS) -o $(TARGET) $(OBJECTS)

ssu_main.o : ssu_main.c
    $(CC) $(CFLAGS) -c ssu_main.c

ssu_os.o : ssu_os.c
    $(CC) $(CFLAGS) -c ssu_os.c

ssu_esp.o : ssu_esp.c
    $(CC) $(CFLAGS) -c ssu_esp.c

ssu_lsp.o : ssu_lsp.c
    $(CC) $(CFLAGS) -c ssu_lsp.c
```

Ⅱ. 파일 입출력

본 장에서는 파일 입출력 관련 시스템호출 함수를 설명한다. Linux에서는 키보드에서 데이타를 입력하고 터미널로 데이타를 출력하는 것을 포함하여 데이터를 입력하고 출력하는 모든 대상을 파일이라고 한다. Linux에서 파일을 다루는 방법은 저수준 파일 입출력과 고수준 파일 입출력 방법이 있다. 저수준 파일 입출력은 시스템의 커널에서 제공하는 시스템호출 함수를 호출하는 것으로, 시스템호출을 이용하기 때문에 고수준 파일 입출력보다 좀 더 빠르게 파일을 다룰 수 있다. 저수준 파일 입출력은 바이트 단위로 파일을 다루기 때문에 일반 파일 뿐만 아니라 특수 파일(데이터 전송 및 디바이스 접근에 사용하는 파일)을 다룰 수 있다. 저수준 파일 입출력은 기본적으로 오픈한 파일을 다룰 때 open()의 리턴 값인 파일 디스크립터(file descriptor, 파일 기술자)를 사용한다. 고수준 파일 입출력은 IV 장에서 설명한다.

Ⅱ. 파일 입출력

파일과 파일 디스크립터(file descriptor)

Linux·Unix에서 파일은 데이터를 읽을 수 있거나 데이터를 쓸 수 있는 모든 객체를 말한다. 디스크 등의 스토리지에 저장되어 있는 파일뿐만 아니라 모든 디바이스도 파일로 취급한다. Linux·Unix에서는 이러한 파일을 바이트 단위의 순차적인 스트림으로 처리한다.

Linux·Unix에서 파일을 사용자 프로그램, 시스템 유틸리티 프로그램에 의해 입력된 정보를 포함하는 일반 파일(정규 파일), 일반 파일을 조직하고 접근할 수 있는 정보를 포함하는 디렉토리 파일, 터미널이나 프린터와 같이 입출력 디바이스의 접근을 위해 사용되는 특별(special) 파일 등으로 구분한다. 이러한 파일을 시스템 프로그래밍 차원에서 바이트 단위의 입출력으로 다룰 수 있게 하고, 커널 내부의 자료 구조들과의 연결 통로 역할을 하게 하는 것이 파일 디스크립터이다. 파일 디스크립터는 Windows의 파일 핸들(file handle)이라고 부르기도 한다.

파일 디스크립터는 open(), creat(), dup()의 리턴 값이다. 또한 이 리턴 값은 read(), write(), fsync(), fdatasync()에서 첫 번째 인자로 사용된다. 파일 디스크립터의 데이터 타입은 int로 음이 아닌 정수 값을 갖는다.

파일 디스크립터 0은 프로세스의 표준 입력, 1은 표준 출력, 2는 표준 에러로 정의된다. POSIX.1(Portable Operating System Interface, 첫 번째 POSIX 버전) 표준의 <unistd.h>에서 정의한 바와 같이 파일 디스크립터 0, 1, 2는 STDIN_FILENO, STDOUT_FILENO, STDERR_FILENO 등 심볼릭 상수(symbolic constant)를 사용하여 표현한다.

파일 디스크립터를 위한 자료 구조를 파일 디스크립터 테이블이라고 부른다. 파일 디스크립터 테이블에는 한 프로세스가 오픈한 파일들의 정보가 포함되어 있기 때문에 오픈 파일 테이블이라고 부르기도 한다. 따라서 open() 함수를 호출하여 리턴 받는 파일 디스크립터는 프로세스가 오픈한 파일의 목록을 관리하는 파일 디스크립터 테이블의 인덱스가 된다.

각 프로세스들은 open() 등을 호출하여 비록 서로 다른 파일을 오픈한다고 해도 동일한 파일 디스크립터 번호를 리턴 받을 수 있게 된다. 이는 파일 디스크립터 테이블은 프로세스 마다 하나씩 할당되기 때문이다. 즉, 프로세스마다 하나의 파일 디스크립터 테이블을 가지고 있기 때문에 파일 디스크립터 테이블을 로컬 구조라고 부르기도 한다. <그림 2-1>은 프로세스가 파일 접근 시 프로세스와 오픈한 파일을 연결하기 위한 커널의 자료구조를 보여준다. <그림 2-1>에서 task_struct는 Linux에서 프로세스(또는 태스크)를 추상화한 구조체이다. task_struct 내 멤버 변수 중 files_struct 에 파일 디스크립터들이 포함된다. 정확하게는 files_struct는 파일 테이블, file 구조체를 가르키는 포인터를 갖는 배열이다.

files_struct에서 fd[0]는 표준 입력(stdin), fd[1]은 표준 출력(stdout), fd[2]는 표준 에러(stderr)를 나타내며 프로세스가 생성되면 커널이 그 프로세스를 위한 파일 관련 자료구조들을 만들면서 기본적으로 fd[0], fd[1], fd[2]를 생성한다. fd[3]부터는 프로세스가 파일을 오픈할 때마다 할당된다.

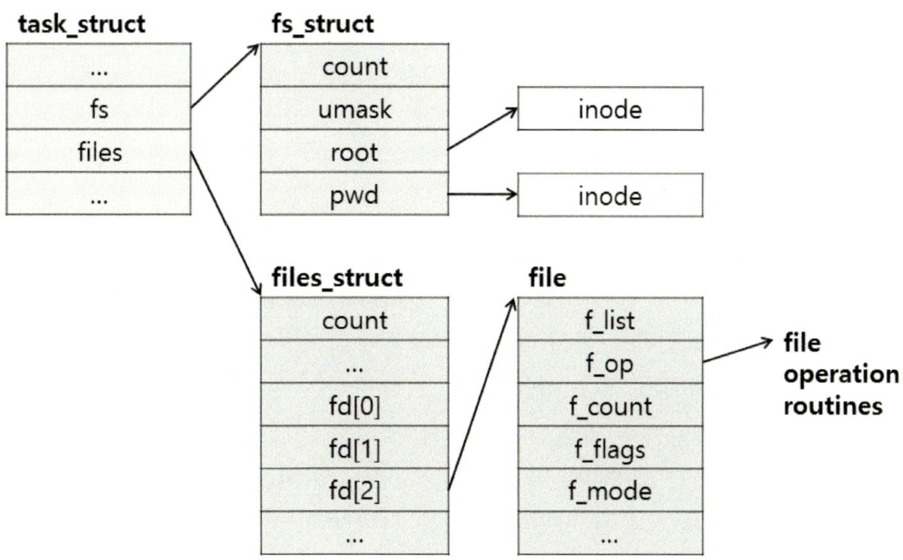

〈그림 2-1〉 프로세스와 파일의 연결을 위한 자료구조

open() 등을 호출하여 리턴 받은 파일 디스크립터를 통해 파일을 접근할 때 커널은 file 테이블을 통해 파일에 대한 모든 정보가 저장되어 있는 i-node[1]를 계속 참조하게 되는데 이 i-node는 디스크[2]에 있기 때문에 읽는 오버헤드를 줄이기 위해 먼저 i-node 정보를 메모리에 올려 사용한다.

1) Linux·Unix에서 파일은 그에 해당하는 하나의 i-node와 대응된다. i-node는 struct(구조체)로 구현되며 i-node struct에는 파일에 대한 모든 정보를 포함하고 있다. 쉘에서 ls -i 라고 하면 각 파일에 해당하는 i-node 번호를 알 수 있다.

2) 디스크에 있는 i-node 정보를 disk i-node라고 하고, 메모리에 있는 i-node를 incore i-node라고 한다.

1. open(2)

```
#include <sys/types.h>
#include <sys/stat.h>
#include <fcntl.h>
int open(const char *pathname, int oflag);
int open(const char *pathname, int oflag, mode_t mode);

리턴 값: 성공 시 파일디스크립터, 에러 시 -1을 리턴하고 errno 설정
```

open()는 파일을 오픈하거나 생성할 때 사용하는 시스템호출 함수이다. open()는 파일의 사용을 준비하는 기능을 수행하기 때문에 모든 파일은 사용되기 전 반드시 open()를 호출해야 한다. Unix의 초기 버전에서 open()는 이미 존재하는 파일을 오픈하는 기능만 가지고 있었기 때문에 새로운 파일을 생성하기 위해 별도의 함수인 creat()가 만들어졌다. 그러나 나중에 open()의 기능이 확장되어 새로운 파일을 생성할 경우에도 open()를 사용할 수 있게 되었다. 이로 인해 이미 존재하는 파일을 오픈하는 경우나새로운 파일을 생성할 경우에도 creat()와 같은 함수를 사용할 필요 없이 open()를 사용하면 된다.

open()가 호출되면 커널은 먼저 동일한 파일이 시스템에 존재하고 있는지 확인한다. 그리고 파일에 대한 올바른 접근 권한을 검사하고 파일 디스크립터를 리턴한다.

open()의 pathname 인자로 현재 작업 디렉토리부터 시작하는 상대 경로나 "/(루트)"로부터 시작하는 절대 경로 모두 사용할 수 있다. 따라서 현재의 작업 디렉토리와 상관없이 이미 존재하고 있는 파일을 오픈하거나 새로운 파일을 생성할 수 있다.

open()의 oflag 인자는 open()의 작동 방식 즉, 해당 파일을 어떤 용도로 사용될 것인지를 결정하는 것으로 오픈할 파일의 특성을 나타낸다. 인자는 <fcntl.h>에 정의된 상수들 중 하나 또는 여러 개를 논리합(OR) 연산으로 결합한 값이 사용될 수 있다.

파일을 읽기만 할 것이라면 읽기 전용으로 오픈하는 게 좋다. 실수로 인한 데이터의 손실을 방지하기 위해서이다. 파일을 새로 생성하는 경우에는 동일한 이름의 파일이 이미 존재할 것을 생각하여 oflag 인자에 부가적인 옵션을 지정하는 것이 좋다. <표 2-1>는 open() 호출 시 반드시 사용해야 하는 oflag 인자들을 보여준다.

〈표 2-1〉 반드시 사용해야 하는 플래그

플래그	내용
O_RDONLY	파일을 읽기 전용으로만 오픈하며, 이 플래그로 오픈한 파일에 쓰기를 시도하면 에러 발생
O_WRONLY	파일을 쓰기 전용으로만 오픈하며, 이 플래그로 오픈한 파일에 읽기를 시도하면 에러 발생
O_RDWR	파일을 읽기와 쓰기가 모두 가능하도록 오픈

<표 2-1>에 나열한 3가지 플래그는 상호배타적으로 사용해야 한다. 즉, 동시에 두 가지 이상의 플래그를 함께 지정하면 안된다. O_RDONLY, O_WRONLY, O_RDWR 플래그들은 <표 2-2>에 있는 선택적으로 사용할 수 있는 플래그를 논리합(OR) 연산을 사용하여 새로운 파일 특성을 지정할 수 있다.

〈표 2-2〉 선택적으로 사용할 수 있는 플래그

플래그	내용
O_APPEND	파일에 기록 시 해당 파일의 오프셋 위치를 자동으로 파일의 끝(EOF, End of File)으로 이동시킴. 파일의 원래 데이터를 그대로 유지하면서 새로운 데이터를 그 파일의 끝에 추가하고자 할 때 편리하게 사용하는 플래그임. 이 플래그 없이 O_RDWR 또는 O_WRONLY만으로 파일을 오픈했을 경우 파일에 새로운 데이터를 추가하기 위해서는 파일에 쓰기를 시도하기 직전에 lseek()를 이용해 오프셋 위치를 파일의 끝으로 옮기는 작업 필요. 그러나 일반적으로 이러한 절차는 두 프로세스가 동시에 동일한 파일에 쓰기 작업을 하는 상황에서는 에러를 만들어 낼 수 있음
O_CREAT	파일이 존재하지 않을 경우 같은 이름의 파일을 새로 생성. 이 플래그는 open()의 3번째 인자인 파일의 mode를 함께 지정해야 함. mode는 8진수 형태로 나타내며 파일을 읽기, 쓰기, 실행할 수 있는 사용자의 권한을 지정함. open()는 인자를 가변적으로 사용할 수 있는 함수이기 때문에 이 플래그가 없을 때는 3번째 인자를 제외하고 2개의 인자만 지정해도 됨. O_CRAET 플래그는 O_EXCL 또는 O_TRUNC 플래그와 함께 사용될 수 있음

O_EXCL	O_CREAT와 함께 지정되며 단독으로는 쓰이지 않음. 만일 파일이 이미 존재한다면 open()는 실패하고 에러를 리턴함. 이 플래그 없이 동일한 동작을 위해서는 open()를 이용해서 해당 파일이 존재하는지를 확인한 후 존재하지 않는다면 creat()를 호출해야 함. 그러나 이때 두 작업 사이에 다른 프로세스에 의한 끼어들기가 발생할 수 있기 때문에 예상치 못한 에러가 발생할 수 있음. O_EXCL 플래그를 쓰면 이 두 가지 작업을 원자적으로 실행하여 하나의 작업으로 만들 수 있음
O_TRUNC	해당 파일이 이미 존재할 경우 그 파일은 길이가 0이 되면서 이전 데이터를 전부 잃게 됨. 단, 이것은 파일의 접근 권한이 O_RDWR, 또는 O_WRONLY로 지정된 경우에 한함
O_NOCTTY	파일이 터미널 장치일 경우, 해당 장치를 이 프로세스의 제어 터미널로 배정하지 않음
O_NONBLOCK	해당 파일이 블록 특수 파일이거나 문자 특수 파일 또는 FIFO(Named Pipe) 등 입출력을 시도한 시점에서 블록 상태가 될 수 있는 장치라면 이후의 입출력 작업들에 대해 논블록 모드로 동작함. 블록 상태가 될 상황에 입출력 함수들이 에러 코드를 만들고 리턴함

<표 2-3>에서는 POSIX에서 정의한 입출력 동기화를 위해 옵션으로 사용되는 플래그들을 보여준다.

〈표 2-3〉 입출력 동기화를 위해 옵션으로 사용되는 플래그

플래그	내용
O_DSYNC	각 쓰기 연산이 물리적 입출력 연산의 완료를 기다림. 파일의 속성 값은 바로 갱신되지 않음
O_RSYNC	파일 디스크립터에 대한 각 읽기 연산이 파일의 동일한 부분에 대해 보류된 쓰기의 완료를 기다림
O_SYNC	각 쓰기 연산이 물리적 입출력 연산의 완료를 기다림. 파일의 속성 값도 바로 갱신됨

일반적으로 Linux·Unix에서 디스크에 쓰기를 시도하면, 시스템의 효율을 높이기 위해 해당 데이터는 메모리의 일정한 영역(버퍼 캐쉬)에 잠시 보관되었다가 적당한 때가 되면 디스크에 실제로 쓰는 지연 쓰기(delayed write) 정책이 사용된다.
그러나, <표 2-3>에 나열된 플래그들을 지정하여 오픈된 파일에 쓰기를 시도하면 지연 쓰기(delayed write) 정책이 적용되지 않고 즉시 디스크에 데이터를 쓰게 되며, 쓰기가 종료되면 호출이 리턴된다. 시스템 성능보다는 안전한 저장을 원할 경우 이 플래그들을 사용하는 것이 좋다. 참고로 Linux는 커널 2.4 버전부터 O_DSYNC와 O_RSYNC 플래그를 O_SYNC와 동일하게 취급하고 있다.
또한, <sys/stat.h>에 정의되어 있는 mode 인자는 만들 파일의 접근 권한을 나타내는 것으로 다음과 같이 파일의 읽기, 쓰기, 실행 모드를 지정할 수 있다. III 장에서 mode 인자와 관련한 내용을 자세하게 설명한다.

〈표 2-4〉 생성할 파일의 접근 권한을 나타내는 mode 인자

플래그	내용
S_IRWXU	파일 소유자의 읽기, 쓰기, 실행 권한을 지정. S_IRWXU 대신에 00700을 사용해도 됨
S_IRUSR	파일 소유자의 읽기 권한을 지정. S_IRUSR 대신에 00400을 사용해도 됨
S_IWUSR	파일 소유자의 쓰기 권한을 지정. S_IWUSR 대신에 00200을 사용해도 됨
S_IXUSR	파일 소유자의 실행 권한을 지정. S_IXUSR 대신에 00100을 사용해도 됨
S_IRWXG	그룹 사용자의 읽기, 쓰기, 실행 권한을 지정. S_IRWXG 대신에 00070을 사용해도 됨
S_IRGRP	그룹 사용자의 읽기 권한을 지정. S_IRGRP 대신에 00040을 사용해도 됨
S_IWGRP	그룹 사용자의 쓰기 권한을 지정. S_IWGRP 대신에 00020을 사용해도 됨
S_IXGRP	그룹 사용자의 실행 권한을 지정. S_IXGRP 대신에 00010을 사용해도 됨
S_IRWXO	다른 사용자의 읽기, 쓰기, 실행 권한을 지정. S_IRWXO 대신에 00007을 사용해도 됨

S_IROTH	다른 사용자의 읽기 권한을 지정. S_IROTH 대신에 00004을 사용해도 됨
S_IWOTH	다른 사용자의 쓰기 권한을 지정. S_IWOTH 대신에 00002을 사용해도 됨
S_IXOTH	다른 사용자의 실행 권한을 지정. S_IXOTH 대신에 00001을 사용해도 됨

2. close(2)

```
#include <unistd.h>
int close(int filedes);

                    리턴 값: 성공 시 0, 에러 시 -1을 리턴하고 errno 설정
```

close()는 오픈한 파일을 닫을 때 사용하는 시스템호출 함수이다. 사용이 끝난 파일은 close()를 사용하여 바로 닫는 것이 좋다. 사용 중인 파일 디스크립터가 너무 많으면 실수로 의도하지 않은 파일에 데이터를 덮어쓰는 경우도 발생할 수 있고 시스템 자원도 낭비되기 때문이다.

Linux 버전마다 다르지만 한 프로세스가 오픈할 수 있는 파일의 개수는 제한이 있으며, 시스템 전체적으로 사용할 수 있는 수에도 제한이 있다. Linux에서 오픈 파일의 개수는 쉘에서 ulimit -a 명령이나 cat /proc/sys/fs/file-nr 명령을 사용하여 /proc/sys/fs/file-max에서 정의한 파일 개수를 확인할 수 있다.

라이브러리 함수인 getdtablesize()나 시스템호출 함수인 getrlimt()로도 한 프로세스가 오픈할 수 있는 파일을 확인할 수 있다. 참고로 Linux에서 프로세스들의 오픈한 파일은 쉘에서 lsof 명령어로 확인할 수 있다.

일단 파일이 닫히게 되면 해당 디스크립터에 대한 모든 입출력 시도는 실패하게 된다. 이후 새로운 open()나 creat()에 의해 생성되어지는 다른 파일이 이전의 파일 디스크립터를 사용할 수 있다. 프로세스를 종료하기 전이라면 굳이 close()를 써서 모든 오픈된 파일을 닫을 필요가 없다. 프로세스가 종료되면 커널이 그 일을 대신 해주기 때문이다.

• open() 예제

〈ssu_test.txt〉

```
Linux System Programming!
Unix System Programming!
Linux Mania
Unix Mania
```

<ssu_open.c>

```
#include <stdio.h>
#include <stdlib.h>
#include <fcntl.h>

int main(void)
{
    char *fname = "ssu_test.txt";
    int fd;

    if ((fd = open(fname, O_RDONLY)) < 0) {
        fprintf(stderr, "open error for %s\n", fname);
        exit(1);
    }
    else
        printf("Success!\nFilename : %s\nDescriptor : %d\n", fname, fd);

    exit(0);
}
```

실행 결과

```
root@localhost:/home/oslab# ./ssu_open
Success!
Filename : ssu_test.txt
Descriptor : 3
```

open() 예제는 ssu_test.txt 파일을 open()를 통해 오픈한다. ssu_test.txt 파일의 경로를 /(루트) 로 시작하는 절대 주소를 사용하지 않고 상대 주소를 사용하여 현재 작업 디렉토리에서 찾게 되며 open()의 호출 성공 시 이미 오픈되어 있는 파일 디스크립터(표준 입력 0, 표준 출력 1, 표준 에러 2) 다음 순서의 파일 디스크립터인 3을 리턴한다.

3. creat(2)

```
#include <fcntl.h>
#include <sys/stat.h>
#include <sys/types.h>
int creat(const char *pathname, mode_t mode);
```

리턴 값: 성공 시 쓰기전용으로 열린 파일 디스크립터,
에러 시 -1을 리턴하고 errno 설정

creat()는 파일을 생성할 때 사용하는 시스템호출 함수이다. creat()는 상태 플래그를 사용하지 않는다는 점만 제외하면 open()와 동일(open(pathname, O_WRONLY | O_CREAT | O_TRUNC, mode);)하다. 파일에 쓴 데이터를 다시 읽으려면 open(pathname, O_RDWR | O_CREAT | O_TRUNC, mode); 을 사용하는 것이 좋다.
파일 생성을 성공하기 위해서는 파일을 생성하고자 하는 패스에 해당하는 디렉토리에 대해 쓰기 권한을 가지고 있어야 한다. 또, 동일한 이름의 파일이 이미 존재하면 그 파일에 대한 쓰기 권한을 가지고 있어야 한다. 이 함수 역시 open()와 마찬가지로 성공하면 파일 디스크립터를 리턴한다.
이 함수의 단점은 접근 모드가 쓰기 전용이어야 한다는 것이다. 만일 creat()로 파일을 오픈하고 쓴 데이터를 다시 읽기 위해서는 일단 그 파일을 닫고 읽기·쓰기 혼용 접근 권한으로 다시 오픈하는 수밖에 없다. mode 인자는 open()에서 사용하는 mode 인자와 동일하다.

•creat() 예제 1

<ssu_creat_1.c>

```
#include <stdio.h>
#include <stdlib.h>
#include <unistd.h>
#include <fcntl.h>

int main(void)
{
    char *fname = "ssu_test.txt";
    int fd;
```

```
    if ((fd = creat(fname, 0666)) < 0) {
        fprintf(stderr, "creat error for %s\n", fname);
        exit(1);
    }
    else {
        printf("Success!\nFilename : %s\nDescriptor : %d\n", fname, fd);
        close(fd);
    }

    exit(0);
}

실행 결과
root@localhost:/home/oslab# ./ssu_creat_1
Success!
Filename : ssu_test.txt
Descriptor : 3
```

creat() 예제 1은 ssu_test.txt 파일을 creat()를 통해 파일을 생성하고 이를 오픈한다. ssu_test.txt 파일은 상대 주소를 사용하여 현재 작업 디렉토리에 생성되며 성공 시 미리 오픈된 파일 디스크립터(표준 입력 0, 표준 출력 1, 표준 에러 2) 다음 순서의 파일 디스크립터인 3을 리턴한다.

•creat() 예제 2

<ssu_creat_2.c>

```
#include <stdio.h>
#include <stdlib.h>
#include <unistd.h>
#include <fcntl.h>

int main(void)
{
    char *fname = "ssu_test.txt";
    int fd;
```

```
    if ((fd = creat(fname, 0666)) < 0) {
        fprintf(stderr, "creat error for %s\n", fname);
        exit(1);
    }
    else {
        close(fd);
        fd = open(fname, O_RDWR);
        printf("Succeeded!\n<%s> is new readable and writable\n", fname);
    }

    exit(0);
}
```

실행 결과

```
root@localhost:/home/oslab# ./ssu_creat_2
Succeeded!
<ssu_test.txt> is new readable and writable
```

creat() 예제 2는 creat()로 생성한 파일을 open()를 통해 오픈한다. ssu_test.txt 파일을 mode 인자로 0666을 사용해 생성했을 때, open()에서 O_RDWR 플래그를 사용해 정상적으로 파일이 오픈된다.

4. lseek(2)

```
#include <sys/types.h>
#include <unistd.h>
off_t lseek(int filedes, off_t offset, int whence);
```

리턴 값: 성공 시 새 파일 오프셋, 에러 시 -1을 리턴하고 errno 설정

lseek()는 오픈된 파일의 오프셋 위치를 명시적으로 변경할 때에 사용하는 시스템호출 함수이다. lseek()의 이름에서 문자 l은 "long integer"를 의미한다. off_t 데이터 타입이 정의되기 전에는 offset 인자와 리턴 데이터 타입은 long 형이었다. lseek()는 커널 내부에서 현재 파일의 오프셋 위치만을 변경할 수 있다.

lseek()는 별도의 입출력을 하지는 않는다. 변경된 오프셋은 read()와 write()가 호출될 때 사용된다. 파일에 대한 입출력은 바이트 단위의 순차적인 스트림으로 진행된다. read()와 write()는 파일의 현재 오프셋 위치부터 수행되며 입출력 동작 후 새로운 오프셋 위치는 이전 오프셋 위치에 지정된 바이트 수만큼 더해진 값으로 갱신된다.
오프셋 위치의 기본 값은 O_APPEND 상태 플래그가 적용되지 않는 한 파일이 오픈될 때 0으로 초기화 된다. 만약 오픈 파일에 O_APPEND 상태 플래그가 적용되어 있으면 lseek()을 사용하지 않더라도 write()는 항상 파일 오프셋 위치를 파일 끝으로 이동된다.
파일의 현재 위치와 다른 위치에 입·출력하기 위해서는 파일의 오프셋 위치를 변경해야 하는데 인자로 지정한 whence 값에 따라서 동작이 다르게 이루어진다. <표 2-5>는 whence로 지정될 수 있는 값을 보여준다.

〈표 2-5〉 whence로 지정될 수 있는 값

플래그	내용
SEEK_SET	파일의 오프셋 위치를 파일의 처음으로 지정함. 파일의 처음부터 입출력을 하고자 한다면 이 값을 지정하고 offset 인자를 0으로 지정하면 됨
SEEK_CUR	파일의 오프셋은 현재 오프셋 위치에 offset 인자를 더한 값으로 설정됨. 즉, 오프셋 설정 시의 기준 위치가 파일의 현재 오프셋이 됨. 인자로 지정한 offset은 음수이거나 양수일 수 있음
SEEK_END	파일의 오프셋은 파일 크기에 offset이 더해져서 인자로 설정됨. 오프셋 설정 시의 기준 위치가 파일의 마지막 위치가 되는 것으로 파일의 끝에 새로운 데이터를 추가하고자 한다면 이 값과 함께 offset 인자를 0으로 지정하면 됨. 인자로 지정한 offset은 음수이거나 양수일 수 있음

파일의 오프셋은 그 파일의 실제 크기보다 클 수 있다. 이런 경우 다음 write()에서 초과된 오프셋만큼 파일의 크기가 커진다. 이것은 파일의 홀(hole)이 만들어진다고 말한다. lseek()가 성공적으로 호출되면, 새로운 파일 오프셋을 리턴한다.
현재 오프셋 위치를 알려면 <표 2-6>과 같이 현재 오프셋 위치로부터 0바이트를 지정하여 프로그래밍하면 된다. 이 방법은 어떤 파일이 lseek()가 호출 가능한지 아닌지를 확인하는데도 사용될 수 있다. Linux에서 파일 디스크립터가 FIFO나 파이프 파일인 경우 -1이 리턴되고, errno 변수가 EPIPE로 세팅된다.

〈표 2-6〉 현재 오프셋 위치를 알아내는 코드

```
off_t currpos;
currpos = lseek(fd, 0, SEEK_CUR);
```

80386 CPU 환경의 운영체제에서는 offset(off_t)은 부호가 있는 데이터 타입이기 때문에, 예를 들어, off_t가 32비트 정수형(long 타입)이라면, 파일 크기는 최대 2,147,483,647바이트가 된다.

lseek()를 사용하여 기존 파일 끝에 내용을 추가하려면 <표 2-7>과 같이 프로그래밍 하면 된다.

〈표 2-7〉 파일 끝에 내용을 추가하는 코드

```
1)  filedes=open(filename, O_RDWR);
    lseek(filedes, (off_t)0, SEEK_END);
    write(filedes, buf, BUFSIZE);
2)  filedes=open(filname, O_RDWR | O_APPEND);
    write(filedes, buf, BUFSIZE);
```

lseek()를 사용하여 파일의 크기를 확인하려면 <표 2-8>과 같이 프로그래밍하면 된다.

〈표 2-8〉 파일의 크기를 알아내는 코드

```
off_t filesize;
filesize = lseek(filedes, (off_t)0, SEEK_END);
```

앞에서도 설명하였지만 프로세스는 파일을 한 번 오픈 할 때마다 새로운 파일 디스크립터를 할당받게 된다. 단지 파일 디스크립터만 할당받을 뿐만 아니라 파일 테이블 상에서도 새로운 항목을 할당 받는다. 이것은 하나의 파일이 서로 다른 파일 디스크립터와 오프셋을 가지고 접근될 수 있음을 의미한다.

우선 파일이 오픈될 때마다 오프셋 위치는 0으로 초기화된다. 첫 번째 디스크립터를 이용해서 파일을 읽고 나면 파일의 현재 오프셋 위치가 갱신된다. 그러나 두 번째 파일 디스크립터는 자신의 파일 오프셋 위치를 따로 가지고 있으므로 앞의 읽기 연산에 전혀 영향을 받지 않는다. 그러므로 두 파일 디스크립터는 각기 독립적으로 동작한다. 또한 서로 다른 프로세스가 같은 파일을 오픈하여 작업할 때에도 각 프로세스는 각각 자신의 파일 오프셋 위치를 유지하므로 두 프로세스의 동작은 서로 독립적이다.

•lseek() 예제 1

<ssu_test.txt>

```
Linux System Programming!
Unix System Programming!
Linux Mania
Unix Mania
```

<ssu_lseek_1.c>

```
#include <stdio.h>
#include <stdlib.h>
#include <unistd.h>
#include <fcntl.h>
#include <sys/types.h>

int main(void)
{
    char *fname = "ssu_test.txt";
    off_t fsize;
    int fd;

    if ((fd = open(fname, O_RDONLY)) < 0) {
        fprintf(stderr, "open error for %s\n", fname);
        exit(1);
    }

    if ((fsize = lseek(fd, 0, SEEK_END)) < 0) {
        fprintf(stderr, "lseek error\n");
        exit(1);
    }
```

```
    printf("The size of <%s> is %ld bytes.\n", fname, fsize);

    exit(0);
}

실행 결과
root@localhost:/home/oslab# ./ssu_lseek_1
The size of <ssu_test.txt> is 74 bytes.
```

lseek() 예제 1은 open()로 오픈한 ssu_test.txt 파일의 크기를 바이트 단위로 알기 위해 lseek()를 호출한다. ssu_test.txt 파일의 현재 오프셋 위치를 SEEK_END 인자를 사용하여 파일 끝으로 이동시켜 파일의 크기를 알 수 있다.

•lseek() 예제 2

<ssu_lseek_2.c>

```
#include <stdio.h>
#include <stdlib.h>
#include <unistd.h>
#include <fcntl.h>
#include <sys/stat.h>

#define CREAT_MODE (S_IRUSR | S_IWUSR | S_IRGRP | S_IROTH)

char buf1[] = "1234567890";
char buf2[] = "ABCDEFGHIJ";

int main(void)
{
    char *fname = "ssu_hole.txt";
    int fd;

    if ((fd = creat(fname, CREAT_MODE)) < 0) {
        fprintf(stderr, "creat error for %s\n", fname);
        exit(1);
    }
```

```
    if (write(fd, buf1, 12) != 12) {
        fprintf(stderr, "buf1 write error\n");
        exit(1);
    }

    if (lseek(fd, 15000, SEEK_SET) < 0) {
        fprintf(stderr, "lseek error\n");
        exit(1);
    }

    if (write(fd, buf2, 12) != 12) {
        fprintf(stderr, "buf2 write error\n");
        exit(1);
    }

    exit(0);
}
```

실행 결과 [Ubuntu, Fedora]

```
root@localhost:/home/oslab# ./ssu_lseek_2
root@localhost:/home/oslab# ls -l ssu_hole.txt
-rw-r--r-- 1 root root 15012 Jan  3 03:53 ssu_hole.txt
root@localhost:/home/oslab# od -c ssu_hole.txt
0000000   1   2   3   4   5   6   7   8   9   0  \0  \0  \0  \0  \0  \0
0000020  \0  \0  \0  \0  \0  \0  \0  \0  \0  \0  \0  \0  \0  \0  \0  \0
*
0035220  \0  \0  \0  \0  \0  \0  \0  \0   A   B   C   D   E   F   G   H
0035240   I   J  \0  \0
0035244
```

실행 결과 [macOS]

```
ssu-ui-MacBook-Air:oslab root# od -c ssu_hole.txt
0000000    1   2   3   4   5   6   7   8   9   0  \0   A  \0  \0  \0  \0
0000020   \0  \0  \0  \0  \0  \0  \0  \0  \0  \0  \0  \0  \0  \0  \0  \0
*
0035220   \0  \0  \0  \0  \0  \0  \0  \0   A   B   C   D   E   F   G   H
```

```
0035240    I   J  \0  \0
0035244
```

lseek() 예제 2는 ssu_hole.txt 파일을 생성한 후 lseek()를 이용해 파일의 오프셋 위치를 이동해 write()를 호출한다. 파일 생성 후 첫 부분에 buf1 스트링을 쓰고 lseek()를 사용해 오프셋 위치를 이동해 buf2 스트링을 쓴 것을 확인할 수 있다. 파일의 내용을 확인하기 위해 사용한 셸 명령어 "od"는 octal dump를 의미하는 것으로 파일을 8진수로 덤프하여 보여준다.

5. read(2)

```
#include <unistd.h>
ssize_t read(int filedes, void *buf, size_t nbytes);

                    리턴 값: 읽은 바이트 수, 파일의 끝에 도달 한 경우 0,
                                     에러 시 -1을 리턴하고 errno 설정
```

read()는 오픈된 파일에서 데이터를 읽을 때 사용하는 시스템호출 함수이다. read()는 읽기 전용 또는 읽기·쓰기 혼용 접근 권한으로 오픈된 파일로부터 지정된 메모리로 정해진 바이트만큼의 데이터를 읽어온다.

read() 호출이 성공하면 실제로 읽은 바이트 수가 리턴되며 파일의 끝을 읽으려 한 경우에는 0이 리턴된다. read() 호출이 완료되면 파일의 현재 오프셋 위치는 이전 오프셋 위치에 실제 읽은 바이트 수만큼이 더해진 값으로 갱신된다. 이 때 리턴 값은 파일을 실제로 읽은 바이트 수이며 읽기를 요청한 바이트 수보다 적을 수 있다. 현재 오프셋 위치에서 남은 바이트가 50 바이트 밖에 안 되는데 100 바이트의 읽기 요청을 하게 되면 50 바이트만큼의 데이터만 메모리로 읽고, 리턴 값도 50이 된다. 이 경우에 연속해서 읽기를 시도한다면 리턴 값이 0이 되어 파일의 끝에 도달했음을 나타낸다. 그러므로 read()를 사용할 때는 리턴 값을 확인해야 한다. <표 2-9>는 실제로 읽은 바이트 수가 호출 시 요청한 바이트 수보다 적은 경우를 보여준다.

〈표 2-9〉 실제로 읽은 바이트 수가 호출 시 요청한 바이트 수보다 적은 경우

일반 파일에 요청된 수만큼의 바이트들을 읽기 전에 파일의 끝에 도달했을 때
터미널 파일에서 자료를 읽을 때
네트워크에서 자료를 읽을 때
파이프나 FIFO에서 자료를 읽을 때
레코드 기반 장치에서 자료를 읽을 때
요청된 크기의 자료 중 일부만 읽은 상황에서 시그널에 의해 연산이 가로채였을 때

한 프로세스가 read()를 호출하게 되면, 커널은 호출이 수행되는 동안 i-node에 락을 걸고 해당 파일에 접근하려는 다른 모든 연산을 블록시킨다. 다른 연산이 블록되는 이유는 read()가 즉시 리턴하지 못하고 블록 되는 경우 다른 프로세스가 그 사이에 먼저 자신의 데이터를 쓸 수 있으며, 이럴 경우 데이터의 일관성이 깨질 수 있기 때문이다. 따라서 read()가 완료되기 전에는 해당 i-node에 대한 어떠한 접근도 허용되지 않는다.

•read() 예제 1

<ssu_employee.h>

```
#define NAME_SIZE 64

struct ssu_employee {
    char name[NAME_SIZE];
    int pid;
    int salary;
};
```

<ssu_read.c>

```
#include <stdio.h>
#include <stdlib.h>
#include <unistd.h>
#include <fcntl.h>
#include "ssu_employee.h"

int main(int argc, char *argv[])
```

```
{
    struct ssu_employee record;
    int fd;
    int record_num;

    if (argc < 2) {
        fprintf(stderr, "Usage : %s file\n", argv[0]);
        exit(1);
    }

    if ((fd = open(argv[1], O_RDONLY)) < 0) {
        fprintf(stderr, "open error for %s\n", argv[1]);
        exit(1);
    }

    while (1) {
        printf("Enter record number : ");
        scanf("%d", &record_num);

        if (record_num < 0)
            break;

        if (lseek(fd, (long)record_num * sizeof(record), 0) < 0) {
            fprintf(stderr, "lseek error\n");
            exit(1);
        }

        if (read(fd, (char *)&record, sizeof(record)) > 0)
            printf("Employee : %s Salary : %d\n", record.name,
record.salary);
        else
            printf("Record %d not found\n", record_num);
    }

    close(fd);
    exit(0);
```

```
}
```

실행 결과

```
root@localhost:/home/oslab# ./ssu_read ssu_employeefile
Enter record number : 1
Employee : LeeSoonShin    Salary : 1500000
Enter record number : 2
Employee : JangyeongSil    Salary : 2000000
Enter record number : 56
Record 56 not found
Enter record number : -1
```

read() 예제 1은 ssu_employee 구조체의 데이터들이 저장되어 있는 파일을 인자로 전달받아 open() 호출을 통해 오픈한 후 레코드 번호를 입력 받고 해당 레코드 위치로 lseek()를 호출하여 오프셋 위치를 이동시킨다. read()를 ssu_employee 구조체 크기만큼 호출하면 구조체 내용을 읽어와 이를 record 변수에 저장한다. read() 예제 1을 실행하기 위해서는 write() 예제 3을 이용하여 ssu_employeefile 파일을 생성하거나 직접 vi 에디터 등으로 ssu_employeefile 파일을 생성해야 한다.

•read() 예제 2

<ssu_read_2.c>

```
#include <stdio.h>
#include <stdlib.h>
#include <unistd.h>
#include <fcntl.h>

#define BUFFER_SIZE 1024

int main(void)
{
    char buf[BUFFER_SIZE];
    char *fname = "ssu_test.txt";
    int count;
    int fd1, fd2;
```

```
    fd1 = open(fname, O_RDONLY, 0644);
    fd2 = open(fname, O_RDONLY, 0644);

    if (fd1 < 0 || fd2 < 0) {
        fprintf(stderr, "open error for %s\n", fname);
        exit(1);
    }

    count = read(fd1, buf, 25);
    buf[count] = 0;
    printf("fd1's first printf : %s\n", buf);
    lseek(fd1, 1, SEEK_CUR);
    count = read(fd1, buf, 24);
    buf[count] = 0;
    printf("fd1's second printf : %s\n", buf);
    count = read(fd2, buf, 25);
    buf[count] = 0;
    printf("fd2's first printf : %s\n", buf);
    lseek(fd2, 1, SEEK_CUR);
    count = read(fd2, buf, 24);
    buf[count] = 0;
    printf("fd2's second printf : %s\n", buf);

    exit(0);
}
```

실행 결과

```
root@localhost:/home/oslab# ./ssu_read_2
fd1's first printf :Linux System Programming!
fd1's second printf :Unix System Programming!
fd2's first printf :Linux System Programming!
fd2's second printf :Unix System Programming!
```

read() 예제 2는 동일한 파일에 대해 두 번 open()를 호출해서 리턴된 두 개의 파일 디스크립터를 통해 파일의 내용을 출력한다. lseek()를 사용하여 중간에 있는 개행 문자를 건너뛰는 것을 확인할 수 있다.

• read() 예제 3

<ssu_read_3A.c>

```
#include <stdio.h>
#include <stdlib.h>
#include <unistd.h>
#include <fcntl.h>

int main(void)
{
    char c;
    int fd;

    if ((fd = open("ssu_test.txt", O_RDONLY)) < 0) {
        fprintf(stderr, "open error for %s\n", "ssu_test.txt");
        exit(1);
    }

    while (1) {
        if (read(fd, &c, 1) > 0)
            putchar(c);
        else
            break;
    }

    exit(0);
}
```

<ssu_read_3B.c>

```
#include <stdio.h>
#include <stdlib.h>
#include <unistd.h>
#include <fcntl.h>

int main(void)
{
```

```
    char character;
    int fd;
    int line_count = 0;

    if ((fd = open("ssu_test.txt", O_RDONLY)) < 0) {
        fprintf(stderr, "open error for %s\n", "ssu_test.txt");
        exit(1);
    }

    while (1) {
        if (read(fd, &character, 1) > 0) {
            if (character == '\n')
                line_count++;
        }
        else
            break;
    }

    printf("Total line : %d\n", line_count);
    exit(0);
}

실행 결과 [Ubuntu]
root@localhost:/home/oslab# ./ssu_read_3A & ./ssu_read_3B
[1] 12787
Total line : 4
root@localhost:/home/oslab# Linux System Programming!
Unix System Programming!
Linux Mania
Unix Mania
^C
[1]+  Done                    ./ssu_read_3A

실행 결과 [Fedora, macOS]
[root@localhost 3]# ./ssu_read_3A & ./ssu_read_3B
[1] 28131
```

```
Linux System Programming!
Unix System Programming!
Linux Mania
Unix Mania
Total line : 4
[1]+  Done                    ./ssu_read_3A
```

read() 예제 3은 read() 호출을 통해 ssu_test.txt에서 내용을 한 글자씩 읽어 들여 표준 출력으로 출력한다. ssu_read_3B 예제는 read() 호출을 통해 개행 문자의 개수를 세어 파일 내용이 몇 줄인지 출력한다.

•read() 예제 4

<ssu_read_4.c>

```
#include <stdio.h>
#include <stdlib.h>
#include <unistd.h>
#include <fcntl.h>

#define TABLE_SIZE 128
#define BUFFER_SIZE 1024

int main(int argc, char *argv[])
{
    static struct {
            long offset;
            int length;
    } table [TABLE_SIZE];
    char buf[BUFFER_SIZE];
    long offset;
    int entry;
    int i;
    int length;
    int fd;

    if (argc < 2) {
```

```
        fprintf(stderr, "usage: %s <file>\n", argv[0]);
        exit(1);
    }

    if ((fd = open(argv[1], O_RDONLY)) < 0) {
        fprintf(stderr, "open error for %s\n", argv[1]);
        exit(1);
    }

    entry = 0;
    offset = 0;
    while ((length = read(fd, buf, BUFFER_SIZE)) > 0) {
        for (i = 0 ; i < length ; i++) {
            table[entry].length++;
            offset++;

            if (buf[i] == '\n')
                table[++entry].offset = offset;
        }
    }

#ifdef DEBUG
    for (i = 0 ; i < entry ; i++)
        printf("%d : %ld, %d\n", i + 1, table[i].offset, table[i].length);
#endif

    while (1) {
        printf("Enter line number : ");
        scanf("%d", &length);

        if (--length < 0)
            break;

        lseek(fd, table[length].offset, 0);

        if (read(fd, buf, table[length].length) <= 0)
```

```
            continue;

        buf[table[length].length] = '\0';
        printf("%s", buf);
    }

    close(fd);
    exit(0);
}
```

실행 결과

```
root@localhost:/home/oslab# ./ssu_read_4 /etc/group
Enter line number : 1
root:x:0:
Enter line number : 2
daemon:x:1:
Enter line number : 3
bin:x:2:
Enter line number : 4
sys:x:3:
Enter line number : 1
root:x:0:
Enter line number : -1
```

read() 예제 4는 실행 시 인자로 파일 이름을 입력받고 실행 중 숫자를 입력받아 해당하는 줄의 내용을 출력한다. -1을 입력받으면 프로그램을 종료한다. table 구조체를 사용하여 해당 줄까지의 오프셋을 저장하고 문자열 길이를 저장한다. 그리고 lseek()를 통해 파일 오프셋 위치를 이동해 문자열 내용을 출력한다.

6. write(2)

```
#include <unistd.h>
ssize_t write(int filedes, const void *buf, size_t nbytes);
```

리턴 값: 성공 시 기록된 바이트 수, 에러 시 -1을 리턴하고 errno 설정

write()는 오픈한 파일에 데이터를 쓸 때 사용하는 시스템호출 함수이다. 지정된 메모리로부터 쓰기 전용 또는 읽기·쓰기 혼용 접근 권한으로 오픈된 파일로 정해진 바이트만큼의 데이터를 기록한다.

파일을 오픈할 때 O_APPEND 옵션을 사용하면, 매번 write()가 수행될 때마다 커널은 데이터를 쓰기 전에 파일의 오프셋 위치를 파일 끝으로 이동시킨다. write()의 호출이 완료되면 파일의 현재 오프셋 위치는 이전 오프셋 위치에 실제로 쓴 바이트 수만큼이 더해진 값으로 갱신된다. 그리고 리턴 값도 파일에 실제로 쓴 데이터의 바이트 수가 된다. 그러나 read()와 달리 쓰기를 요청한 바이트보다 실제로 쓴 바이트가 더 적은 값이 될 수는 없다. 두 값은 일치하지 않으면 어디선가 에러가 발생한 것이다. 따라서 write()의 리턴 값과 쓰기를 요청한 값(바이트)이 같은지 확인하는 것이 좋다.

write() 역시 read()와 마찬가지로 데이터의 일관성을 유지하기 위해서 write() 호출이 수행되는 동안 커널은 해당 파일의 i-node에 락을 걸고 해당 파일에 접근하려는 다른 모든 연산들을 블록시킨다.

•write() 예제 1

<ssu_write_1.c>

```
#include <stdio.h>
#include <stdlib.h>
#include <unistd.h>

#define BUFFER_SIZE 1024

int main(void)
{
    char buf[BUFFER_SIZE];
    int length;
```

```
    length = read(0, buf, BUFFER_SIZE);
    write(1, buf, length);
    exit(0);
}
```

실행 결과

```
root@localhost:/home/oslab# ./ssu_write_1
hello os
hello os
```

write() 예제 1은 표준 입력에서 read()를 호출하여 데이터를 읽는다. 읽은 데이터의 양을 read()의 리턴 값으로 알 수 있으며, 이 리턴 값을 사용하여 읽은 만큼의 데이터를 write()를 통해 표준 출력에 쓴다.

• write() 예제 2

<ssu_write_2.c>

```
#include <stdio.h>
#include <stdlib.h>
#include <unistd.h>
#include <fcntl.h>

#define S_MODE 0644
#define BUFFER_SIZE 1024

int main(int argc, char *argv[])
{
    char buf[BUFFER_SIZE];
    int fd1, fd2;
    int length;

    if (argc != 3) {
        fprintf(stderr, "Usage : %s filein fileout\n", argv[0]);
        exit(1);
    }
```

```
    if ((fd1 = open(argv[1], O_RDONLY)) < 0) {
        fprintf(stderr, "open error for %s\n", argv[1]);
        exit(1);
    }

    if ((fd2 = open(argv[2], O_WRONLY | O_CREAT | O_TRUNC,
S_MODE)) < 0) {
        fprintf(stderr, "open error for %s\n", argv[2]);
        exit(1);
    }

    while ((length = read(fd1, buf, BUFFER_SIZE)) > 0)
        write(fd2, buf, length);

    exit(0);
}

실행 결과
root@localhost:/home/oslab# ./ssu_write_2 /etc/passwd password
root@localhost:/home/oslab# ls -l /etc/passwd password
-rw-r--r-- 1 root root 2240 Jan  2 23:55 /etc/passwd
-rw-r--r-- 1 root root 2240 Jan  3 05:27 password
```

write() 예제 2는 실행 시 두 개의 파일을 인자로 입력받아 첫 번째 파일의 내용을 두 번째 파일에 복사한다. open()을 통해 두 개의 파일을 오픈하고 read()를 통해 첫 번째 파일에서 문자열을 읽어 write()를 통해 출력할 파일에 쓴다.

•write() 예제 3

```
<ssu_employee.h>

#define NAME_SIZE 64

struct ssu_employee {
    char name [NAME_SIZE];
    int pid;
    int salary;
```

```
};
```

<ssu_write_3.c>

```
#include <stdio.h>
#include <stdlib.h>
#include <unistd.h>
#include <fcntl.h>
#include "ssu_employee.h"

int main(int argc, char *argv[])
{
    struct ssu_employee record;
    int fd;

    if (argc < 2) {
        fprintf(stderr, "usage : %s file\n", argv[0]);
        exit(1);
    }

    if ((fd = open(argv[1], O_WRONLY | O_CREAT | O_EXCL, 0640)) <
0) {
        fprintf(stderr, "open error for %s\n", argv[1]);
        exit(1);
    }

    while (1) {
        printf("Enter employee name <SPACE> salary: ");
        scanf("%s", record.name);

        if (record.name[0] == '.')
            break;

        scanf("%d", &record.salary);
        record.pid = getpid();
        write(fd, (char *)&record, sizeof(record));
    }
```

```
    close(fd);
    exit(0);
}

실행 결과
root@localhost:/home/oslab# ./ssu_write_3 ssu_employeefile
Enter employee name <SPACE> salary: HongGilDong 1000000
Enter employee name <SPACE> salary: LeeSoonShin 1500000
Enter employee name <SPACE> salary: JangyeongSil 2000000
Enter employee name <SPACE> salary: AhnChangHo 1200000
Enter employee name <SPACE> salary: KimGoo 1800000
Enter employee name <SPACE> salary: .
root@localhost:/home/oslab# ls -l ssu_employeefile
-rw-r----- 1 root root 360 Jan  3 05:37 ssu_employeefile
```

write() 예제 3은 사용자에게 입력받은 정보를 ssu_employee 구조체에 저장한 뒤 write()를 통해 구조체의 내용을 파일에 쓴다. ssu_employee 구조체의 내용을 쓸 파일은 실행 시에 인자로 입력받는다. 이름과 급여를 공백으로 구분하여 입력을 받으며, "." 문자를 입력받으면 프로그램은 종료된다.

7. pread(2) / pwrite(2)

```
#include <unistd.h>
ssize_t pread(int filedes, void *buf, size_t nbytes, off_t offset);

                    리턴 값: 성공 시 읽은 바이트 수, 파일의 끝에 도달하면 0,
                    요청한 바이트 수보다 적은 값이 리턴되더라도 에러가 아님,
                    에러 시 -1을 리턴하고 errno 설정

ssize_t pwrite(int filedes, const void *buf, size_t nbytes, off_t offset);

                    리턴 값: 성공 시 기록된 바이트 수,
                    쓰여야 할 바이트 수보다 적은 값이 리턴되더라도 에러가 아님,
                    에러 시 -1을 리턴하고 errno 설정
```

pread()와 pwrite()는 오픈된 파일에 파일 탐색과 입출력 연산을 원자적(atomic)으로 수행할 때 사용하는 시스템호출 함수이다. pread()는 filedes의 offset 인자 위치에 있는 데이터를 nbytes 인자만큼 읽어 buf 인자에 저장한다. pwrite() 함수는 buf 인자에 들어 있는 데이터를 filedes의 파일 위치인 offset 인자에 nbytes 바이트만큼 쓴다. pread()는 lseek()와 read() 기능을 동시에 수행하는 함수이며, pwrite()는 lseek()와 write()의 기능을 동시에 수행하는 함수라고 할 수 있다.

read()와 write()와 다르게 pread()와 pwrite()를 호출해도 파일의 오프셋 위치가 변경되지 않는다. 따라서, pread()와 pwrite()를 원자적 연산을 지원하는 시스템호출 함수라고 한다. 원자적 연산이란 의미는 연산을 하는 도중에 가로챌 수 없으며, 함수가 호출되어도 오프셋 위치가 변경되지 않는 연산을 말한다.

pread()와 pwrite()는 멀티 쓰레드 환경에서 동일한 파일을 여러 개의 쓰레드가 동시에 읽고 쓰더라도 오프셋 위치에서 읽기 때문에 다른 쓰레드의 읽기 쓰기 연산의 결과에 영향을 받지 않아 매우 유용하게 사용된다. 그러나, read(), write(), pread(), pwrite()를 중복해서 사용하면 파일이 크래쉬(crash)될 수 있게 때문에 주의해야 한다.

8. dup(2), dup2(2)

```
#include <unistd.h>
int dup(int filedes);
int dup2(int filedes, int filedes2);

                                  리턴 값: 성공 시 새로운 파일 디스크립터,
                                       에러 시 -1을 리턴하고 errno 설정
```

dup()와 dup2()는 기존 파일 디스크립터를 복사할 때 사용하는 시스템호출 함수이다. dup()와 dup2() 호출이 성공되면 파일 디스크립터 테이블 상에서 현재 사용되지 않는 가장 적은 값의 새로운 파일 디스크립터를 리턴한다. 이것은 리턴 값이 파일 디스크립터 테이블 상의 가장 작은 미사용 항목이라는 것을 보장해준다.

dup()를 통해 리턴 받은 새 파일 디스크립터와 인자로 지정한 파일 디스크립터(filedes)는 파일 테이블 상에서 동일한 하나의 항을 공유하게 된다. 즉, dup()에 의한 파일 디스크립터 복사는 같은 파일을 서로 다른 파일 디스크립터에 의해 접근하여 파일을 공유할 수 있게 하는 역할을 한다. 따라서 원본 파일 디스크립터를 사용하여 파일 오프셋을 변경시키면 복사된 파일 디스크립터를 이용한 읽기·쓰기 시에도 변경된 파일 오프셋이 적용 된다.

그러나 dup()에 의해 복사된 파일 디스크립터가 원본 디스크립터와 정확하게 일치하는 것은 아니다. 파일 디스크립터 테이블의 각 항은 파일 테이블에 대한 포인터 외에 파일 디스크립터 플래그를 가지고 있다. 이 값은 dup() 호출 시 그대로 복사되지 않고 초기화된다. 주의할 점은 filedes 인자는 반드시 현재 사용 중인 파일 디스크립터가 지정되어야 하며, 그렇지 않은 경우 에러를 발생하게 된다.
리턴될 파일 디스크립터의 값을 미리 지정하고자 할 때는 dup2()를 호출한다. dup2()는 두 개의 인자를 요구한다. 함수의 리턴 값은 두 번째 인자로 지정한 filedes2가 된다. 인자로 지정한 filedes2가 이미 사용 중인 파일 디스크립터라면 그것은 우선 닫고 다시 오픈하며 filedes 인자가 가리키는 파일 테이블의 항을 가리키게 된다. 또, filedes와 filedes2가 같은 값이라면 이때는 아무런 복사가 일어나지 않고 단순히 파일 디스크립터를 리턴한다. 따라서 dup2()는 close(filedes2); fcntl(filedes, F_DUPFN, filedes2);를 수행한 결과와 유사하다.

• dup() 예제

<ssu_dup.c>

```
#include <stdio.h>
#include <stdlib.h>
#include <unistd.h>
#include <fcntl.h>

#define BUFFER_SIZE 1024

int main(void)
{
    char buf[BUFFER_SIZE];
    char *fname = "ssu_test.txt";
    int count;
    int fd1, fd2;

    if ((fd1 = open(fname, O_RDONLY, 0644)) < 0) {
        fprintf(stderr, "open error for %s\n", fname);
        exit(1);
    }
```

```
    fd2 = dup(fd1);
    count = read(fd1, buf, 12);
    buf[count] = 0;
    printf("fd1's printf : %s\n", buf);
    lseek(fd1, 1, SEEK_CUR);
    count = read(fd2, buf, 12);
    buf[count] = 0;
    printf("fd2's printf : %s\n", buf);
    exit(0);
}

실행 결과
root@localhost:/home/oslab# ./ssu_dup
fd1's printf : Linux System
fd2's printf : Programming!
```

dup()는 ssu_test.txt 파일을 open() 호출을 통해 리턴 받은 파일 디스크립터를 dup()를 호출하여 복사한다. dup()를 호출하여 복사한 파일 디스크립터는 원본이 되는 파일 디스크립터와 오프셋을 공유하기 때문에 fd2에서 읽은 데이터는 fd1에서 읽은 데이터의 뒷부분이 된다.

•dup2() 예제 1

<ssu_dup2_1.c>

```
#include <stdio.h>
#include <stdlib.h>
#include <unistd.h>
#include <fcntl.h>

int main(void)
{
    char *fname = "ssu_test.txt";
    int  fd;

    if ((fd = creat(fname, 0666)) < 0) {
        printf("creat error for %s\n", fname);
```

```
        exit(1);
    }

    printf("First printf is on the screen.\n");
    dup2(fd, 1);
    printf("Second printf is in this file.\n");
    exit(0);
}
```

실행 결과

```
root@localhost:/home/oslab# ./ssu_dup2_1
First printf is on the screen.
root@localhost:/home/oslab# cat ssu_test.txt
Second printf is in this file.
```

dup2() 예제 1은 dup2()를 호출하여 새로 생성한 파일 디스크립터를 표준 출력 1번 파일 디스크립터로 복사한다. printf()를 사용해 표준 출력으로 출력하는 것은 새로 만든 파일에 출력하는 것과 같다.

•dup2() 예제 2

<ssu_dup2_2.c>

```
#include <stdio.h>
#include <stdlib.h>
#include <unistd.h>
#include <fcntl.h>

#define BUFFER_SIZE 1024

int main(void)
{
    char buf[BUFFER_SIZE];
    char *fname = "ssu_test.txt";
    int fd;
    int length;
```

```
    if ((fd = open(fname, O_RDONLY, 0644)) < 0) {
        fprintf(stderr, "open error for %s\n", fname);
        exit(1);
    }

    if (dup2(1, 4) != 4) {
        fprintf(stderr, "dup2 call failed\n");
        exit(1);
    }

    while (1) {
        length = read(fd, buf, BUFFER_SIZE);

        if (length <= 0)
            break;

        write(4, buf, length);
    }

    exit(0);
}
```

실행 결과

```
root@localhost:/home/oslab# ./ssu_dup2_2
Linux System Programming!
Unix System Programming!
Linux Mania
Unix Mania
```

dup2() 예제 2는 dup2()를 호출하여 표준 출력 1번 파일 디스크립터를 4번으로 복사한다. 이후 4번 파일 디스크립터를 인자로 하여 write()를 호출하면 표준 출력에 쓰는 것과 같다.

9. sync(2), fsync(2), fdatasync(2)

```
#include <unistd.h>
int fsync(int filedes);
int fdatasync(int filedes);

                    리턴 값: 성공 시 0, 에러 시 -1을 리턴하고 errno 설정

void sync(void);
```

sync(), fsync(), fdatasync()는 디스크 상의 파일 시스템과 버퍼 캐쉬의 내용 간에 일관성을 보장하기 위해서 사용하는 시스템호출 함수이다. sync()와 fsync()를 사용하여 버퍼 캐쉬의 내용을 디스크에 쓴다. sync()가 변경된 모든 내용을 디스크에 쓰는 반면 fsync()는 인자로 지정한 파일의 변경된 내용만 디스크에 쓴다.

sync()와 fsync()의 또 다른 차이점은 sync()가 호출되면 디스크 입출력이 완료될 때까지 대기하지 않고 곧바로 리턴하는 반면 fsync()는 입출력이 완료된 후에 리턴한다는 것이다. fdatasync()는 fsync()와 비슷하게 동작하지만 파일의 일부에만 영향을 미친다.

앞에서도 설명하였지만 Linux·Unix에서는 디스크 입출력 시 주기억장치 내에 버퍼 캐쉬라고 불리는 임시 버퍼를 사용함으로써 시스템 효율을 높이는 기법을 쓴다. 즉, write()를 호출 할 때 바로 디스크에 쓰는 것이 아니라 일정한 양을 블록 크기로 모아 나중에 한 번에 디스크로 쓴다.

읽을 때도 read()를 호출 할 때마다 디스크로부터 읽는 것이 아니라, 최초에 read()를 호출 할 때 원하는 데이터를 포함한 데이터 블록을 주기억장치 내 버퍼 캐쉬에서 읽고 다음번 read() 호출에 대해서도 버퍼 캐쉬로부터 먼저 읽는다. 그러나 전원 결함 등으로 시스템이 꺼지게 되면 문제가 발생할 수 있다. 따라서 주기적으로 버퍼 캐쉬의 내용과 디스크의 내용을 일치시켜야 하는데, Linux의 커널 프로세스 중 update 라는 프로세스는 버퍼 캐쉬의 데이터를 디스크 블록에 써 디스크 블록 내용을 갱신하는 역할을 수행한다.

데이터베이스와 같은 애플리케이션에서는 데이터의 변경이 있으면 그 즉시 디스크에 써야한다. 하나의 레코드에 대한 동시다발적인 접근에도 불구하고 데이터의 일관성을 유지해야 되기 때문이다. 이런 경우에 fsync()를 사용하면 버퍼 캐쉬 전체가 아니라 개별 파일을 대상으로 디스크 입출력을 수행할 수 있기 때문에 시스템의 효율을 저하시키지 않으면서 원하는 목적을 얻을 수 있다.

10. 이 장에서 배운 함수들

```
int open(const char *pathname, int oflag, mode_t mode);
int close(int filedes);
int creat(const char *pathname, mode_t mode);
off_t lseek(int filedes, off_t offset, int whence);
ssize_t read(int filedes, void *buf, size_t nbytes);
ssize_t write(int filedes, const void *buf, size_t nbytes);
ssize_t pread(int filedes, void *buf, size_t nbytes, off_t offset);
ssize_t pwrite(int filedes, const void *buf, size_t nbytes, off_t offset);
int dup(int filedes);
int dup2(int filedes, int filedes2);
void sync(void);
int fsync(int filedes);
int fdatasync(int filedes);
```

연습문제

1. 파일 디스크립터 테이블을 일반적으로 로컬(local, 지역)구조라고 하고 파일 테이블 및 i-node 테이블을 글로벌(global, 전역)구조라고 하는 이유를 설명하라.

2. 쉘에서 ls > a.txt 라고 하면 현재 디렉토리의 내용을 표준 출력으로 출력하지 않고 a.txt라는 파일에 쓴다. 어떤 절차에 따라 표준 출력에서 재지정 명령어 (<, > 등) 다음에 나오는 파일에 쓰는지 설명하라.

3. 다음 프로그램 실행 시 아래 실행 결과가 나올 수 있도록 프로그램을 완성하라.

<ssu_test.txt>

```
Linux System Programming!
Unix System Programming!
Linux Mania
Unix Mania
```

<ssu_open_read.c>

```
#include <stdio.h>
#include <stdlib.h>
#include <unistd.h>
#include <fcntl.h>
#include <sys/types.h>

#define BUFFER_SIZE 1024

int main(void)
{
    char *fname = "ssu_test.txt";
    int fd1, fd2;
    int count;
    char buf[BUFFER_SIZE];

    if ((fd1 = open(fname, O_RDONLY, 0644)) < 0) {
        fprintf(stderr, "open error for %s\n", fname);
        exit(1);
    }

    if ((count = lseek(fd1, 0, SEEK_END)) < 0) {
        fprintf(stderr, "lseek error\n");
        exit(1);
    }
    printf("%d\n",count);
    lseek(fd1,0, SEEK_SET);
    count = read(fd1, buf, BUFFER_SIZE);
    fd2 = dup(     fd1     );
    close(fd1);
    write(fd2, buf, count);
    exit(0);
}
```

실행 결과

```
root@localhost:/home/oslab# ./ssu_open_read
74
```

```
Linux System Programming!
Unix System Programming!
Linux Mania
Unix Mania
```

4. 다음은 한 줄씩 읽고 라인을 출력하며 라인 수를 계산하는 프로그램이다. 프로그램을 실행시키고 실행 결과를 확인하라.

<ssu_test.txt>

```
Linux System Programming!
Unix System Programming!
Linux Mania
Unix Mania
```

<ssu_count_sentence.c>

```
#include <stdio.h>
#include <stdlib.h>
#include <unistd.h>
#include <fcntl.h>
#include <sys/stat.h>

#define BUFFER_SIZE 1024
#define WORD_MAX 100

int main(void)
{
    int fd;
    int length = 0, offset = 0, count = 0;
    char *fname = "ssu_test.txt";
    char buf[WORD_MAX][BUFFER_SIZE];
    int i;

    if ((fd = open(fname, O_RDONLY)) < 0) {
        fprintf(stderr, "open error for %s .\n", fname);
        exit(1);
```

```
    }

    while ((length = read(fd, buf[count], BUFFER_SIZE)) > 0 ) {
        buf[count][length] = '\0';

        for ( i = 0 ; i < BUFFER_SIZE ; i++) {
            if (buf[count][i] == '\n') {
                if (i == 0)
                    break;

                offset = offset + i + 1;
                lseek(fd, offset, SEEK_SET);
                count++;
            }
        }
    }
    close(fd);

    for (i = 0 ; i < count ; i++)
        printf("%s\n", buf[i]);

    printf("line number : %d \n", count);
    exit(0);
}
```

실행 결과

```
root@localhost:/home/oslab# ./ssu_count_sentence
```

5. read()와 write()를 사용하여 아래 실행 결과가 나올 수 있도록 파일을 복사하는 프로그램을 완성하라.

```
<ssu_copy.c>

#include <stdio.h>
#include <stdlib.h>
#include <unistd.h>
```

```
#define BUFFER_SIZE 128

int main(int argc, char *argv[])
{
   char buf[BUFFER_SIZE];
   int fd1, fd2;
   ssize_t size;

}
```

실행 결과

```
root@localhost:/home/oslab# cat ssu_file1
Linux System Programming!
root@localhost:/home/oslab# ./a.out ssu_file1 ssu_file2
root@localhost:/home/oslab# ls
ssu_file1  ssu_file2
root@localhost:/home/oslab# cat ssu_file2
Linux System Programming!
root@localhost:/home/oslab#
```

Ⅲ. 파일 속성과 디렉토리

본 장에서는 파일 속성을 확인하고 변경하는 함수들과 디렉토리를 제어하는 함수들에 대해 설명한다. Linux · Unix에서 파일 속성은 stat 구조체를 통해 정의된다. stat 기본 구조와 멤버 변수들을 효율적으로 제어할 수 있는 함수를 알아야만 Linux · Unix의 파일 제어 구조를 이해할 수 있다.

파일 입출력 관련 고수준 파일 입출력 라이브러리 함수에 대해 설명한다. II 장에서 이미 설명한 바와 같이 Linux · Unix에서 파일을 다루는 방법은 저수준 파일 입출력과 고수준 파일 입출력 방법이 있다. 고수준 파일 입출력은 C 프로그래밍 언어의 표준 입출력 함수(Standard I/O function)로 제공되기 때문에 표준 입출력 라이브러리라고 부르기도 한다. 고수준 파일 입출력은 데이터를 바이트 단위로 한정하지 않고 버퍼를 이용해 한꺼번에 파일을 읽고 쓸 수 있는 기능을 제공하기 때문에 문자 단위, 행 단위, 버퍼 단위 입출력이 가능하며 포맷(형식)지정도 가능하다.

Ⅲ. 파일 속성과 디렉토리

1. stat(2), fstat(2), lstat(2)

```
#include <sys/stat.h>
#include <sys/types.h>
#include <unistd.h>
int stat(const char *restrict pathname, struct stat *restrict buf);
int fstat(int filedes, struct stat *buf);
int lstat(const char *restrict pathname, struct stat *restrict buf);

                    리턴 값: 성공 시 0, 에러 시 -1을 리턴하고 errno 설정
```

stat(), fstat(), lstat()는 인자로 지정한 pathname 및 filesdes에 해당하는 파일에 대한 정보를 포함하고 있는 stat 구조체를 리턴하는 시스템호출 함수이다. stat 구조체에 포함되어 있는 멤버 변수들은 운영체제마다 다르게 구현되어 있다.

stat()는 pathname 인자로 지정한 경로에 해당하는 파일에 대한 정보를 넣은 구조체를 두 번째 인자를 통해서 리턴한다. fstat()는 파일 디스크립터 filedes 인자에 대해 이미 열려 있는 파일에 대한 정보를 확인한다. lstat()는 stat()와 다르게 지정된 파일이 심볼릭 링크면 그 링크가 가리키는 파일이 아닌 그 링크 파일 자체에 대한 정보를 리턴한다. stat 관련 함수들을 사용하는 대표적인 것이 쉘에서 사용하는 "ls" 명령어이다.

<표 3-1>은 Linux의 <sys/stat.h>에 정의된 stat 구조체를 보여준다. stat 구조체의 멤버 변수인 st_mode는 파일의 종류 및 권한(모드)을 나타내는 것으로 16비트가 사용된다. 상위 4비트는 파일의 종류를 위해 사용된다. 다음 3비트는 유효 사용자(effective user) ID, 유효그룹(effective group) ID, 스티키 비트를 위해 사용된다. <표 3-2>에서 보여주듯이 파일의 종류와 파일의 특성은 각각 4개의 비트와 3개의 비트를 사용한다. 파일의 종류에 대해서는 다음 절에서 설명한다.

나머지 하위 9비트는 파일의 소유자(User, 사용자)의 파일 읽기/쓰기/실행, 즉 r/w/x 와 그룹소유자(Group)의 파일 읽기/쓰기/실행 즉 r/w/x, 그리고 다른 사용자(other)의 파일 읽기/쓰기/실행 즉 r/w/x 권한을 위해 사용된다. 쉘에서 "chmod" 명령어를 사용하면 파일의 읽기/쓰기/실행 권한을 변경할 수 있다. <표 3-3>은 파일의 소유권에 대한 비트를 지정하는 방법을 보여준다.

〈표 3-1〉 stat 구조체

```
struct stat {
    dev_t      st_dev;        /* 디바이스 번호 */
    ino_t      st_ino;         /* inode 번호 */
    mode_t    st_mode;      /* 모드 (접근 권한) */
    nlink_t    st_nlink;       /* 하드 링크 수 */
    uid_t      st_uid;         /* 소유자의 사용자 ID */
    gid_t      st_gid;         /* 소유자의 그룹 ID */
    dev_t      st_rdev;       /* 디바이스 ID (특수 파일인 경우) */
    off_t      st_size;        /* 파일 크기(바이트) */
    blksize_t  st_blksize;     /* 블록 크기 */
    blkcnt_t   st_blocks;     /* 512바이트 블록 갯수 */
    time_t     st_atime;      /* 최종 접근 시간 */
    time_t     st_mtime;     /* 최종 수정 시간 */
    time_t     st_ctime;      /* 최종 상태 변경 시간 */
};
```

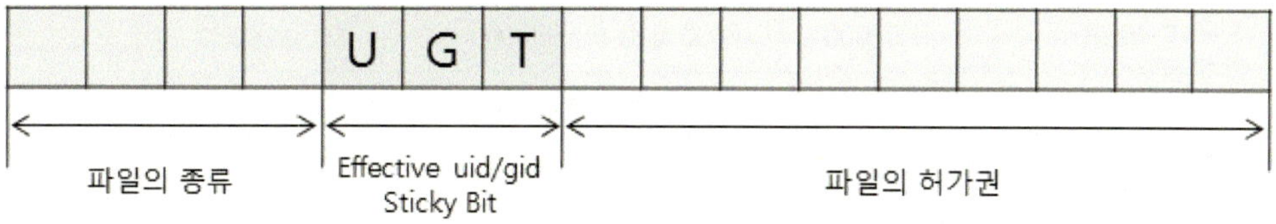

〈그림 3-1〉 st_mode 비트 마스크의 구조

〈표 3-2〉 stat 구조체의 st_mode 필드 값과 테스트 매크로

파일 종류	8진수	2진수	테스트 매크로	파일 종류	비고
S_IFMT	0170000	1111 000 000000000		파일 타입 비트 필드 위한 비트 마스크	16bit st_mode에서 상위 4bit 속성값 추출을 위한 마스크
S_IFREG	0100000	1000 000 000000000	S_ISREG()	일반 파일	
S_IFDIR	0040000	0100 000 000000000	S_ISDIR()	디렉토리 파일	
S_IFCHR	0020000	0010 000 000000000	S_ISCHR()	문자 디바이스	

S_IFBLK	0060000	0110 000 000000000	S_ISBLK()	블록 디바이스	
S_IFIFO	0010000	0001 000 000000000	S_ISFIFO()	FIFO, Pipe 파일	
S_IFSOCK	0140000	1100 000 000000000	S_ISSOCK()	소켓	
S_IFLNK	0120000	1010 000 000000000	S_ISLNK()	심볼릭 링크	lstat()에 의해서만 리턴
S_IFDOOR	0150000	1101 000 000000000	S_ISDOOR()		Solaris

〈표 3-3〉 stat 구조체의 st_mode 필드 값과 테스트 매크로

테스트 매크로	8진수	2진수	내용
S_ISUID	0004000	0000 100 000000000	set-user-id
S_ISGID	0002000	0000 010 000000000	set-group-id
S_ISVTX	0001000	0000 001 000000000	sticky bit
S_IRWXU	0000700	0000 000 111000000	파일 소유자의 권한 마스크
S_IRUSR	0000400	0000 000 100000000	파일 소유자의 읽기 권한
S_IWUSR	0000200	0000 000 010000000	파일 소유자의 쓰기 권한
S_IXUSR	0000100	0000 000 001000000	파일 소유자의 실행 권한
S_IRWXG	0000070	0000 000 000111000	그룹 사용자의 권한 마스크
S_IRGRP	0000040	0000 000 000100000	그룹 사용자의 읽기 권한
S_IWGRP	0000020	0000 000 000010000	그룹 사용자의 쓰기 권한
S_IXGRP	0000010	0000 000 000001000	그룹 사용자의 실행 권한
S_IRWXO	0000007	0000 000 000000111	다른 사용자의 권한 마스크
S_IROTH	0000004	0000 000 000000100	다른 사용자의 읽기 권한
S_IWOTH	0000002	0000 000 000000010	다른 사용자의 쓰기 권한
S_IXOTH	0000001	0000 000 000000001	다른 사용자의 실행 권한

• stat() 예제 1

<ssu_stat_1.c>

```
#include <stdio.h>
#include <stdlib.h>
#include <unistd.h>
#include <sys/stat.h>
#include <sys/types.h>

int main(int argc, char *argv[]) {
    struct stat statbuf;

    if (argc != 2) {
        fprintf (stderr, "usage: %s <file>\n", argv[0]);
        exit(1);
    }

    if ((stat(argv[1], &statbuf)) < 0 ) {
        fprintf(stderr, "stat error\n");
        exit(1);
    }

    printf("%s is %ld bytes\n", argv[1], statbuf.st_size);
    exit(0);
}
```

실행 결과

```
root@localhost:/home/oslab# ./ssu_stat_1 ssu_test.txt
ssu_test.txt is 74 bytes
```

stat() 예제 1은 stat()를 호출하여 인자로 지정한 파일의 정보를 확인한다. 파일 정보는 stat 구조체를 통해 리턴된다. st_size는 파일의 크기를 저장하는 stat 구조체의 멤버 변수이다.

• stat() 예제 2

<ssu_stat_2.c>

```
#include <stdio.h>
#include <stdlib.h>
#include <unistd.h>
#include <sys/stat.h>
#include <sys/types.h>

struct stat statbuf;

void ssu_checkfile(char *fname, time_t *time);

int main(int argc, char *argv[])
{
    time_t  intertime;

    if (argc != 2) {
        fprintf(stderr, "usage: %s <file>\n", argv[0]);
        exit(1);
    }

    if (stat(argv[1], &statbuf) < 0) {
        fprintf(stderr, "stat error for %s\n", argv[1]);
        exit(1);
    }

    intertime = statbuf.st_mtime;
    while (1) {
        ssu_checkfile(argv[1], &intertime);
        sleep(10);
    }
}

void ssu_checkfile (char *fname, time_t *time) {
    if (stat(fname, &statbuf) < 0) {
```

```
        fprintf(stderr, "Warning : ssu_checkfile() error!\n");
        exit(1);
    }
    else
        if (statbuf.st_mtime != *time) {
            printf("Warning : %s was modified!.\n", fname);
            *time = statbuf.st_mtime;
        }
}
```

실행 결과

```
root@localhost:/home/oslab# ./ssu_stat_2 ssu_hole.txt
Warning : ssu_hole.txt was modified!.
Warning : ssu_hole.txt was modified!.
Warning : ssu_hole.txt was modified!.
Warning : ssu_checkfile() error!
```

stat() 예제 2는 stat()를 호출하여 인자로 지정한 파일의 정보를 읽어 파일의 변경 여부를 확인한다. ssu_hole.txt 파일 정보는 stat 구조체를 통해 리턴되며 파일의 최종 수정시간인 st_mtime 멤버 변수의 값을 확인하여 수정 상태를 출력한다. stat() 예제 2를 실행하기 위해서는 먼저 본 예제 프로그램을 실행시킨 상태에서, 별도의 터미널에서 II 장 lseek() 예제 2번에서 사용한 ssu_hole.txt 파일(임의의 텍스트 파일을 생성해도 됨)을 vi 에디터 등으로 파일을 수정·저장해야 한다. 해당 파일이 수정·저장할 때마다 "Warning : ssu_hole.txt was modified!." 메시지가 출력되고 파일을 삭제하면 "Warning : ssu_checkfile() error!" 메시지가 출력된다.

2. 파일의 종류

Linux·Unix에서 파일은 크게 일반 파일, 디렉토리 파일, 특수 파일 등이 있다. 또한 특수 파일에도 여러 종류가 있다. 파일의 종류는 앞 절에서 설명한 stat 구조체의 st_mode 멤버 변수에 저장되어 있다. <표 3-4>는 파일의 종류와 설명을 보여준다.

〈표 3-4〉 파일의 종류와 설명

종류	매크로	설명
일반 파일 (정규 파일)	S_ISREG()	가장 흔한 종류의 파일로, 파일에 포함되는 데이타의 형태가 특별하게 정해져 있지 않음
디렉토리 파일	S_ISDIR()	다른 파일들의 이름과 그 파일들에 대한 정보를 가리키는 포인터들을 포함하는 파일
블록 특수 파일	S_ISBLK()	디스크 드라이브 같은 장치에 대한 고정 크기 단위의 버퍼링 입출력 접근을 제공하는 파일
문자 특수 파일	S_ISCHR()	장치에 대한 가변 크기 단위의 비버퍼링(Unbuffered) 입출력 접근을 제공하는 파일
FIFO	S_ISFIFO()	프로세스 간 통신에 쓰이는 파일
소켓	S_ISSOCK()	프로세스 간 네트워크 통신에 쓰이는 파일
심볼릭 링크	S_ISLNK()	다른 파일을 가리키는 파일

Linux에서 파일의 종류를 확인하려면 <표 3-4>와 같이 stat()를 호출하여 상수 S_IFMT와 논리곱(AND) 연산을 사용하면 된다.

〈표 3-4〉 상수 S_IFMT를 이용하여 파일의 종류를 알아내는 코드

```
stat(pathname, &statbuf);
if ((statbuf.st_mode & S_IFMT) == S_IFREG)
    printf("regular file₩n");
```

<표 3-5>와 같이 <sys/stat.h>에 정의된 표준 테스트 매크로를 이용해도 동일한 결과를 얻을 수 있다. <표 3-6>는 파일의 종류를 확인하는 표준 테스트 매크로를 보여준다.

〈표 3-5〉 매크로를 이용하여 파일의 종류를 알아내는 코드

```
stat(pathname, &statbuf);
if (S_ISREG(statbuf.st_mode))
    printf("regular file₩n");
```

〈표 3-6〉 stat 구조체의 st_mode 맴버 변수 값을 이용하여 파일의 종류를 알아내는 매크로

표준 테스트 매크로 정의	
#define S_ISREG(statbuf.st_mode)	((statbuf.st_mode) &S_IFMT) == S_IFREG)
#define S_ISDIR(statbuf.st_mode)	((statbuf.st_mode) &S_IFMT) == S_IFDIR)
#define S_ISCHR(statbuf.st_mode)	((statbuf.st_mode) &S_IFMT) == S_IFCHR)
#define S_ISLNK(statbuf.st_mode)	((statbuf.st_mode) &S_IFMT) == S_IFLNK)
#define S_ISFIFO(statbuf.st_mode)	((statbuf.st_mode) &S_IFMT) == S_IFIFO)
#define S_ISBLK(statbuf.st_mode)	((statbuf.st_mode) &S_IFMT) == S_IFBLK)
#define S_ISSOCK(statbuf.st_mode)	((statbuf.st_mode) &S_IFMT) == S_IFSOCK)

•파일 매크로 예제

<ssu_file_macro.c>

```
#include <stdio.h>
#include <stdlib.h>
#include <unistd.h>
#include <sys/stat.h>

int main(int argc, char *argv[])
{
    struct stat file_info;
    char *str;
    int i;

    for (i = 1; i < argc; i++) {
        printf("name = %s, type = ", argv[i]);

        if (lstat(argv[i], &file_info) < 0) {
            fprintf(stderr, "lstat error\n");
            continue;
        }

        if (S_ISREG(file_info.st_mode))
```

```
            str = "regular";
        else if (S_ISDIR(file_info.st_mode))
            str = "directory";
        else if (S_ISCHR(file_info.st_mode))
            str = "character special";
        else if (S_ISBLK(file_info.st_mode))
            str = "block special";
        else if (S_ISFIFO(file_info.st_mode))
            str = "FIFO";
        else if (S_ISLNK(file_info.st_mode))
            str = "symbolic link";
        else if (S_ISSOCK(file_info.st_mode))
            str = "socket";
        else
            str = "unknown mode";

        printf("%s\n", str);
    }

    exit(0);
}
```

실행 결과

```
root@localhost:/home/oslab# ./ssu_file_macro /etc/passwd /home /dev
/dev/cdrom /dev/sda
name = /etc/passwd, type = regular
name = /home, type = directory
name = /dev, type = directory
name = /dev/cdrom, type = symbolic link
name = /dev/sda, type = block special
```

파일 매크로 예제는 **stat()**를 사용하여 인자로 지정한 파일들의 정보를 읽고 종류를 출력한다. **stat** 구조체의 **st_mode** 멤버 변수는 파일의 종류를 저장하고 있는데 파일 매크로를 사용하여 파일의 종류를 확인할 수 있다.

3. access(2)

```
#include <unistd.h>
int access(const char *pathname, int mode);

                    리턴 값: 성공 시 0, 에러 시 -1을 리턴하고 errno 설정
```

access()는 인자로 지정한 파일(pathname)에 대해 사용자 또는 프로세스 접근가능한지를 판단하는 시스템호출 함수이다. Linux·Unix에서 프로세스가 파일에 접근하기 위해서 먼저 파일 접근 권한을 검사하게 되는데, 이 때 검사 대상이 되는 것은 앞 절에서 간단하게 설명한 프로세스의 유효 사용자 ID와 유효 그룹 ID이다. 즉, access()는 프로세스의 실제 사용자 ID와 실제 그룹 ID에 의한 접근 가능 여부를 확인하기 위해 사용된다. <표 3-7>에 <unistd.h>에 정의된, mode 인자로 사용되는 상수를 보여준다. V 장에서 사용자 ID와 관련한 내용을 자세하게 설명한다.

〈표 3-7〉 mode 인자로 사용되는 상수

상수	설명
R_OK	읽기 권한 판정
W_OK	쓰기 권한 판정
X_OK	실행 권한 판정
F_OK	파일 존재 여부 판정

•access() 예제 1

〈ssu_access_1.c〉

```
#include <stdio.h>
#include <stdlib.h>
#include <unistd.h>

int main(int argc, char *argv[])
{
    int i;
```

```
    if (argc < 2) {
        fprintf(stderr, "usage: %s <file1> <file2> .. <fileN>\n", argv[0]);
        exit(1);
    }

    for (i = 1; i < argc; i++) {
        if (access(argv[i], F_OK) < 0) {
            fprintf(stderr, "%s doesn't exist.\n", argv[i]);
            continue;
        }

        if (access(argv[i], R_OK) == 0)
            printf("User can read %s\n", argv[i]);

        if (access(argv[i], W_OK) == 0)
            printf("User can write %s\n", argv[i]);

        if (access(argv[i], X_OK) == 0)
            printf("User can execute %s\n", argv[i]);
    }

    exit(0);
}
```

실행 결과

```
root@localhost:/home/oslab# ./ssu_access_1 /home/oslab oslab
User can read /home/oslab
User can write /home/oslab
User can execute /home/oslab
oslab doesn't exist.
```

access() 예제 1은 access()를 호출하여 인자로 지정한 파일의 존재 여부, 읽기, 쓰기, 실행 가능 여부 순으로 파일 접근 권한을 확인한다.

•access() 예제 2

<ssu_access_2.c>

```
#include <stdio.h>
#include <stdlib.h>
#include <unistd.h>

#define TABLE_SIZE (sizeof(table)/sizeof(*table))

int main(int argc, char *argv[])
{
    struct {
        char *text;
        int mode;
    } table[] = {
        {"exists", 0},
        {"execute", 1},
        {"write", 2},
        {"read", 4}
    };
    int i;

    if (argc < 2) {
        fprintf(stderr, "usage : %s <file>\n", argv[0]);
        exit(1);
    }

    for (i = 0; i < TABLE_SIZE; i++) {
        if (access(argv[1], table[i].mode) != -1)
            printf("%s -ok\n", table[i].text);
        else
            printf("%s\n", table[i].text);
    }

    exit(0);
}
```

```
실행 결과
root@localhost:/home/oslab# ./ssu_access_2 ssu_access_2
exists -ok
execute -ok
write -ok
read -ok
```

access() 예제 2는 access()를 호출하여 인자로 지정한 파일을 사용자가 접근할 수 있는지 판단한다. 파일의 존재 여부, 실행, 쓰기, 읽기 가능 여부를 table 구조체에 저장하고 access()를 이용하여 파일 접근 권한을 확인한다.

4. umask(2)

```
#include <sys/types.h>
#include <sys/stat.h>
mode_t umask(mode_t cmask);

                                    리턴 값: 이전의 파일 모드 생성 마스크
```

umask()는 프로세스의 파일 생성 마스크를 생성하고 이전 값을 리턴하는 시스템호출 함수이다. Linux·Unix의 프로세스 속성 중에는 umask 값이라고 있는데 이는 파일 모드 생성 마스크(file mode creation mask)를 나타낸다.

umask는 시스템 보안장치의 하나로 사용자가 파일 접근 권한을 느슨하게 풀어 놓음으로써 발생할 수 있는 보안상의 문제를 사전에 방지해준다. umask 값은 보통 로그인시 초기화 파일에서 지정하게 되는데, 0이 아닌 값을 지정해두면 사용자가 실행하는 프로세스마다 이 값을 기본 속성으로 갖게 되고 새로운 파일이나 디렉토리를 생성할 때 특정 파일의 접근 권한을 자동으로 금지하게 된다. 즉, 파일이나 디렉토리를 생성하는 시스템호출 시 프로세스의 umask 값을 참조하여 특정한 접근 권한을 막게 되는 것이다.

umask()는 프로세스 내에서 umask 값을 일시적으로 변경시키는데도 사용한다. 프로세스 내에서 변경된 umask 값은 프로세스가 종료할 때까지만 유효하며, 프로세스가 종료되면 원래 값으로 변경된다. cmask 인자는 <표 3-8>에서 보여주는 플래그들 중 하나 또는 여러 개를 비트 단위로 논리합(OR) 연산으로 결합한 값을 갖는다.

〈표 3-8〉 생성할 파일의 접근 권한을 나타내는 mode

플래그	내용
S_IRWXU	파일 소유자의 읽기, 쓰기, 실행 권한을 지정 S_IRWXU 대신에 00700을 사용해도 됨
S_IRUSR	파일 소유자의 읽기 권한을 지정 S_IRUSR 대신에 00400을 사용해도 됨
S_IWUSR	파일 소유자의 쓰기 권한을 지정 S_IWUSR 대신에 00200을 사용해도 됨
S_IXUSR	파일 소유자의 실행 권한을 지정 S_IXUSR 대신에 00100을 사용해도 됨
S_IRWXG	그룹 사용자의 읽기, 쓰기, 실행 권한을 지정 S_IRWXG 대신에 00070을 사용해도 됨
S_IRGRP	그룹 사용자의 읽기 권한을 지정 S_IRGRP 대신에 00040을 사용해도 됨
S_IWGRP	그룹 사용자의 쓰기 권한을 지정 S_IWGRP 대신에 00020을 사용해도 됨
S_IXGRP	그룹 사용자의 실행 권한을 지정 S_IXGRP 대신에 00010을 사용해도 됨
S_IRWXO	다른 사용자의 읽기, 쓰기, 실행 권한을 지정 S_IRWXO 대신에 00007을 사용해도 됨
S_IROTH	다른 사용자의 읽기 권한을 지정 S_IROTH 대신에 00004을 사용해도 됨
S_IWOTH	다른 사용자의 쓰기 권한을 지정 S_IWOTH 대신에 00002을 사용해도 됨
S_IXOTH	다른 사용자의 실행 권한을 지정 S_IXOTH 대신에 00001을 사용해도 됨

예를 들면 umask 값이 011이면 프로그래머가 파일 생성 시 파일의 모드 값으로 0777을 설정하더라도 실제로는 시스템이 비트연산을 통해 0766으로 모드 값을 변경한 후 파일을 생성하게 된다. 이렇게 생성된 파일에 대해서는 그룹 사용자들이나 다른 사용자들은 파일을 실행할 수 없고, 오직 파일의 소유자만 그 파일을 실행할 수 있다.

• umask() 예제

<ssu_umask.c>

```
#include <stdio.h>
#include <stdlib.h>
#include <fcntl.h>
#include <sys/stat.h>

#define RW_MODE
(S_IRUSR|S_IWUSR|S_IRGRP|S_IWGRP|S_IROTH|S_IWOTH)

int main(void)
{
    char *fname1 = "ssu_file1";
    char *fname2 = "ssu_file2";

    umask(0);

    if (creat(fname1, RW_MODE) < 0) {
        fprintf(stderr, "creat error for %s\n", fname1);
        exit(1);
    }
    umask(S_IRGRP | S_IWGRP | S_IROTH | S_IWOTH);

    if (creat(fname2, RW_MODE) < 0) {
        fprintf(stderr, "creat error for %s\n", fname2);
        exit(1);
    }

    exit(0);
}
```

실행 결과

```
root@localhost:/home/oslab# umask 002
root@localhost:/home/oslab# umask
0002
root@localhost:/home/oslab# ./ssu_umask
```

```
root@localhost:/home/oslab# ls -l ssu_file1 ssu_file2
-rw-rw-rw- 1 root root 0 Jan  8 22:09 ssu_file1
-rw------- 1 root root 0 Jan  8 22:09 ssu_file2
root@localhost:/home/oslab# umask
0002
```

umask() 예제는 umask()를 통해 마스크 값을 지정하고, 생성된 파일의 접근 권한을 확인한다. umask()를 호출하여 파일 생성 시 파일의 마스크 값을 0으로 만들고 생성한 ssu_file1의 파일 접근 권한을 RW_MODE 대로 파일 소유자, 그룹 사용자, 다른 사용자 모두 읽기, 쓰기가 가능하게 한다. umask()로 그룹 사용자와 다른 사용자의 읽기, 쓰기 권한 대해 마스크를 설정하여 생성한 ssu_file2 파일은 파일의 소유자만 읽기, 쓰기가 가능하게 한다. 프로세스에서 umask()를 통해 임시로 변경한 파일 생성 마스크 값은 부모 프로세스인 쉘에는 영향을 주지 않는다는 것을 보여준다.

5. chmod(2), fchmod(2)

```
#include <sys/stat.h>
int chmod(const char *pathname, mode_t mode);
int fchmod(int filedes, mode_t mode);

                    리턴 값: 성공 시 0, 에러 시 -1을 리턴하고 errno 설정
```

chmod()와 fchmod()는 기존 파일의 접근 권한을 변경하기 위해 사용되는 시스템호출 함수이다. chmod()를 통해 파일의 접근 권한을 변경하려면 프로세스의 유효 사용자 ID가 파일의 사용자 ID와 같거나 루트 권한으로 실행되고 있어야 한다. 파일 접근 권한뿐만 아니라 set-user-ID 비트와 스티키 비트의 변경도 가능하다. 첫 번째 인자로 chmod()는 파일의 경로이름을, fchmod()는 이미 개방되어 있는 파일 디스크립터를 사용해야 한다. mode 인자로 사용되는 상수들은 umask()에서 사용하는 cmask 인자와 동일하다.

•chmod() 예제 1

<ssu_chmod_1.c>

```
#include <stdio.h>
#include <stdlib.h>
```

```
#include <unistd.h>
#include <sys/stat.h>

int main(void)
{
    struct stat statbuf;
    char *fname1 = "ssu_file1";
    char *fname2 = "ssu_file2";

    if (stat(fname1, &statbuf) < 0)
        fprintf(stderr, "stat error %s\n", fname1);

    if (chmod(fname1, (statbuf.st_mode & ~S_IXGRP) | S_ISUID) < 0)
        fprintf(stderr, "chmod error %s\n", fname1);

    if (chmod(fname2, S_IRUSR | S_IWUSR | S_IRGRP | S_IROTH |
S_IXOTH) < 0)
        fprintf(stderr, "chmod error %s\n", fname2);

    exit(0);
}

실행 결과
root@localhost:/home/oslab# ls -l ssu_file1 ssu_file2
-rw-rw-rw- 1 root root 0 Jan  8 22:09 ssu_file1
-rw------- 1 root root 0 Jan  8 22:09 ssu_file2
root@localhost:/home/oslab# ./ssu_chmod_1
root@localhost:/home/oslab# ls -l ssu_file1 ssu_file2
-rwSrw-rw- 1 root root 0 Jan  8 22:09 ssu_file1
-rw-r--r-x 1 root root 0 Jan  8 22:09 ssu_file2
```

chmod() 예제 1은 chmod()를 통해 파일의 접근 권한을 변경한다. chmod()를 호출하여 ssu_file1 파일에는 SUID를 설정하고, ssu_file2 파일에는 인자로 지정한 모드로 파일 접근 권한을 변경한다. 쉘에서 "ls -l" 명령어를 통해 접근 권한이 변경된 것을 확인할 수 있다.

•chmod() 예제 2

<ssu_chmod_2.c>

```
#include <stdio.h>
#include <stdlib.h>
#include <unistd.h>
#include <sys/stat.h>

#define MODE_EXEC (S_IXUSR|S_IXGRP|S_IXOTH)

int main(int argc, char *argv[])
{
    struct stat statbuf;
    int i;

    if (argc < 2) {
        fprintf(stderr, "usage: %s <file1> <file2> ... <fileN>\n", argv[0]);
        exit(1);
    }

    for (i = 1; i < argc; i++) {
        if (stat(argv[i], &statbuf) < 0) {
            fprintf(stderr, "%s : stat error\n", argv[i]);
            continue;
        }

        statbuf.st_mode |= MODE_EXEC;
        statbuf.st_mode ^= (S_IXGRP|S_IXOTH);
        if (chmod(argv[i], statbuf.st_mode) < 0)
            fprintf(stderr, "%s : chmod error\n", argv[i]);
        else
            printf("%s : file permission was changed.\n", argv[i]);
    }
    exit(0);
}
```

```
실행 결과
[일반 사용자 권한으로 실행해야 함(루트 권한 X)]
oslab@localhost:~$ mkdir ssu_test_dir
oslab@localhost:~$ ./ssu_chmod_2 /bin/su /home/oslab/ssu_test_dir
/bin/su : chmod error
/home/oslab/ssu_test_dir : file permission was changed.
```

chmod() 예제 2는 chmod()를 호출하여 인자로 지정한 모드로 파일 접근 권한을 변경한다. /bin/su인 경우에는 일반 사용자 권한으로 파일 접근 권한을 변경할 수 없기 때문에 에러 메시지가 출력된다. 접근 권한이 변경된 파일은 쉘에서 "ls -l" 명령어를 통해 확인 할 수 있다. "ls -l" 실행 시 그룹 사용자의 실행 권한과 다른 사용자의 실행 권한이 없어진 것을 확인할 수 있다.

6. chown(2), fchown(2), lchown(2)

```
#include <unistd.h>
int chown(const char *pathname, uid_t owner, gid_t group);
int fchown(int filedes, uid_t owner, gid_t group);
int lchown(const char *pathname, uid_t owner, gid_t group);

                        리턴 값: 성공 시 0, 에러 시 -1을 리턴하고 errno 설정
```

chown(), fchown(), lchown()는 파일의 소유자 ID와 그룹 사용자 ID를 변경하기 위해서 사용되는 시스템호출 함수이다. 적절한 권한이 있는 사용자만 이 함수들을 호출할 수 있다. 일부 시스템에서는 파일의 소유자 ID와 그룹 사용자 ID를 변경하는 것은 루트 권한이 있어야 가능하다.

첫 번째 인자로 지정한 파일이 심볼릭 링크이면 chown(), fchown()는 심볼릭 링크가 가리키는 파일의 소유자를 변경하지만 lchown()는 심볼릭 링크 파일 자체의 소유자를 변경한다. owner 인자나 group 인자가 -1이면 해당 ID는 변경되지 않는다.

•chown() 예제

```
<ssu_chown.c>

#include <stdio.h>
```

```
#include <stdlib.h>
#include <unistd.h>
#include <fcntl.h>
#include <sys/stat.h>

int main(void)
{
    struct stat statbuf;
    char *fname = "ssu_myfile";
    int fd;

    if ((fd = open(fname, O_RDWR | O_CREAT, 0600)) < 0) {
        fprintf(stderr, "open error for %s\n", fname);
        exit(1);
    }

    close(fd);
    stat(fname, &statbuf);
    printf("# 1st stat call # UID:%d    GID:%d\n", statbuf.st_uid,
statbuf.st_gid);

    if (chown(fname, 501, 300) < 0) {
        fprintf(stderr, "chown error for %s\n", fname);
        exit(1);
    }

    stat(fname, &statbuf);
    printf("# 2nd stat call # UID:%d    GID:%d\n", statbuf.st_uid,
statbuf.st_gid);

    if (unlink(fname) < 0) {
        fprintf(stderr, "unlink error for %s\n", fname);
        exit(1);
    }

    exit(0);
```

```
}

실행 결과
root@localhost:/home/oslab# ./ssu_chown
# 1st stat call # UID:0    GID:0
# 2nd stat call # UID:501    GID:300
```

chown() 예제는 chown()를 호출하여 ssu_myfile 파일의 소유자 ID와 그룹 사용자 ID를 변경한다. 루트 권한으로 실행한 결과이기 때문에, 소유자 ID, 그룹 사용자 ID가 모두 0 이었던 ssu_myfile이 chown()의 인자로 사용된 소유자 ID와 그룹 사용자 ID로 변경된 것을 확인할 수 있다.

7. truncate(2), ftruncate(2)

```
#include <unistd.h>
#include <sys/types.h>
int truncate(const char *pathname, off_t length);
int ftruncate(int filedes, off_t length);

                    리턴 값: 성공 시 0, 에러 시 -1을 리턴하고 errno 설정
```

truncate()와 ftruncate()는 파일을 지정된 길이로 자르는 시스템호출 함수이다. ftruncate()는 인자로 지정한 파일의 길이를 인자로 지정한 length 바이트가 되도록 자른다. 파일의 원래 크기가 length 인자보다 컸다면 length 이후의 데이터는 잃게 되며 원래 크기가 length보다 작았을 경우에는 시스템마다 다를 수 있으나, 대부분의 시스템은 파일의 크기가 늘어난다. 원래의 EOF에서 늘어난 크기까지는 0으로 채워진다.

8. link(2), unlink(2)

```
#include <unistd.h>
int link(const char *existingpath, const char *newpath);
int unlink(const char *pathname);

                    리턴 값: 성공 시 0, 에러 시 -1을 리턴하고 errno 설정
```

link()는 기존 파일에 대한 링크를 생성하는 시스템호출 함수이며, unlink()는 기존 디렉토리 항목의 링크를 제거하는 시스템호출 함수이다. link()는 이미 존재하는 파일에 대해서 새로운 링크를 생성하고자 할 때 사용된다. 이 함수의 첫 번째 인자는 이미 존재하는 파일의 이름이고, 두 번째 인자는 link()로 새로 생성할 파일의 이름이다. 두 번째 인자 newpath가 이미 존재한다면 에러를 리턴한다.

II 장에서 설명한 바와 같이 Linux·Unix에서 파일은 하나의 inode와 매핑된다. inode는 구조체로 구현되며 파일에 대한 모든 정보를 포함하고 있다. inode 내 정보들 중 링크 카운트(link count, 연결 계수)가 있다. 파일의 링크 카운트는 해당 파일이 가리키는 inode와의 링크 수를 의미한다. Linux·Unix의 파일 시스템에서는 디스크 상의 동일한 파일에 대해서 서로 다른 이름으로 접근할 수 있다. 즉, 동일한 inode 번호를 갖는 다수의 파일이 있을 수 있다는 것이다. 이 때 각각의 파일들은 동일한 링크 카운트 값을 가지게 된다.

link()에 의해서 생성된 링크 파일은 이름만 다를 뿐 link() 호출시 첫 번째 인자로 지정한 파일과 동일한 inode 번호를 갖게 되고, 어느 한 파일 이름을 사용해서 파일의 내용을 수정하면 동일한 inode 번호를 갖고 있는 모든 링크 파일들도 동일하게 파일의 내용이 수정된다.

링크 파일을 생성한다는 것은 파일을 복사한다는 것과 다른 개념이다. 파일을 복사하게 되면 디스크 상에 두 개의 서로 다른 파일이 생기고 다른 inode를 갖게 된다. 따라서 복사한 파일 중 어느 하나의 파일의 내용을 변경하더라도 다른 쪽의 파일에는 아무런 영향도 주지 않는다.

이러한 링크의 개념은 같은 파일을 중복해서 저장하지 않아도 되기 때문에 디스크 공간을 절약할 수 있게 하고, 여러 사용자가 같은 파일을 쉽게 공유할 수 있도록 한다는 점에서 매우 유용하다.

주의해야할 점은 link()는 주로 일반 파일에만 사용하며, 디렉토리에 대한 link() 호출은 루트 권한이 있어야 가능하다. 이것은 잘못된 연결에 의해 무한 루프에 빠지는 것을 방지하기 위함이다.

Linux·Unix에서는 다른 종류의 여러 개 파일 시스템을 사용할 수 있는데 하나의 디스크를 몇 개의 파티션으로 나눈 후 각각의 파티션에 별도의 파일 시스템을 사용할 수 있고, 다른 종류의 파일 시스템을 사용하는 디스크를 동시에 여러 개 사용할 수도 있다. 여러 개 파일 시스템을 사용하려면 시스템 부팅 시 마운트(mount)라는 작업을 해야 한다. 부팅 후에도 쉘에서 "mount" 명령어를 사용하여 새로운 파일 시스템을 마운트할 수 있다.

만약 사용 중인 여러 파일 시스템 중에서 특정 파일 시스템이 언마운트되어 사용할 수 없는 상황에서, 언마운트된 파일 시스템 내에 포함된 파일에 링크된 파일 이름을 사용하는 것은 불가능하다. 따라서, Linux·Unix에서는 서로 다른 파일 시스템 간의 링크는 허용되지 않으며, link() 호출시 주어질 두 개의 인자는 반드시 하나의 파일 시스템 내에서 링크될 파일들이어야 한다.

unlink()는 link()와는 반대로 파일의 링크 카운트를 하나 감소시킨다. unlink()가 성공적으로 호출되면 unlink()에서 인자로 지정한 파일 이름으로는 해당 파일에 접근할 수 없다. 그러나, 바로 이전에 링크 카운트가 2 이상이었다면, 링크 카운트가 최소한 1 이상이기 때문에 동일한 inode 번호를 갖는 다른 파일 이름으로 디스크 상 파일에 접근할 수가 있다.

만약 unlink()의 호출 결과로 링크 카운트가 0이 되었다면 해당 파일이 사용하고 있던 디스크 공간은 해제되어 자유 영역(free area)으로 리턴되고 모든 데이터는 접근 불가능한 상태가 된다. 파일의 inode 번호도 자유 inode 리스트(free inode list)에 넣어지게 되어서 새로운 파일의 생성 시에 사용될 수 있게 한다. unlink()는 루트 권한이 있어야만 디렉토리에 대해서 호출할 수 있다.

시스템이 부팅될 때 디스크 상 파일 시스템은 메모리로 복사되는데 이 때 디스크 파일 시스템의 정보들 외에 부가적인 정보들도 추가되어 저장된다. 그 중에 레퍼런스 카운트(reference count, 참조 계수)라는 것이 있다. 링크 카운트가 파일 시스템 내에서 동일한 inode 번호를 갖는 파일 이름(디렉토리 엔트리)이 몇 개나 있는지를 나타내는 값인 반면에 레퍼런스 카운트라는 것은 메모리의 파일 시스템 복사본 내에 존재하면서 현재 해당 파일을 사용하고 있는 프로세스가 몇 개인지를 나타낸다.

Linux·Unix는 다중 사용자 환경을 지원하는 시스템이기 때문에 사용자 간 파일의 공유가 가능하므로 하나의 파일을 여러 사용자가 동시에 오픈해서 접근할 수 있다. 따라서, 디스크에서 특정 파일을 위해 사용되고 있던 공간이 해제되는 것은 연결계수가 0이 되는 시점이 아니라 레퍼런스 카운트가 0이 되는 시점이다.

예를 들어, 링크 카운트가 1인 파일을 여러 사용자가 쓰고 있는 상황에서 unlink() 호출을 시도하게 되면 링크 카운트가 1이었던 파일이 unlink() 호출 후 연결 계수가 0이 되어도 다른 프로세스들이 이 파일을 사용 중이었다면 레퍼런스 카운트는 여전히 0보다 큰 값을 가지게 된다. 이럴 경우 프로세스들은 해당 파일을 접근해서 읽고 쓸 수 있다. 그러나 일단 파일을 닫고 나면 다시 오픈할 수는 없다.

• link() 예제

<ssu_oslab.c>

```
#include <stdio.h>
#include <stdlib.h>

int main(void)
{
    printf("This is oslab file\n");
    exit(0);
}
```

<ssu_link.c>

```
#include <stdio.h>
#include <stdlib.h>
#include <unistd.h>

int main(int argc, char *argv[])
{
    if (argc < 3) {
        fprintf(stderr, "usage: %s <file1> <file2>\n", argv[0]);
        exit(1);
    }

    if (link(argv[1], argv[2]) == -1) {
        fprintf(stderr, "link error for %s\n", argv[1]);
        exit(1);
    }

    exit(0);
}
```

실행 결과

```
root@localhost:/home/oslab# gcc -o oslab ssu_oslab.c
root@localhost:/home/oslab# ./ssu_link oslab eoslab
root@localhost:/home/oslab# ls -l oslab eoslab
```

```
-rwxr-xr-x 2 root root 8656 Jan  8 23:16 eoslab
-rwxr-xr-x 2 root root 8656 Jan  8 23:16 oslab
root@localhost:/home/oslab# ./oslab
This is oslab file
root@localhost:/home/oslab# ./eoslab
This is oslab file
```

link() 예제는 link()를 호출하여 첫 번째 인자로 지정한 파일과 같은 파일을 두 번째 인자로 지정한 이름으로 새로운 파일을 생성한다. 두 파일은 쉘에서 "cp" 명령어를 사용하여 복사한 파일과 다르게 동일한 디스크 공간을 가리킨다.

•unlink() 예제 1

<ssu_dump.txt>

```
Linux System Programming!
```

<ssu_unlink_1.c>

```
#include <stdio.h>
#include <stdlib.h>
#include <unistd.h>
#include <fcntl.h>

int main(void)
{
    char *fname = "ssu_dump.txt";

    if (open(fname, O_RDWR) < 0) {
        fprintf(stderr, "open error for %s\n", fname);
        exit(1);
    }

    if (unlink(fname) < 0) {
        fprintf(stderr, "unlink error for %s\n", fname);
        exit(1);
    }
```

```
    printf("File unlinked\n");
    sleep(20);
    printf("Done\n");
    exit(0);
}
```

```
실행 결과 [Ubuntu, Fedora]
[일반 사용자 권한으로 실행해야 함]
oslab@localhost:~$ ls -l ssu_dump.txt
-rw-rw-r-- 1 oslab oslab 26 Jan  9 23:06 ssu_dump.txt
oslab@localhost:~$ df /home/
Filesystem     1K-blocks    Used Available Use% Mounted on
/dev/sda1       16381864 4253648  11273024  28% /
oslab@localhost:~$ ./ssu_unlink_1 &
[1] 3970
oslab@localhost:~$ File unlinked

oslab@localhost:~$ ls -l ssu_dump.txt
ls: cannot access 'ssu_dump.txt': No such file or directory
oslab@localhost:~$ df /home/
Filesystem     1K-blocks    Used Available Use% Mounted on
/dev/sda1       16381864 4253648  11273024  28% /
oslab@localhost:~$ Done

[1]+  Done                    ./ssu_unlink
oslab@localhost:~$ df /home/
Filesystem     1K-blocks    Used Available Use% Mounted on
/dev/sda1       16381864 4253644  11273028  28% /
```

```
실행 결과 [macOS]
[일반 사용자 권한으로 실행해야 함]
ssu-ui-MacBook-Air:~ oslab$ ls -l ssu_dump.txt
-rw-rw-r—  1 oslab  staff  26  1  9 20:16 ssu_dump.txt
ssu-ui-MacBook-Air:~ oslab$ df /
Filesystem 512-blocks   Used Available Capacity iused   ifree %iused  Mounted on
```

```
/dev/disk1   234573824 68834528 165227296    30% 8668314 20653412    30%    /
ssu-ui-MacBook-Air:~ oslab$ ./ssu_unlink_1 &
[1] 1122
ssu-ui-MacBook-Air:~ oslab$ file unlinked

ssu-ui-MacBook-Air:~ oslab$ ls -l ssu_dump.txt
ls: ssu_dump.txt: No such file or directory
ssu-ui-MacBook-Air:~ oslab$ df /
Filesystem 512-blocks     Used Available Capacity iused     ifree %iused  Mounted on
/dev/disk1   234573824 68836888 165224936    30% 8668609 20653117    30%    /
ssu-ui-MacBook-Air:~ oslab$ done

[1]+  Done                       ./ssu_unlink_1
ssu-ui-MacBook-Air:~ oslab$ df /
Filesystem 512-blocks     Used Available Capacity iused     ifree %iused
Mounted on
/dev/disk1   234573824 68836888 165224936     30% 8668609 20653117
 30%    /
```

unlink() 예제 1은 unlink()를 호출하여 파일의 링크를 해제한다. 실행 결과에서 ssu_dump.txt 파일을 unlink()를 호출하여 파일을 삭제하고, 쉘에서 "ls" 명령어로 확인하면 ssu_dump.txt 파일이 삭제된 것을 확인할 수 있다. 또한 프로세스가 종료되고 디스크의 공간을 확인해 보면 사용 가능한 공간이 늘어난 것을 알 수 있으며 ssu_dump.txt 파일에 해당하는 디스크 공간의 링크 카운트는 1이었음을 확인할 수 있다. 그러나 디스크 공간에서 해당 파일의 공간을 해제하는 시점은 운영체제에 따라 다르게 구현되어 있다.

•unlink() 예제 2

```
<ssu_unlink_2.c>

#include <stdio.h>
#include <stdlib.h>
#include <unistd.h>
#include <fcntl.h>

int main(void)
```

```
{
    char buf[64];
    char *fname = "ssu_tempfile";
    int fd;
    int length;

    if ((fd = open(fname, O_RDWR | O_CREAT | O_TRUNC, 0600)) < 0)
{
        fprintf(stderr, "first open error for %s\n", fname);
        exit(1);
    }

    if (unlink(fname) < 0) {
        fprintf(stderr, "unlink error for %s\n", fname);
        exit(1);
    }

    if (write(fd, "How are you?", 12) != 12) {
        fprintf(stderr, "write error\n");
        exit(1);
    }

    lseek(fd, 0, 0);

    if ((length = read(fd, buf, sizeof(buf))) < 0) {
        fprintf(stderr, "buf read error\n");
        exit(1);
    }
    else
        buf[length] = 0;

    printf("%s\n", buf);
    close(fd);

    if ((fd = open(fname, O_RDWR)) < 0) {
        fprintf(stderr, "second open error for %s\n", fname);
```

```
        exit(1);
    }
    else
        close(fd);

    exit(0);
}
```

```
실행 결과
root@localhost:/home/oslab# ./ssu_unlink_2
How are you?
second open error for ssu_tempfile
```

unlink() 예제 2는 unlink() 호출 시 링크 카운트와 레퍼런스 카운트가 변경되는 시점을 확인한다. unlink()는 파일을 닫은 후 삭제되기 때문에 첫 번째 쓰기는 성공적으로 실행된다. 파일을 닫은 후에는 파일이 삭제되어 두 번째 쓰기는 실패한다.

9. remove(3), rename(2)

```
#include <stdio.h>
int remove(const char *pathname);
int rename(const char *oldname, const char *newname);

                    리턴 값: 성공 시 0, 에러 시 -1을 리턴하고 errno 설정
```

remove()는 파일이나 디렉토리를 unlink하는 시스템호출 함수이며, rename()는 이름을 변경할 때 호출하는 시스템호출 함수이다. remove()는 unlink()와 같은 기능을 수행한다. 단, unlink()는 루트 권한이 있어야만 디렉토리를 인자로 받을 수 있는데 반해 remove()는 파일과 디렉토리 모두 인자로 받을 수 있다. 파일의 경우 remove()는 unlink()와 동일하며 디렉토리의 경우 rmdir()와 동일한 기능을 수행한다.

rename()는 파일이나 디렉토리의 이름을 변경하는데 사용된다. 변경하고자 하는 대상 파일의 이름을 첫 번째 인자로 하고, 새 이름을 두 번째 인자로 해서 함수를 호출하게 된다. 변경 대상이 디렉토리가 아니고 파일인 경우 두 번째 인자로는 이미 존재하는 파일의 이름을 받을 수 없다. 이미 존재하는 파일을 인자로 받으려면 기존 파일을 먼저 삭제하고 이름을 변경해야 한다.

변경 대상이 디렉토리이고 두 번째 인자로 지정한 이름이 이미 존재하는 디렉토리의 이름인 경우, 이미 존재하는 디렉토리가 빈 디렉토리라면 이름이 변경되고 그렇지 않은 경우에는 호출이 실패로 끝나게 된다. 대상 파일이 심볼릭 링크인 경우 심볼릭 링크 파일 자체의 이름이 변경되고 두 인자가 같을 경우 아무것도 변경하지 않고 성공적으로 리턴한다.

•remove() 예제

<ssu_remove.c>

```
#include <stdio.h>
#include <stdlib.h>
#include <unistd.h>

int main(int argc, char *argv[])
{
    if (argc != 3) {
        fprintf(stderr, "usage: %s <oldname> <newname>\n", argv[0]);
        exit(1);
    }

    if (link(argv[1], argv[2]) < 0) {
        fprintf(stderr, "link error\n");
        exit(1);
    }
    else
        printf("step1 passed.\n");

    if (remove(argv[1]) < 0) {
        fprintf(stderr, "remove error\n");
        remove(argv[2]);
        exit(1);
    }
    else
        printf("step2 passed.\n");
```

```
    printf("Success!\n");
    exit(0);
}

실행 결과
root@localhost:/home/oslab# vi ssu_abcd.txt
root@localhost:/home/oslab# ls -l ssu_abcd.txt
-rw-r--r-- 1 root root 0 Jan  8 23:34 ssu_abcd.txt
root@localhost:/home/oslab# ./ssu_remove ssu_abcd.txt ssu_efgh.txt
step1 passed.
step2 passed.
Success!
root@localhost:/home/oslab# ls ssu_abcd.txt
ls: cannot access 'ssu_abcd.txt': No such file or directory
root@localhost:/home/oslab# ls -l ssu_efgh.txt
-rw-r--r-- 1 root root 0 Jan  8 23:34 ssu_efgh.txt
```

remove() 예제는 link()와 remove()를 통해 파일의 이름을 변경한다. 인자로 지정한 파일을 link() 호출을 통해 새로운 파일을 생성하고 인자로 지정한 파일을 remove()를 통해 삭제한다. remove()는 unlink()와 동일하게 동작하기 때문에 파일은 삭제되지만 그 파일의 해당하는 디스크 공간은 해제되지 않고 link()로 생성한 파일이 그 디스크 공간을 가리킨다.

•rename() 예제

<ssu_rename.c>

```
#include <stdio.h>
#include <stdlib.h>
#include <unistd.h>
#include <fcntl.h>

int main(int argc, char *argv[])
{
    int fd;

    if (argc != 3) {
```

```
        fprintf(stderr, "usage: %s <oldname> <newname>\n", argv[0]);
        exit(1);
    }

    if ((fd = open(argv[1], O_RDONLY)) < 0) {
        fprintf(stderr, "first open error for %s\n", argv[1]);
        exit(1);
    }
    else
        close(fd);

    if (rename(argv[1], argv[2]) < 0) {
        fprintf(stderr, "rename error\n");
        exit(1);
    }

    if ((fd = open(argv[1], O_RDONLY)) < 0)
        printf("second open error for %s\n", argv[1]);
    else {
        fprintf(stderr, "it's very strange!\n");
        exit(1);
    }

    if ((fd = open(argv[2], O_RDONLY)) < 0) {
        fprintf(stderr, "third open error for %s\n", argv[2]);
        exit(1);
    }

    printf("Everything is good!\n");
    exit(0);
}
```

실행 결과

```
root@localhost:/home/oslab# vi ssu_test1.txt
root@localhost:/home/oslab# ./ssu_rename ssu_test1.txt ssu_test2.txt
second open error for ssu_test1.txt
Everything is good!
```

```
root@localhost:/home/oslab# ls ssu_test2.txt
ssu_test2.txt
```

rename() 예제는 rename()를 호출하여 파일의 이름을 변경한다. 인자로 지정한 파일을 rename() 호출을 통해서 이름을 변경한다. 실행 결과 ssu_test1.txt 파일의 이름이 ssu_test2.txt로 변경됐기 때문에, ssu_test1.txt에 접근하는 두 번째 open() 호출은 실패하고 ssu_text2.txt에 접근하는 세 번째 open() 호출은 성공한다.

10. symlink(2), readlink(2)

```
#include <unistd.h>
int symlink(const char *actualpath, const char *sympath);

                              리턴 값: 성공 시 0, 에러 시 -1을 리턴하고 errno 설정

ssize_t readlink(const char *pathname, char *buf, size_t bufsize);

                    리턴 값: 성공 시 읽은 바이트 수, 에러 시 -1을 리턴하고 errno 설정
```

symlink()는 심볼릭 링크를 생성하는 시스템호출 함수이며, readlink()는 심볼릭 링크를 읽는 시스템호출 함수이다. 심볼릭 링크는 link()를 통해 만들어진 하드 링크의 한계들을 해결하기 위해 만들어진 것으로 디스크상의 inode를 가리키는 파일이 아닌 파일 자체를 가리키는 파일로 Windows 운영체제의 "바로가기" 파일과 동일한 기능을 갖는다. 일반적으로 하드 링크는 링크와 해당 파일이 동일한 파일 시스템에 존재해야 하지만 심볼릭 링크는 서로 다른 파일 시스템의 파일과 링크가 가능하다.
첫 번째 인자로 실제 파일의 경로 이름을, 두 번째 인자로 심볼릭 링크의 이름을 받는다. 이 때 첫 번째 인자로 지정한 파일은 존재하지 않아도 되는데, 이는 심볼릭 링크가 대상 파일의 경로 이름만을 자신의 데이터로 가질 뿐 대상 파일의 데이터와는 전혀 무관하기 때문이다. 이 함수를 사용할 때 가장 주의해야할 점은 새로 만들어지는 심볼릭 링크의 이름이 두 번째 인자여야 한다는 것이다.
readlink()는 링크로 연결된 파일 이름을 읽을 수 있다. buf 인자에 저장된 문자열의 끝이 NULL로 끝나지 않는다.

•symlink() 예제

<ssu_symlink.c>

```
#include <stdio.h>
#include <stdlib.h>
#include <unistd.h>

int main(int argc, char *argv[]) {
    if (argc != 3) {
        fprintf(stderr, "usage: %s <actualname> <symname>\n", argv[0]);
        exit(1);
    }

    if (symlink(argv[1], argv[2]) < 0) {
        fprintf(stderr, "symlink error\n");
        exit(1);
    }
    else
        printf("symlink: %s -> %s\n", argv[2], argv[1]);

    exit(0);
}
```

실행 결과

```
root@localhost:/home/oslab# ./ssu_symlink /home/oslab/oslab /bin/oslab
symlink: /bin/oslab -> /home/oslab/oslab
root@localhost:/home/oslab# oslab
This is oslab file
```

symlink() 예제는 symlink() 호출을 통해서 인자로 지정한 파일의 심볼릭 링크 파일을 생성한다. /bin은 환경 변수 PATH에 속한 디렉토리이기 때문에 파일의 이름만으로 프로그램을 실행시킬 수 있다.

11. utime(2)

```
#include <sys/types.h>
#include <utime.h>
int utime(const char *pathname, const struct utimbuf *times);

                    리턴 값: 성공 시 0, 에러 시 -1을 리턴하고 errno 설정
```

utime()는 파일의 최종 접근 시간과 최종 변경 시간을 변경하는 시스템호출 함수이다. 파일의 최종 접근 시간과 최종 변경 시간을 변경하는 데 쓰인다. 인자로 사용되는 utimbuf 구조체는 <표 3-9>에서 보여주듯이 <utime.h>에 정의되어 있다.

〈표 3-9〉 utimbuf 구조체

```
struct utimbuf{
    time_t actime;    // 접근 시간
    time_t modtime;  // 수정 시간
}
```

변수형 time_t로 선언된 변수에는 Linux·Unix에서 정의한 캘린더(calander) 시간이 저장된다. 캘린더 시간은 1970년 1월 1일 0시부터 시작하여 현재까지의 경과된 시간을 초로 환산한 값이다.

인자로 사용될 utimbuf 구조체에 대한 포인터가 NULL이면 파일의 최종 접근 시간과 최종 변경 시간은 현재 시각으로 변경된다. utime()를 호출하기 위해서는 프로세스의 유효 사용자 ID가 파일의 사용자 ID와 같거나 프로세스가 파일에 대해서 쓰기 권한을 가지고 있어야 한다.

만약 utimbuf 구조체에 대한 포인터가 NULL이 아니면 최종 접근 시간은 actime으로, 최종 변경 시간은 modtime으로 각각 변경된다. 단 최종 접근 시간과 최종 변경 시간을 변경하려면 프로세스의 유효 사용자 ID가 파일의 사용자 ID와 같거나 루트 권한으로 실행해야 한다. 단지 파일에 대한 쓰기 권한만 가지고 있는 경우에는 호출이 실패한다. 참고로, stat 구조체의 멤버 변수 중 st_ctime은 utime()으로 변경할 수 없는데 이는 이 함수의 호출이 완료되는 순간에 st_ctime의 값이 현재 시간으로 갱신되기 때문이다.

•utime() 예제

<ssu_utime.c>

```
#include <stdio.h>
#include <stdlib.h>
#include <unistd.h>
#include <fcntl.h>
#include <sys/stat.h>
#include <utime.h>

int main(int argc, char *argv[])
{
    struct utimbuf time_buf;
    struct stat statbuf;
    int fd;
    int i;

    for (i = 1; i < argc; i++) {
        if (stat(argv[i], &statbuf) < 0) {
            fprintf(stderr, "stat error for %s\n", argv[i]);
            continue;
        }

        if ((fd = open(argv[i], O_RDWR | O_TRUNC)) < 0) {
            fprintf(stderr, "open error for %s\n", argv[i]);
            continue;
        }

        close(fd);
        time_buf.actime  = statbuf.st_atime;
        time_buf.modtime = statbuf.st_mtime;

        if (utime(argv[i], &time_buf) < 0) {
            fprintf(stderr, "utime error for %s\n", argv[i]);
            continue;
        }
```

```
    }

    exit(0);
}
```

```
실행 결과
oslab@localhost:~$ vi ssu_test1.txt
oslab@localhost:~$ vi ssu_test2.txt
oslab@localhost:~$ ls -l ssu_test1.txt ssu_test2.txt
-rw-rw-r-- 1 oslab oslab 0 Jan  9 00:15 ssu_test1.txt
-rw-rw-r-- 1 oslab oslab 0 Jan  9 00:16 ssu_test2.txt
oslab@localhost:~$ ls -lu ssu_test1.txt ssu_test2.txt
-rw-rw-r-- 1 oslab oslab 0 Jan  9 00:15 ssu_test1.txt
-rw-rw-r-- 1 oslab oslab 0 Jan  9 00:16 ssu_test2.txt
oslab@localhost:~$ date
Mon Jan  9 00:17:43 PST 2017
oslab@localhost:~$ ./ssu_utime ssu_test1.txt ssu_test2.txt
oslab@localhost:~$ ls -l ssu_test1.txt ssu_test2.txt
-rw-rw-r-- 1 oslab oslab 0 Jan  9 00:15 ssu_test1.txt
-rw-rw-r-- 1 oslab oslab 0 Jan  9 00:16 ssu_test2.txt
oslab@localhost:~$ ls -lu ssu_test1.txt ssu_test2.txt
-rw-rw-r-- 1 oslab oslab 0 Jan  9 00:15 ssu_test1.txt
-rw-rw-r-- 1 oslab oslab 0 Jan  9 00:16 ssu_test2.txt
oslab@localhost:~$ ls -lc ssu_test1.txt ssu_test2.txt
-rw-rw-r-- 1 oslab oslab 0 Jan  9 00:17 ssu_test1.txt
-rw-rw-r-- 1 oslab oslab 0 Jan  9 00:17 ssu_test2.txt
```

utime() 예제는 인자로 지정한 파일들의 atime과 mtime이 변경되지 않게 파일을 오픈하는 예제이다. 인자로 지정한 파일은 open() 함수를 호출하면 atime이 변경되고 파일 내용을 수정하면 mtime이 변경된다.

open()를 호출하기 이전에 stat()를 호출하여 시간 값을 리턴 받고, 그 후에 open()를 호출한다. 따라서 utime() 호출을 통해 이전에 stat()를 통해 리턴된 시간 값들이 지정했기 때문에 파일의 속성 값이 변경될 때 바뀌는 ctime을 제외한 atime과 mtime은 이전 값을 유지하는 것을 확인할 수 있다.

12. mkdir(2), rmdir(2)

```
#include <sys/stat.h>
#include <sys/types.h>
int mkdir(const char *pathname, mode_t mode);
                    리턴 값: 성공 시 0, 에러 시 -1을 리턴하고 errno 설정

#include <unistd.h>
int rmdir(const char *pathname);
                    리턴 값: 성공 시 0, 에러 시 -1을 리턴하고 errno 설정
```

mkdir()는 디렉토리를 생성할 때 사용하는 시스템호출 함수이며, rmdir()는 디렉토리를 삭제할 때 사용하는 시스템호출 함수이다. mkdir()가 성공적으로 수행되면 "." 디렉토리와 ".." 디렉토리 두 항목을 자동적으로 포함한 새로운 디렉토리가 생성된다. mode 인자는 접근 권한을 나타내며 파일 생성 마스크에 의해 수정된다. 빈 디렉토리는 rmdir()로 제거할 수 있다. 빈 디렉토리란 ". " 디렉토리와 ".." 디렉토리 두 개의 디렉토리 항목만을 갖는 디렉토리이며 만약 이 함수의 호출로 디렉토리의 링크 카운트가 0이 되고 다른 프로세스가 이 디렉토리를 오픈하고 있지 않다면, 이 디렉토리가 차지하고 있던 디스크 공간은 새로운 파일이나 디렉토리를 위해 자유 공간으로 리턴된다. 만약 하나 이상의 프로세스가 이 디렉토리를 오픈하고 있다면 이 프로세스들이 모두 디렉토리를 닫은 후에 해당 디렉토리는 제거되며 해당 디렉토리가 제거된 후에 rmdir()가 리턴된다.

13. opendir(3), readdir(3), rewinddir(3), closedir(3), telldir(3), seekdir(3)

```
#include <sys/types.h>
#include <dirent.h>
DIR *opendir(const char *name);
                    리턴 값: 성공 시 포인터, 에러 시 NULL을 리턴하고 errno 설정

#include <dirent.h>
```

```
struct dirent *readdir(DIR *dp);
                                   리턴 값: 성공 시 포인터, 디렉토리의 끝일 경우 NULL,
                                            에러 시 NULL을 리턴하고 errno 설정

#include <sys/types.h>
#include <dirent.h>
void rewinddir(DIR *dp);

#include <sys/types.h>
#include <dirent.h>
int closedir(DIR *dp);
                                   리턴 값: 성공 시 0, 에러 시 -1을 리턴하고 errno 설정

#include <dirent.h>
long telldir(DIR *dp);
                                   리턴 값: 성공 시 dp에 해당하는 디렉토리 안의 현재 위치,
                                            에러 시 -1을 리턴하고 errno 설정

#include <dirent.h>
void seekdir(DIR *dp, long loc);
```

opendir(), readdir(), rewinddir(), closedir(), telldir(), seekdir()는 디렉토리의 내용을 보기 위한 시스템호출 함수들이다. 디렉토리는 접근 권한만 있으면 자유롭게 읽을 수 있다. 그러나 디렉토리에 대한 쓰기 작업은 커널만이 할 수 있는데 사용자가 임의로 디렉토리의 구조를 수정하는 것을 막기 위해서이다.

DIR 구조체는 읽고 싶은 디렉토리의 정보를 처리하는데 필요한 시스템 내부 구조체로서 FILE 구조체와 비슷한 방법으로 처리된다. DIR 구조체는 디렉토리의 포인터를 저장하기 위한 구조체로 해당 디렉토리의 값을 가리킨다. 디렉토리 관련 작업을 할 때 먼저 DIR *dp; 로 포인터 선언을 해야 한다.

dirent 구조체는 디렉토리의 정보를 포함하고 있는 구조체로 포인터가 가리키는 디렉토리의 정보를 포함하고 있다. 디렉토리 내에 있는 파일들은 dirent 구조체로 관리된다. <표 3-10>에서 보여주듯이 dirent 구조체는 dirent.h에 정의되어 있다.

〈표 3-10〉 dirent 구조체

```
struct dirent
{
    ino_t d_ino;                    /* inode number/
    off_t d_off;                    /* current position in the
                                       directory stream*/
    unsigned short d_reclen;        /* length of this record*/
    unsigned char  d_type;          /* type of file; not supported by
                                       all filesystem types */

    char d_name [256];              /* filename */
}
```

opendir()의 리턴 값으로 얻을 수 있는 DIR 구조체에 대한 포인터는 나머지 함수들의 인자로 사용된다. opendir()는 readdir()에 의해 첫 번째 항목이 읽혀지도록 시스템 내부 구조체를 초기화하는 역할을 한다. 읽는 항목의 순서는 시스템마다 다를 수 있다.

•디렉토리 함수 예제 1

<ssu_oslab_1.c>

```
#include <stdio.h>
#include <stdlib.h>

int main(void)
{
    printf("This is oslab file\n");
    exit(0);
}
```

<ssu_directory_1.c>

```
#include <stdio.h>
#include <stdlib.h>
#include <unistd.h>
#include <dirent.h>
#include <fcntl.h>
```

```
#include <string.h>
#include <sys/stat.h>

#define DIRECTORY_SIZE MAXNAMLEN

int main(int argc, char *argv[]) {
    struct dirent *dentry;
    struct stat statbuf;
    char filename[DIRECTORY_SIZE+1];
    DIR *dirp;

    if (argc < 2) {
        fprintf(stderr, "usage: %s <directory>\n", argv[0]);
        exit(1);
    }

    if ((dirp = opendir(argv[1]))==NULL || chdir(argv[1])==-1) {
        fprintf(stderr, "opendir, chdir error for %s\n", argv[1]);
        exit(1);
    }

    while ((dentry = readdir(dirp)) != NULL) {
        if (dentry->d_ino == 0)
            continue;

        memcpy(filename, dentry->d_name, DIRECTORY_SIZE);

        if (stat(filename, &statbuf) == -1) {
            fprintf(stderr, "stat error for %s\n", filename);
            break;
        }

        if ((statbuf.st_mode & S_IFMT) == S_IFREG)
            printf("%-14s %ld\n", filename, statbuf.st_size);
        else
            printf("%-14s\n", filename);
    }
```

```
    exit(0);
}

실행 결과
root@localhost:/home/oslab# mkdir ssu_oslab
root@localhost:/home/oslab# cd ssu_oslab
root@localhost:/home/oslab/ssu_oslab# vi ssu_oslab_1.c
root@localhost:/home/oslab/ssu_oslab# gcc -o ssu_oslab_exec ssu_oslab_1.c
root@localhost:/home/oslab/ssu_oslab# mkdir ssu_dir
root@localhost:/home/oslab/ssu_oslab# cd ..
root@localhost:/home/oslab# ./ssu_directory_1 ssu_oslab
..
.
ssu_dir
ssu_oslab.c    102
ssu_oslab_exec 8656
```

디렉토리 함수 예제 1은 인자로 지정한 디렉토리를 읽어 이름과 파일 크기를 출력한다. opendir() 호출을 통해 DIR 구조체를 얻고 이 구조체를 readdir()의 인자로 넣어 파일 이름을 얻는다. 파일 이름이 있다면 stat() 호출을 통해 파일 정보를 리턴 받을 수 있다. 파일 이름은 경로는 포함하지 않은 파일 이름이기 때문에 opendir()를 호출할 때 chdir()도 호출하여 파일 이름만 가지고도 접근할 수 있게 작업 디렉토리를 변경한다. 리턴 받은 stat 구조체의 파일 정보를 가지고 일반 파일인지 확인 후 이름과 크기를 출력한다. 실행 결과는 시스템마다 다를 수 있다.

•디렉토리 함수 예제 2

<ssu_osdir/ssu_dir1/ssu_file1>

```
Hi,
it's the Keyword
Bye.
```

<ssu_osdir/ssu_dir2/ssu_file2>

```
Hi,
```

```
it's not the keyword.
Bye.
```

<ssu_directory_2.c>

```
#include <stdio.h>
#include <stdlib.h>
#include <unistd.h>
#include <dirent.h>
#include <limits.h>
#include <string.h>
#include <sys/stat.h>

#ifdef  PATH_MAX
static int pathmax = PATH_MAX;
#else
static int pathmax = 0;
#endif

#define MAX_PATH_GUESSED 1024

#ifndef LINE_MAX
#define LINE_MAX 2048
#endif

char *pathname;
char command[LINE_MAX], grep_cmd[LINE_MAX];

int ssu_do_grep(void) {
    struct dirent *dirp;
    struct stat statbuf;
    char *ptr;
    DIR *dp;

    if (lstat(pathname, &statbuf) < 0) {
        fprintf(stderr, "lstat error for %s\n", pathname);
        return 0;
```

```
    }

    if (S_ISDIR(statbuf.st_mode) == 0) {
        sprintf(command, "%s %s", grep_cmd, pathname);
        printf("%s : \n", pathname);
        system(command);
        return 0;
    }

    ptr = pathname + strlen(pathname);
    *ptr++ = '/';
    *ptr = '\0';

    if ((dp = opendir(pathname)) == NULL) {
        fprintf(stderr, "opendir error for %s\n", pathname);
        return 0;
    }

    while ((dirp = readdir(dp)) != NULL)
        if (strcmp(dirp->d_name, ".") && strcmp(dirp->d_name, "..")) {
            strcpy(ptr, dirp->d_name);

            if (ssu_do_grep() < 0)
                break;
        }

    ptr[-1] = 0;
    closedir(dp);
    return 0;
}

void ssu_make_grep(int argc, char *argv[]) {
    int i;
    strcpy(grep_cmd, " grep");

    for (i = 1;i < argc-1;i++) {
```

```
        strcat(grep_cmd, " ");
        strcat(grep_cmd, argv[i]);
    }
}

int main(int argc, char *argv[])
{
    if (argc < 2) {
        fprintf(stderr, "usage: %s <-CVbchilnsvwx> <-num> <-A num>
<-B num> <-f file> \n"
                "             <-e> expr <directory>\n", argv[0]);
        exit(1);
    }

    if (pathmax == 0) {
        if ((pathmax = pathconf("/", _PC_PATH_MAX)) < 0)
            pathmax = MAX_PATH_GUESSED;
        else
            pathmax++;
    }

    if ((pathname = (char *) malloc(pathmax+1)) == NULL) {
        fprintf(stderr, "malloc error\n");
        exit(1);
    }

    strcpy(pathname, argv[argc-1]);
    ssu_make_grep(argc, argv);
    ssu_do_grep();
    exit(0);
}
```

실행 결과

```
oslab@localhost:~$ vi ssu_osdir/ssu_dir1/ssu_file1
oslab@localhost:~$ vi ssu_osdir/ssu_dir2/ssu_file2
oslab@localhost:~$ ./ssu_directory_2 -n Keyword /home/oslab/ssu_osdir
```

```
/home/oslab/ssu_osdir/ssu_dir2/ssu_file2 :
/home/oslab/ssu_osdir/ssu_dir1/ssu_file1 :
2:it's the Keyword
```

디렉토리 함수 예제 2는 인자로 지정한 디렉토리를 읽어 일반 파일의 경우 "grep" 명령어를 실행하고, 디렉토리의 경우 해당 디렉토리를 읽는다. opendir() 호출을 통해 DIR 구조체 포인터를 리턴 받고, 이 구조체를 통해서 readdir()를 호출하여 파일을 하나씩 접근하여 파일 이름을 얻는다. 일반 파일의 경우 system()를 통해 "grep" 명령어를 실행하여 찾는 키워드가 파일에 존재하는지를 판단한다.

14. chdir(2), fchdir(2)

```
#include <unistd.h>
int chdir(const char *pathname);
int fchdir(int filedes);
```

리턴 값: 성공 시 0, 에러 시 -1을 리턴하고 errno 설정

chdir()와 fchdir()는 현재 작업 디렉토리를 변경하는 시스템호출 함수이다. 모든 프로세스는 현재 작업 디렉토리에 관한 정보를 갖는다. 이 디렉토리는 /(루트)로 시작하지 않는 모든 상대적 디렉토리 경로의 시작 위치가 된다. 일단 사용자가 로그인하면 /etc/passwd 파일에 지정되어 있는 사용자 홈 디렉토리로부터 시작해서 읽는 디렉토리 이름은 프로세스의 한 속성으로 존재하며 chdir() 또는 fchdir()로 변경 가능하다.
chdir()는 변경하고자 하는 디렉토리의 경로를 나타내는 문자열을 인자로 받는 반면, fchdir()는 그 디렉토리에 대한 파일 디스크립터를 인자를 받는다. 만약 pathname 인자나 filedes 인자가 유효한 디렉토리를 나타내지 않거나 접근 권한이 없으면 -1을 리턴한다.
chdir()는 지정한 디렉토리에서 많은 파일들을 처리할 필요가 있을 때 유용하게 사용되기 때문에 절대 경로를 쓰는 것보다 상대 경로를 쓰는 것이 더 효율적일 수 있다. 예를 들어 다음과 같이 두 개의 파일을 오픈하는 경우 fd = open("/usr/oslab/file", O_RDONLY); 보다 chdir("/usr/oslab"); fd = open("file", O_RDONLY);를 사용하는 것이 더 좋다.
그 이유는 시스템이 파일을 찾을 때 절대 경로를 이용하면 루트 디렉토리로부터 원하는 파일까지 찾아가야 하는데 비해 상대 경로를 이용하면 현재 작업 디렉토리 내에서

만 찾으면 되기 때문이다. 또한, 한 프로세스에서 chdir()로 현재 작업 디렉토리를 변경해도 다른 프로세스의 현재 작업 디렉토리는 변경되지 않는다.

• chdir() 예제

<ssu_chdir.c>

```
#include <stdio.h>
#include <stdlib.h>
#include <unistd.h>

int main(void)
{
    if (chdir("/etc") < 0) {
        fprintf(stderr, "chdir error\n");
        exit(1);
    }

    printf("chdir to /etc succeeded.\n");
    exit(0);
}
```

실행 결과

```
oslab@localhost:~/ssu_osdir$ ./ssu_chdir
chdir to /etc succeeded.
```

chdir() 예제는 chdir()를 호출하여 현재 작업 디렉토리를 변경한다. 실행 결과에서 쉘의 프롬프트를 보면 ~/ssu_osdir이 현재 작업 디렉토리라는 것을 확인 할 수 있다. 이 작업 디렉토리를 /etc로 변경한다.

15. getcwd(2), get_current_dir_name(2)

```
#include <unistd.h>
char *getcwd(char *buf, size_t size);
char *get_current_dir_name(void);
```

리턴 값: 성공 시 현재 작업 디렉토리의 pathname,
에러 시 NULL을 리턴하고 errno 설정

getcwd()와 get_current_dir_name()는 현재 작업 디렉토리에 대한 전체 경로 이름을 얻을 수 있는 시스템호출 함수이다. 시스템은 프로세스의 한 속성으로서 현재 작업 디렉토리에 대한 포인터를 갖는다. 그러나 이 값은 현재 작업 디렉토리의 경로 이름을 나타내는 문자열이 아니라 파일 디스크립터 값이다. 따라서 현재 디렉토리를 알기 위해서는 이 파일 디스크립터 값으로부터 부모 디렉토리를 역으로 추적하면서 최종적으로 루트 디렉토리에 도달할 때까지 반복해야 한다. 이러한 수고를 없애기 위해 getcwd()가 사용된다.

버퍼에 대한 포인터 buf 인자와 버퍼의 크기 size 인자가 getcwd()의 인자로 주어지며, 버퍼의 크기는 맨 끝의 NULL을 포함한 임의의 절대경로를 포함할 수 있을 정도의 충분한 크기이어야 한다. 그렇지 않으면 NULL이 리턴된다. get_current_dir_name()는 getcwd(NULL, 0)와 동일한 기능을 수행한다.

•getcwd() 예제

<ssu_getcwd.c>

```
#include <stdio.h>
#include <stdlib.h>
#include <unistd.h>

#define PATH_MAX    1024

int main(void)
{
    char *pathname;

    if (chdir("/home/oslab") < 0) {
        fprintf(stderr, "chdir error\n");
        exit(1);
    }

    pathname = malloc(PATH_MAX);
```

```
    if (getcwd(pathname, PATH_MAX) == NULL) {
        fprintf(stderr, "getcwd error\n");
        exit(1);
    }

    printf("current directory = %s\n", pathname);
    exit(0);
}

실행 결과
oslab@localhost:~/ssu_osdir$ ./ssu_getcwd
current directory = /home/oslab
```

getcwd() 예제는 getcwd()를 호출하여 chdir()로 변경한 현재 작업 디렉토리를 확인한다. 실행 결과를 보면 ~/ssu_osdir이 현재 작업 디렉토리라는 것을 확인 할 수 있다. 이 작업 디렉토리를 /home/oslab으로 변경 후 getcwd()로 작업 디렉토리를 얻고 작업 디렉토리 변경을 확인한다.

16. 이 장에서 배운 함수들

```
int stat(const char *restrict pathname, struct stat *restrict buf);
int fstat(int filedes, struct stat *buf);
int lstat(const char *restrict pathname, struct stat *restrict buf);
int access(const char *pathname, int mode);
mode_t umask(mode_t cmask);
int chmod(const char *pathname, mode_t mode);
int fchmod(int filedes, mode_t mode);
int chown(const char *pathname, uid_t owner, gid_t group);
int fchown(int filedes, uid_t owner, gid_t group);
int lchown(const char *pathname, uid_t owner, gid_t group);
int truncate(const char *pathname, off_t length);
int ftruncate(int filedes, off_t length);
int link(const char *existingpath, const char *newpath);
int unlink(const char *pathname);
```

```
int remove(const char *pathname);
int rename(const char *oldname, const char *newname);
int symlink(const char *actualpath, const char *sympath);
ssize_t readlink(const char *pathname, char *buf, size_t bufsize);
int utime(const char *pathname, const struct utimbuf *times);
int mkdir(const char *pathname, mode_t mode);
int rmdir(const char *pathname);
DIR *opendir(const char *name);
struct dirent *readdir(DIR *dp);
void rewinddir(DIR *dp);
int closedir(DIR *dp);
long telldir(DIR *dp);
void seekdir(DIR *dp, long loc);
int chdir(const char *pathname);
int fchdir(int filedes);
char *getcwd(char *buf, size_t size);
char *get_current_dir_name(void);
```

연습문제

1. 파일의 링크 카운트와 레퍼런스 카운트를 파일 삭제 관점에서 비교하라.

2. 심볼릭 링크와 하드 링크를 비교하라.

3. 다음 프로그램 실행 시 아래 실행 결과가 나올 수 있도록, 프로그램을 완성하라.

```
#include <stdio.h>
#include <stdlib.h>
#include <unistd.h>
#include <sys/stat.h>

void print_file_type(struct stat *statbuf) {
    char *str;
```

```
    if (S_ISREG(statbuf -> st_mode))
        str = "regular";
    else if (S_ISDIR(statbuf -> st_mode))
       str = "directory";
    else if (S_ISCHR(statbuf -> st_mode))
        str = "character special";
    else if (S_ISBLK(statbuf -> st_mode))
        str = "block special";
    else if (S_ISFIFO(statbuf -> st_mode))
        str = "FIFO";
    else if (S_ISLNK(statbuf -> st_mode))
        str = "symbolic link";
    else if (S_ISSOCK(statbuf -> st_mode))
        str = "socket";
    else
        str = "unknown mode";

    printf("%s\n", str);
}

int main(int argc, char *argv[])
{
    char *fname = "symlink";

    if (lstat(fname, &statbuf) < 0  ) {
        fprintf(stderr, "error\n");
        exit(1);
    }

    exit(0);
}

실행 결과
root@localhost:/home/oslab# ./ex3-1
regular
symbolic link
```

3. 다음 프로그램 실행 시 아래 실행 결과가 나올 수 있도록, 프로그램을 완성하라.

4. 다음 프로그램 실행 시 아래 실행 결과가 나올 수 있도록 link()와 unlink()를 사용하여 파일을 이동하거나 이름을 변경하는 프로그램을 완성하라.

```
#include <stdio.h>
#include <stdlib.h>
#include <unistd.h>

int main(int argc, char *argv[])
{
    if(argc != 3){
        fprintf(stderr,"usage %s <oldfile><newfile>\n", argv[0]);
        exit(1);
    }

    exit(0);
}

실행 결과
root@localhost:/home/oslab# ls
1.txt a.out subdir
root@localhost:/home/oslab# ./a.out 1.txt 2.txt
root@localhost:/home/oslab# ls
2.txt a.out subdir
root@localhost:/home/oslab# ./a.out 2.txt ./subdir/2.txt
root@localhost:/home/oslab# ls
a.out subdir
root@localhost:/home/oslab# cd subdir
root@localhost:/home/oslab/subdir# ls
2.txt
```

5. 다음 프로그램 실행 시 아래 실행 결과가 나올 수 있도록 프로그램을 완성하라.

```
#include <stdio.h>
#include <stdlib.h>
#include <unistd.h>
#include <dirent.h>
#include <string.h>
#include <sys/stat.h>

void search_directory(char *dir){
    struct dirent *dentry;
    struct stat statbuf;
    DIR *dirp;
    char cwd[1024];

    getcwd(cwd, 1024);

    if(lstat(dir, &statbuf) < 0){
        fprintf(stderr, "lstat error\n");
        exit(1);
    }

    if(!S_ISDIR(statbuf.st_mode)){
        printf("%s/%s\n", cwd, dentry->d_name);
        return;
    }

    if((dirp = opendir(dir)) == NULL){
        fprintf(stderr, "opendir error\n");
        exit(1);
    }

    chdir(dir);
    chdir(cwd);
}
```

```
int main(int argc, char *argv[])
{
    if(argc < 2){
        fprintf(stderr, "Usage : %s filename\n", argv[0]);
        exit(1);
    }
    search_directory(argv[1]);
}

실행 결과
root@localhost:/home/oslab# mkdir ssu_test1
root@localhost:/home/oslab# ln -s ssu_test1 ./sym_ssu_test1
root@localhost:/home/oslab# cd ssu_test1
root@localhost:/home/oslab/ssu_test1# vim test1.txt
root@localhost:/home/oslab/ssu_test1# mkdir ssu_test2
root@localhost:/home/oslab/ssu_test1# cd ssu_test2

root@localhost:/home/oslab/ssu_test1/ssu_test2# vim test2.txt
root@localhost:/home/oslab/ssu_test1/ssu_test2# cd ../..
root@localhost:/home/oslab# ./ex3-2 .
/home/oslab/sym_ssu_test1
/home/oslab/ex3-2
/home/oslab/ssu_test1/ssu_test2/test2.txt
/home/oslab/ssu_test1/ssu_test2
/home/oslab/ssu_test1/test1.txt
/home/oslab/ssu_test1
```

Ⅳ. 표준 입출력 라이브러리

본 장에서는 파일 입출력 관련 고수준 파일 입출력 라이브러리 함수에 대해 설명한다. II 장에서 설명한 바와 같이 Linux·Unix에서 파일을 다루는 방법은 저수준 파일 입출력과 고수준 파일 입출력 방법이 있다. C 프로그래밍 언어의 표준 입출력 함수(Standard I/O function)로 제공되기 때문에 고수준 파일 입출력은 표준 입출력 라이브러리라고 부르기도 한다. 고수준 파일 입출력은 데이터를 바이트 단위로 한정하지 않고 버퍼를 이용해 한꺼번에 파일을 읽고 쓸 수 있는 기능을 제공하기 때문에 문자 단위, 행 단위, 버퍼 단위 입출력이 가능하며 포맷(형식)지정도 가능하다.

IV. 표준 입출력 라이브러리

1. fopen(3), freopen(3), fdopen(3)

```
#include <stdio.h>
FILE *fopen(const char *pathname, const char *mode);
FILE *fdopen(int filedes, const char *mode);
FILE *freopen(const char *pathname, const char *mode, FILE *fp);

리턴 값: 성공 시 파일 포인터, 에러 시 NULL을 리턴하고 errno 설정
```

fopen(), freopen(), fdopen()는 파일과 연관된 표준 입출력 스트림을 오픈하는 라이브러리 함수들이다. open() 호출이 성공하면 파일 디스크립터가 리턴되듯이, fopen() 호출이 성공하면 FILE 구조체 변수를 생성하고 그 구조체의 포인터를 리턴하는데, 이후 모든 작업에서 파일을 사용하기 위해 이 파일 스트림 포인터를 이용하게 된다.

fopen()의 pathname 인자는 오픈하고자 하는 파일의 경로를 의미한다. 경로 이름은 파일 이름만으로 표현되는 상대 경로와 "/"로 시작하는 절대 경로 모두 사용할 수 있다. 파일 이름의 길이는 <stdio.h>에 정의되어 있는 FOPEN_MAX에 의해 설정되는데, ANSI C에서는 최소한 8자리 이상으로 사용할 것을 권장하고 있다. 또한 POPEN_MAX는 POSIX.1의 STREAM_MAX와 동일한 의미이다.

fopen()은 메모리상에 pathname 인자와 연관된 FILE형 구조체 영역과 파일에 대한 입출력 버퍼를 확보한 후, FILE형 구조체 영역의 시작 주소를 함수 값으로 되돌린다. 이때 이 FILE형 구조체 영역의 각 멤버 변수는 오픈한 파일을 처리하는데 필요한 각종 정보가 자동적으로 기록된다. FILE 구조체는 각 파일 입출력 함수에 의해 사용되며, 사용자가 FILE 구조체의 각 멤버 변수를 직접 사용하지는 않는다. <표 4-1>은 Linux의 <stdio.h>에 정의되어 있는 FILE 구조체를 보여준다.

〈표 4-1〉 FIlE 구조체

```
typedef struct{
    int cnt;            /* 버퍼에 남은 문자 수 */
```

```
    unsigned char *base;   /* 버퍼 시작 */
    unsigned char *ptr;  /* 버퍼의 현재 포인터  */
    unsinged flag;          /* 파일 접근 권한( _IOFBF, _IOLBF, _IONBUF,
                                       _IOEOF, _IOERR _IOREAD, _IOWRT) */
    int fd;  /*오픈한 파일 디스크립터 */
}FILE;
```

fopen()의 mode 인자는 함수 호출 시 파일의 접근 모드의 선택과 사용을 나타내며, 접근 모드의 부정확한 사용은 데이터의 손실을 가져올 수 있기 때문에 사용 시 주의해야 한다. <표 4-3>은 표준 입출력 라이브러리에서 사용하는 접근 모드를 보여준다.

〈표 4-3〉 표준 입출력 라이브러리에서 사용하는 접근 권한

종류	설명
"r" "rb"	파일을 읽기전용으로 오픈. 이 모드로 오픈된 파일에 쓰기를 시도하면 에러가 발생. 만일 지정된 파일이 존재하지 않으면 fopen() 호출 시 NULL을 리턴. open()의 O_RDONLY와 동일한 의미
"w" "wb"	파일을 쓰기전용으로 오픈. 지정한 이름의 파일이 존재하지 않으면 지정한 이름의 파일을 생성. 해당 파일이 이미 존재하면 파일의 길이는 0이 되고, 파일의 처음부터 쓰게 되므로 원래 자료들을 모두 잃게 됨. open()의 O_WRONLY | O_CREAT | O_TRUNC와 동일한 의미
"a" "ab"	파일에 데이터를 추가하기 위해서 오픈. 지정된 이름의 파일이 존재하지 않으면 지정된 이름의 파일을 생성하며 만일 파일이 이미 존재한다면 해당 파일의 포인터가 파일의 맨 끝으로 이동하여 원래 자료들을 그대로 유지하면서 새로운 데이터들을 파일의 마지막에 추가. open()의 O_WRONLY | O_APPEND | O_CREAT와 동일한 의미
"r+" "rb+" "r+b"	파일을 읽기와 쓰기가 가능하도록 오픈. 만일 지정된 파일이 존재하지 않으면 함수의 호출은 실패하고 NULL을 리턴. 해당 파일이 이미 존재해도 원래의 자료는 그대로 유지됨. open()의 O_RDWR과 동일한 의미

종류	설명
"w+" "wb+" "w+b"	파일을 읽기와 쓰기가 가능하도록 오픈. 만일 지정된 파일이 존재하지 않으면 지정된 이름의 파일을 생성하며 만일 파일이 이미 존재한다면 해당 파일의 길이는 0이 되면서 원래의 자료는 모두 잃게 됨. open()의 O_RDWR | O_CREAT | O_TRUNC 와 동일한 의미
"a+" "ab+" "a+b"	파일을 읽기와 추가기능으로 파일을 오픈. 지정된 이름의 파일이 존재하지 않으면 지정된 이름의 파일을 생성하고, 이미 파일이 존재한다면 해당 파일의 포인터가 파일의 맨 끝으로 이동하여 원래 자료들을 그대로 유지하면서 새로운 데이터들을 파일의 마지막에 추가. open()의 O_RDWR | O_APPEND | O_CREAT과 동일한 의미

POSIX.1의 표준 입출력 라이브러리에서는 텍스트 파일과 이진 파일을 구분하기 위하여 "b"라는 문자를 사용하고 있으나 Linux·Unix에서는 두 가지 모두 동일하게 취급하므로 "b"문자는 무의미하다.

fopen()가 호출되었을 때 오픈하고자 하는 파일이 존재하지 않거나 접근 권한이 없는 경우, 혹은 하나의 프로세스가 오픈할 수 있는 최대 파일 개수를 넘어선 경우 NULL을 리턴한다. fopen()를 호출할 때에는 에러가 발생했는지 확인 할 필요가 생기는데, 구체적으로 어떤 이유에서 에러가 발생했는지는 <errno.h>에 정의되어 있는 errno를 확인하면 알 수 있다.

fdopen()는 파일 디스크립터를 이용하여 파일 스트림 포인터를 리턴하는 역할을 한다. fdopen()는 저수준 함수인 open(), creat(), dup(), dup2(), pipe() 등의 호출을 통해 리턴된 파일 디스크립터를 스트림과 연관시켜 준다. fdopen()는 주로 파이프나 네트워크와 같이 fopen()로 오픈할 수 없는 특수 파일의 파일 디스크립터를 파일 포인터와 연결시켜 입출력 프로그래밍을 쉽게 할 수 있게 한다.

freopen()는 fp 인자로 지정된 파일의 파일 스트림 포인터로 다시 오픈하는 함수이다. freopen()가 호출되면 이미 오픈한 fp를 fclose()를 호출한 것처럼 닫고, pathname 인자로 지정한 파일을 fopen()를 호출한 것처럼 mode 인자에 지정되어 있는 접근 모드로 오픈한다. 접근 모드는 이미 오픈되어 있던 fp의 접근 권한과 동일할 필요는 없다. freopen()는 이미 오픈되어 있는 stdin, stdout, stderr 등을 지정된 파일로 변경하기 위해 주로 사용된다. 또한 이미 오픈되어 있는 파일의 접근 모드를 변경하기 위해서도 사용된다. 접근 모드의 사용 방법은 fopen()와 동일하다.

•fopen() 예제

<ssu_test.txt>

```
Linux System Programming!
Unix System Programming!
Linux Mania
Unix Mania
```

<ssu_fopen.c>

```
#include <stdio.h>
#include <stdlib.h>

int main(void)
{
    char *fname = "ssu_test.txt";
    char *mode = "r";

    if (fopen(fname, mode) == NULL) {
        fprintf(stderr, "fopen error for %s\n", fname);
        exit(1);
    }
    else
        printf("Success!\nFilename: <%s>, mode: <%s>\n", fname, mode);

    exit(0);
}
```

실행결과

```
root@localhost:/home/oslab# ./ssu_fopen
Success!
Filename: <ssu_test.txt>, mode: <r>
```

fopen() 예제는 미리 생성한 ssu_test.txt 파일을 읽기 권한으로 오픈하여 접근 모드를 확인한다. fopen() 호출 시 첫 번째 인자로 전달된 파일을 두 번째 인자인 mode로 지정한 것으로 오픈한다. 만약, fopen() 호출이 성공하면 성공 문자를 출력하고 프로그램을 종료한다.

•freopen() 예제

```
<ssu_freopen.c>

#include <fcntl.h>
#include <stdio.h>
#include <stdlib.h>

int main(void)
{
    char *fname = "ssu_test.txt";
    int fd;

    printf("First printf : Hello, OSLAB!!\n");

    if ((fd = open(fname, O_RDONLY)) < 0) {
        fprintf(stderr, "open error for %s\n", fname);
        exit(1);
    }

    if (freopen(fname, "w", stdout) != NULL)
        printf("Second printf : Hello, OSLAB!!\n");

    exit(0);
}

실행결과
root@localhost:/home/oslab# ./ssu_freopen
First printf : Hello, OSLAB!!
root@localhost:/home/oslab# cat ssu_test.txt
Second printf : Hello, OSLAB!!
```

freopen()는 ssu_test.txt 파일로 표준 출력인 stdout을 쓰기 모드로 다시 오픈하여 쓰고, 정상적으로 쓰기가 되었는지 확인한다. freopen() 호출이 성공하면 표준 출력이 ssu_test.txt의 출력으로 바뀌므로, 파일에 "Second printf : Hello, OSLAB!!"을 쓴다.

2. fclose(3), fcloseall(3)

```
#include <stdio.h>
int fclose(FILE *fp);
```

리턴 값: 성공 시 0, 에러 시 EOF를 리턴하고 errno 설정

```
#define _GNU_SOURCE
#include <stdio.h>
int fcloseall(void);
```

리턴 값: 성공 시 0, 에러 시 EOF

fclose(), fcloseall()는 오픈된 파일 스트림을 닫는 라이브러리 함수이다. 만약 닫고자 하는 파일 스트림이 출력을 위해 오픈된 스트림이라면 fflush()를 이용해서 버퍼에 남아 있는 데이터를 모두 써야 한다. 프로세스가 정상적으로 종료되는 경우 입출력 스트림의 버퍼에 있는 데이터들은 모두 방출하고 입출력 스트림들을 모두 닫는다.
fclose()는 오픈되어 있는 파일 스트림을 닫는다. fcloseall()는 표준 입력, 표준 출력, 표준 에러를 포함하여 현재 프로세스와 관련 있는 모든 스트림을 닫고, 닫기 전에 버퍼에 남아 있는 내용을 모두 스트림에 쓰고, 0을 리턴한다.

•fclose() 예제

<ssu_fclose.c>

```
#include <stdio.h>
#include <stdlib.h>

int main(void)
{
    char *fname = "ssu_test.txt";
    FILE *fp;

    if ((fp = fopen(fname, "r")) == NULL) {
        fprintf(stderr, "fopen error for %s\n", fname);
        exit(1);
    }
    else {
```

```
        printf("Success!\n");
        printf("Opening \"%s\" in \"r\" mode!\n", fname);
    }

    fclose(fp);
    exit(0);
}

실행결과
root@localhost:/home/oslab# ./ssu_fclose
Success!
Opening "ssu_test.txt" in "r" mode!
```

fclose() 예제는 fclose()를 호출하여 오픈된 파일을 닫는다. fopen()의 첫 번째 인자로 지정된 파일을 읽기 모드로 오픈하고, 프로그램이 종료되기 전에 fclose() 호출하여 파일을 닫는다.

3. setbuf(3), setvbuf(3)

```
#include <stdio.h>
void setbuf(FILE *fp, char *buf);
int setvbuf(FILE *fp, char *buf, int mode, size_t size);

                리턴 값: 성공 시 0, 에러 시 0이 아닌 값을 리턴하고 errno 설정
```

setbuf()와 setvbuf()는 표준 입출력 라이브러리가 제공하는 버퍼링의 종류를 설정하는 라이브러리 함수들이다. 표준 입출력 라이브러리가 제공하는 버퍼링은 읽기 시스템호출과 쓰기 시스템호출의 횟수를 최소화하는 것이다.

표준 입출력 라이브러리는 세 종류의 버퍼링을 지원한다. 첫 번째로, full-buffered는 표준 입출력 버퍼가 꽉 찼을 때 실제 입출력이 일어난다. 주로 디스크에 있는 파일에 full-buffered가 적용된다. full-buffered에 사용되는 버퍼는 주어진 한 스트림에 대하여 입출력 함수가 처음 수행 될 시 malloc()를 호출해서 할당된다.

두 번째로, line-buffered는 입력이나 출력에서 개행(new line) 문자를 만났을 때 입출력을 수행하고 주로 터미널을 가리키는 스트림에 쓰인다. 예로는 표준 입력 스트림, 표준 출력 스트림이 있다. 마지막으로, non-buffered는 문자들을 버퍼링 하지 않으며,

즉시 출력한다. 예로는 표준 에러 스트림이 있다. 이러한 세 가지 버퍼링 방법은 mode 인자를 통해 설정할 수 있다. <표 4-1>는 <stdio.h>에 정의되어 있는 mode 인자의 종류를 보여준다.

〈표 4-1〉 버퍼링의 방법을 설정하는 mode 인자

mode	설명
_IOFBF	이 모드로 함수를 호출하면 입출력이 버퍼 단위로 이루어짐. 단말기와 관련되지 않은 모든 스트림의 기본 모드임
_IOLBF	이 모드로 함수를 호출하면 출력이 라인 단위로 버퍼링를 이용하게 되어 개행 문자를 만날 때마다 버퍼의 내용 출력. 이 외에도 버퍼를 비우게 되는 경우에는 버퍼가 다 차거나 입력이 요구되어지는 경우가 있음. 입력이 요구되어 진다라고 하는 것은, 개행을 포함하지 않는 printf()나 fputs()를 사용하는 경우에도 이들 함수 바로 뒤에 scanf()나 fgets() 등의 입력 함수가 오면 버퍼는 강제로 비워져 즉시 출력 하게 된다는 의미임
_IONBF	이 모드로 함수를 호출하면 입출력이 버퍼를 사용하지 않게 되며 buf와 size는 무시됨. stderr의 경우 이 모드가 기본 모드로 사용됨

setbuf()는 fopen()나 freopen()에 의해 오픈된 파일에서 자료의 입출력 작업이 수행되기 전에 호출되어 버퍼 사용 방법을 설정한다. 만약 buf 인자를 NULL로 지정하면 버퍼를 사용하지 않겠다는 의미이며, buf 인자를 NULL이 아닌 값으로 지정하면 BUFSIZ 만큼의 char 배열을 버퍼로 사용한다. 이 때, 시스템이 미리 할당했던 버퍼는 해제되며, 사용자가 사용자 프로그램에서 정의한 buf 배열이 버퍼로 사용된다. 사용자가 buf 인자를 지정하면 기본적으로 버퍼 단위 입출력이 되는데, fp 인자가 터미널인 경우에는 사용자가 buf 인자를 지정하더라도 줄 단위 버퍼를 이용한다.
setvbuf()는 setbuf()와 기본적인 기능에서는 같으나 버퍼링의 타입을 정의할 수 있고 buf의 크기를 정의할 수 있다는 점이 다르다. buf 인자가 NULL로 지정되면 시스템이 할당한 BUFSIZ 크기의 라이브러리 버퍼가 사용되며, buf 인자를 NULL이 아닌 값으로 지정하면 사용자가 정의한 버퍼의 시작주소로 버퍼를 설정하고, size는 buf의 크기로 설정한다. setvbuf()에서 mode 인자나 size 인자에 적당하지 않은 값이 사용되면 함수 호출이 실패하여 0 이외의 값을 리턴하며, 성공하면 0을 리턴한다.
II 장에서 설명한 바와 같이 쉘에서는 '<' 와 '>' 의 문자를 사용하여 입출력 방향을 재지정(redirect)할 수 있다. Linux·Unix에서 표준 입력과 표준 출력을 일반 파일로 재지정 할 경우 표준 입력과 표준 출력은 라인 단위의 버퍼링에서 버퍼 크기의 버퍼링으로 변환된다. 다만 stderr는 일반 파일로 재지정 되더라도 출력 시에 버퍼를 사용하지 않는다.

어떤 스트림에 대한 버퍼링 방법은 FILE 구조체의 _flag 멤버 변수를 통해 알 수 있다. 예를 들어 파일 포인터 fp에 대해 (fp->_flag & _IOLBF) 연산의 결과가 1 인 경우 라인 단위 버퍼링을 사용하고 있음을 알 수 있다. <표 4-2>는 setbuf()와 setvbuf()의 차이점을 보여준다.

〈표 4-2〉 setbuf()와 setvbuf()의 요약

함수	mode	buf	버퍼와 그 길이	버퍼링 종류
setbuf		NULL 아님	사용자가 제공한 buf, 길이는 BUFSIZ	full-buffered 또는 line-buffered
		NULL	버퍼 없음	non-buffered
setvbuf	_IOFBF	NULL 아님	사용자가 제공한 buf, 길이는 size	full-buffered
		NULL	적절한 크기의 시스템 버퍼	
	_IOLBF	NULL 아님	사용자가 제공한 buf, 길이는 size	line-buffered
		NULL	적절한 크기의 시스템 버퍼	
	_IONBF	무시됨	버퍼 없음	non-buffered

•setbuf() 예제 1

〈ssu_setbuf_1.c〉

```
#include <stdio.h>
#include <stdlib.h>
#include <unistd.h>

#define BUFFER_SIZE 1024

int main(void)
{
    char buf[BUFFER_SIZE];

    setbuf(stdout, buf);
    printf("Hello, ");
    sleep(1);
```

```
    printf("OSLAB!!");
    sleep(1);
    printf("\n");
    sleep(1);

    setbuf(stdout, NULL);
    printf("How");
    sleep(1);
    printf(" are");
    sleep(1);
    printf(" you?");
    sleep(1);
    printf("\n");
    exit(0);
}

실행결과
root@localhost:/home/oslab# ./ssu_setbuf_2
Hello, OSLAB!!
How are you?
```

setbuf() 예제 1은 setbuf()를 호출하여 버퍼를 설정한다. 처음에 나오는 setbuf()에서 stdout의 버퍼를 BUFFER_SIZE(1024)만큼 설정한다. 버퍼가 설정 된 후 "Hello,OSLAB!!"을 버퍼에 넣어 한 번에 출력한다. 두 번째로 나오는 setbuf()에서 stdout의 버퍼를 NULL로 설정하여 기존에 설정되어 있던 버퍼를 해제한다. 버퍼를 해제한 후에는 "How", are", "you?" 등을 위한 버퍼가 없으므로 즉시 출력한다.

•setbuf() 예제 2

<ssu_setbuf_3.c>

```
#include <stdio.h>
#include <stdlib.h>

#define BUFFER_SIZE 1024

int main(void)
```

```
{
    char buf[BUFFER_SIZE];
    int a, b;
    int i;

    setbuf(stdin, buf);
    scanf("%d %d", &a, &b);

    for (i = 0; buf[i] != '\n'; i++)
        putchar(buf[i]);

    putchar('\n');
    exit(0);
}

실행결과
root@localhost:/home/oslab# ./ssu_setbuf_3
1 2
1 2
```

setbuf() 예제 2는 setbuf()를 호출하여 버퍼를 설정한다. 처음으로 나오는 setbuf()에서 stdin의 버퍼를 BUFFER_SIZE(1024)만큼 설정한다. 버퍼가 설정 된 후 표준 입력에서 입력받은 문자들을 버퍼에 넣고 버퍼의 내용을 출력한다.

•setvbuf() 예제

```
<ssu_setvbuf.c>

#include <stdio.h>
#include <stdlib.h>
#include <unistd.h>

#define BUFFER_SIZE 1024

void ssu_setbuf(FILE *fp, char *buf);

int main(void)
```

```
{
    char buf[BUFFER_SIZE];
    char *fname = "/dev/pts/19";
    FILE *fp;

    if ((fp = fopen(fname, "w")) == NULL) {
        fprintf(stderr, "fopen error for %s", fname);
        exit(1);
    }

    ssu_setbuf(fp, buf);
    fprintf(fp, "Hello, ");
    sleep(1);
    fprintf(fp, "UNIX!!");
    sleep(1);
    fprintf(fp, "\n");
    sleep(1);
    ssu_setbuf(fp, NULL);
    fprintf(fp, "HOW");
    sleep(1);
    fprintf(fp, " ARE");
    sleep(1);
    fprintf(fp, " YOU?");
    sleep(1);
    fprintf(fp, "\n");
    sleep(1);
    exit(0);
}

void ssu_setbuf(FILE *fp, char *buf) {
    size_t size;
    int fd;
    int mode;

    fd = fileno(fp);
```

```
    if (isatty(fd))
        mode = _IOLBF;
    else
        mode = _IOFBF;

    if (buf == NULL) {
        mode = _IONBF;
        size = 0;
    }
    else
        size = BUFFER_SIZE;

    setvbuf(fp, buf, mode, size);
}
```

실행결과

```
oslab@localhost:~$ tty
/dev/pts/17
oslab@localhost:~$ ./ssu_setvbuf
Hello, UNIX!!
HOW ARE YOU?
```

setvbuf() 예제는 setvbuf()를 사용하여 버퍼를 설정한다. setvbuf()를 확인하기 앞서 tty 명령어를 통해 터미널의 번호를 확인한다. tty 명령어는 현재 표준 입력에 접속된 터미널 장치 파일 이름을 출력하는 명령어로 현재 장치 파일 이름을 알아낸 후, 해당 장치의 버퍼를 조작한다.
setvbuf() 예제를 실행하기 위해 현재 버퍼인 /dev/pts/19를 오픈하고, setvbuf()를 설정하는 ssu_setbuf()를 호출한다. ssu_setbuf()의 첫 번째 인자인 파일에 대해 버퍼를 설정하고, 해당 파일의 파일 디스크립터를 얻는다. 얻은 파일 디스크립터를 통해 그에 맞는 모드와 크기를 설정한 후 setvbuf()를 호출하여 해당 파일의 버퍼를 설정한다.
"Hello, UNIX!!" 출력은 버퍼가 설정된 후 실행되기 때문에 버퍼에 넣은 후 한 번에 출력하고, "HOW ARE YOU?" 출력은 버퍼가 NULL로 설정된 후 실행되기 때문에 fprintf()를 호출할 때마다 버퍼에 넣지 않고 바로 출력한다.

4. fflush(3)

```
#include <stdio.h>
int fflush(FILE *fp);
```

리턴 값: 성공 시 0, 에러 시 EOF 리턴하고 errno 설정

fflush()는 스트림에 대해 아직 기록되지 않은 자료를 커널에 전달하는 라이브러리 함수로 버퍼의 내용을 해당 파일에 즉시 쓴다. fflush()가 호출되면 해당 파일의 버퍼가 완전히 차있는지 아닌지에 관계없이 출력 버퍼를 강제로 비우고 버퍼 안에 있던 자료를 파일에 즉시 쓰는 역할을 한다.
fp 인자로 전달된 스트림은 fflush() 호출 후에도 오픈되어 있는 상태로 유지된다. fflush()는 프롬프트(prompt)처럼 개행 문자가 없는 문자열을 즉시 출력할 때 유용하게 사용된다.

5. getc(3), fgetc(3), getchar(3)

```
#include <stdio.h>
int getc(FILE *fp);
int fgetc(FILE *fp);
int getchar(void);
```

리턴 값: 성공 시 다음 문자, 파일 끝이나 에러 시 EOF

getc(), fgetc(), getchar()는 한 번에 하나의 문자를 읽는 라이브러리 함수들이다. getc()는 주어진 파일에서 한 문자씩 읽는 함수이다.

fgetc()는 파일 스트림이 가리키는 바로 다음 문자를 읽어서 원래 데이터 타입인 unsigned char를 int로 변환한 다음 리턴 값으로 돌려준다. 만약 파일의 끝에 도달했거나 에러가 발생했을 경우 EOF를 리턴한다. getc()가 보통 매크로로 구현되는 반면, fgetc()는 함수로 구현된다.

getchar()는 stdin으로부터 문자를 하나 입력받는 함수인데, 의미상 fgetc(stdin)과 동일하다. getchar()가 호출되면 unsigned char 형을 int 형으로 변환하여 리턴한다. getc(),

getc(), fgetc(), getchar()는 입출력 에러가 발생하거나 파일의 끝에 도달할 경우 모두 EOF를 리턴하기 때문에 이 함수들의 리턴 값만으로는 어떤 상황이 발생했는지 알 수 없으므로, 원인 파악을 위해 다음에 설명할 ferror()와 feof()를 제공하고 있다.

•getc() 예제

```
<ssu_getc.c>

#include <stdio.h>
#include <stdlib.h>

int main(void)
{
    int character;

    while ((character = getc(stdin)) != EOF)
        if (putc(character, stdout) == EOF) {
            fprintf(stderr, "standard output error\n");
            exit(1);
        }

    if (ferror(stdin)) {
        fprintf(stderr, "standard input error\n");
        exit(1);
    }

    exit(0);
}

실행결과
root@localhost:/home/oslab# ./ssu_getc
Hello stdin, stdout
Hello stdin, stdout
```

getc() 예제는 getc()를 호출하여 표준 입력으로부터 입력을 받는다. getc()를 호출해 표준 입력으로부터 입력을 받고, 입력 받은 문자열을 putc()를 호출해 표준 출력으로 출력하도록 하는데, 만약 에러가 있다면 에러 문장을 출력하고 프로그램을 종료한다.

6. ferror(3), feof(3), clearerr(3)

```
#include <stdio.h>
int ferror(FILE *fp);
                                   리턴 값: 성공 시 0, 에러 시 0 이 아닌 값
int feof(FILE *fp);
              리턴 값: 조건이 참이면 0이 아닌 값(true), 참이 아니면 0(false)
void clearerr(FILE *fp);
```

ferror(), feof(), clearerr()는 FILE 스트림 객체에 설정된 에러 플래그를 설정하거나 확인하는 함수이다. ferror()는 주어진 파일 스트림 FILE *fp의 읽기 또는 쓰기 시 에러를 검사한다. 에러가 발생하면 FILE *fp을 닫고 rewind()를 호출하거나 clearerr()를 호출할 때까지 FILE *fp의 에러 플래그를 설정한다.

feof()는 일반적으로 FILE 스트림의 현재 위치가 파일의 끝(end-of-file)을 조사하는 것으로 알려져 있다. 그러나 feof()는 EOF에 도달했는지 확인하는 함수가 아니라 FILE 스트림으로 주어진 *fp에 EOF 플래그(또는 end-of-file indicator)가 설정되어 있는지 여부를 확인하는 함수이다. EOF 플래그는 사용자가 파일의 끝을 지나 읽으려고 할 때 설정된다. 따라서 파일의 마지막 문자를 읽지 않아도 플래그가 설정되지 않고 그 다음 읽기로 파일의 끝에 도달하게 된다. feof()는 EOF 플래그가 설정된 경우에는 0이 아닌 값을 반환하고, 그렇지 않으면 0을 반환하게 된다. feof()는 EOF를 구분하지 않는 함수들을 위해 EOF가 리턴되는 이유가 에러인지 파일의 끝인지를 구분하는데 사용된다.

clearerr()는 인자로 지정된 파일 스트림 FILE *fp 의 에러 플래그와 EOF 플래그를 재설정한다. clearerr()를 호출하여 명시적으로 EOF 플래그 클리어 해주지 않으면 파일의 끝 다음에 실제 입력된 내용이 있더라도 EOF 플래그가 유지된다.

입출력 에러가 발생하였는지 여부는 ferror()를 사용하면 알 수 있으며, 파일의 끝을 만났는지 여부는 feof()를 사용하여 알 수 있다. 이러한 에러나 EOF를 나타내는 상태 정보는 FILE 구조체의 _flag 변수에 저장되는데 clearerr()는 _flag 변수의 에러나 EOF 관련 비트들을 초기화하기 위해 사용된다.

• ferror() 예제

<ssu_ferror.c>

```c
#include <stdio.h>
#include <stdlib.h>

int main(int argc, char *argv[])
{
    FILE *fp;
    int character;

    if (argc != 2) {
        fprintf(stderr, "usage: %s <filename>\n", argv[0])
        exit(1);
    }
    if ((fp = fopen(argv[1], "r")) == NULL) {
        fprintf(stderr, "fopen error for %s\n", argv[1]);
        exit(1);
    }

    character = fgetc(fp);

    while (!feof(fp)) {
        fputc(character, stdout);

        if (ferror(fp)) {
            fprintf(stderr, "Error detected!!\n");
            clearerr(fp);
        }

        character = fgetc(fp);
    }

    fclose(fp);
    exit(0);
}
```

```
실행결과
root@localhost:/home/oslab# cat ssu_test.txt
Linux System Programming!
Unix System Programming!
Linux Mania
Unix Mania
root@localhost:/home/oslab# ./ssu_ferror ssu_test.txt
Linux System Programming!
Unix System Programming!
Linux Mania
Unix Mania
```

ferror() 예제는 인자로 지정된 파일 이름을 오픈하여 ferror()로 읽기 시 에러가 발생하는지 여부를 판단한다. 첫 번째 인자로 지정된 파일을 오픈한 후 feof()를 호출해 파일의 마지막까지 읽으면서 읽은 각 줄을 출력하며, 읽기 시 ferror()를 호출해 에러가 있다면 에러가 있음을 출력한다.

7. ungetc(3)

```
#include <stdio.h>
int ungetc(int c, FILE *fp);

                                    리턴 값: 성공 시 c, 에러 시 EOF
```

ungetc()는 한번 문자를 읽은 후 그 문자를 다시 스트림에 되돌려 놓는 라이브러리 함수이다. ungetc()는 주어진 문자를 unsigned char 형으로 입력 스트림에 리턴하지만, 주어진 문자가 EOF이면 스트림에 리턴할 수가 없다. 리턴된 문자는 다음번 fgetc(), getc(), getchar() 가 호출될 때 다시 읽혀진다.
ungetc() 호출로 인해 파일 자체의 변경은 없으며, 한 번에 한 문자만을 리턴할 수 있다. ungetc()는 어떠한 조건을 검사하기 위해 하나의 문자를 여러 번 읽은 후, 조건 검사되기 이전의 상태로 복원하기 위해 사용된다.

• ungetc() 예제

<ssu_expr.txt>

```
123+456*789
```

<ssu_ungetc.c>

```
#include <stdio.h>
#include <stdlib.h>
#include <ctype.h>

int main(void)
{
    char operator;
    FILE *fp;
    int character;
    int number = 0;

    if ((fp = fopen("ssu_expr.txt", "r")) == NULL) {
        fprintf(stderr, "fopen error for ssu_expr.txt\n");
        exit(1);
    }

    while (!feof(fp)) {
        while ((character = fgetc(fp)) != EOF && isdigit(character))
            number = 10 * number + character - 48;

        fprintf(stdout, " %d\n", number);
        number = 0;

        if (character != EOF) {
            ungetc(character, fp);
            operator = fgetc(fp);
            printf("Operator => %c\n", operator);
        }
    }
```

```
    fclose(fp);
    exit(0);
}

실행결과
root@localhost:/home/oslab# vi ssu_expr.txt
root@localhost:/home/oslab# ./ssu_ungetc
 123
Operator => +
 456
Operator => *
 789
Operator =>
 0
```

ungetc() 예제는 ungetc()를 호출하여 파일로부터 입력 받은 숫자와 연산자를 분리하여 출력한다. 먼저, 입력을 위해 fopen()를 호출하여 ssu_expr.txt 파일을 오픈한다. 파일의 끝까지 읽기 위해 feof()와 fgetc()를 호출하고 만약 읽은 문자가 숫자가 아니라면 ungetc()를 호출하여 해당 문자를 스트림에 다시 넣고, operator 변수에 해당 문자를 넣는다.

8. putc(3), fputc(3), putchar(3)

```
#include <stdio.h>
int putc(int c, FILE *fp);
int fputc(int c, FILE *fp);
int putchar(int c);

                                        리턴 값: 성공 시 c, 에러 시 EOF
```

putc(), fputcc(), putchar()는 지정된 파일에 하나의 문자를 쓰는 기능을 수행하는 라이브러리 함수이다. getc()와 마찬가지로 putc()는 보통 매크로로 구현되는 반면에 fputc()는 함수로 구현된다. putchar()는 표준 출력으로 문자를 하나 출력시키는 함수이고, fputc()는 지정한 파일 스트림으로 출력하는 함수이다.

9. fgets(3), gets(3)

```
#include <stdio.h>
char *fgets(char *buf, int n, FILE *fp);
char *gets(char *buf);
```

리턴 값: 성공 시 buf, 파일 끝이나 에러 시 NULL

fgets()와 gets()는 줄 단위 입력에 사용되는 라이브러리 함수들이다. fgets()는 개행 문자 또는 파일의 끝에 도달할 때까지 파일로부터 읽어 인자 buf에 저장하며 마지막은 항상 NULL 문자로 채운다. 이 때 개행 문자는 버퍼에 그대로 보관한다. 문자열의 끝은 항상 NULL 문자로 끝나기 때문에 개행 문자를 포함하여 최대 n-1개의 문자를 한꺼번에 읽을 수 있다. 만약 한 라인이 n보다 길면 먼저 n-1개의 문자만 미리 읽고 fgets() 호출 시 나머지 부분을 읽는다.

gets()는 표준 입력으로부터 개행 문자를 만날 때까지 문자를 읽고 buf에 저장한다. gets()를 사용할 때 사용자는 버퍼 크기를 직접 지정하지 못한다. gets()는 개행 문자를 NULL로 대체하여 읽는다.

ANSI C에서는 gets()를 표준으로 규정하고는 있지만 버퍼 크기를 사용자가 지정하지 못하기 때문에 라인의 길이가 버퍼 크기보다 크면 메모리에서 버퍼 영역을 넘어선 주소 공간에 데이터를 쓸 수도 있다. 따라서 gets()를 사용하는 것보다 fgets(stdin, ...)를 사용하는 것이 안전하다.

•fgets() 예제 1

<ssu_fgets_1.c>

```
#include <stdio.h>
#include <stdlib.h>
#include <unistd.h>

#define BUFFER_SIZE 1024

int main(void)
{
    char buf[BUFFER_SIZE];
```

```
    while (fgets(buf, BUFFER_SIZE, stdin) != NULL)
        if (fputs(buf, stdout) == EOF) {
            fprintf(stderr, "standard output error\n");
            exit(1);
        }

    if (ferror(stdin)) {
        fprintf(stderr, "standard input error\n");
        exit(1);
    }

    exit(0);
}

실행결과
root@localhost:/home/oslab# ./ssu_fgets_1
Hi fgets, fputs
Hi fgets, fputs
```

fgets() 예제 1은 fgets()를 호출해 표준 입력으로부터 입력을 받고, 입력 받은 문자열을 표준 출력으로 출력한다. 표준 입력에 에러가 있다면 에러 문장을 출력하고 프로그램을 종료한다.

•fgets() 예제 2

<ssu_fgets_2.c>

```
#include <stdio.h>
#include <stdlib.h>

#define BUFFER_MAX 256

int main(void)
{
    char command[BUFFER_MAX];
    char *prompt = "Prompt>>";
```

```
    while (1) {
        fputs(prompt, stdout);

        if (fgets(command, sizeof(command), stdin) == NULL)
            break;

        system(command);
    }

    fprintf(stdout, "Good bye...\n");
    fflush(stdout);
    exit(0);
}
```

실행결과

```
root@localhost:/home/oslab# ./ssu_fgets_2
Prompt>>ls /
bin    dev   initrd.img      lib64   mnt   root  snap  tmp   vmlinuz
boot  etc  initrd.img.old  lost+found  opt  run  srv  usr  vmlinuz.old
cdrom  home  lib          media    proc  sbin  sys   var
Prompt>>./ssu_fgets_2
Prompt>>Good bye...
Prompt>>Good bye...
```

fgets() 예제 2는 fgets()를 호출해 표준 입력으로부터 입력을 받고, 입력 받은 문자열이 NULL이 아니면 system()를 호출한다.

10. fputs(3), puts(3)

```
#include <stdio.h>
int fputs(const char *str, FILE *fp);
int puts(const char *str);
```

리턴 값: 성공 시 음이 아닌 값, 에러 시 EOF

fputs(), puts()는 줄 단위 출력에 쓰이는 라이브러리 함수들이다. fputs()는 인자로 지정된 FILE *fp에 인자 str이 가리키는 문자열에서 NULL 문자를 제외하고 출력하며 개행 문자를 추가하지 않는다.

puts()는 인자 str이 가리키는 문자열을 표준 출력 스트림인 stdout에 출력한다. 문자열의 끝인 NULL은 개행 문자로 대체된다.

•fputs() 예제

<ssu_fputs.c>

```
#include <stdio.h>
#include <stdlib.h>

#define BUFFER_SIZE 1024

int main (int argc, char *argv[])
{
    char buf[BUFFER_SIZE];
    FILE  *fp;

    if (argc != 2) {
        fprintf(stderr, "usage: %s <file>\n", argv[0]);
        exit(1);
    }

    if ((fp = fopen(argv[1], "w+")) == NULL) {
        fprintf(stderr, "fopen error for %s\n", argv[1]);
        exit(1);
    }

    fputs("Input String >> ", stdout);
    gets(buf);
    fputs(buf, fp);
    rewind(fp);
    fgets(buf, sizeof(buf), fp);
    puts(buf);
    fclose(fp);
```

```
    exit(0);
}

실행결과
root@localhost:/home/oslab# ./ssu_fputs ssu_hello.txt
Input String >> Hello OSLAB~!
Hello OSLAB~!
root@localhost:/home/oslab# cat ssu_hello.txt
Hello OSLAB~!root@localhost:/home/oslab#
```

fputs() 예제는 첫 번째 인자로 전달된 파일 이름에 사용자의 입력(개행까지)을 gets()로 읽고, fputs()를 호출해 파일에 쓴다. 실행 중에 warning message가 나올 수가 있다.

11. fread(3), fwrite(3)

```
#include <stdio.h>
size_t fread(void *ptr, size_t size, size_t nobj, FILE *fp);
size_t fwrite(const void *ptr, size_t size, size_t nobj, FILE *fp);

                                   리턴 값: 성공적으로 읽거나 쓴 객체들의 개수
```

fread(), fwrite()는 이진 파일의 입출력을 위한 라이브러리 함수이다. fread()는 인자 size 크기를 갖는 데이터를 한 단위로 하여 nobj 인자만큼 읽도록 하는 함수이다. 이 때 읽을 파일은 NULL로 끝날 필요는 없다.

에러가 발생하였거나 파일의 끝에 도달하면 리턴하는데 함수 호출의 리턴 값이 읽을 데이터 객체 개수보다 적은 경우, 파일의 끝인지 또는 다른 에러인지는 feof()와 ferror()를 호출하여 확인해야 한다. 파일의 내용이 구조체로 되어 있는 경우 유용하게 사용할 수 있으며, 그 구조체의 크기는 자료의 크기를 리턴하는 sizeof 연산자를 이용하면 쉽게 알 수 있다.

fwrite()는 이름을 제외하고는 fread()와 동일한 형태이며 fread()와는 반대로 인자 size 크기만큼의 데이터를 nobj 인자만큼 출력한다.

fread()와 fwrite()는 동일한 시스템에서 이진 파일의 입출력에는 문제가 없으나, 이기종 시스템들이 네트워크로 연결된 환경에서 이기종 프로세스들이 같은 이진 파일을 접근하고자 했을 때 이식성 문제가 발생한다. 이는 이기종 시스템 사이에는 기본적인 자료형의 크기가 다를 뿐 아니라 이진 파일의 형식도 다르기 때문이다. 예를 들어, 구조체로 구성된 파일의 경우 경계 정렬을 위한 여분의 바이트를 가질 수 있으며 바이트를 저장하는 순서가 기종마다 다를 수도 있다. 이 문제를 해결하기 위해서는 이기종 시스템 간 이진 파일을 변환시켜 주는 별도의 변환 프로토콜이 필요하다.

• fwrite() 예제

<ssu_fwrite.c>

```
#include <stdio.h>
#include <stdlib.h>

struct ssu_id {
    char name[64];
    int id;
};

int main(void)
{
    struct ssu_id test1, test2;
    char *fname = "ssu_exam.dat";
    FILE *fp;

    if ((fp = fopen(fname, "w")) == NULL) {
        fprintf(stderr, "fopen error for %s\n", fname);
        exit(1);
    }

    printf("Input ID>> ");
    scanf("%d", &test1.id);
    printf("Input name>> ");
    scanf("%s", test1.name);

    if (fwrite(&test1, sizeof(struct ssu_id), 1, fp) != 1) {
        fprintf(stderr, "fwrite error\n");
        exit(1);
```

```
    }

    fclose(fp);

    if ((fp = fopen(fname, "r")) == NULL) {
        fprintf(stderr, "fopen error for %s\n", fname);
        exit(1);
    }

    if (fread(&test2, sizeof(struct ssu_id), 1, fp) != 1) {
        fprintf(stderr, "fread error\n");
        exit(1);
    }

    printf("\nID    name\n");
    printf(" ==========\n");
    printf("%d      %s\n", test2.id, test2.name);
    fclose(fp);
    exit(0);
}

실행결과
root@localhost:/home/oslab# ./ssu_fwrite
Input ID>> 23
Input name>> OSLAB

ID    name
 ==========
23      OSLAB
```

fwrite() 예제는 구조체 변수를 fwrite()를 호출하여 파일에 쓴다. 사용자가 입력한 ID와 name을 ssu_id 구조체에 저장하고, fwrite()를 호출해 저장한 데이터를 ssu_exam.dat에 쓴다.

• fread() 예제

<ssu_fread.c>

```
#include <stdio.h>
#include <stdlib.h>

struct ssu_pirate {
    unsigned long booty;
    unsigned int beard_length;
    char name[128];
};

int main(void)
{
    struct ssu_pirate blackbeard = {950, 48, "Edward Teach"}, pirate;
    char *fname = "ssu_data";
    FILE *fp1, *fp2;

    if ((fp2 = fopen(fname, "w")) == NULL) {
        fprintf(stderr, "fopen error for %s\n", fname);
        exit(1);
    }

    if (fwrite(&blackbeard, sizeof(struct ssu_pirate), 1, fp2) != 1) {
        fprintf(stderr, "fwrite error\n");
        exit(1);
    }

    if (fclose(fp2)) {
        fprintf(stderr, "fclose error\n");
        exit(1);
    }

    if ((fp1 = fopen(fname, "r")) == NULL) {
        fprintf(stderr, "fopen error\n");
        exit(1);
```

```
    }

    if (fread(&pirate, sizeof(struct ssu_pirate), 1, fp1) != 1) {
        fprintf(stderr, "fread error\n");
        exit(1);
    }

    if (fclose(fp1)) {
        fprintf(stderr, "fclose error\n");
        exit(1);
    }

    printf("name=\"%s\" booty=%lu beard_length=%u\n",
            pirate.name, pirate.booty, pirate.beard_length);
    exit(0);
}
```

실행결과

```
root@localhost:/home/oslab# ./ssu_fread
name="Edward Teach" booty=950 beard_length=48
```

fread() 예제는 fread()를 호출하여 이진 파일 형식의 파일을 읽는다. 프로그램 내에 미리 선언되어 있는 ssu_pirate 형 구조체인 blackbeard 구조체 변수 값을 fwrite()를 호출해 ssu_data 파일에 쓴다. 이진 파일 형식의 ssu_data 파일을 다시 fread()를 호출해 읽고, 읽은 데이터를 pirate 구조체 변수에 저장 후 printf()를 호출해 출력한다.

12. ftell(3), fseek(3), rewind(3)

```
#include <stdio.h>
long ftell(FILE *fp);
```

리턴 값: 성공 시 파일의 현재 오프셋, 에러 시 -1L을 리턴하고 errno 설정

```
int fseek(FILE *fp, long offset, int whence);
```

리턴 값: 성공 시 0, 에러 시 0이 아닌 값

```
void rewind(FILE *fp);
```

ftell(), fseek(), rewind()는 표준 입출력 스트림의 읽기, 쓰기 및 위치 조회에 사용하는 라이브러리 함수이다. ftell()는 파일 스트림의 현재 오프셋 위치가 파일의 시작부터 몇 바이트만큼 떨어져 있는지 알려주는 함수이다. ftell()는 입출력 가능으로 오픈된 파일 스트림의 현재 오프셋 위치를 fseek()의 offset에 적합한 형태(long int)로 리턴한다. 함수 호출에 실패하는 경우는 파일 스트림의 현재 오프셋 위치가 가리키고 있는 값이 너무 커서 long 형으로 표현할 수 없는 경우이다.

fseek()는 파일 입출력 시 파일 스트림의 현재 오프셋 위치를 재조정하여 지정한 위치로 이동시키는 함수이다. fseek()를 사용하기 위해서는 반드시 파일이 오픈되어 있어야 하며, 파일 스트림의 현재 오프셋 위치는 offset 인자 값과 인자 whence에 의해 설정된다.

offset 값은 저수준 입출력 함수의 lseek()와 마찬가지로 whence에서부터 떨어진 바이트 수를 의미하고 음수, 0, 양수 모두 사용할 수 있다. whence 값 또한 lseek()에서 사용하는 SEEK_SET, SEEK_CUR, SEEK_END를 사용하며 이는 <stdio.h>에 정의되어 있다. SEEK_SET은 파일의 처음을 지정하며 0으로, SEEK_CUR은 파일의 현재 위치를 지정하며 1로, SEEK_END는 파일의 끝을 지정하며 2로 정의되어 있다.

fseek()는 저수준 함수인 lseek()와 유사하나 lseek()는 성공하면 새로운 offset 값을 리턴하는 반면 fseek() 0을 리턴한다는 것이 다르다. 이 함수는 임의의 위치로 접근이 가능한 파일에서만 사용해야 한다.

rewind()는 파일 스트림의 현재 오프셋 위치를 맨 처음 위치로 설정하고 파일의 맨 처음으로 이동한다. 이 함수는 리턴 값이 없다는 것 이외에는 fseek(fp, 0L, SEEK_SET)과 동일한 기능을 수행한다.

•fseek() 예제

<ssu_fseek.c>

```
#include <stdio.h>
#include <stdlib.h>

int main(void)
{
    char *fname = "ssu_test.txt";
    FILE *fp;
```

```
    long position;
    int character;

    if ((fp = fopen(fname, "r")) == NULL) {
        fprintf(stderr, "fopen error for %s\n", fname);
        exit(1);
    }

    printf("Input number >>");
    scanf("%ld", &position);
    fseek(fp, position - 1, SEEK_SET);
    character = getc(fp);
    printf("%ldth character => %c\n", position, character);
    exit(0);
}

실행결과
root@localhost:/home/oslab# ./ssu_fseek
Input number >>8
8th character => y
```

fseek() 예제는 ssu_test.txt 파일을 fopen()를 호출해 읽기 권한으로 오픈한 후, 사용자 입력으로 들어온 값만큼 떨어진 위치의 문자 한 개를 getc()를 호출하여 읽고, 읽은 문자를 출력한다.

• ftell() 예제

```
<ssu_ftell.c>

#include <stdio.h>
#include <stdlib.h>

int main(void)
{
    char *fname = "ssu_test.txt";
    FILE *fp;
    long fsize;
```

```
    if ((fp = fopen(fname, "r")) == NULL) {
        fprintf(stderr, "fopen error for %s\n", fname);
        exit(1);
    }

    fseek(fp, 0, SEEK_END);
    fsize = ftell(fp);
    printf("The size of <%s> is %ld bytes\n", fname, fsize);
    exit(0);
}
```

실행결과

```
root@localhost:/home/oslab# ls -al ssu_test.txt
-rw-rw-r-- 1 oslab oslab 74 Jan  9 18:48 ssu_test.txt
root@localhost:/home/oslab# ./ssu_ftell
The size of <ssu_test.txt> is 74 bytes
```

ftell() 예제는 ftell()를 호출하여 파일의 크기를 출력한다. ssu_test.txt 파일을 fopen()를 호출해 읽기 접근 권한으로 오픈한 후, SEEK_END를 fseek()의 마지막 인자로 주어 파일의 가장 마지막 위치를 가리키게 한다. 그 후 파일 스트림의 현재 오프셋 위치를 출력하면 파일의 크기만큼의 위치에 존재하기 때문에 파일의 크기를 출력하게 된다.

13. ftello(3), fseeko(3)

```
#include <stdio.h>
off_t ftello(FILE *fp);
```

리턴 값: 성공 시 파일의 현재 오프셋, 에러 시 (off_t)(-1)을 리턴하고 errno 설정

```
int fseeko(FILE *fp, off_t offset, int whence);
```

리턴 값: 성공 시 0, 에러 시 0이 아닌 값

ftello(), fseeko()는 표준 입출력 스트림의 읽기, 쓰기 위치 조회에 사용되는 라이브러

리 함수들이다. ftello(), fseeko()는 기능상으로는 파일 스트림의 현재 오프셋 위치 조회 및 설정에 사용되는 ftell(), fseek()와 동일한 기능을 수행한다.

그러나, ftell(), fseek()를 사용하여 파일 스트림의 현재 오프셋 위치를 조회하는 경우 최대 long(32비트 시스템에서 2GB) 형 크기만큼의 파일 위치만 조회가 가능하다. 따라서 long 형으로는 충분하지 않은 위치를 조회하는 경우, long 형 대신 off_t 형으로 리턴 값을 사용하는 ftello()와 fseeko()를 사용하여 현재 오프셋 위치를 조회해야 한다.

14. fgetpos(3), fsetpos(3)

```
#include <stdio.h>
int fgetpos(FILE   *fp, fpos_t *pos);

                                      리턴 값: 성공 시 0, 에러 시 0이 아닌 값

int fsetpos(FILE *fp, const fpos_t *pos);

                  리턴 값: 성공 시 0, 에러 시 0이 아닌 값을 리턴하고 errno 설정
```

fgetpos(), fsetpos()는 표준 입출력 스트림의 현재 오프셋 위치를 얻거나 지정할 수 있는 라이브러리 함수이다. fgetpos()는 파일 스트림의 현재 오프셋 위치를 인자 pos에 저장한다. fsetpos()를 호출함으로써 지정된 파일 스트림의 현재 오프셋 위치를 이전에 저장된 파일 스트림의 오프셋 위치로 되돌릴 수 있다.

15. printf(3), fprintf(3), sprintf(3), snprintf(3)

```
#include <stdio.h>
int printf(const char *format, ...);
int fprintf(FILE *fp, const char *format, ...);

                             리턴 값: 성공 시 출력된 문자 개수, 에러 시 음의 값

int sprintf(char *buf, const char *format, ...);
int snprintf(char *buf, size_t n, const char *format, ...);

                      리턴 값: 성공 시 배열에 저장된 문자 개수, 에러 시 음의 값
```

printf(), fprintf(), sprintf(), snprintf()는 서식화 된 문자들을 출력하는 기능을 가진 라이브러리 함수들이다. printf()는 표준 출력에 서식화 된 문자들을 데이터를 변환하여 출력하는 함수이며, fprintf()는 printf()와 기능은 동일하지만 fp 인자가 가리키는 파일에 출력한다는 것이 다르다.

sprintf()는 파일이 아니라 인자 buf가 가리키는 문자 배열에 출력하는 함수이며, 마지막에는 '₩0' 문자를 채워준다. snprintf()는 sprintf()에 2번째 인자로 size_t가 추가된 함수이며, 버퍼 오버플로우를 막기 위해 문자열의 길이를 지정할 수 있도록 하여 좀 더 안전하게 사용할 수 있는 함수이다.

printf(), fprintf(), sprintf(), snprintf()는 함수들은 출력할 인자들을 함수 내에 나열하는 형태로 넘겨준다. 'v' 자로 시작하는 vprintf(), vfprintf(), vsprintf(), vsnprintf()의 기능은 각각 printf(), fprintf(), sprintf(), snprintf()와 대응되지만 출력할 인자를 전달할 때 va_list 형의 변수에 저장하여 넘겨주는 것이 다르다. 이 함수들은 매개 변수들의 수가 가변적일 때 유용하다.

또한, printf()는 fprintf()를 이용하여 동일한 기능을 수행할 수 있다. printf(const char *format, ...)는 fprintf(stdout, const char *format, ...)와 동일한 기능을 수행한다. format 인자는 문자열 형태이며, 입출력 형식을 지정하는 역할을 한다.

일반 문자열은 그대로 출력되며 '₩'로 시작되는 문자열은 'escape'로 처리되어 출력된다. '₩' 다음에 't'는 TAP, 'n' 은 newline, 'b' 는 벨을 울리는 기능들을 수행한다. '%'로 시작되는 문자열은 '%' 다음의 문자로 변환을 수행한다.

printf(), fprintf(), sprintf(), snprintf()에 공통적으로 들어가는 인자인 format은 %[플래그][필드 너비][정밀도][길이 수정자][변환 형식]와 같은 변환명세로 표현된다. [필드 너비]는 변환하려는 필드의 최소 필드 너비를 지정한다. 변환된 문자들이 그 너비보다 적으면 빈칸들이 채워진다. 필드 너비에는 음이 아닌 십진 정수 또는 '*'를 지정할 수 있다.

[정밀도]는 변환 결과의 정밀도를 지정하는 것으로 정수 변환의 경우에는 표시될 최소 자릿수이며, 부동소수점 변환의 경우에는 소수점 오른쪽의 최소 자릿수이다. 문자열 변환의 경우에는 최대 바이트 수에 해당한다. [정밀도]는 마침표 하나와 음이 아닌 십진 정수 또는 별표를 지정할 수 있으며, 마침표 하나만 지정할 수도 있다. <표 4-4>, <표 4-5>, <표 4-6>은 각각 printf(), fprintf(), sprintf(), snprintf()에서 사용하는 플래그, 길이 수정자 및 변환 형식을 보여준다.

〈표 4-4〉 printf(), fprintf(), sprintf(), snprintf() 플래그

플래그	설명
-	출력을 필드 안에서 왼쪽으로 정렬
+	부호 있는 변환에서 항상 부호를 표시
(공백)	부호가 만들어지지 않은 경우 공백을 앞에 붙임
#	다른 형식을 이용해서 변환(ex:16진수 형식의 경우 0x)
0	필드를 채울 때 빈칸 대신 0들을 앞에 붙임

〈표 4-5〉 printf(), fprintf(), sprintf(), snprintf() 길이 수정자

길이 수정자	설명
hh	부호 있는/없는 char
h	부호 있는/없는 short
l	부호 있는/없는 long 또는 넓은 문자
ll	부호 있는/없는 long long
j	intmax_t 또는 uintmax_t
z	size_t
t	ptrdiff_t
L	long double

〈표 4-6〉 printf(), fprintf(), sprintf(), snprintf() 변환 형식

변환 형식	설명
d, i	부호 있는 십진수
o	부호 없는 8진수
u	부호 없는 십진수
x, X	부호 없는 16진수
f, F	double 부동소수점 수
e, E	지수 형식의 double 부동소수점 수
g, G	변환되는 값에 따라 f나 F, e, E로 해석
a, A	16진 지수 형식의 double 부동소수점 수

c	문자
s	문자한열
p	void를 가리키는 포인터
n	부호 있는 정수를 가리키는 포인터
%	%문자 자체
C	넓은 문자
S	넓은 문자열

16. scanf(3), fscanf(3), sscanf(3)

```
#include <stdio.h>
int scanf(const char *format, ...);
int fscanf(FILE *fp, const char *format, ...);
int sscanf(const char *buf, const char *format, ...);
```

리턴 값: 성공 시 배정된 입력 항목들의 개수,
어떠한 변화도 일어나기 전에 파일 끝에 도달한 경우에는 EOF,
읽기 에러 발생시 EOF를 리턴하고 errno 설정

scanf(), fscanf(), sscanf()는 데이터를 format에서 지시하는 대로 서식화 변환하여 입력받는 라이브러리 함수들이다. scanf()는 인자 stdin으로부터 읽으며, fscanf()는 인자 fp가 가리키는 파일로부터 읽고, sscanf()는 파일이 아닌 인자 buf가 가리키는 문자 배열로부터 읽는다.

인자들이 어떻게 변환 배정되는지는 format으로 지정된 서식 문자열이 결정한다. 서식 문자열의 변환 명세는 한 함수에 여러 개 쓰일 수 있으며, 한 변환 명세는 '%'로 시작해야 한다. 서식 문자열의 변환 명세들과 공백들 이외의 문자들은 반드시 입력과 부합해야 하며, 문자 하나라도 부합하지 않으면 중지되고 나머지 부분은 읽히지 않는다.

변환 명세는 %[*][필드 너비][길이 수정자][변환 형식]으로 표현한다. [필드 너비]와 [길이 수정자]는 printf()류 와 동일하게 사용한다. <표 4-7>은 scanf(), fscanf(), sscanf()에서 사용하는 변환 형식을 보여준다.

〈표 4-7〉 변환 형식

변환 형식	설명
d	부호 있는 십진 정수
i	부호 있는 정수, 밑은 입력의 형식에 따라 달라짐
o	부호 없는 8진수
u	부호 없는 십진 정수
x	부호 없는 16진 정수
a, A, e, E, f, F, g, G	부동소수점 수
c	문자
s	문자열
[	]까지 나열된 문자들 중 하나와 부합
[^	]까지 나열된 문자열 이외의 한 문자와 부합
P	void를 가리키는 포인터
n	부호 있는 정수를 가리키는 포인터
%	%문자 자체
C	넓은 문자
S	넓은 문자열

•fscanf() 예제

<ssu_fscanf.c>

```
#include <stdio.h>
#include <stdlib.h>

#define BUFFER_SIZE 1024

int main(void)
{
    char *fname = "ssu_test.dat";
    char name[BUFFER_SIZE];
    FILE *fp;
```

```
    int age;

    fp = fopen(fname, "r");
    fscanf(fp, "%s%d", name, &age);
    fclose(fp);
    fp = fopen(fname, "w");
    fprintf(fp, "%s is %d years old\n", name, age);
    fclose(fp);
    exit(0);
}
```

실행결과

```
root@localhost:/home/oslab# cat > ssu_test.dat
HongGilDong 20
root@localhost:/home/oslab# ./ssu_fscanf
root@localhost:/home/oslab# cat ssu_test.dat
HongGilDong is 20 years old
```

fscanf() 예제는 fscanf()를 호출하여 파일로부터 입력을 받고 형식에 맞게 출력한다. ssu_test.data 파일을 fopen()를 호출해 읽기 권한으로 오픈하고, fscanf()를 호출해 오픈된 파일로부터 이름과 나이를 읽는다. 읽어온 데이터를 기반으로 fprintf()를 호출해 사용자에게 맞는 텍스트를 출력한다.

17. fileno(3)

```
#include <stdio.h>
int fileno(FILE *fp);
```

리턴 값: 스트림에 연관된 파일 디스크립터,
잘못된(invalid) 스트림일 경우 -1을 리턴하고 errno를 EBADF로 설정

fileno()는 파일 스트림에 연관된 파일 디스크립터를 얻을 때 사용하는 라이브러리 함수이다. dup(), fcntl() 등 파일 디스크립터를 인자로 하는 함수를 호출하는 경우 많이 사용된다.

18. tmpnam(3), tmpfile(3)

```
#include <stdio.h>
char *tmpnam(char *ptr);
```

리턴 값: 고유한 임시파일의 경로 이름을 가리키는 포인터,
고유한 이름을 더 만들 수 없는 경우 NULL

```
FILE *tmpfile(void);
```

리턴 값: 성공 시 파일 포인터,
에러 시 NULL을 리턴하고 errno 설정

tmpnam(), tmpfile()는 임시 파일을 생성하는 라이브러리 함수들이다. tmpnam()는 <stdio.h>에 정의되어 있는 P_tmpdir로 정의되어 있는 경로에 해당하는 접두어를 붙여 임시 파일 이름을 생성한다. 인자 ptr이 NULL인 경우 tmpnam()의 내부 버퍼를 이용해 그 포인터를 리턴하고 NULL이 아닌 경우 <stdio.h>에 정의되어 있는 L_tmpnam(매크로이며 20-25임)을 이용해 임시 파일의 이름이 저장될 문자 배열을 선언한다. tmpnam()에 의해 생성된 파일 이름으로 오픈된 파일은 프로그램 종료 후 자동 삭제되지 않으므로 다른 이름으로 변경(rename() 호출) 하거나, 필요 없으면 프로그램 종료 전에 직접 삭제(remove(), unlink() 호출)해야 한다.
tmpfile()는 "w+" 모드로 임시 파일을 생성한다. 일반 파일과 달리 이 함수들에 의해 생성된 파일은 프로그램 수행 중에만 유효하며 파일을 닫거나 프로그램이 종료되면 자동으로 삭제된다. 비정상적인 프로그램의 종료 시 임시 파일 삭제 여부는 시스템마다 다르게 구현되어 있다.

•tmpnam() 예제

<ssu_tmpnam.c>

```
#include <stdio.h>
#include <stdlib.h>

#define MAX_LINE 4096

int main(void)
{
```

```
    char buf[MAX_LINE];
    char name[L_tmpnam];
    FILE *fp;

    printf("temp file 1 : %s\n", tmpnam(NULL));
    tmpnam(name);
    printf("temp file 2 : %s\n", name);

    if ((fp = tmpfile()) == NULL) {
        fprintf(stderr, "tmpfile error\n");
        exit(1);
    }

    fputs("tmpfile created temporary file.\n", fp);
    fseek(fp, 0, SEEK_SET);

    if (fgets(buf, sizeof(buf), fp) == NULL) {
        fprintf(stderr, "fgets error\n");
        exit(1);
    }

    fputs(buf, stdout);
    exit(0);
}
```

실행결과

```
oslab@localhost:~$ ./ssu_tmpnam
temp file 1 : /tmp/file0j8S05
temp file 2 : /tmp/filefrLxrK
tmpfile created temporary file.
```

tmpnam() 예제는 tmpnam() 함수를 호출하여 임시 파일들을 생성한다. 첫 번째 출력에서는 tmpnam()를 호출해 만들어진 임시 파일 이름을 출력되게 하며, 두 번째 출력에서는 tmpnam()에 문자형 배열인 인자 name을 인자로 전달하여 저장된 임시 파일 이름을 name 변수에 저장하고 해당 변수 값을 출력한다.

tmpfile()를 호출해 프로그램에서 사용할 임시 파일을 생성하고 해당 파일을 오픈하고 있는 FILE 구조체 포인터의 값을 fp 변수에 저장한다. 저장된 파일에 fputs()를 호출해 "tmpfile created temporary file"을 쓰고, fgets()를 호출해 해당 파일을 읽고 출력한다.

•tmpfile() 예제

```
<ssu_tmpfile.c>

#include <stdio.h>
#include <stdlib.h>

#define BUFFER_SIZE 1024

int main(void)
{
    char buf[BUFFER_SIZE];
    char name[L_tmpnam];
    FILE *fp;

    printf("Temporary filename <<%s>>\n", tmpnam(name));

    if ((fp = tmpfile()) == NULL) {
        fprintf(stderr, "tmpfile create error!!\n");
        exit(1);
    }

    fputs("create tmpfile success!!\n", fp);
    rewind(fp);
    fgets(buf, sizeof(buf), fp);
    puts(buf);
    exit(0);
}

실행결과
root@localhost:/home/oslab# ./ssu_tmpfile
Temporary filename <</tmp/files8NGKi>>
create tmpfile success!!
```

tmpfile() 예제는 tmpfile()를 호출하여 임시 파일을 생성하고 입출력 작업을 한다. tmpfile()를 호출해 프로그램에서 사용 할 임시 파일을 생성하고 해당 파일을 오픈하고 있는 FILE 구조체 포인터의 값을 fp 변수에 저장한다. 저장된 파일에 fputs()를 호출해 "create tmpfile success!!₩n"을 쓰고, fgets()를 호출해 해당 파일을 읽고 출력한다.

19. tempnam(3)

```
#include <stdio.h>
char *tempnam(const char *directory, const char *prefix);
```

리턴 값: 고유한 경로 이름을 가리키는 포인터
에러 시 NULL을 리턴하고 errno 설정

tempnam()는 임시 파일 이름을 생성하는 라이브러리 함수이다. tempnam()는 tmpfile()와는 다르게 사용자가 임시 파일이 만들어질 디렉토리를 직접 지정할 수 있으며 임시 파일 이름의 접두어 또한 5자 이내에서 지정할 수 있다.
prefix가 NULL인 경우는 시스템이 정한 그대로 파일 이름을 생성하게 된다. 인자 directory가 NULL이거나 타당하지 않으면 <stdio.h>에 정의되어 있는 P_tmpdir로 directory를 사용하고, 시스템 환경 변수인 TMPDIR이 정의되어 있으면 그것을 사용한다.

•tempnam() 예제

<ssu_tempnam.c>

```
#include <stdio.h>
#include <stdlib.h>

int main(int argc, char *argv[])
{
    char *arg_directory = NULL;
    char *arg_prefix = NULL;

    if (argc != 3) {
        fprintf(stderr, "usage: %s <directory> <prefix>\n", argv[0]);
```

```
        exit(1);
    }

    arg_directory = argv[1][0] != ' ' ? argv[1] : NULL;
    arg_prefix = argv[2][0] != ' ' ? argv[2] : NULL;
    printf("created : %s\n", tempnam(arg_directory, arg_prefix));
    exit(0);
}

실행결과
root@localhost:/home/oslab# ./ssu_tempnam " " PTF
created : /tmp/PTFyvoHBM
root@localhost:/home/oslab# ./ssu_tempnam /home Temp
created : /home/TempEPZ9AA
```

tempnam() 예제는 tempnam()를 호출하여 임시 파일을 생성한다. 사용자로부터 입력받은 첫 번째 인자를 임시 파일이 생성될 디렉토리로 설정하고, 두 번째 인자를 임시 파일 이름의 접두어로 사용하여 임시 파일을 생성한다. 만약 사용자로부터 입력된 인자가 공백인 경우 NULL을 설정해 시스템이 기본으로 설정한 값을 갖는다.

20. 이 장에서 배운 함수들

```
int fwide(FILE *fp, int mode);
void setbuf(FILE *fp, char *buf);
int setvbuf(FILE *fp, char *buf, int mode, size_t size);
int fflush(FILE *fp);
FILE *fopen(const char *pathname, const char *mode);
FILE *fdopen(int filedes, const char *mode);
FILE *freopen(const char *pathname, const char *mode, FILE *fp);
int fclose(FILE *fp);
int fcloseall(void);
int getc(FILE *fp);
int fgetc(FILE *fp);
int getchar(void);
int ferror(FILE *fp);
```

```
int feof(FILE *fp);
void clearerr(FILE *fp);
int ungetc(int c, FILE *fp);
int putc(int c, FILE *fp);
int fputc(int c, FILE *fp);
int putchar(int c);
char *fgets(char *buf, int n, FILE *fp);
char *gets(char *buf);
int fputs(const char *str, FILE *fp);
int puts(const char *str);
size_t fread(void *ptr, size_t size, size_t nobj, FILE *fp);
size_t fwrite(const void *ptr, size_t size, size_t nobj, FILE *fp);
long ftell(FILE *fp);
int fseek(FILE *fp, long offset, int whence);
void rewind(FILE *fp);
off_t ftello(FILE *fp);
int fseeko(FILE *fp, off_t offset, int whence);
int fgetpos(FILE *fp, fpos_t *pos);
int fsetpos(FILE *fp, const fpos_t *pos);
int printf(const char *format, ...);
int fprintf(FILE *fp, const char *format, ...);
int sprintf(char *buf, const char *format, ...);
int snprintf(char *buf, size_t n, const char *format, ...);
int scanf(const char *format, ...);
int fscanf(FILE *fp, const char *format, ...);
int sscanf(const char *buf, const char *format, ...);
int fileno(FILE *fp);
char *tmpnam(char *ptr);
FILE *tmpfile(void);
char *tempnam(const char *directory, const char *prefix);
```

연습문제

1. 파일 스트림 포인터와 파일 디스크립터의 차이점을 설명하라.

2. 파일 입출력 기반의 버퍼를 사용하는 이유와 버퍼링을 해야 하는 이유에 대해 설명하라.

3. 다음은 학생들의 점수를 채점하는 프로그램 일부이다. 학생들의 답안 정보는 다음 "ssu_answer.txt"와 같은 형식으로 되어 있으며 답안을 채점한 후 결과를 "ssu_res.txt"와 같은 형식으로 저장한다. 다음 프로그램 실행 시 아래 실행 결과가 나올 수 있도록 프로그램을 완성하라.

<ssu_answer.txt>

```
Jung DJ
1234123412
Lee SS
1233423413
Hong GD
2233412424
```

<ssu_answer.c>

```
#include <stdio.h>
#include <stdlib.h>
#include <unistd.h>

#define BUFFER_SIZE 256
#define STUDENT_NUM 3
#define Q_SIZE 10

typedef struct _student {
    char name[10];
    int score ;
    char res[BUFFER_SIZE];
} Student;
```

```
char answer[BUFFER_SIZE] = "1233423413"; //test's answer

int main(void)
{
    char *ssu_answer = "ssu_answer.txt";
    char *ssu_res = "ssu_res.txt";
    char tmp_score[BUFFER_SIZE];
    FILE *fp;
    int i, j= 0;
    Student list[STUDENT_NUM];

    if ((fp = fopen(ssu_answer,"rb")) == NULL) {
        fprintf(stderr, "fopen error for %s\n",ssu_answer);
        exit(1);
    }

    for(j = 0 ; j < STUDENT_NUM ; j++) {
        list[j].score = 0;
        if (fgets(list[j].name, BUFFER_SIZE, fp) == NULL) {
            fprintf(stderr, "fgets error for %s\n", ssu_answer);
            exit(1);
        }
        i = 0;

        while((list[j].name[i] !='\n'))
            i++;

        list[j].name[i] = '\0';

        i = 0;

        while((list[j].res[i]  !='\n')) i++;

        list[j].res[i] = '\0';
        i = 0 ;
```

```
        for( ; i < Q_SIZE ; i++) {
            if (list[j].res[i] == answer[i]) {
                list[j].score += 10;
                list[j].res[i] = 'O';
            }
            else
                list[j].res[i] = 'X';
        }
        printf("Student name : %s , score : %d , res : %s \n", list[j].name,
list[j].score, list[j].res);
    }

    fclose(fp);
    if ((fp = fopen(ssu_res, "wb")) == NULL) {
        fprintf(stderr, "fopen error for %s \n",ssu_res);
        exit(1);
    }

    for (i = 0 ; i < STUDENT_NUM ; i++) {
        if (fputs(list[i].name, fp) == NULL) {
            fprintf(stderr, "fputs error for %s \n", "stduent's name" );
            exit(1);
        }

        sprintf(tmp_score, " |%d| ", list[i].score);
        if (fputs(tmp_score,  fp) == NULL) {
            fprintf(stderr, "fputs error for %s \n" , "tmp_score");
            exit(1);
        }

        if (fputs(list[i].res, fp) == NULL) {
            fprintf(stderr, "fputs error for %s \n" , "student's res");
            exit(1);
        }
    }
```

```
    fclose(fp);
    exit(0);
}

실행결과
root@localhost:/home/oslab# ./ssu_answer
Student name : Jung DJ , score : 70 , res : OOOXXOOOOX
Student name : Lee SS , score : 100 , res : OOOOOOOOOO
Student name : Hong GD , score : 50 , res : XOOOOXXOXX
root@localhost:/home/oslab# cat ssu_res.txt
```

4. 다음 프로그램 실행 시 아래 실행 결과가 나올 수 있도록 fopen(), fgets(), fclose()를 사용하여 프로그램을 완성하라. 단, 프로그램 실행 시 입력한 인자는 각각 정규파일, 디렉토리, 케릭터 특수, 블록 틱수, FIFO, 심볼릭 링크, 소켓 파일로 가정한다.

```
#include <stdio.h>
#include <stdlib.h>
#include <unistd.h>

void print_file_type(struct stat *statbuf) {
    char *str;

}

int main(int argc, char *argv[])
{
    struct stat statbuf;
    int i;

}

실행 결과
root@localhost:/home/oslab# ./a.out regular directory character block fifo
```

```
symbolic socket
regular
directory
character special
block special
FIFO
symbolic link
socket
```

5. 다음 프로그램 실행 시 아래 실행 결과가 나올 수 있도록 프로그램을 완성하라.

<ssu_person.c>

```
#include <stdio.h>
#include <stdlib.h>

typedef struct _person {
    char name[10];
    int age;
    double height;
} Person;

int main(void)
{
    FILE *fp;
    int i, res;
    int size;
    Person ary[3] = {{"Hong GD", 500, 175.4},
        {"Lee SS", 350,180.0},
        {"King SJ", 500, 178.6}};
    Person tmp;

    size = sizeof(ary) / sizeof(ary[0]);
    if((fp = fopen("ftest.txt", "wb")) == 0) {
        fprintf(stderr, "fopen error!\n");
        exit(1);
```

```
    }

    fclose(fp);

    if ((fp = fopen("ftest.txt", "rb")) == 0) {
        fprintf(stderr , "fopen error!\n");
        exit(1);
    }

    printf("[ First print]\n");

    while (!feof(fp)) {
        if ((res = fread(&tmp, sizeof(Person), 1, fp)) != 1)
            break;
        printf("%s %d %.2lf\n", tmp.name, tmp.age, tmp.height);
    }

    rewind(fp);
    printf("[ Second print]\n");

    while (!feof(fp)) {
        if ((res = fread(&tmp, sizeof(Person), 1, fp)) != 1)
            break;
        printf("%s %d %.2lf\n", tmp.name, tmp.age, tmp.height);
    }

    fclose(fp);
    exit(0);
}
```

실행결과

```
root@localhost:/home/oslab# ./ssu_person
[ First print]
Hong GD 500 175.40
Lee SS 350 180.00
King SJ 500 178.60
```

```
[ Second print]
Hong GD 500 175.40
Lee SS 350 180.00
King SJ 500 178.60
```

V. 프로세스

본 장에서는 Linux · Unix의 프로세스 관련 시스템호출 함수와 라이브러리 함수를 설명한다. 운영체제에서 프로세스는 현재 실행 중인 프로그램을 말한다. 보다 구체적으로 운영체제 개념에 설명을 하면 프로세스는 처리기를 추상화한 객체 또는 구조체라고 할 수 있다. 운영체제에서 프로세스는 사용자가 쉘에서 직접 system이라는 명령어를 사용하여 실행시킬 수도 있으나 일반적으로 프로그램 내부에서 프로세스를 생성하여 실행을 시킨다. 프로세스와 관련된 시스템호출 함수들은 프로세스의 생성(fork()류), 실행(exec()류), 종료(exit()류) 등이 있으며, 프로세스와 관련된 함수들은 메모리를 할당(malloc()류)하고 메모리를 해제(free())하는 함수들과 프로세스 환경을 제어하는 라이브러리 함수들이 있다.

V. 프로세스

1. exit(3), _Exit(2), _exit(2)

```
#include <stdlib.h>
void exit(int status);
void _Exit(int status);

#include <unistd.h>
void _exit(int status);
```

exit()는 프로그램을 정상 종료시킬 때 사용하는 라이브러리 함수이며, _Exit()과 _exit()는 시스템호출 함수들이다. _Exit()나 _exit()를 호출하면 종료 처리부들이나 시그널 처리부들을 실행하지 않고 프로세스를 종료시킨다.
exit()를 호출하면 종료 처리부들이나 시그널 핸들러들을 실행하고 최종적으로 _exit()를 호출한다. exit()는 항상 종료 전 표준 입출력 라이브러리를 정리한다. 따라서 다음 절에서 설명할 vfork() 경우 자식 프로세스가 exit() 호출할 경우 문제가 발생한다.

exit(), _Exit(), _exit() 모두 하나의 정수 인자를 받는데, 이를 종료 상태(exit status)라고 하고 종료 상태는 부모에게 전달된다. status 인자 값은 하위 8비트만 사용되어 0~255 사이의 값을 갖는다. <표 5-1>에 프로세스의 종료 상태가 정의되지 않는 경우를 보여준다.

〈표 5-1〉 프로세스의 종료 상태가 정의되지 않는 경우

종료 함수들이 종료 상태 없이 호출될 경우 main()가 리턴 값이 없는 return 문에 의해 리턴되었을 경우 main()가 정수 값을 리턴되도록 선언되지 않았을 경우

<표 5-2>에서 정상적인 종료되는 경우와 <표 5-3>에서 비정상적으로 종료되는 경우를 보여준다.

〈표 5-2〉 프로세스가 정상적으로 종료되는 경우

구성 요소	내용
main()의 return 문에 의해 종료	exit() 호출과 동일
exit()를 호출하여 종료	결과적으로 _exit()가 호출되지만 표준 입출력 채널 정리 등의 추가 루틴 실행
_exit() 또는 _Exit()를 호출하여 종료	종료 상태 값을 명시적으로 지정
프로세스 마지막 스레드의 시동 루틴이 return에 의해 종료	
프로세스 마지막 스레드에서 pthread_exit()를 호출하여 종료	

〈표 5-3〉 프로세스가 비정상적으로 종료되는 경우

abort() 호출에 의하여 종료 (SIGABRT 시그널 발생) 프로세스가 특정 시그널을 받아 종료 (0으로 나눈 경우, 잘못된 메모리 참조 등) 마지막 스레드가 취소 요청을 받아들여서 종료 커널이 종료 상태 값을 생성

<그림 5-1>은 프로세스가 종료되는 과정을 보여준다. 운영체제는 해당 프로세스가 오픈한 파일 디스크립터를 모두 닫는다. 프로세스에 할당되었던 메모리는 모두 해제된다. exit()는 오픈된 파일 스트림을 닫기 위해 fclose()를 호출하고 버퍼에 남은 데이터를 비우기 위해 표준 입출력을 정리하는 루틴을 실행하고 _exit()를 호출한다. C 컴파일러는 main()에서 리턴하는 경우 exit()를 자동적으로 호출한다.

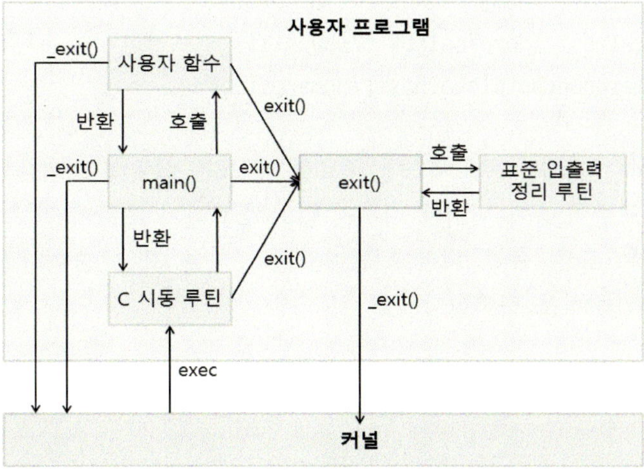

〈그림 5-1〉 프로세스의 종료 과정

• _exit(), exit() 예제

<ssu__exit.c>

```
#include <stdio.h>
#include <unistd.h>

int main(void)
{
    printf("Good afternoon?");
    _exit(0);
}
```

<ssu_exit.c>

```
#include <stdio.h>
#include <stdlib.h>

int main(void)
{
    printf("Good afternoon");
    exit(0);
}
```

실행 결과

```
root@localhost:/home/oslab# ./ssu__exit
root@localhost:/home/oslab# ./ssu_exit
Good afternoonroot@localhost:/home/oslab#
```

_exit(), exit() 예제는 프로세스가 종료할 때 표준 입출력 버퍼를 비웠는지 확인한다. _exit()는 표준 입출력 버퍼를 비우지 않고 종료하기 때문에 아무것도 출력하지 않는다. exit()는 표준 출력 버퍼에 남아있는 문자를 표준 출력하고 종료하기 때문에 "Good afternoon"을 출력한다.

2. atexit(3), on_exit(3)

```
#include <stdlib.h>
int atexit(void (*__func__) (void));
int on_exit(void (*function)(int, void *), void *arg);
```

리턴 값 : 성공 시 0, 실패 시 0 이외의 값

atexit(), on_exit()는 exit() 실행 시 자동으로 호출될 함수를 등록할 때 사용하는 라이브러리 함수들이다. atexit()에서 *__func__ 인자는 exit()에 의해 호출될 함수를 가리키는 함수 포인터이다. 등록될 함수는 어떠한 인자도 받지 않으며 어떠한 값도 리턴하지 않는 함수이다. aexit()는 등록된 함수들을 등록의 역순으로 호출한다.

하나의 함수를 여러 번 등록할 수 있으며, 등록한 횟수만큼 여러 번 호출된다. 다음 절에서 다룰 exec류 함수들이 호출되면 등록된 함수 목록이 초기화된다.

atexit() 호출이 성공하면 인자로 지정된 함수가 정상적인 프로세스 종료 과정 중에 실행된다. exit() 수행이나 main()에서 return 문으로 프로세스를 종료시킬 때 인자로 넘어온 함수가 실행된다.

여기서 등록할 함수는 인자를 전달 받지 않으며, 리턴 값도 없어야 한다. 프로세스가 시그널을 받고 종료하면 등록된 함수는 호출되지 않는다. 등록된 함수는 역순으로 실행되며, 그 함수는 exit()를 호출해서는 안 된다. exit()를 호출하면 무한 재귀호출이 일어나므로, 중간에 끝내고 싶다면 _exit()를 호출해야 한다.

on_exit()는 atexit()와 동일하게 동작하지만, 등록 대상 함수 서식이 다르다. status 인자는 exit()로 전달되거나 main()에서 리턴될 값이다. arg 인자는 on_exit()로 전달될 두 번째 인자이며, 등록된 함수가 최종적으로 호출될 시점에서 arg 인자가 가리키는 메모리가 유효해야 한다.

•atexit() 예제 1

<ssu_atexit_2.c>

```
#include <stdio.h>
#include <stdlib.h>

void ssu_out(void);

int main(void)
```

```
{
    if (atexit(ssu_out)) {
        fprintf(stderr, "atexit error\n");
        exit(1);
    }

    exit(0);
}

void ssu_out(void) {
    printf("atexit succeeded!\n");
}

실행 결과
root@localhost:/home/oslab# ./ssu_atexit_2
atexit succeeded!
```

atexit() 예제 1은 메인 함수가 리턴한 후 실행할 함수를 등록한다. atexit()를 이용하여 등록한 함수는 메인 함수가 리턴한 후 함수를 실행한다.

•atexit() 예제 2

<ssu_atexit_1.c>

```
#include <stdio.h>
#include <stdlib.h>

static void ssu_exit1(void);
static void ssu_exit2(void);

int main(void)
{
    if (atexit(ssu_exit2) != 0) {
        fprintf(stderr, "atexit error for ssu_exit2");
        exit(1);
    }
```

```
    if (atexit(ssu_exit1) != 0) {
        fprintf(stderr, "atexit error for ssu_exit1");
        exit(1);
    }

    if (atexit(ssu_exit1) != 0) {
        fprintf(stderr, "atexit error for ssu_exit1");
        exit(1);
    }

    printf("done\n");
    exit(0);
}
static void ssu_exit1(void) {
    printf("ssu_exit1 handler\n");
}

static void ssu_exit2(void) {
    printf("ssu_exit2 handler\n");
}

실행 결과
root@localhost:/home/oslab# ./ssu_atexit_1
done
ssu_exit1 handler
ssu_exit1 handler
ssu_exit2 handler
```

atexit() 예제 2는 메인 함수가 리턴한 후 실행할 함수를 등록한다. atexit()를 이용하여 등록한 함수는 메인 함수가 리턴한 후 함수를 호출한 역순으로 함수들이 실행되어 main()에 있는 printf()에서 done을 먼저 출력하고 ssu_exit1(), ssu_exit1(), ssu_exit2() 순으로 실행된다.

3. main(int argc, char *argv[])

새로운 프로세스가 실행될 때 문자열들을 main()의 인자로 받을 수가 있는데, C에서는 main()의 첫 번째와 두 번째 인자인 argc와 argv를 이용한다. argc 인자는 인자로 받은 문자열들의 개수이고, argv는 전달받은 문자열들을 가리키는 포인터이다.

•Command-Line 인자 예제

```
<ssu_command-line.c>

#include <stdio.h>
#include <stdlib.h>

int main(int argc, char *argv[])
{
    int i;

    for (i = 0; i < argc; i++)
        printf("argv[%d] : %s\n", i, argv[i]);

    exit(0);
}

실행 결과
root@localhost:/home/oslab# ./ssu_command-line argv1 hello test program
argv[0] : ./ssu_command-line
argv[1] : argv1
argv[2] : hello
argv[3] : test
argv[4] : program
```

Command-Line 인자 예제는 실행 파일 이름을 포함한 문자열들을 모두 출력한다. 프로그램을 실행할 때 넘겨주는 문자열들은 main()의 argc, argv 인자로 지정한다.

4. malloc(3), calloc(3), realloc(3), free(3)

```
#include <stdlib.h>
void *malloc(size_t size);
void *calloc(size_t nobj, size_t size);
void *realloc(void *ptr, size_t newsize);

리턴 값 : 성공 시 할당된 메모리를 가리키는 포인터, 에러 시 NULL

void free(void *ptr);
```

malloc(), calloc(), realloc()는 메모리 할당을 위해 사용되는 라이브러리 함수들이고, free()는 할당받은 메모리 영역을 해제하는 라이브러리 함수이다. malloc()의 경우 할당된 메모리의 초기 값은 정의되지 않고 calloc()는 할당된 메모리의 초기 값을 모두 0으로 정의한다. Linux·Unix에서 자유 메모리(free memory)는 자유 메모리 블록들의 리스트 즉, 자유 리스트(free list)로 이루어지며, 이 리스트를 자유 메모리 풀이라고도 부른다. 각 블록은 그 블록의 크기, 다음 블록에 대한 포인터, 그리고 그 블록내의 메모리 공간으로 이루어진다. 그리고 리스트의 맨 끝에 있는 블록은 맨 처음의 블록을 가리키도록 되어 있다.

malloc()와 calloc()는 지정된 크기의 바이트의 메모리를 할당받는 함수로 자유 리스트를 통해 첫 번째 블록에 접근할 수 있다. 포인터를 따라 이동하면서 정해진 알고리즘에 의해 리턴할 블록을 찾으며, 적절히 포인터를 조정하여 자유 메모리 리스트에서 이 블록을 가져온다. 그 후 그 블록을 사용자가 이용할 수 있도록 리턴한다. 이때 자유 메모리 풀에서 원하는 블록을 찾을 수 없을 경우에는 프로세스의 힙(heap) 크기를 조정할 수 있는 sbrk() 호출을 통해 시스템으로부터 더 많은 메모리를 가져온다.

free()는 메모리 할당 함수들에 의해 할당받은 메모리를 해제하는 역할을 한다. 해제된 메모리 공간은 자유 리스트로 포함되며, 나중에 호출되는 메모리 할당 함수들이 이용할 수 있게 된다. 앞에서 설명한 메모리 할당 함수의 리턴 값은 일반적인 포인터 타입(void *)이므로 다른 타입의 포인터 변수를 전달할 수 있다. 또한, 이 메모리 할당 함수에 의해 리턴된 포인터는 적절하게 정렬되기 때문에 어떠한 데이터 타입에 대해서도 사용될 수 있다.

realloc()는 이미 할당받은 메모리 공간 크기를 늘리거나 줄일 수 있도록 하는 함수이다. 예를 들어 malloc()를 이용하여 1,000 바이트의 메모리를 할당 받았을 때 1,000 바이트의 메모리가 더 필요한 경우가 생겨 realloc()를 호출하게 되면 realloc()는 우선 현재의 블록 내에서 새로운 메모리 공간을 찾는다. 만약 현재의 블록 내에 1,000 바이트의 여유가 있다면, 이 공간만 덧붙여 준다. 이 경우 리턴되는 포인터 값은 인자로 준 포인터 값과 동일하게 된다. 현재의 블록 내에서 충분한 공간을 찾을 수 없는 경우에는 먼저 할당받았던 메모리와 추가적으로 요구되는 메모리의 크기를 합한 크기의 메모리 블록을 찾아야 한다. 이 경우 먼저 할당되었던 메모리 내용(1,000 바이트)은 새로운 블록으로 복사한 후에 포인터를 리턴한다.

메모리 할당 함수를 사용할 때 첫 번째 주의할 점은 먼저 realloc()의 newsize 인자는 추가적으로 필요한 메모리의 크기가 아니고 먼저 할당 받은 메모리 크기를 포함한 크기라는 것이다. 만약 할당 받은 메모리 공간을 넘어 쓰기 작업을 한다면 메모리 블록 헤더를 손상시켜 리스트 구조에 문제가 생길 수 있다.

두 번째 주의할 점은 이미 free()를 이용하여 자유 메모리 풀에 리턴한 메모리 블록에 대해 다시 free()를 호출하는 경우와 malloc()를 통해 할당 받지 않은 메모리에 대한 포인터를 가지고 free()를 호출하는 경우 치명적인 결과를 가져올 수 있기 때문에 free()를 제대로 사용해야 한다는 것이다.

마지막으로 주의할 점은 메모리 누출(memory leak)이다. 메모리를 계속 할당 받기만 하고 해제를 하지 않는 경우 불필요하게 메모리 공간이 낭비되고 불필요한 메모리 할당 작업은 응용 프로그램의 실행 시간에 영향을 미칠 수 있다.

5. getenv(3), putenv(3), setenv(3), unsetenv(3)

```
#include <stdlib.h>
char *getenv(const char *name);

        리턴 값 : 성공 시 name으로 주어진 이름에 해당하는 환경 변수 값을 가리키는 포인터,
                                                          그런 이름이 없는 경우 NULL
int putenv(char *str);

                          리턴 값 : 성공 시 0, 에러 시 0이 아닌 값을 리턴하고 errno 설정

int setenv(const char *name, const char *value, int rewrite);
int unsetenv(const char *name);

                               리턴 값 : 성공 시 0, 에러 시 -1을 리턴하고 errno 설정
```

getenv(), putenv(), setenv(), unsetenv()는 환경 변수를 제어하기 위해 사용하는 라이브러리 함수들이다. 환경 변수는 "이름=값"의 형태로 특정 값을 지정한다.

일반적으로 환경 변수 전체를 접근할 경우는 environ 전역 변수나 main()의 3번째 인자를 이용할 수 있으나, 특정 환경 변수의 값을 알고 싶거나 환경 변수 값을 변경할 때, 또는 새로운 환경 변수를 생성하고 싶을 경우 getenv(), putenv(), setenv(), unsetenv() 등을 사용한다.

getenv()는 환경 변수 리스트 중에서 "이름=값"형식의 문자열을 찾아 값에 대한 포인터를 리턴한다. 만약 찾는데 실패하면 NULL을 리턴한다. putenv()는 기존 환경 변수의 값을 변경하거나 새로운 환경 변수를 등록할 때 사용한다. str은 "이름=값"의 형식으로 처리한다. 만약 이름에 해당하는 환경 변수가 이미 존재하면 이전에 설정된 값은 새로운 값으로 변경된다. 새로운 환경 변수는 환경 변수 리스트의 맨 끝에 추가된다. 주의할 점은 지역 변수를 putenv()의 인자로 사용한 후 종료하면 다음 putenv() 예제 1과 같은 예기치 않은 결과가 발생할 수 있다. putenv()와 비슷한 기능을 수행하는 함수로 setenv(), unsetenv()가 있으나 다른 시스템에서는 거의 구현되어 있지 않다.

setenv()는 putenv()와 같이 환경 변수를 설정할 때 사용한다. 만약 환경변수 이름이 이미 존재할 경우, rewrite 인자 값이 0이면 환경 변수 값을 새로운 값으로 변경하지 않고 그대로 둔다. rewrite 인자의 값이 0이 아니면 새로운 값으로 변경한다. unsetenv()는 환경 변수 이름에 대한 정의를 초기화할 때 사용한다. 만약 환경 변수 이름을 찾을 수 없는 경우 에러를 리턴한다.

•putenv() 예제 1

<ssu_putenv_1.c>

```
#include <stdio.h>
#include <stdlib.h>
#include <unistd.h>
#include <string.h>

void ssu_addone(void);

extern char **environ;
char glob_var[] = "HOBBY=swimming";

int main(void)
{
    int i;
```

```
    for (i = 0; environ[i] != NULL; i++)
        printf("environ[%d] : %s\n", i, environ[i]);

    putenv(glob_var);
    ssu_addone();
    printf("My hobby is %s\n", getenv("HOBBY"));
    printf("My lover is %s\n", getenv("LOVER"));
    strcpy(glob_var + 6, "fishing");

    for (i = 0; environ[i] != NULL; i++)
        printf("environ[%d] : %s\n", i, environ[i]);

    exit(0);
}

void ssu_addone(void) {
    char auto_var[10];

    strcpy(auto_var, "LOVER=js");
    putenv(auto_var);
}

실행 결과
root@localhost:/home/oslab# ./ssu_putenv_1
environ[0] : XDG_VTNR=7
environ[1] : XDG_SESSION_ID=c2
environ[2] : CLUTTER_IM_MODULE=xim

(중략)

environ[57] : XAUTHORITY=/home/oslab/.Xauthority
environ[58] : _=./a.out
environ[59] : OLDPWD=/home/oslab
My hobby is swimming
My lover is (null)
environ[0] : XDG_VTNR=7
```

```
environ[1] : XDG_SESSION_ID=c2
environ[2] : CLUTTER_IM_MODULE=xim

(중략)

environ[59] : OLDPWD=/home/oslab
environ[60] : HOBBY=fishing
environ[61] : y�
```

putenv() 예제 1은 putenv()로 지역 변수와 전역 변수로 선언된 환경 변수를 등록하고 등록한 환경 변수를 출력한다. 지역 변수를 putenv()의 인자로 지정하면 지역 변수가 소멸될 경우 환경 변수가 제대로 출력되지 않는다.

•putenv() 예제 2

<ssu_putenv_2.c>

```
#include <stdio.h>
#include <stdlib.h>

void ssu_printenv(char *label, char ***envpp);

extern char **environ;

int main(int argc, char *argv[], char *envp[])
{
    ssu_printenv("Initially", &envp);
    putenv("TZ=PST8PDT");
    ssu_printenv("After changing TZ", &envp);
    putenv("WARNING=Don't use envp after putenv()");
    ssu_printenv("After setting a new variable", &envp);
    printf("value of WARNING is %s\n", getenv("WARNING"));
    exit(0);
}

void ssu_printenv(char *label, char ***envpp) {
    char **ptr;
```

```
    printf("---- %s ---\n", label);
    printf("envp is at %8o and contains %8o\n", envpp, *envpp);
    printf("environ is at %8o and contains %8o\n", &environ, environ);
    printf("My environment variable are:\n");

    for (ptr = environ; *ptr; ptr++)
        printf("(%8o) = %8o -> %s\n", ptr, *ptr, *ptr);

    printf("(%8o) = %8o\n", ptr, *ptr);
}
```

```
실행 결과
root@localhost:/home/oslab# ./ssu_putenv_2
---- Initially ---
envp is at 27754643250 and contains 27754643474
environ is at 1001120054 and contains 27754643474
My environment variable are:
(27754643474) = 27754644205 -> SHELL=/bin/bash
(27754643500) = 27754644225 -> TERM=xterm-256color
(27754643504) = 27754644251 -> USER=root

(중략)

(27754643624) = 27754647723 -> _=./ssu_putenv_2
(27754643630) = 27754647742 -> OLDPWD=/home
(27754643634) =        0
---- After changing TZ ---
envp is at 27754643250 and contains 27754643474
environ is at 1001120054 and contains 1004432020
My environment variable are:
(1004432020) = 27754644205 -> SHELL=/bin/bash
(1004432024) = 27754644225 -> TERM=xterm-256color
(1004432030) = 27754644251 -> USER=root

(중략)
```

```
(1004432154) = 27754647742 -> OLDPWD=/home
(1004432160) = 1001103372 -> TZ=PST8PDT
(1004432164) =          0
---- After setting a new variable ---
envp is at 27754643250 and contains 27754643474
environ is at 1001120054 and contains 1004432020
My environment variable are:
(1004432020) = 27754644205 -> SHELL=/bin/bash
(1004432024) = 27754644225 -> TERM=xterm-256color
(1004432030) = 27754644251 -> USER=root

(중략)

(1004432160) = 1001103372 -> TZ=PST8PDT
(1004432164) = 1001103430 -> WARNING=Don't use envp after
putenv()
(1004432170) =          0
value of WARNING is Don't use envp after putenv()
```

putenv() 예제 2는 putenv()를 통해 지역 변수로 선언된 환경 변수를 등록하고 등록한 환경 변수를 출력한다.

6. setjmp(3), longjmp(3)

```
#include <setjmp.h>
int setjmp(jmp_buf env);

        리턴 값 : 직접 호출된 경우에는 0, longjmp를 통해서 호출된 경우에는 0이 아닌 값

void longjmp(jmp_buf env, int val);
```

setjmp(), longjmp()는 함수 경계를 넘나드는 분기를 수행하기 위해 사용하는 라이브러리 함수들이다. C 프로그래밍 언어에서 goto 명령은 다른 함수 내에 설정된 레이블로 점프할 수 없다.

다른 함수에 설정된 레이블로 점프하려면 goto 명령 대신 setjmp(), longjmp()를 이용해야 한다. setjmp(), longjmp()들은 특히 많은 함수 호출로 인해 깊이 중첩되어 있는 경우 해당 함수로부터 빠져나와 다른 상위 레벨의 함수로 이동할 수 있는 기능을 제공한다. 이 기능은 중첩되어 호출된 함수에서의 인터럽트나 에러를 처리하는데 유용하게 사용된다.

setjmp()는 setjmp()가 위치한 함수의 스택 환경과 레지스터 환경을 env 변수에 저장하고 이후에 호출될 longjmp()에 의해 사용될 수 있도록 한다. setjmp()는 직접 호출되었을 경우는 0을, longjmp()에 의해 호출되었을 경우는 0 이외의 값을 리턴한다.

longjmp()는 현재의 스택 프레임을 setjmp()에 의해 저장된 스택의 환경과 레지스터 내용으로 환원함으로써 setjmp()에 의해 지정된 위치로 제어가 옮겨 가도록 해준다. 이때 val 인자 값이 setjmp()의 리턴 값이 된다. val 인자 값을 조정하면 한 개의 setjmp()에 대해 여러 개의 longjmp()를 사용할 수 있으며 setjmp()의 리턴 값으로부터 어느 longjmp()에서 호출이 일어났는지를 판단할 수 있다. 주의할 점은 env 인자는 전역 변수로 선언하여 사용해야 한다는 것이다.

•setjmp() 예제

<ssu_setjmp.c>

```
#include <stdio.h>
#include <stdlib.h>
#include <unistd.h>
#include <setjmp.h>

void ssu_nested_func(int loc_var, int loc_volatile, int loc_register);

static jmp_buf glob_buffer;

int main(void)
{
    register int loc_register;
    volatile int loc_volatile;
    int loc_var;

    loc_var = 10;
    loc_volatile = 11;
    loc_register = 12;
```

```
    if (setjmp(glob_buffer) != 0) {
        printf("after longjmp, loc_var = %d, loc_volatile = %d,
                loc_register = %d\n", loc_var, loc_volatile, loc_register);
        exit(0);
    }

    loc_var = 80;
    loc_volatile = 81;
    loc_register = 83;
    ssu_nested_func(loc_var, loc_volatile, loc_register);
    exit(0);
}

void ssu_nested_func(int loc_var, int loc_volatile, int loc_register) {
    printf("before longjmp, loc_var = %d, loc_volatile = %d,
            loc_register = %d\n", loc_var, loc_volatile, loc_register);
    longjmp(glob_buffer, 1);
}
```

실행 결과

```
root@localhost:/home/oslab# gcc -o ssu_setjmp ssu_setjmp.c
root@localhost:/home/oslab# ./ssu_setjmp
before longjmp, loc_var = 80, loc_volatile = 81, loc_register = 83
after longjmp, loc_var = 80, loc_volatile = 81, loc_register = 83
root@localhost:/home/oslab# gcc -o ssu_setjmp ssu_setjmp.c -O
root@localhost:/home/oslab# ./ssu_setjmp
before longjmp, loc_var = 80, loc_volatile = 81, loc_register = 83
after longjmp, loc_var = 10, loc_volatile = 81, loc_register = 12
```

setjmp() 예제는 setjmp()를 호출했을 때 저장되는 변수를 확인한다. 프로그램을 컴파일 할 때 최적화 옵션을 사용하지 않으면 지역 변수, volatile 변수, register 변수는 메모리에 저장된다. 그리고 메모리에 저장된 변수는 longjmp() 호출 시 값을 유지한다. 최적화 옵션을 사용하면 register 변수뿐만 아니라 지역 변수도 레지스터에 저장되어 setjmp() 호출 시 값으로 환원되지만, volatile 변수는 그대로 메모리에 저장되어 longjmp() 호출 시 값이 그대로 유지된다.

7. getrlimit(2), setrlimit(2)

```
#include <sys/resource.h>
#include <sys/time.h>
int getrlimit(int resource, struct rlimit *rlptr);
int setrlimit(int resource, const struct rlimit *rlptr);
```

리턴 값 : 성공 시 0, 에러 시 -1을 리턴하고 errno 설정

getrlimit(), setrlimit()는 프로세스마다 적용된 자원의 한계 값을 조회하거나 변경할 때 사용하는 시스템호출 함수들이다. 모든 프로세스는 여러 가지 자원 제약을 갖게 되는데, 이러한 자원 제약을 보여주는 함수가 getrlimit()이며, 반대로 자원의 한계를 정하는 함수가 setrlimit()이다. <표 5-5>는 <sys/resource.h>에 정의되어 있는 setrlimit()가 사용하는 자원을 보여준다.

〈표 5-5〉 자원의 종류

구성 요소	내용
RLIMIT_AS	한 프로세스의 총 자유 메모리 용량의 최댓값(바이트 단위)
RLIMIT_CORE	한 코어 파일의 최대 크기(바이트 단위)
RLIMIT_CPU	프로세스가 소비할 수 있는 최대 CPU 시간(초 단위)
RLIMIT_DATA	자료 구역 전체의 최대 크기(바이트 단위)
RLIMIT_FSIZE	파일 생성 시 파일의 최대 크기(바이트 단위)
RLIMIT_LOCKS	프로세스가 가질 수 있는 파일 자물쇠들의 최대 개수
RLIMIT_MEMLOCK	한 프로세스가 mlock으로 잠글 수 있는 메모리의 최대 용량(바이트 단위)
RLIMIT_NOFILE	한 프로세스가 열어둘 수 있는 최대 파일 개수
RLIMIT_NPROC	실제 사용자 ID당 최대 자식 프로세스 개수
RLIMIT_RSS	메모리 상주 세트 크기(RSS:resident set size)의 최댓값(바이트 단위)
RLIMIT_SBSIZE	한 사용자가 한 시점에서 사용할 수 있는 소켓 버퍼들의 최대 크기(바이트 단위)
RLIMIT_STACK	스택 최대 크기(바이트 단위)
RLIMIT_VMEM	RLIMIT_AS와 동일

자원의 한계에는 약한 한계(soft limit)와 강한 한계(hard limit)가 있다. 약한 한계를 초과 했을 경우에는 그 프로세스에 시그널이 전달될 수도 있으나 강한 한계를 초과할 때까지 실행을 계속할 수 있다.

루트만이 강한 한계를 올릴 수 있으며, 일반 사용자는 0과 rlim_max사이의 범위 내에서 단지 rlim_cur의 값을 조정할 수 있을 뿐이다. 그리고 rlim_cur의 값을 일단 낮춘 후에는 다시 원래대로 높일 수 없다. 그리고 무한대의 값은 RLIM_INFINITY(0x7fffffff)로 정의되어 있다. <표 5-6>는 <resource.h>에 정의되어 있는 rlimit 구조체를 보여준다.

〈표 5-6〉 rlimit 구조체

```
struct rlimit {
    rlim_t rlim_cur;            // 약한 한계
    rlim_t rlim_max;            // 강한 한계
}
```

•getrlimit() 예제

〈ssu_getrlimit.c〉

```
#include <stdio.h>
#include <stdlib.h>
#include <unistd.h>
#include <string.h>
#include <sys/resource.h>

#define ssu_show(limit) ssu_show_limit(limit, #limit)

void ssu_show_limit(int rlim_type, char *rlim_name);

int main(void)
{
    printf("     resource soft limit hard limit    \n\n");
    ssu_show(RLIMIT_CPU);
    ssu_show(RLIMIT_FSIZE);
    ssu_show(RLIMIT_DATA);
    ssu_show(RLIMIT_STACK);
```

```
    ssu_show(RLIMIT_CORE);
#ifdef RLIMIT_RSS
    ssu_show(RLIMIT_RSS);
#endif
#ifdef RLIMIT_MEMLOCK
    ssu_show(RLIMIT_MEMLOCK);
#endif
#ifdef RLIMIT_NPROC
    ssu_show(RLIMIT_NPROC);
#endif
#ifdef RLIMIT_OFILE
    ssu_show(RLIMIT_OFILE);
#endif
#ifdef RLIMIT_NOFILE
    ssu_show(RLIMIT_NOFILE);
#endif
#ifdef RLIMIT_VMEN
    ssu_show(RLIMIT_VMEN);
#endif

    exit(0);
}

void ssu_show_limit(int rlim_type, char *rlim_name) {
    struct rlimit rlim;
    char cur[11], max[11];

    getrlimit(rlim_type, &rlim);

    if(rlim.rlim_cur == RLIM_INFINITY)
        strcpy(cur, "infinity");
    else
        sprintf(cur, "%10ld", rlim.rlim_cur);

    if(rlim.rlim_max == RLIM_INFINITY)
        strcpy(max, "infinity");
    else
```

```
        sprintf(max, "%10ld", rlim.rlim_max);

    printf("%15s : %10s %10s\n", rlim_name, cur, max);
}
```

실행 결과 [Ubuntu, Fedora]

```
root@localhost:/home/oslab# ./ssu_getrlimit
      resource soft limit hard limit
     RLIMIT_CPU :   infinity   infinity
   RLIMIT_FSIZE :   infinity   infinity
    RLIMIT_DATA :   infinity   infinity
   RLIMIT_STACK :    8388608   infinity
    RLIMIT_CORE :          0   infinity
     RLIMIT_RSS :   infinity   infinity
 RLIMIT_MEMLOCK :      65536      65536
   RLIMIT_NPROC :      15832      15832
   RLIMIT_OFILE :       1024      65536
  RLIMIT_NOFILE :       1024      65536
```

실행 결과 [Mac]

```
ssu-ui-MacBook-Air:oslab root# ./ssu_getrlimit
      resource soft limit hard limit

     RLIMIT_CPU :   infinity   infinity
   RLIMIT_FSIZE :   infinity   infinity
    RLIMIT_DATA :   infinity   infinity
   RLIMIT_STACK :    8388608   67104768
    RLIMIT_CORE :          0   infinity
     RLIMIT_RSS :   infinity   infinity
 RLIMIT_MEMLOCK :   infinity   infinity
   RLIMIT_NPROC :        709       1064
  RLIMIT_NOFILE :        256   infinity
```

getrlimit() 예제는 프로세스마다 적용된 자원 한계 값을 출력한다.

8. getpid(2), getppid(2), getuid(2), geteuid(2), getgid(2), getegid(2)

```
#include <unistd.h>
#include <sys/types.h>
pid_t getpid(void);
                                    리턴 값: 호출한 프로세스의 프로세스 ID
pid_t getppid(void);
                                    리턴 값: 호출한 프로세스의 부모 프로세스 ID
uid_t getuid(void);
                                    리턴 값: 호출한 프로세스의 실제 사용자 ID
uid_t geteuid(void);
                                    리턴 값: 호출한 프로세스의 유효 사용자 ID
gid_t getgid(void);
                                    리턴 값: 호출한 프로세스의 실제 그룹 ID
gid_t getegid(void);
                                    리턴 값: 호출한 프로세스의 유효 그룹 ID
```

getpid(), getppid(), getuid(), geteuid(), getgid(), getegid()는 pid(프로세스 ID)들을 리턴하는 시스템호출 함수들이다. 프로세스는 고유한 pid를 가지고 있다. 프로세스 ID는 음이 아닌 정수이며, 프로세스를 구분하는 유일한 속성이기 때문에 프로세스의 식별자로 사용한다.

프로세스가 종료되면 해당 pid는 다른 프로세스의 pid로 사용될 수 있다. pid가 0인 프로세스의 구현은 시스템마다 조금씩 다르게 되어 있지만 일반적으로 fork() 함수로 생성하는 것은 아니다. 일반적으로 pid가 0인 프로세스는 디스크에 존재하지 않고 메모리에 존재한다. pid가 0인 프로세스가 fork()를 통해 생성한 pid 1인 프로세스를 보통 init 프로세스라고 부른다.

•getpid() 예제

<ssu_getpid.c>

```
#include <stdio.h>
```

```
#include <stdlib.h>
#include <unistd.h>
#include <sys/types.h>

int main(void)
{
    printf("Process ID          = %d\n", getpid());
    printf("Parent process ID   = %d\n", getppid());
    printf("Real user ID        = %d\n", getuid());
    printf("Effective user ID   = %d\n", geteuid());
    printf("Real group ID       = %d\n", getgid());
    printf("Effective group ID  = %d\n", getegid());
    exit(0);
}

실행 결과
root@localhost:/home/oslab# ./ssu_getpid
Process ID          = 30288
Parent process ID   = 11804
Real user ID        = 0
Effective user ID   = 0
Real group ID       = 0
Effective group ID  = 0
```

getpid() 예제는 프로그램을 실행한 사용자의 pid가 0인 pid, 부모 프로세스 pid(ppid), 실제 사용자 ID(real user id), 유효 사용자 ID(effective user id), 실제 그룹 ID(real group id), 유효 그룹 ID(real group id)를 출력한다.

9. fork(2)

```
#include <unistd.h>
pid_t fork(void);
```

리턴 값: 자식 프로세스의 경우 0, 부모 프로세스의 경우 자식의 pid,
에러 시 -1을 리턴하고 errno 설정

fork()는 기존 프로세스가 새 프로세스를 생성할 때 사용하는 시스템호출 함수이다.

fork()로 생성한 새 프로세스를 자식 프로세스(child process)라고 부른다. 이 함수는 한 번 호출되나 두 개의 리턴 값을 리턴하는 함수이다. 자식에게 리턴되는 값은 0이고, 부모에게 리턴되는 값은 새 자식 프로세스의 ID이다. 프로세스 생성이 실패한 경우 -1을 리턴하고, 에러의 내용을 errno라는 변수에 저장한다. <표 5-7>에 errono를 보여준다.

〈표 5-7〉 에러의 내용이 저장되는 errno

errno	설명
EAGAIN	시스템에서 허용하는 최대 프로세스의 수를 넘음
ENOMEM	새로운 프로세스를 위한 스왑 공간이 부족함

부모 프로세스는 자식 프로세스의 pid를 직접 알아낼 수 있는 함수가 없다. 자식 프로세스는 자신의 pid는 getpid()를 그리고 부모 프로세스의 pid는 getppid()를 호출하여 알 수 있다. 자식 프로세스와 부모 프로세스 모두 fork() 호출 이후의 명령들을 계속 실행한다. 자식은 부모의 복사본이다. 자식은 부모의 자료 구조, 힙, 스택의 복사본을 가지기 때문에 동일한 메모리 영역을 공유하여 사용하지 않지만, 텍스트 구역은 자식과 부모가 공유하여 사용한다.

자식이 fork() 호출 후 바로 다음에서 exec 계열 함수를 호출하는 경우가 자주 있기 때문에 실제 메모리에 쓰기 작업이 일어나는 시점에 복사하는 COW(copy-on-write)라는 기법을 사용한다. 자료 구역, 스택, 힙 등을 부모와 자식이 공유하고, 읽기 전용으로 설정하여 보호한다. 자식과 부모 중 하나라도 영역들을 수정할 경우 필요한 만큼의 크기만을 복사한다. <표 5-8>과 <표 5-9>는 자식에게 상속되는 프로세스 속성과 상속되지 않는 속성을 보여준다.

일반적으로 자식과 부모의 실행 순서는 알 수 없다. 커널이 사용하는 스케줄링 알고리즘에 따라 달라진다. 자식과 부모가 특정한 순서대로 실행되어야 한다면 동기화가 필요하다.

〈표 5-8〉 자식에게 상속되는 프로세스 속성

실제 사용자 ID, 실제 그룹 ID, 유효 사용자 ID, 유효 그룹 ID
추가 그룹 ID들
프로세스 그룹 ID
세션 ID
제어 터미널

SUID 플래그와 SGID 플래그 현재 작업 디렉토리 루트 디렉토리 파일 생성 마스크 시그널 마스크와 시그널 처리 설정들 열린 파일 디스크립터들에 대한 exec 시 닫기(close-on-exec) 플래그 환경변수 부착된 공유 메모리 영역들 메모리 매핑들 자원 한계들

〈표 5-9〉 자식에게 상속되지 않는 프로세스 속성

fork의 리턴 값 해당 프로세스 ID들 부모 프로세스 ID 자식의 tms_utime, tms_stime, tms_cutime, tms_cstime 값들은 모두 0으로 설정 부모가 잠근 파일 lock 들은 자식에게 상속되지 않음 아직 발동되지 않은 경보(alarm)들은 자식에서 모두 해제됨 자식의 유보 중인 시그널 집합은 비워짐

•fork() 예제 1

<ssu_fork_1.c>

```
#include <stdio.h>
#include <stdlib.h>
#include <unistd.h>

char glob_str[] = "write to standard output\n";
int glob_val = 10;

int main(void)
{
    pid_t pid;
    int loc_val;
```

```
    loc_val = 100;
    if (write(STDOUT_FILENO,
            glob_str, sizeof(glob_str)-1) != sizeof(glob_str) - 1) {
        fprintf(stderr, "write error\n");
        exit(1);
    }

    printf("before fork\n");

    if ((pid = fork()) < 0) {
        fprintf(stderr, "fork error\n");
        exit(1);
    }
    else if (pid == 0) {
        glob_val++;
        loc_val++;
    }
    else
        sleep(3);

    printf("pid = %d, glob_val = %d, loc_val = %d\n",
           getpid(), glob_val, loc_val);
    exit(0);
}
```

실행 결과

```
root@localhost:/home/oslab# ./ssu_fork_1
write to standard output
before fork
pid = 9950, glob_val = 11, loc_val = 101
pid = 9949, glob_val = 10, loc_val = 100
root@localhost:/home/oslab# ./ssu_fork_1 > temp
root@localhost:/home/oslab# cat temp
write to standard output
before fork
pid = 9952, glob_val = 11, loc_val = 101
```

```
before fork
pid = 9951, glob_val = 10, loc_val = 100
```

fork() 예제 1은 자식 프로세스와 부모 프로세스의 변수 값을 출력한다. 자식 프로세스의 변수 값 조작은 부모 프로세스와는 무관하다. fork() 호출 이전의 printf()에 의한 문자열은 표준 출력에 출력 된 후 버퍼에서 사라진다. 표준 출력이 제어 터미널과 연결되지 않은 경우 전체 버퍼링이 된다. fork() 호출 이전의 printf()에 의한 문자열이 버퍼에 남아 있다가 fork()에 의해 생성된 자식 프로세스에게 복사된다.
write()는 버퍼링 되지 않고 한번 출력된다. printf()와 같은 표준 입출력 라이브러리 함수는 버퍼링이 일어난다. 표준 출력이 제어 터미널과 연결될 때 줄 단위로 버퍼링된다. 따라서 두 번째 실행 결과에선 표준 출력 장치인 스크린을 대상으로 입출력이 이루어지지 않고 재지정을 통해서 temp 파일에 출력을 수행한다. 첫 "before fork" 문자열이 출력된 후 버퍼에 문자열이 남아있는 상태에서 자식프로세스와 관련된 정보를 출력하는 printf()가 수행된다. 그 후 부모프로세스가 sleep() 이후 대기 상태가 해제되면서 printf()를 수행할 때 버퍼에 남아있던 "before fork" 문자열이 함께 출력된다.

•fork() 예제 2

<ssu_fork_2.c>

```
#include <stdio.h>
#include <stdlib.h>
#include <unistd.h>

int main(int argc, char *argv[])
{
    pid_t pid;
    char character, first, last;
    long i;

    if ((pid = fork()) > 0) {
        first = 'A';
        last = 'Z';
    }
    else if (pid == 0) {
        first = 'a';
```

```
        last = 'z';
    }
    else {
        fprintf(stderr, "%s\n", argv[0]);
        exit(1);
    }

    for (character = first; character <= last; character++) {
        for (i = 0; i <= 100000; i++)
            ;

        write(1, &character, 1);
    }

    printf("\n");
    exit(0);
}
```

실행 결과

```
root@localhost:/home/oslab# ./ssu_fork_2;./ssu_fork_2;./ssu_fork_2;./ssu_fork_2
AabBcCdDeEfFghGiHjIkJlKmnLoMpNqOrPstQuRvSwxTyUz
VWXYZ
AabBcCdDeEfgFhGiHjIkJlmKnLoMpNqrOsPtQuvwxRySz
TUVWXYZ
aAbcBdCefDgEhFiGjHklImJnKopLqMrNsOtuPvQwRxSyTz
UVWXYZ
AabBcCdDefEgFhGiHjIklJmKnLoMpqNrOsPtQuvRwSxyTUVWXYZ
z
```

fork() 예제 2는 자식 프로세스와 부모 프로세스의 변수 값을 출력한다. fork() 호출 이전의 printf() 호출로 문자열은 표준 출력에 출력 된 후 버퍼에서 사라진다.

•fork() 예제 3 예제

<ssu_race.c>

```
#include <stdio.h>
#include <stdlib.h>
```

```
#include <unistd.h>

static void ssu_charatatime(char *str);

int main(void)
{
    pid_t pid;

    if ((pid = fork()) < 0) {
        fprintf(stderr, "fork error\n");
        exit(1);
    }
    else if (pid == 0)
        ssu_charatatime("output from child\n");
    else
        ssu_charatatime("output from parent\n");

    exit(0);
}

static void ssu_charatatime(char *str) {
    char *ptr;
    int print_char;

    setbuf(stdout, NULL);

    for (ptr = str; (print_char = *ptr++) != 0; ) {
        putc(print_char, stdout);
        usleep(10);
    }
}
```

실행 결과

```
root@localhost:/home/oslab# ./ssu_race
ooutuptputut  frforomm  pacrhielndt
```

fork() 예제 3 예제는 setbuf()가 호출되어 버퍼링이 없어지기 때문에 한 글자를 출력해도 바로 표준 출력으로 출력된다. 출력될 문자열은 경쟁 상태로 인해 프로세스의 실행 순서에 따라 달라진다.

10. vfork(2)

```
#include <unistd.h>
#include <sys/types.h>
pit_d vfork(void);
```

리턴 값: 자식 프로세스의 경우 0, 부모 프로세스의 경우 자식의 프로세스 ID
에러 시 -1을 리턴하고 errno 설정

vfork()는 생성될 새 프로세스가 exec 계열 함수로 새 프로그램을 실행하는 경우에 사용하는 시스템호출 함수로 자식이 먼저 실행됨이 보장한다. vfork()도 fork()처럼 새 프로세스를 생성하지만, 부모의 프로세스 공간을 자식에게 복사하지 않는다. vfork() 호출 이후 즉시 exec 계열 함수를 호출할 것으로 생각하고 부모의 주소 공간을 참조하는 일이 없기 때문이다. 부모의 주소 공간이 복사되지 않으므로 약간의 성능 향상을 얻을 수 있다. 자식 프로세스는 exec 계열 함수나 exit() 호출을 할 때까지 부모 프로세스의 메모리 영역에서 실행되며, 부모 프로세스는 실행을 멈춘다. 즉, vfork()를 호출하면 자식 프로세스가 부모 프로세스의 메모리 공간에서 실행되고 있는 동안은 부모 프로세스가 실행되지 않는다. 부모 프로세스는 vfork()를 호출하고 멈춰 있다가, 자식 프로세스가 exec 계열 함수 또는 exit()를 호출한 후에야 재개된다. 따라서 자식 프로세스가 좀비가 되는 것을 방지하고 자식 프로세스가 항상 먼저 실행되는 것을 보장한다.

앞 절에서도 설명한바와 같이 vfork()를 사용할 때는 반드시 자식 프로세스를 종료할 때 _exit()를 사용해야 한다. vfork()에 의해 생성된 자식 프로세스는 부모 프로세스의 표준 입출력 채널을 그대로 이용하는데 자식 프로세스가 exit()를 호출하면 부모와 공유하고 있던 입출력 스트림을 모두 닫아버리므로 부모 프로세스는 입출력을 하지 못하게 된다.

•vfork() 예제

<ssu_vfork.c>

```
#include <stdio.h>
#include <stdlib.h>
#include <unistd.h>
#include <errno.h>
#include <sys/types.h>

void ssu_local_func(void);

int main(void)
{
    printf("Before vfork\n");
    ssu_local_func();
    printf("After ssu_local_func, my PID is %d\n", getpid());
    exit(0);
}

void ssu_local_func(void) {
    pid_t pid;

    if ((pid = vfork()) == 0)
        printf("I'm child. My PID is %d\n", getpid());
    else if (pid > 0)
        sleep(3);
    else
        fprintf(stderr, "vfork error\n");
}
```

실행 결과 [Ubuntu]

```
root@localhost:/home/oslab# ./ssu_vfork
Before vfork
I'm child. My PID is 10193
After ssu_local_func, my PID is 10193
After ssu_local_func, my PID is 0
```

```
실행 결과 [Fedora]
[root@localhost oslab]# ./ssu_vfork
Before vfork
I'm child. My PID is 11488
After ssu_local_func, my PID is 11488

실행 결과 [Mac]
ssu-ui-MacBook-Air:oslab root# ./ssu_vfork
Before vfork
I'm child. My PID is 3143
After ssu_local_func, my PID is 3143
Segmentation fault: 11
```

vfork() 예제는 사용자가 정의한 함수 내부에서 vfork()를 호출하는 경우 리턴하지 않아야 한다. vfork()가 호출되면 자식 프로세스가 생성되며, 지역 함수 ssu_local_func()으로부터 리턴하여 main()내의 printf()를 실행하고 종료한다. 이 때 스택에서 ssu_local_func()에 관한 스택 프레임이 사라지고 부모 프로세스가 실행된다. 정확하게는 ssu_local_func()의 스택 프레임이 있었던 영역이 올바른 정보를 가진다고 할 수 없다.

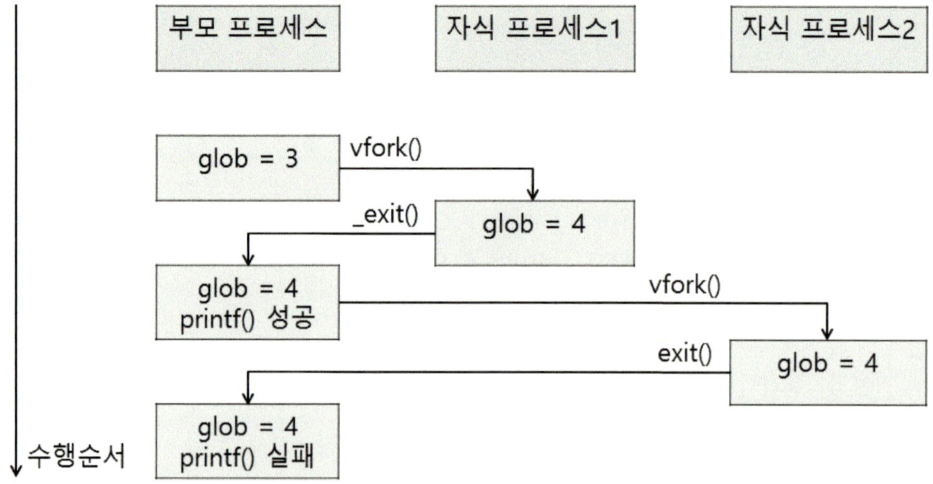

11. wait(2), waitpid(2)

```
#include <sys/types.h>
#include <sys/wait.h>
pid_t wait(int *statloc);
pid_t waitpid(pid_t pid, int *statloc, int options);
```

리턴 값: 성공 시 프로세스 ID, 에러 시 -1
(waitpid()의 경우, WNOHANG 옵션으로 실행되었고
자식 프로세스가 종료되지 않았을 때 0을 리턴)

wait(), waitpid()는 프로세스의 종료 상태를 회수하는 시스템호출 함수들이다. 자식 프로세스의 종료가 언제 발생할지 부모 프로세스는 알 수 없으므로 커널은 시그널을 통해 부모 프로세스에게 알린다.

자식 프로세스가 종료했을 때, 커널은 부모 프로세스에게 SIGCHLD 시그널을 보낸다. 부모 프로세스는 이 시그널을 무시할 수도 있고, 핸들러 함수(handler function)를 등록하여 핸들러에게 규정된 동작을 하도록 할 수도 있다.

부모가 자식의 종료를 기다렸다가 종료 상태를 statloc 포인터가 가리키는 곳에 저장하고 종료된 자식 프로세스의 pid값을 리턴한다. <그림 5-3>은 statloc 인자의 종료 상태 값을 보여준다. 만약 자식 프로세스가 존재하지 않는 경우는 -1을 리턴한다. 종료 상태를 알 필요가 없는 경우에는 인자에 NULL 포인터를 넣으면 된다. <표 5-10>은 종료 상태를 조사할 수 있는 매크로를 보여준다.

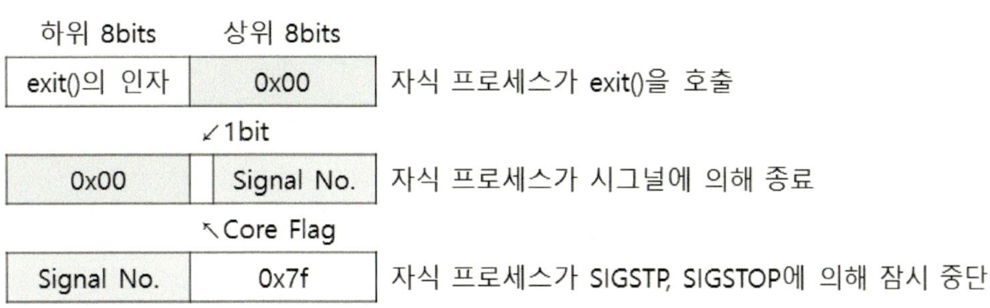

〈그림 5-3〉 statloc 인자의 종료 상태 값

〈표 5-10〉 두 함수로부터 얻은 종료 상태를 조사하는데 쓰이는 매크로

매크로	내용
WIFEXITED(status)	자식 프로세스가 정상적으로 종료되었으면 참
WIFEXITEDSTATUS(status)	exit()의 인자에서 하위 8비트 값을 리턴
WIFSIGNALED(status)	자식 프로세스가 시그널을 받았으나 그것을 처리하지 않아 비정상적으로 종료되었으면 참
WIFTERMSIG(status)	시그널 번호를 리턴
WCOREDUMP(status)	코어 파일이 생성된 경우에 참 값을 리턴
WIFSTOPPED(status)	자식 프로세스가 현재 중지 상태이면 참
WSTOPSIG(status)	실행을 일시 중단시킨 시그널 번호를 리턴
WIFCONTINUED(status)	자식 프로세스가 작업 제어 중지 이후 실행이 재개되었으면 참

wait()는 부모의 자식 프로세스들이 모두 아직 실행 중이면 호출이 리턴되지 않는다. 한 자식 프로세스가 종료되어서 해당 종료 상태의 회수를 기다리고 있는 상황이면 호출이 즉시 리턴된다. 자식 프로세스가 하나도 없으면 즉시 에러가 리턴된다.
waitpid()는 wait()와 마찬가지로 조건을 만족하는 자식 프로세스의 종료 상태 값이 있으면 종료된 프로세스의 pid를 리턴하며, statloc 인자가 종료 상태 값을 갖게 된다. <표 5-11>은 waitpid()의 pid 인자를 사용하는 용도를 보여준다.
options 인자는 값은 하나 이상의 상수 값들을 OR하여 사용할 수도 있다. <표 5-12>는 options 인자로 사용할 수 있는 상수를 보여준다.
wait()는 가장 먼저 종료된 자식 프로세스를 기다리지만, waitpid()의 경우에는 특정한 자식 프로세스를 지정할 수 있다. 즉, wait()는 하나의 자식 프로세스가 종료될 때까지 차단되나, waitpid()는 대기할 특정 프로세스를 인자로 적절히 지정함으로써 잘못된 차단을 방지할 수 있다.

〈표 5-11〉 waitpid()의 pid 인자에 따른 용도

pid	용도
pid == -1	임의의 자식 프로세스를 기다리며 이 경우 waitpid() 함수는 wait() 함수와 동일함
pid > 0	프로세스 ID가 pid인 한 자식 프로세스를 기다림
pid == 0	프로세스 그룹 ID가 호출한 프로세스의 것과 동일한 임의의 자식 프로세스를 기다림
pid < -1	프로세스 그룹 ID가 pid의 절대 값과 같은 임의의 자식 프로세스를 기다림

〈표 5-12〉 waitpid()의 options 인자에 사용할 수 있는 상수들

options	용도
WCONTINUED	pid로 지정된 자식들 중 중지되었다가 실행을 재개한 이후 상태가 아직 보고되지 않은 임의의 자식도 리턴함
WNOHANG	pid로 지정된 자식 프로세스의 종료 상태를 즉시 회수할 수 없는 상황이라고 하여도 waitpid() 호출이 차단되지 않으며 이 경우 리턴 값은 0임
WUNTRACED	pid로 지정된 자식들 중 중지되었으나 그 상태가 아직 보고되지 않은 임의의 자식도 리턴됨

•wait() 예제 1

<ssu_wait_1.c>

```
#include <stdio.h>
#include <stdlib.h>
#include <unistd.h>
#include <sys/wait.h>

void ssu_echo_exit(int status);

int main(void)
{
    pid_t pid;
    int status;

    if ((pid = fork()) < 0) {
        fprintf(stderr, "fork error\n");
        exit(1);
    }
    else if (pid == 0)
        exit(7);

    if (wait(&status) != pid) {
        fprintf(stderr, "wait error\n");
        exit(1);
```

```
    }

    ssu_echo_exit(status);

    if ((pid = fork()) < 0) {
        fprintf(stderr, "fork error\n");
        exit(1);
    }
    else if (pid == 0)
        abort();

    if (wait(&status) != pid) {
        fprintf(stderr, "wait error\n");
        exit(1);
    }

    ssu_echo_exit(status);

    if ((pid = fork()) < 0) {
        fprintf(stderr, "fork error\n");
        exit(1);
    }
    else if (pid == 0)
        status /= 0;

    if (wait(&status) != pid) {
        fprintf(stderr, "wait error\n");
        exit(1);
    }

    ssu_echo_exit(status);
    exit(0);
}

void ssu_echo_exit(int status) {
    if (WIFEXITED(status))
```

```
        printf("normal termination, exit status = %d\n",
                WEXITSTATUS(status));
    else if (WIFSIGNALED(status))
        printf("abnormal termination, signal number = %d%s\n",
                WTERMSIG(status),
#ifdef  WCOREDUMP
                WCOREDUMP(status) ? " (core file generated)" : "");
#else
                "");
#endif
    else if (WIFSTOPPED(status))
        printf("child stopped, signal number = %d\n", WSTOPSIG(status));
}
```

실행 결과

```
root@localhost:/home/oslab# ./ssu_wait_1
normal termination, exit status = 7
abnormal termination, signal number = 6 (core file generated)
abnormal termination, signal number = 8 (core file generated)
```

wait() 예제 1은 자식 프로세스들의 종료 상태를 출력한다. 프로세스가 exit() 호출로 정상적으로 종료를 하면 exit() 인자의 하위 8비트는 wait()의 status 인자로 지정된다. WEXITSTATUS 매크로 함수를 사용하면 exit()의 인자 값을 얻을 수 있다. 프로세스가 abort()를 호출하거나 0으로 나누기 연산을 하면 그 프로세스는 시그널을 받아 비정상적으로 종료를 한다. 이때 그 프로세스 (종료상태 & 7F)는 프로세스가 받은 시그널의 번호이다. 이 시그널에 대해서는 6장에서 설명한다.

•wait() 예제 2

<ssu_wait_2.c>

```
#include <stdio.h>
#include <stdlib.h>
#include <unistd.h>
#include <sys/types.h>
#include <sys/wait.h>
```

```
#define EXIT_CODE 1

int main(void)
{
    pid_t pid;
    int ret_val, status;

    if ((pid = fork()) == 0) {
        printf("child: pid = %d ppid = %d exit_code = %d\n",
                getpid(), getppid(), EXIT_CODE);
        exit(EXIT_CODE);
    }

    printf("parent: waiting for child = %d\n", pid);
    ret_val = wait(&status);
    printf("parent: return value = %d, ", ret_val);
    printf(" child's status = %x", status);
    printf(" and shifted = %x\n", (status >> 8));
    exit(0);
}

실행 결과
root@localhost:/home/oslab# ./ssu_wait_2
parent: waiting for child = 11090
child: pid = 11090 ppid = 11089 exit_code = 1
parent: return value = 11090,  child's status = 100 and shifted = 1
```

wait() 예제 2는 프로세스들의 상태를 출력한다. 프로세스가 exit() 호출로 정상적으로 종료를 하면 exit() 인자의 하위 8비트는 wait()의 status 인자로 전달된다. 실행 결과와 같이 자식 프로세스가 종료된 후 부모 프로세스가 출력된다. "status >> 8" 연산을 실행하면 status 인자의 값을 우선 2진수 값으로 전환하고 오른쪽으로 8자리를 이동하여 2진수 값인 1을 얻게 된다. 이를 10진수로 출력하면 값이 1이다.

•wait() 예제 3

<ssu_wait_3.c>

```
#include <stdio.h>
#include <stdlib.h>
#include <unistd.h>
#include <sys/types.h>
#include <sys/wait.h>

int main(void)
{
    if (fork() == 0)
        execl("/bin/echo", "echo", "this is", "message one", (char *)0);

    if (fork() == 0)
        execl("/bin/echo", "echo", "this is", "message Two", (char *)0);

    printf("parent: waiting for children\n");

    while (wait((int *)0) != -1);

    printf("parent: all children terminated\n");
    exit(0);
}
```

실행 결과

```
root@localhost:/home/oslab# ./ssu_wait_3
parent: waiting for children
this is message one
this is message Two
parent: all children terminated
```

wait() 예제 3은 wait()의 리턴 값이 -1이 아니면 wait()를 정상적으로 호출하며 자식 프로세스의 출력을 먼저 수행한 후 부모 프로세스의 출력을 수행한다.

• wait() 예제 4

<ssu_wait_4.c>

```
#include <stdio.h>
#include <stdlib.h>
#include <unistd.h>
#include <sys/types.h>
#include <sys/wait.h>

int main(void)
{
    pid_t child1, child2;
    int pid, status;

    if ((child1 = fork()) == 0)
        execlp("date", "date", (char *)0);

    if ((child2 = fork()) == 0)
        execlp("who", "who", (char *)0);

    printf("parent: waiting for children\n");

    while ((pid = wait(&status)) != -1) {
        if (child1 == pid)
            printf("parent: first child: %d\n", (status >> 8));
        else if (child2 == pid)
            printf("parent: second child: %d\n", (status >> 8));
    }

    printf("parent: all children terminated\n");
    exit(0);
}
```

실행 결과

```
root@localhost:/home/oslab# ./ssu_wait_4
parent: waiting for children
```

```
oslab    tty7         2017-01-17 10:44 (:0)
parent: second child: 0
Tue Jan 17 11:38:10 KST 2017
parent: first child: 0
parent: all children terminated
```

wait() 예제 4는 자식 프로세스들의 실행을 종료한 후 부모 프로세스의 출력을 수행한다.

12 waitid(2)

```
#include <sys/types.h>
#include <sys/wait.h>
int waitid(idtype_t idtype, id_t id, siginfo_t *infop, int options);
```

리턴 값: 성공 시 0, WNOHANG 옵션이 있는 상태에서
자식 프로세스가 종료되지 않았을 경우 0, 에러 시 -1

waitid()는 프로세스의 종료 상태를 회수하는 시스템호출 함수이다. waitid()는 waitpid()와 비슷하게 대기할 자식 프로세스를 구체적으로 지정할 수 있다. 하나의 인자가 아니라 두 개의 개별적인 인자들로 프로세스를 지정한다.
waitid()는 waitpid()와는 달리 pid 대신 idtype이라는 개별적인 인자를 지정하여 대기한다. id로 주어진 값의 의미는 idtype에 따라 달라진다. infop 인자는 siginfo 구조체를 가리키는 포인터로 자식 프로세스의 상태를 변화시킨 시그널에 대한 상세한 정보가 저장된다. 참고로 waitid()는 초기 Unix나 macOS에서는 구현되지 않은 함수이다.

〈표 5-13〉 idtype 인자에 사용할 수 있는 상수들

options	용도
P_PID	특정한 프로세스를 기다림. id는 기다릴 자식 프로세스의 ID임
P_PGID	특정 프로세스 그룹에 속한 임의의 자식 프로세스를 기다림. id는 기다릴 자식 프로세스들이 속한 프로세스 그룹의 ID임
P_ALL	임의의 자식 프로세스를 기다림. id는 무시함

〈표 5-14〉 options 인자에 사용할 수 있는 상수들

options	용도
WCONTINUED	중지되었다가 다시 재개되었으나 그 상태가 아직 보고되지 않은 프로세스를 기다림
WEXITED	종료된 프로세스들을 기다림
WNOHANG	상태를 알 수 있는 자식들이 없어도 호출이 차단되지 않고 즉시 리턴됨
WNOWAIT	자식의 종료 상태를 파괴하지 않음. 이후 wait나 waitid, waitpid 호출로 다시 조회할 수 있음
WSTOPPED	중지되었으나 그 상태가 아직 보고되지 않은 프로세스를 기다림

13. wait3(2), wait4(2)

```
#include <sys/resource.h>
#include <sys/time.h>
#include <sys/types.h>
#include <sys/wait.h>
pid_t wait3(int *statloc, int options, struct rusage *rusage);
pid_t wait4(pid_t pid, int *statloc, int options, struct rusage *rusage);

                                    리턴 값: 성공 시 프로세스 ID, 에러 시 -1,
              WNOHANG 옵션으로 실행되었고 자식 프로세스가 종료되지 않았을 때 0
```

wait3(), wait4()는 종료된 프로세스와 그것의 모든 자식 프로세스의 자원 사용량에 대한 정보를 커널로부터 얻을 수 있는 시스템호출 함수들이다. wait3()나 wait4()는 종료된 프로세스와 그 자식 프로세스의 자원 사용에 관한 추가적인 정보를 리턴해 준다는 점이 wait()나 waitpid()와 다르다.

프로세스의 자원 사용 정보는 rusage라는 구조체를 통하여 전달된다. <표 5-15>는 rusage 구조체를 보여준다. wait3()나 wait4()는 종료된 프로세스의 사용자 CPU 시간, 시스템 CPU 시간, 페이지 폴트 횟수, 수신된 시그널 개수 등의 정보를 제공할 수 있다.

〈표 5-15〉 rusage 구조체

```
struct rusage {
    struct timeval ru_utime;        // 사용된 유저 시간
    struct timeval ru_stime;        // 사용된 시스템 시간
    long ru_maxrss;                 // 최대 상주 세트의 사이즈
    long ru_ixrss;                  // 공유 텍스트 메모리 총사이즈
    long ru_idrss;                  // 비공유 데이터 총사이즈
    long ru_isrss;                  // 비공유 스택 총사이즈
    long ru_minflt;                 // 페이지 재생수
    long ru_majflt;                 // 페이지 폴트
    long ru_nswap;                  // 스왑
    long ru_inblock;                // 블록 입력 조작
    long ru_oublock;                // 블록 출력 조작
    long ru_msgsnd;                 // 송신이 끝난 메세지
    long ru_msgrcv;                 // 수신이 끝난 메세지
    long ru_nsignals;               // 수신이 끝난 시그널
    long ru_nvcsw;                  // 자발적인 콘텍스트 스위칭
    long ru_nivcsw;                 // 비자발적인 콘텍스트 스위칭
};
```

14. execl(3), execv(3), execle(3), execve(2), execlp(3), execvp(3)

```
#include <unistd.h>
int execl(const char *pathname, const char *arg0, ... /* (char *)0 */ );
int execv(const char *pathname, char *const argv []);
int execle(const char *pathname, const char *arg0, ... /* (char *)0, char *const envp[] */);
int execve(const char *pathname, char *const argv[], char *const envp[]);
int execlp(const char *filename, const char *arg0, ... /* (char *)0 */ );
int execvp(const char *filename, char *const argv[]);

리턴 값: 성공 시 리턴하지 않음, 에러 시 -1을 리턴하고 errno 설정
```

exec 계열 함수는 현재 수행되고 있는 프로세스를 대신하여 새로운 프로세스를 수행시키는 함수로서 위와 같이 다양한 형태로 제공되고 있다. exec 계열 함수들 중 하나를 호출하면 그 프로세스가 새 프로그램으로 완전히 대체되어 새 프로그램의 main()에서 수행이 다시 시작된다. 새로운 프로세스는 경로 또는 파일에 의해 지정된 한 이미지 파일로부터 생성되어진다. 현재 프로세스의 이미지(텍스트, 자료, 힙, 스택 구역들)는 디스크에서 가져온 새 프로그램의 이미지로 대체된다.

<표 5-18>과 <그림 5-4>는 exec류 함수에 붙는 문자와 함수 인자와의 관계를 보여준다. exec 계열 함수 중 execve()만 커널 내의 시스템호출 함수이다. 나머지 함수들은 라이브러리 함수로서 결국 execve()를 호출한다.

〈표 5-18〉 exec에 붙는 문자와 함수 인자와의 관계

options	용도
l	리스트(List) 형태의 명령 라인 인자(arg0, arg1, ..., argn), 마지막 인자 다음에는 NULL 포인터 하나를 지정해야 함
v	벡터(Vector) 형태의 명령 라인 인자(argv[])
e	환경 변수 인자(envp[])
p	경로 정보가 없는 실행 파일 이름(filename) filename에 슬래시(/)가 포함되어 있으면 함수는 filename을 경로 이름으로 취급하고 슬래시가 없으면 함수는 PATH 환경 변수에 나열된 디렉토리들에서 해당 실행파일을 찾음 인자가 실행 가능한 형태의 파일이 아니면 함수는 그 파일을 쉘 스크립트로 간주하고 filename을 인자로 해서 /bin/sh를 실행함 p가 없으면 패스 정보를 포함한 파일 이름(pathname)

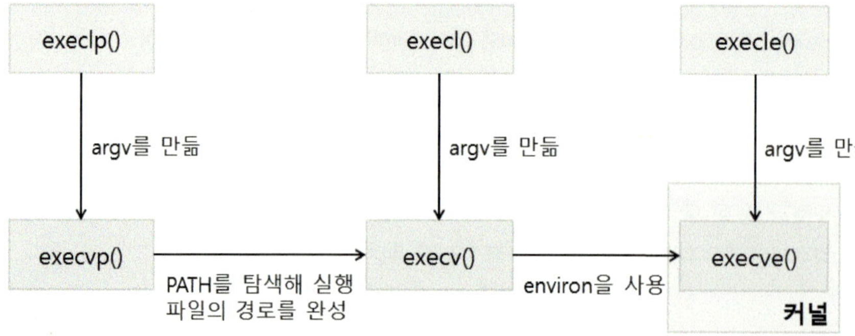

〈그림 5-4〉 exec 계열 함수들

exec 계열 함수에 넘겨준 arg0, ..., argn 또는 argv[] 인자들이 새로운 프로세스의 실행 인자 argv에 전달된다. argc에는 인자 개수 값이 들어간다. 또한 envp 인자로 지정한 배열을 이용한 환경 변수 값도 같은 방법으로 전달해 줄 수 있다.
arg0, arg1, ..., argn 인자들은 NULL 문자로 끝나는 문자 스트링에 대한 포인터이며, 이 리스트도 널 포인터로 끝나게 되어 있다. 이때 arg0은 새로 실행될 프로세스의 파일 이름이어야 한다. argv 배열은 문자 스트링에 대한 포인터들의 배열로써 배열의 마지막 원소 값으로 널 포인터를 지정해야 한다.
exec 함수류의 프로토타입에서 pathname을 인자로 쓰는 함수의 경우, pathname에 새로 실행될 프로세스의 이미지 파일에 대한 경로 값을 주어야 한다. filename 인자의 경우는 이 문자열 중에 '/' 문자가 존재하지 않으면, 호출 프로세스의 환경 변수 PATH에 등록된 디렉토리에서 인자로 지정된 filename과 같은 이름의 파일이 있는지 검색하게 된다. 그리고 검색 결과 찾아진 디렉토리 경로를 실행 파일 이름 앞에 붙여 줌으로써 실행 파일에 대한 경로를 만들어 커널에게 전달한다.
exec 계열 함수는 실행 파일을 찾으면 기계어 코드인지를 확인한다. 기계어 코드는 직접 실행하고 기계어 코드가 아닌 경우에는 쉘 스크립트로 인식하고 "/bin/sh"을 실행한다. 이때 인자로 지정된 실행 파일이 쉘의 인자가 된다.
envp[] 인자는 argv와 같은 구조로서 환경 변수 문자열에 대한 포인터들의 배열이다. envp[] 인자를 갖지 않는 형태의 exec 계열 함수는 호출시 전역 변수 environ을 이용하여 호출한 프로세스의 환경 변수 값들을 새로운 프로세스에 전달해 주도록 구현되어 있다.
envp[] 인자를 갖지 않는 경우에는 커널이 environ 전역 변수를 이용하여 환경 변수 배열을 만들어 전달한다. 명령 라인 인자와 환경 변수를 위해 사용되는 메모리 공간은 ARG_MAX 상수에 의해 제한된다. 함수가 성공적으로 수행된 경우 리턴하지 않고 새로운 프로세스의 main()이 실행된다.

호출 전에 오픈된 파일 디스크립터들은 호출 후에도 그대로 유지되어 사용될 수 있다. 각 시그널에 대한 처리는 초기 설정으로 복원된다. 호출 프로세스에 의해 ignore (무시) 되었던 시그널은 계속 ignore 되어 호출 프로세스가 핸들러 함수를 지정했던 시그널은 초기 설정으로 복원되고 핸들러 함수를 두지 않았을 때의 처리 루틴을 따른다.
새로운 프로세스의 실행 이미지 파일의 set-user-ID 비트가 설정되어 있으면, 새로운 프로세스의 effective-user-ID는 새로운 프로세스의 실행 이미지 파일의 소유자로 설정된다. 다음 절에서 set-user-ID 비트와 관련된 내용을 자세하게 설명한다. <표 5-19>는 exec 계열 함수를 호출한 프로세스에서 새 프로세스로 상속되는 정보를 보여준다.

〈표 5-19〉 exec 계열 함수를 호출한 프로세스에서 새 프로그램으로 상속되는 특징

프로세스 ID와 부모 프로세스 ID
실제 사용자 ID와 실제 그룹 ID
추가 그룹 ID
프로세스 그룹 ID
세션 ID
제어 터미널
경보(alarm) 발동까지 남은 시간
현재 작업 디렉토리
루트 디렉토리
파일 생성 마스크
파일 자물쇠들
프로세스 시그널 마스크
아직 처리되지 않은 시그널들
자원 한계들
tms_utime, tms_stime, tms_cutime, tms_cstime 값들 (CPU 사용 시간)

•execv() 예제 1

<ssu_execv_1.c>

```
#include <stdio.h>
#include <stdlib.h>
#include <unistd.h>
#include <errno.h>
#include <sys/resource.h>
#include <sys/wait.h>

double ssu_maketime(struct timeval *time);

void term_stat(int stat);

void ssu_print_child_info(int stat, struct rusage *rusage);

int main(void)
{
    struct rusage rusage;
```

```
    pid_t pid;
    int status;

    if ((pid = fork()) == 0) {
        char *args[] = {"find", "/", "-maxdepth", "4", "-name", "stdio.h", 
NULL};

        if (execv("/usr/bin/find", args) < 0) {
            fprintf(stderr, "execv error\n");
            exit(1);
        }
    }

    if (wait3(&status, 0, &rusage) == pid)
        ssu_print_child_info(status, &rusage);
    else {
        fprintf(stderr, "wait3 error\n");
        exit(1);
    }

    exit(0);
}

double ssu_maketime(struct timeval *time) {
    return ((double)time -> tv_sec + (double)time -> 
tv_usec/1000000.0);
}

void term_stat(int stat) {
    if (WIFEXITED(stat))
        printf("normally terminated. exit status = %d\n", 
WEXITSTATUS(stat));
    else if (WIFSIGNALED(stat))
        printf("abnormal termination by signal %d. %s\n", WTERMSIG(stat),
#ifdef WCOREDUMP
              WCOREDUMP(stat)?"core dumped":"no core"
```

```
#else
                NULL
#endif
                );
    else if (WIFSTOPPED(stat))
        printf("stopped by signal %d\n", WSTOPSIG(stat));
}

void ssu_print_child_info(int stat, struct rusage *rusage) {
    printf("Termination info follows\n");
    term_stat(stat);
    printf("user CPU time : %.2f(sec)\n",
ssu_maketime(&rusage->ru_utime));
    printf("system CPU time : %.2f(sec)\n",
ssu_maketime(&rusage->ru_stime));
}

실행 결과
root@localhost:/home/oslab# ./ssu_execv_1
/usr/include/stdio.h
find: `/run/user/1000/gvfs': 허가 거부
Termination info follows
normally terminated. exit status = 1
user CPU time : 0.06(sec)
system CPU time : 0.07(sec)
```

execv() 예제 1은 자식 프로세스에서 사용자 모드로 CPU를 사용한 시간과 시스템 모드에서 CPU를 사용한 시간을 출력한다.

•execv() 예제 2

<ssu_execv_2.c>

```
#include <stdio.h>
#include <stdlib.h>
#include <unistd.h>
```

```
int main(void)
{
    char *argv[] = {
        "ssu_execl_test_1", "param1", "param2", (char *)0
    };

    printf("this is the original program\n");
    execv("./ssu_execl_test_1", argv);
    printf("%s\n", "This line should never get printed\n");
    exit(0);
}

실행 결과
root@localhost:/home/oslab# ./ssu_execv_2
this is the original program
argv[0]: ssu_execl_test_1
argv[1]: param1
argv[2]: param2
SHELL=/bin/bash
TERM=xterm-256color
USER=root

(중략)

LESSCLOSE=/usr/bin/lesspipe %s %s
XAUTHORITY=/home/oslab/.Xauthority
_=./ssu_execv_2
OLDPWD=/home
```

• execl() 예제 1

<ssu_execl_test_1.c>

```
#include <stdio.h>
#include <stdlib.h>

int main(int argc, char *argv[])
```

```
{
    extern char **environ;
    char **str;
    int i;

    for (i = 0; i < argc; i++)
        printf("argv[%d]: %s\n", i, argv[i]);

    for (str = environ; *str != 0; str++)
        printf("%s\n", *str);

    exit(0);
}
```

<ssu_execl_1.c>

```
#include <stdio.h>
#include <stdlib.h>
#include <unistd.h>

int main(void)
{
    printf("this is the original program\n");
    execl("./ssu_execl_test_1", "ssu_execl_test_1",
            "param1", "param2", "param3", (char *)0);
    printf("%s\n", "this line should never get printed\n");
    exit(0);
}
```

실행 결과

```
root@localhost:/home/oslab# ./ssu_execl_1
this is the original program
argv[0]: ssu_execl_test_1
argv[1]: param1
argv[2]: param2
argv[3]: param3
SHELL=/bin/bash
```

```
TERM=xterm-256color
USER=root

(중략)

LESSCLOSE=/usr/bin/lesspipe %s %s
XAUTHORITY=/home/oslab/.Xauthority
_=./ssu_execl_1
OLDPWD=/home
```

execl() 예제 1은 execl()의 인자인 arg0부터 argn까지의 인자들이 execl()로 실행한 프로세스의 main()의 두 번째 인자인 argv가 된다.

•execl() 예제 2

<ssu_execl_2.c>

```
#include <stdio.h>
#include <stdlib.h>
#include <unistd.h>

int main(void)
{
    if (fork() == 0) {
        execl("/bin/echo", "echo", "this is", "message one", (char *)0);
        fprintf(stderr, "exec error\n");
        exit(1);
    }

    if (fork() == 0) {
        execl("/bin/echo", "echo", "this is", "message two", (char *)0);
        fprintf(stderr, "exec error\n");
        exit(1);
    }

    if (fork() == 0) {
        execl("/bin/echo", "echo", "this is", "message three", (char *)0);
```

```
        fprintf(stderr, "exec error\n");
        exit(1);
    }

    printf("Parent program ending\n");
    exit(0);
}
```

```
실행 결과
root@localhost:/home/oslab# ./ssu_execl_2
Parent program ending
root@localhost:/home/oslab# this is message two
this is message three
this is message one
```

execl() 예제 2는 자식프로세스를 하나 생성하여 'echo' 명령어와 같은 기능을 수행한다. fprintf()와 exit(1)가 수행되지 않는 원인은 execl()가 정상적으로 수행되면 수행된 프로세스가 원래 프로세스를 덮어써버리기 때문이다.

•execve() 예제

<ssu_execve.c>

```
#include <stdio.h>
#include <stdlib.h>
#include <unistd.h>

int main(void)
{
    char *argv[] = {
        "ssu_execl_test_1", "param1", "param2", (char *)0
    };
    char *env[] = {
        "NAME = value",
        "nextname=nextvalue",
        "HOME=/home/oslab",
        (char *)0
```

```
    };

    printf("this is the original program\n");
    execve("./ssu_execl_test_1", argv, env);
    printf("%s\n", "This line should never get printed\n");
    exit(0);
}
```

```
실행 결과
root@localhost:/home/oslab# ./ssu_execve
this is the original program
argv[0]: ssu_execl_test_1
argv[1]: param1
argv[2]: param2
NAME = value
nextname=nextvalue
HOME=/home/oslab
```

execve() 예제는 execve()를 이용하여 수행할 프로그램의 환경 변수도 지정한다. execve()의 인자인 argv는 execve()로 수행한 프로세스의 main()의 두 번째 인자인 argv가 되고 envp는 수행한 프로세스의 환경 변수가 된다.

15. setuid(2), setgid(2)

```
#include <unistd.h>
#include <sys/types.h>
int setuid(uid_t uid);
int setgid(gid_t gid);
```

리턴 값: 성공 시 0, 에러 시 -1을 리턴하고 errno 설정

setuid(), setgid() 는 시스템호출 함수로 다음과 같은 규칙을 따라 사용자 ID와 그룹 ID를 변경한다. 프로세스가 루트 권한들을 가지고 있으면, setuid()는 실제 사용자 ID(real user ID), 유효 사용자 ID(effective user ID), 저장된 사용자 ID(saved user ID)를 uid로 설정한다.

프로세스가 루트 권한들을 가지고 있지 않으나 uid가 실제 사용자 ID나 저장된 사용자 ID와 같으면 setuid()는 유효 사용자 ID만 uid로 설정한다. 실제 사용자 ID와 저장된 사용자 ID는 변경되지 않는다. 그 외의 경우, 함수는 errno를 EPERM으로 설정하고 -1을 리턴한다. setgid()는 사용자 ID가 아닌 그룹 ID라는 점만 제외하고 setuid()와 동일한 기능을 수행한다.

참고로, 커널은 네 가지 사용자 ID를 관리하는데, 실제(real), 유효(effective), 저장된(saved) 파일 소유자라는 네 가지 사용자 ID가 있다. 여기서는 파일 소유자 ID를 제외하고 나머지 파일의 실행과 관련 있는 세 가지 사용자 ID에 대해 설명한다.

실제 사용자 ID는 프로세스를 실행한 원래 사용자의 ID이다. 원래 사용자 ID는 프로세스 부모의 실제 사용자 ID로 설정되며, exec() 호출 도중에 변경되지 않는다. 일반적으로 login 프로세스는 login 쉘의 실제 사용자 ID를 해당 사용자의 실제 사용자 ID로 설정된다. 루트 권한을 갖는 프로세스만 실제 사용자 ID를 다른 값으로 변경할 수 있다.

유효 사용자 ID는 프로세스가 영향을 미치는 사용자 ID이며 접근 권한의 기준으로 사용된다. 프로세스 생성 초기에는 부모 프로세스의 유효 사용자 ID를 상속 받기 때문에 유효 사용자 ID는 실제 사용자 ID와 같으며, exec()를 호출할 때도 일반적으로 유효 사용자 ID는 변경되지 않는다. 따라서 exec() 호출 도중에 실제 사용자 ID와 유효 사용자 ID가 무엇인지 확인할 수 있다.

앞에서도 설명한 바와 같이, setuid()를 호출하면 프로세스는 유효 사용자 ID를 변경한다. 유효 사용자 ID는 프로그램 파일을 소유한 사용자 ID로 변경한다. 예를 들어 "/usr/bin/passwd" 실행 파일은 setuid 파일이며, 소유자는 루트이기 때문에 일반 사용자 쉘에서 이 파일을 exec하기 위해 프로세스를 실행시킬 때 이 프로세스는 실행하는 사용자와 무관하게 유효 사용자 ID를 루트로 지정한다.

저장된 사용자 ID는 프로세스의 본래 유효 사용자 ID이다. 프로세스가 fork()를 실행할 때 자식 프로세스는 부모 프로세스의 저장된 사용자 ID를 상속받는다. 그러나, exec()를 호출할 때 커널은 저장된 사용자 ID를 유효 사용자 ID로 설정한다. 즉, 저장된 사용자 ID는 exec() 호출 시에 유효 사용자 ID로부터 복사된다고 할 수 있다.

exec()에 의해 실행되는 프로그램에 저장된 사용자 ID 비트가 설정되어 있으면, 이 프로그램의 이미지 파일의 사용자 ID가 유효 사용자 ID에 복사되는데, 이때 이전의 유효 사용자 ID는 저장된 사용자 ID에 복사된다. 루트 권한을 갖는 프로세스만이 실제 사용자 id와 동일한 값으로 변경할 수 있다.

정리하면, 유효 사용자 ID는 프로세스 실행 자격을 확인하는 사용자 ID이며, 실제 사용자 ID는 프로그램을 실제 수행시키는 사용자에게 속한 유효 사용자 ID이며, 저장된 사용자 ID는 exec() 호출 시 변경되기 전까지 유효 사용자 ID이다.

• setuid() 예제

<ssu_setuid_test>

```
RESTRICTED
```

<ssu_setuid.c>

```
#include <stdio.h>
#include <stdlib.h>
#include <unistd.h>

int main(int argc, char *argv[])
{
    char line[256];
    FILE *fp;
    int uid;

    if (argc < 2) {
        fprintf(stderr, "usage: %s file_name\n", argv[0]);
        exit(1);
    }

    printf("initially uid = %d and euid = %d\n", getuid(), geteuid());
    fp = fopen(argv[1], "r");

    if (fp == NULL) {
        fprintf(stderr, "first open error for %s\n", argv[1]);
        exit(1);
    }
    else {
        printf("first open successful:\n");

        while (fgets(line, 255, fp) != NULL)
            fputs(line, stdout);

        fclose(fp);
    }
```

```
    setuid(uid = getuid());
    printf("after setuid(%d):\n uid=%d and euid=%d\n",
            uid, getuid(), geteuid());
    fp = fopen(argv[1], "r");

    if (fp == NULL) {
        fprintf(stderr, "second open error for %s\n", argv[1]);
        exit(1);
    }
    else {
        printf("second open successful:\n");

        while (fgets(line, 255, fp) != NULL)
            fputs(line, stdout);

        fclose(fp);
    }
    exit(0);
}
```

```
실행 결과
/* A 사용자에서 첫 번째 실행 */
user1@localhost:/home/oslab$ ls -l ssu_setuid ssu_setuid_test
-rwxrwxr-x 1 user1 user1 7760 Jan 10 04:52 ssu_setuid
-rw------- 1 user1 user1   11 Jan 10 04:54 ssu_setuid_test
user1@localhost:/home/oslab$ cat ssu_setuid_test
RESTRICTED
user1@localhost:/home/oslab$ ./ssu_setuid ssu_setuid_test
initially uid = 1001 and euid = 1001
first open successful:
RESTRICTED
after setuid(1001):
 uid=1001 and euid=1001
second open successful:
RESTRICTED
```

```
/* B 사용자에서 첫 번째 실행 */
user2@localhost:/home/oslab$ id
uid=1002(user2) gid=1002(user2) groups=1002(user2)
user2@localhost:/home/oslab$ ./ssu_setuid ssu_setuid_test
initially uid = 1002 and euid = 1002
first open() of ssu_setuid_test failed

/* A 사용자에서 두 번째 실행 */
user1@localhost:/home/oslab$ id
uid=1001(user1) gid=1001(user1) groups=1001(user1)
user1@localhost:/home/oslab$ sudo chmod u+s ssu_setuid
user1@localhost:/home/oslab$ ls -l ssu_setuid ssu_setuid_test
-rwsrwxr-x 1 user1 user1 7760 Jan 10 04:52 ssu_setuid
-rw------- 1 user1 user1   11 Jan 10 04:54 ssu_setuid_test
user1@localhost:/home/oslab$ ./ssu_setuid ssu_setuid_test
initially uid = 1001 and euid = 1001
first open successful:
RESTRICTED
after setuid(1001):
 uid=1001 and euid=1001
second open successful:
RESTRICTED

/* B 사용자에서 두 번째 실행 */
user2@localhost:/home/oslab$ id
uid=1002(user2) gid=1002(user2) groups=1002(user2)
user2@localhost:/home/oslab$ ./ssu_setuid ssu_setuid_test
initially uid = 1002 and euid = 1001
first open successful:
RESTRICTED
after setuid(1002):
 uid=1002 and euid=1002
second open() of ssu_setuid_test failed
```

setuid() 예제는 첫 번째 실행에서 B사용자가 ssu_setuid_test 파일에 대한 읽기 권한이 없기 때문에 파일을 오픈하지 못한다. 두 번째 실행에서는 ssu_setuid에 SUID 비트가 설정되어 있기 때문에 B사용자의 유효 사용자 ID가 ssu_setuid의 사용자 ID인 1001로 변경되어 첫 번째 파일 오픈에 성공한다. 하지만 setuid()를 호출하여 유효 사용자 ID를 자신의 실제 사용자 ID인 1002로 변경하기 때문에 두 번째 파일 오픈에는 실패한다. 참고로 이 setuid() 예제에 대해 macOS에서는 open()의 에러가 발생하지 않는다.

16. setreuid(2), setregid(2)

```
#include <unistd.h>
#include <sys/types.h>
int setreuid(uid_t ruid, uid_t euid);
int setregid(gid_t rgid, gid_t egid);

                    리턴 값: 성공 시 0, 에러 시 -1을 리턴하고 errno 설정
```

setreuid(), setregid()는 프로세스의 실제 ID와 유효 ID를 맞바꾸는 시스템호출 함수들이다. 이 함수들을 사용하면 권한이 없는 사용자라도 언제나 실제 사용자 ID와 유효 사용자 ID를 서로 교환할 수 있다.

17. seteuid(2), setegid(2)

```
#include <unistd.h>
#include <sys/types.h>
int seteuid(uid_t uid);
int setegid(gid_t gid);

                    리턴 값: 성공 시 0, 에러 시 -1을 리턴하고 errno 설정
```

seteuid(), setegid()는 프로세스의 유효 사용자 ID와 유효 그룹 사용자 ID를 변경하는 함수들이다. 특권이 없는 사용자는 자신의 유효 사용자 ID를 실제 사용자 ID 또는 저장된 사용자 ID로 설정할 수 있다. 특권을 가진 사용자는 유효 사용자 ID만 uid로 설정할 수 있다.

• seteuid() 예제

<ssu_seteuid.c>

```
#include <stdio.h>
#include <stdlib.h>
#include <unistd.h>
#include <fcntl.h>
#include <sys/stat.h>

int main(void)
{
    int fd, state;

    state = seteuid(1000);

    if (state < 0) {
        fprintf(stderr, "seteuid error\n");
        exit(1);
    }

    if ((fd = open("ssu_test.txt", O_CREAT | O_RDWR, S_IRWXU)) < 0) {
        fprintf(stderr, "open error\n");
        exit(1);
    }

    close(fd);
    exit(0);
}
```

실행 결과

```
oslab@localhost:~$ cat /etc/passwd | grep "oslab"
oslab:x:1000:1000:,,,:/home/oslab:/bin/bash
oslab@localhost:~$ sudo ./ssu_seteuid
oslab@localhost:~$ ls -l ssu_test.txt
-rwx------ 1 oslab root 0 Jan 10 18:26 ssu_test.txt
```

seteuid() 예제는 쉘에서 'sudo' 명령어를 이용하여 루트 권한으로 ssu_seteuid를 실행하고 open()를 호출하여 ssu_test.txt 파일을 생성한다. 프로그램 실행 중 seteuid()를 호출하여 유효 사용자 ID인 0(루트)을 실제 사용자 ID인 1001(user1)로 설정한다. ssu_test.txt는 소유자가 user1로 변경되어 루트 권한으로 생성된다.

18. system(3)

```
#include <stdlib.h>
int system(const char *cmdstring);

                                        리턴 값: (아래 본문 참고)
```

system()는 프로그램 안에서 하나의 명령 문자열을 실행하는 라이브러리 함수이다. 쉘에서 명령을 실행하듯이 쉽게 프로그램을 실행시킬 수 있도록 마련된 함수가 바로 이 system()이다. 예를 들어 어떤 프로그램에서 실행 중에 화면을 클리어(clear)시킬 필요가 있다고 할 때, 이 루틴을 직접 프로그래밍 한다는 것은 터미널 제어에 대한 이해와 약간 복잡한 코딩을 필요로 하므로 까다로운 작업이다. 그런데 쉘에서는 'clear'를 치기만 하면 화면을 초기화할 수 있다는 것을 알고 있으므로, system("clear")과 같이 코딩하면 간단히 해결할 수 있다.
cmdstring 인자가 NULL 포인터인 경우, 시스템이 명령 처리기를 제공한다면 system()는 0이 아닌 값을 리턴한다. 주어진 운영체제가 system()를 지원하는지의 여부를 판정할 때 유용하다.
system()의 기능은 순서대로 fork(), exec(), waitpid()의 호출들로 구현되며, 이에 따라 system()의 리턴 값이 세 종류로 나뉜다. fork() 호출이 실패하거나 waitpid가 EINTR 이외의 에러 코드를 리턴하였다면, system()는 errno를 해당 값으로 설정하고 -1을 리턴한다. exec 계열 함수가 실패하였다면 쉘이 마치 exit(127)을 호출할 때와 같은 값이 리턴된다. 그 외의 경우, 즉 fork() 호출과 exec 계열 함수 호출, waitpid() 호출 모두 성공했다면, system()의 리턴 값은 쉘의 종료 상태이다.

• system() 예제

<ssu_system.c>

```
#include <stdio.h>
#include <stdlib.h>
```

```
#include <unistd.h>

int main(void)
{
    printf("before system()\n");
    system("pwd");
    printf("after system()\n");
    exit(0);
}

실행 결과
root@localhost:/home/oslab# ./ssu_system
before system()
/home/oslab
after system()
```

system() 예제는 시스템 명령인 pwd를 실행하여 현재 경로를 출력한다.

19. getlogin(3)

```
#include <unistd.h>
char *getlogin(void);
```

리턴 값: 성공 시 로그인 이름을 담은 문자열을 가리키는 포인터,
에러 시 NULL을 리턴하고 errno 설정

getlogin()는 프로그램을 실행하고 있는 사용자의 로그인 이름을 리턴하는 라이브러리 함수이다. 하나의 사용자 ID에 여러 개의 로그인 이름이 존재하면, 현재 로그인 된 이름을 리턴한다. 사용자가 로그인해 있는 터미널에 부착되어 있지 않은 프로세스(ex. 디몬)에서 이 함수를 호출하면 호출이 실패할 수 있다. 참고로 getlogin()은 다른 몇몇의 프로그램에서 tmp 파일에 접근하여 파일의 내용을 변경할 수 있기 때문에 getpwuid()를 사용하는 것이 좋다.

20. times(2)

```
#include <sys/times.h>
clock_t times(struct tms *buf);
```

리턴 값: 성공 시 소비된 클록 시간 값(클록 틱 수),
에러 시 -1을 리턴하고 errno 설정

times()는 자기 자신과 종료된 자식 프로세스들의 시간 값들을 얻을 수 있는 시스템 호출 함수이다. Linux·Unix는 프로세스에 대해 세 가지 시간 값을 유지, 관리한다. 클록 시간은 '벽시계 시간(wall clock time)'이라고도 불리며, 프로세스가 수행하는데 걸리는 시간을 말한다. 이 값은 시스템 내의 다른 프로세스들의 수에 의존적이므로, 클록 시간 값은 보통 시스템 내에 다른 프로세스 수행이 없을 때의 측정값을 말하게 된다. 사용자 CPU 시간은 사용자 명령에 이용된 CPU 시간을 말한다. 시스템 CPU 시간은 커널 내에서 수행된 시간을 지칭한다.
예를 들어 프로세스가 read()나 write()와 같은 시스템 함수를 수행할 때는 이 함수들을 수행하는 동안 커널 내에서 보낸 시간도 프로세스에게 부과된다. 사용자 CPU 시간과 시스템 CPU 시간의 합을 CPU 시간이라 부른다.

시간 값에는 클록 시간, 사용자 CPU 시간, 시스템 CPU이 있다. 클록 시간은 times() 함수의 리턴 값으로 주어진다. 이 리턴 값은 과거의 임의의 한 시점으로부터 흐른 시간일 뿐이므로 이 값 자체를 절대적인 벽시계 값으로 사용할 수 없다. 특정 작업 시작 전과 종료 후에 위 함수를 사용하면 해당 특정 작업에 소요된 시간을 확인할 수 있다. 오랫동안 실행되는 프로세스의 경우 이 시간 값이 넘칠 수도 있다. 구조체 멤버들 중 자식 프로세스들에 대한 두 멤버들에는 wait(), waitid(), waitpid()로 회수한 자식들의 시간들만 포함된다. 이 함수의 리턴 값이나 구조체 멤버들은 모두 clock_t 형식인데, 이 형식의 값을 초 단위로 변환하려면 초당 CPU 클록 틱 수를 곱해야 한다. times()는 buf 인자가 가리키는 tms 구조체를 리턴한다. <표 5-20>는 tms 구조체를 보여준다.

〈표 5-20〉 tms 구조체

```
struct tms
{
    clock_t tms_utime;
```

```
    clock_t tms_stime;
    clock_t tms_cutime;
    clock_t tms_cstime;
};
```

tms 구조체에는 클록시간에 대한 필드가 없으며, 이 값은 함수의 값으로 리턴된다. 그런데 이 클록 시간 값은 과거 어느 순간으로부터의 측정값으로서, 절대적으로 신뢰할 수는 없다. 따라서 상대 값을 많이 이용한다. 즉, times()를 호출하여 이때의 리턴 값으로부터 저장된 값을 빼면 이 차이 값을 클록 시간으로 사용 할 수 있다.
tms 구조체의 마지막 두 필드는 기다리고 있는 자식 프로세스에 대한 시간 값이다. times()에 의해 리턴 받은 clock_t 데이터 타입의 시간 값은 1초당 클록 틱의 수를 이용하여 초단위로 변환할 수 있다.

•times() 예제

<ssu_times.c>

```
#include <stdio.h>
#include <stdlib.h>
#include <unistd.h>
#include <sys/times.h>
#include <sys/wait.h>

void ssu_do_cmd(char *cmd);
void ssu_print_times(clock_t real, struct tms *tms_start, struct tms
*tms_end);
void ssu_echo_exit(int status);

int main(int argc, char *argv[])
{
    int i;

    setbuf(stdout, NULL);

    for (i = 1; i < argc; i++)
        ssu_do_cmd(argv[i]);
```

```
    exit(0);
}

void ssu_do_cmd(char *cmd) {
    struct tms tms_start, tms_end;
    clock_t start, end;
    int status;

    printf("\ncommand: %s\n", cmd);

    if ((start = times(&tms_start)) == -1) {
        fprintf(stderr, "times error\n");
        exit(1);
    }

    if ((status = system(cmd)) < 0) {
        fprintf(stderr, "system error\n");
        exit(1);
    }

    if ((end = times(&tms_end)) == -1) {
        fprintf(stderr, "times error\n");
        exit(1);
    }

    ssu_print_times(end-start, &tms_start, &tms_end);
    ssu_echo_exit(status);
}

void ssu_print_times(clock_t real, struct tms *tms_start, struct tms
*tms_end) {
    static long clocktick = 0;

    if (clocktick == 0)
        if ((clocktick = sysconf(_SC_CLK_TCK)) < 0) {
            fprintf(stderr, "sysconf error\n");
```

```
            exit(1);
        }

    printf("  real:  %7.2f\n", real / (double) clocktick);
    printf("  user:  %7.2f\n",
      (tms_end->tms_utime - tms_start->tms_utime) / (double)
clocktick);
    printf("  sys:   %7.2f\n",
      (tms_end->tms_stime - tms_start->tms_stime) / (double)
clocktick);
    printf("  child user:  %7.2f\n",
      (tms_end->tms_cutime - tms_start->tms_cutime) / (double)
clocktick);
    printf("  child sys:   %7.2f\n",
      (tms_end->tms_cstime - tms_start->tms_cstime) / (double)
clocktick);
}

void ssu_echo_exit(int status) {
    if (WIFEXITED(status))
        printf("normal termination, exit status = %d\n",
                WEXITSTATUS(status));
    else if (WIFSIGNALED(status))
        printf("abnormal termination, signal number = %d%s\n",
                WTERMSIG(status),
#ifdef  WCOREDUMP
                WCOREDUMP(status) ? " (core file generated)" : "");
#else
                "");
#endif
    else if (WIFSTOPPED(status))
        printf("child stopped, signal number = %d\n",
                WSTOPSIG(status));
}
```

실행 결과

```
root@localhost:/home/oslab# ./ssu_times "sleep 5" date

command: sleep 5
  real:     5.00
  user:     0.00
  sys:      0.00
  child user:     0.00
  child sys:      0.00
normal termination, exit status = 0

command: date
Tue Jan 10 22:17:37 PST 2017
  real:     0.00
  user:     0.00
  sys:      0.00
  child user:     0.00
  child sys:      0.00
normal termination, exit status = 0
```

times() 예제는 시스템 명령을 실행하여 클록시간, 사용자 CPU 시간, 시스템 CPU 시간을 출력한다.

21. getpgrp(2), getpgid(2), setpgid(2)

```
#include <unistd.h>
pid_t getpgrp(void);
pid_t getpgid(pid_t pid);
```

리턴 값: 성공 시 프로세스 그룹 ID, 에러 시 -1을 리턴하고 errno 설정

```
int setpgid(pid_t pid, pid_t pgid);
```

리턴 값: 성공 시 0, 에러 시 -1을 리턴하고 errno 설정

getpgrp()은 현재 프로세스의 프로세스 그룹 ID 값을 리턴하는 시스템호출 함수이다. 각 프로세스는 고유한 프로세스 ID를 가지면서 동시에 특정 그룹에 속하게 된다. 프

로세스 그룹은 동일한 터미널로부터 시그널들을 받을 수 있는 프로세스들의 집합이다. 같은 작업에 연관된 프로세스들이 같은 그룹을 형성한다. 각 프로세스 그룹에는 고유한 프로세스 그룹 ID가 배정된다. 프로세스 ID처럼 프로세스 그룹ID 역시 양의 정수이며 pid_t 형식에 저장한다.

getpgid()는 프로세스 ID를 인자로 받아 그 프로세스가 속해 있는 프로세스의 그룹 ID를 리턴하는 시스템호출 함수이다. pid 인자의 값이 0이면 호출한 프로세스의 그룹 ID를 리턴하기 때문에 getpgid(0)는 getpgrp()와 동일한 기능을 수행한다. 프로세스 그룹에는 하나의 프로세스 그룹 리더가 존재한다. 프로세스 그룹의 리더는 프로세스 그룹의 프로세스 그룹 ID와 동일한 프로세스 ID를 가진다. 프로세스 그룹의 리더는 프로세스 그룹을 만들 수 있으며, 해당 그룹 내에서 프로세스들을 생성할 수 있다. 프로세스 그룹이 존재하는 상황에서 리더는 자신을 종료할 수 있으며, 리더가 종료되어도 프로세스 그룹에 프로세스가 하나라도 남아 있다면 프로세스 그룹은 사라지지 않는다. 프로세스 그룹이 생성된 시점에서 마지막 프로세스가 종료되거나 다른 그룹으로 옮길 때까지의 기간을 프로세스 그룹 수명이라고 한다.

setpgid()는 프로세스가 자신을 기존의 프로세스 그룹에 속하게 하거나 새 프로세스 그룹을 생성 시 시스템호출 함수이다. setpgid()는 프로세스ID가 pid인 프로세스의 프로세스 그룹 ID를 pgid로 설정한다. 두 인자가 같으면 pid로 지정된 프로세스가 그룹의 리더가 된다. pid가 0이면 호출자의 프로세스 ID가 사용된다. pgid가 0이면 pid로 지정된 프로세스 ID가 프로세스 그룹 ID로 사용된다. 프로세스는 자신이나 자신의 자식들의 프로세스 그룹 ID만 설정 가능하다. 자식 프로세스가 exec 계열 함수를 호출했다면 그 자식 프로세스의 프로세스 그룹 ID는 변경이 불가능하다. 대부분의 작업 제어 쉘들은 fork() 호출로 자식을 생성 후 부모에서 setpgid()로 자식의 프로세스 그룹 ID를 설정한다. 자식들 역시 setpgid()를 호출해서 자신의 프로세스 그룹 ID를 설정한다.

자식과 부모 둘 중 어떤 것이 먼저 실행될지 모르기 때문에 둘 다 setpgid()를 호출하게 한다. 이렇게 하지 않게 되면 자식의 프로세스 그룹 소속 여부가 어떤 프로세스가 먼저 실행되는지에 따라 경쟁 조건이 발생된다.

• getpgrp() 예제

<ssu_getpgrp.c>

```
#include <stdio.h>
#include <stdlib.h>
#include <unistd.h>
```

```
int main(void)
{
    pid_t pgid;
    pid_t pid;

    pid = getpid();
    pgid = getpgrp();
    printf("pid: %d, pgid: %d\n", pid, pgid);
    exit(0);
}

실행 결과
root@localhost:/home/oslab# ./ssu_getpgrp
pid: 29894, pgid: 29894
```

getpgrp() 예제는 프로세스 ID와 프로세스 그룹 ID를 출력한다.

•getpgid() 예제

```
<ssu_getpgid.c>
#include <stdio.h>
#include <stdlib.h>
#include <unistd.h>

int main(int argc, char *argv[])
{
    pid_t pgid;
    pid_t pid;

    if (argc < 2) {
        fprintf(stderr, "usage: %s <file>\n",argv[0]);
        exit(1);
    }

    pid = getpid();
```

```
    pgid = getpgid(atoi(argv[1]));
    printf("pid: %d, pgid: %d\n", pid, pgid);
    exit(0);
}

실행 결과 [Ubuntu, Fedora]
root@localhost:/home/oslab# pstree -p
            ...
            ├─upowerd(8630)─┬─{gdbus}(8636)
            │               └─{gmain}(8635)
root@localhost:/home/oslab# ./ssu_getpgid 8636
pid: 29947, pgid: 8630

실행 결과 [Mac]
ssu-ui-MacBook-Air:oslab root# ps
  PID TTY           TIME CMD
 2714 ttys000    0:00.04 login -pfl user1 /bin/bash -c exec -la bash
/bin/bash
 3045 ttys000    0:00.04 su
 3046 ttys000    0:00.27 sh
 3444 ttys000    0:00.03 su user1
 2728 ttys002    0:00.03 login -pf user1
 3998 ttys002    0:00.03 su
 3999 ttys002    0:00.01 sh
 4000 ttys002    0:00.01 ps
 3613 ttys003    0:00.02 -sh
ssu-ui-MacBook-Air:oslab root# ./ssu_getpgid 3444
pid: 4019, pgid: 3444
```

getpgid() 예제는 한 프로세스의 프로세스 그룹 ID를 출력한다. 'pstree' 명령어를 이용하여 프로세스의 관계를 보고, 한 프로세스의 프로세스 ID를 ssu_getpgid의 인자로 지정하면 그 프로세스의 프로세스 그룹 ID가 출력된다. macOS에서는 'pstree' 명령어가 존재하지 않아 'ps' 명령어를 사용한다.

22. setsid(2), getsid(2)

```
#include <unistd.h>
pid_t setsid(void);
                    리턴 값 : 성공 시 프로세스 그룹 ID, 에러 시 -1을 리턴하고 errno 설정
pid_t getsid(pid_t pid);
                    리턴 값 : 성공 시 pid의 세션 리더의 ID, 에러 시 -1을 리턴하고 errno 설정
```

setsid()는 한 프로세스가 새로운 세션을 생성할 때에 사용하는 시스템호출 함수이다. 세션(session)은 하나 이상의 프로세스 그룹들의 집합이다. 세션은 setsid()를 호출하여 생성할 수 있다. 호출한 프로세스가 프로세스 그룹 리더가 아니면 setsid()는 새 세션을 다음과 같이 생성한다.

호출한 프로세스는 새 세션의 세션 리더가 되고, 새 프로세스 그룹의 프로세스 그룹 리더가 된다. 새 프로세스 그룹 ID는 호출한 프로세스의 프로세스 ID이다. 또한 호출한 프로세스는 새로 생성된 프로세스 그룹과 세션의 유일한 프로세스가 된다. 호출한 프로세스는 제어 터미널을 갖지 않고 프로세스가 setsid()를 호출하기 전에 제어 터미널을 가지고 있었다면 그 터미널과의 연관 관계가 사라진다.

호출한 프로세스가 이미 프로세스 그룹 리더이면 setsid()는 에러를 리턴한다. 일반적으로 세션을 생성할 때, fork()를 호출하여 자식 프로세스를 생성한 후, 부모 프로세스는 종료하게 하고 자식 프로세스가 setsid()를 호출한다.

getsid()는 프로세스 세션 리더의 프로세스 그룹 ID를 얻을 때 사용하는 시스템호출 함수이다. pid가 0이면 getsid()는 호출한 프로세스의 세션 리더의 프로세스 그룹 ID를 리턴한다. 보안상의 이유로 pid가 속한 세션이 호출자의 세션과 다르면 세션 리더의 프로세스 그룹 ID를 리턴하지 않는다.

• setsid() 예제

<ssu_setsid.c>

```
#include <stdio.h>
#include <stdlib.h>
#include <unistd.h>

int main(void)
{
```

```
    pid_t pid;

    if ((pid = fork()) < 0) {
        fprintf(stderr, "fork error\n");
        exit(1);
    }
    else if(pid != 0)
        exit(1);

    printf("before pid = %d, sid = %d\n", getpid(), getsid(getpid()));
    setsid();
    printf("after pid = %d, sid = %d\n", getpid(), getsid(getpid()));
    exit(0);
}
```

실행 결과

```
root@localhost:/home/oslab# ./ssu_setsid
before pid = 29983, sid = 28572
after pid = 29983, sid = 29983
```

setsid() 예제는 setsid() 호출을 무조건 성공하기 위해서 자식프로세스에서 setsid()를 호출하여 세션 리더 프로세스를 생성한다.

23. tcgetpgrp(3), tcsetpgrp(3), tcgetsid(3)

```
#include <unistd.h>
pid_t tcgetpgrp(int filedes);
```

리턴 값 : 성공 시 전경 프로세스 그룹의 프로세스 그룹 ID,
에러 시 -1을 리턴하고 errno 설정

```
int tcsetpgrp(int filedes, pid_t pgrpid);
```

리턴 값 : 성공 시 0, 에러 시 -1을 리턴하고 errno 설정

tcgetpgrp()는 전경 프로세스 그룹(foreground process group)을 조회하거나 설정할 때 사용하는 라이브러리 함수이다. tcgetpgrp()은 filedes로 열린 터미널에 연관된 전경

프로세스 그룹의 프로세스 그룹 ID를 리턴한다.

제어 터미널에 배정되어 있는 프로세스는 tcsetpgrp()를 호출해서 프로세스 그룹 ID가 pgrpid인 프로세스 그룹을 전경 프로세스 그룹으로 만들 수 있다. pgrpid 인자의 값은 호출자와 같은 세션에 있는 프로세스 그룹의 프로세스 그룹 ID이어야 하며 filedes 인자는 그 세션의 제어 터미널에 해당해야 한다. 대부분의 응용프로그램은 이 두 함수들을 직접 호출하지 않으며 주로 작업 제어 쉘들이 호출한다.

```
#include <termios.h>
pid_t tcgetsid(int filedes);
```

리턴 값 : 성공 시 세션 리더의 프로세스 그룹 ID,
에러 시 -1을 리턴하고 errno 설정

tcgetsid()는 주어진 파일 디스크립터에 해당하는 제어 터미널과 연관된 세션 리더의 프로세스 그룹 ID를 리턴하는 라이브러리 함수이다. 제어 터미널을 관리해야 하는 응용프로그램이라면, tcgetsid()를 호출하여 제어 터미널의 세션 ID(세션 리더의 프로세스 그룹 ID)를 얻을 수 있다.

• tcgetpgrp() 예제

<ssu_tcgetpgrp.c>

```
#include <stdio.h>
#include <stdlib.h>
#include <unistd.h>
#include <errno.h>
#include <signal.h>
#include <termios.h>

#define STDIN_NUMBER 0

static void ssu_sig_hup(int signum);
static void ssu_print_ids(char *name);

int main(void)
{
    pid_t pid;
```

```
    char character;

    ssu_print_ids("parent");
    if ((pid = fork()) < 0) {
        fprintf(stderr, "fork error\n");
        exit(1);
    }
    else if (pid > 0) {
        sleep(3);
        exit(0);
    }
    else {
        ssu_print_ids("child");
        signal(SIGHUP, ssu_sig_hup);
        kill(getpid(), SIGTSTP);
        ssu_print_ids("child");

        if (read(STDIN_FILENO, &character, 1) != 1)
            fprintf(stderr, "read error\n");

        exit(0);
    }
}

static void ssu_sig_hup(int signum) {
    printf("ssu_SIG_HUP received, pid = %d\n", getpid());
}

static void ssu_print_ids(char *name) {
    printf("[%s] : pid = %d, ppid = %d, pgrp = %d, tpgrp = %d\n",
        name, getpid(), getppid(), getpgrp(), tcgetpgrp(STDIN_NUMBER));
    fflush(stdout);
}
```

실행 결과

```
root@localhost:/home/oslab# ./ssu_tcgetpgrp
```

```
[parent] : pid = 30089, ppid = 11804, pgrp = 30089, tpgrp = 30089
[child] : pid = 30090, ppid = 30089, pgrp = 30089, tpgrp = 30089
ssu_SIG_HUP received, pid = 30090
[child] : pid = 30090, ppid = 8321, pgrp = 30089, tpgrp = 11804
read error
```

tcgetpgrp() 예제는 자식 프로세스가 SIGTSTP 시그널을 받아 중지하고 있을 때 부모 프로세스가 종료하여 중지된 자식 프로세스는 고아 프로세스가 되고 SIGHUB 시그널과 SIGCONT 시그널을 연달아 전달받는다. SIGHUB에 대한 시그널을 처리하고 SIGCONT 시그널을 받아 실행을 재개한다. 부모가 종료되었을 때 자식 프로세스는 배경 프로세스 그룹에 놓이기 때문에 read() 호출시 에러가 발생한다.

• tcgetsid() 예제

<ssu_tcgetsid.c>

```
#include <stdio.h>
#include <stdlib.h>
#include <unistd.h>
#include <errno.h>
#include <sys/types.h>
#include <termios.h>

int main(void)
{
    pid_t sid_stderr;
    pid_t sid_stdin;
    pid_t sid_stdout;

    sid_stdin = tcgetsid(STDIN_FILENO);

    if (sid_stdin == -1) {
        fprintf(stderr, "tcgetsid error\n");
        exit(1);
    }
    else
        printf("Session Leader for stdin: %d\n", sid_stdin);
```

```
    sid_stdout = tcgetsid(STDOUT_FILENO);

    if (sid_stdout == -1) {
        fprintf(stderr, "tcgetsid error\n");
        exit(1);
    }
    else
        printf("Session Leader for stdout: %d\n", sid_stdout);

    sid_stderr = tcgetsid(STDERR_FILENO);

    if (sid_stderr == -1) {
        fprintf(stderr, "tcgetsid error\n");
        exit(1);
    }
    else
        printf("Session Leader for stderr: %d\n", sid_stderr);

    exit(0);
}
```

실행 결과

```
root@localhost:/home/oslab# ./ssu_tcgetsid
Session Leader for stdin: 28572
Session Leader for stdout: 28572
Session Leader for stderr: 28572
```

tcgetsid() 예제는 표준 입력, 표준 출력, 표준 에러에 대한 제어 터미널의 세션 ID를 출력한다.

24. 이 장에서 배운 함수들

```
void exit(int status);
void _Exit(int status);
void _exit(int status);
int atexit(void (*function)(void));
int on_exit(void (*function)(int , void *), void *arg);
void *malloc(size_t size);
void free(void *ptr);
void *calloc(size_t nobj, size_t size);
void *realloc(void *ptr, size_t size);
char *getenv(const char *name);
int putenv(char *string);
int setenv(const char *name, const char *value, int rewrite);
int unsetenv(const char *name);
int setjmp(jmp_buf env);
void longjmp(jmp_buf env, int val);
int getrlimit(int resource, struct rlimit *rlptr);
int setrlimit(int resource, const struct rlimit *rlptr);
pid_t getpid(void);
pid_t getppid(void);
uid_t getuid(void);
uid_t geteuid(void);
gid_t getgid(void);
gid_t getegid(void);
pid_t fork(void);
pid_d vfork(void);
pid_t wait(int *wstatus);
pid_t waitpid(pid_t pid, int *statloc, int options);
int waitid(idtype_t idtype, id_t id, siginfo_t *infop, int options);
pid_t wait3(int *statloc, int options, struct rusage *rusage);
pid_t wait4(pid_t pid, int *statloc, int options, struct rusage *rusage);
int execl(const char *pathname, const char *arg, .../* (char *) NULL */);
int execv(const char *pathname, char *const argv[]);
int execle(const char *pathname, const char *arg, .../*, (char *) NULL, char
* const envp[] */);
```

```
int execve(const char *filename, char *const argv[], char *const envp[]);
int execlp(const char *filename, const char *arg, ... /* (char  *) NULL */);
int execvp(const char *filename, char *const argv[]);
int setuid(uid_t uid);
int setgid(gid_t gid);
int setreuid(uid_t ruid, uid_t euid);
int setregid(gid_t rgid, gid_t egid);
int seteuid(uid_t euid);
int setegid(gid_t egid);
int system(const char *cmdstring);
char *getlogin(void);
clock_t times(struct tms *buf);
pid_t getpgrp(void);
pid_t getpgid(pid_t pid);
int setpgid(pid_t pid, pid_t pgid);
pid_t setsid(void);
pid_t getsid(pid_t pid);
pid_t tcgetpgrp(int fileddes);
int tcsetpgrp(int filedes, pid_t pgrpid);
pid_t tcgetsid(int fildes);
```

연습문제

1. fork() 시스템호출 함수와 vfork() 시스템호출 함수를 비교 설명하라.

2. copy-on-write 메카니즘에 대해 fork() 시스템호출 함수 관점에서 설명하라.

3. 다음은 자식 프로세스를 생성하고 변수값을 수정하는 프로그램이다. 프로그램을 실행시키고 실행 결과를 확인하라.

<ex5-1.c>

```
#include <stdio.h>
#include <stdlib.h>
#include <unistd.h>
```

```
int glob_val = 10;

int main(void)
{
    pid_t pid;
    int loc_val;

    loc_val = 100;
    fprintf(stdout, "before fork stdout¦");
    fprintf(stderr, "before fork stderr¦");

    if ((pid = fork()) < 0) {
        fprintf(stderr, "fork error\n");
        exit(1);
    }
    else if (pid == 0) {
        glob_val++;
        loc_val++;
    }
    else
        sleep(3);

    printf("pid = %d, glob_val = %d, loc_val = %d\n",
           getpid(), glob_val, loc_val);

    exit(0);
}
```

실행 결과

```
root@localhost:/home/oslab# ./ex5-1
```

4. 다음은 setjmp(), longjmp() 실행 후 값을 확인하는 프로그램이다. 프로그램을 실행시키고 실행 결과를 확인하라.

<ex5-2.c>

```
#include <stdio.h>
#include <stdlib.h>
#include <setjmp.h>

void ssu_func(int loc_var, int loc_volatile, int loc_register);

int count = 0;
static jmp_buf glob_buffer;

int main(void)
{
    register int loc_register;
    volatile int loc_volatile;
    int loc_var;
    int ret_val;

    loc_var = 10;  loc_volatile = 11; loc_register = 12;

    if ((ret_val = setjmp(glob_buffer)) != 0) {
        printf("after longjmp, loc_var = %d, loc_volatile = %d,
loc_register = %d\n", loc_var, loc_volatile, loc_register);

        printf("ret_val : %d\n", ret_val);
        exit(0);
    }

    loc_var = 80; loc_volatile = 81; loc_register = 82;
    ssu_func(loc_var, loc_volatile, loc_register);
    exit(0);
}

void ssu_func(int loc_var, int loc_volatile, int loc_register) {
```

```
    if (count == 3)
        longjmp(glob_buffer, 1);
    count++;
    printf("ssu_func, loc_var = %d, loc_volatile = %d, loc_register =
%d\n", loc_var, loc_volatile, loc_register);

    ssu_func(loc_var + 1, loc_volatile + 1, loc_register + 1);

    printf("ssu_func, loc_var = %d, loc_volatile = %d, loc_register =
%d\n", loc_var, loc_volatile, loc_register);
}
```

실행 결과

```
root@localhost:/home/oslab# gcc ex5-2.c  -o ex5-2
root@localhost:/home/oslab# ./ex5-2









root@localhost:/home/oslab# gcc ex5-2  -o ex5-2 -O2
root@localhost:/home/oslab# ./ex5-2
```

Ⅵ. 시그널

본 장에서는 시그널에 대해 설명한다. 시그널은 소프트웨어 인터럽트로서 특정 이벤트를 발생시켜 프로세스 간 통신을 할 수 있는 수단을 제공한다. 프로세스를 종료시키거나 중단시키기 위해 사용자가 키보드에서 누르는 인터럽트 키도 시그널에 속한다. Unix 초기 버전부터 시그널이 지원되었으나 불안정할 뿐만 아니라 운영체제마다 다르게 정의를 한 경우가 많아 호환성은 떨어진다. 그러나, 시그널은 Linux · Unix에서 중요한 개념 중의 하나임에는 틀림없다.

VI. 시그널

프로세스에게 비동기적으로 이벤트(signal, 신호)를 보내고 이를 처리하는 메커니즘인 시그널은 초기 Unix 부터 구현되어 있었다. 초기에는 시그널이 갑자기 사라지는 등 안정적이지 못하였으나 최근에는 시그널이 점차 안정적으로 구현되고 있다. 시그널은 프로세스 실행 중 Ctrl-C와 같이 외부에서 들어오거나, Divide by Zero와 같이 내부에서 발생이 가능하다.

IX 장에서 배울 프로세스 간 통신(IPC, Inter Process Communication)의 기본적인 형태로서 프로세스가 다른 프로세스에게 시그널을 보낼 수도 있다. 사건(event)은 비동기적으로 발생할 수 있으며, 시그널을 전달 받은 프로그램은 시그널을 시그널 핸들러를 통해 비동기적으로 처리할 수 있다.

모든 시그널은 접두어 SIG라는 시그널 식별자로 시작하고, <signal.h>에 정의되어 있다. 시그널 번호는 Unix 의 경우 SIGKILL이 9, SIGHUP이 1이지만, 종류는 각 운영체제마다 다르며, NULL 시그널은 일반적으로 정의되어 있지 않다. 단, KILL과 같은 시스템 호출은 0을 사용하기도 한다. 그러나 가능하면 시그널 번호를 사용하지 말고, 시그널 이름에 익숙해지도록 시그널 이름으로 사용하는 것이 좋다. Unix 에서는 SIGPWR, SIGIOT, SIGPOLL, SIGLOS 등 31개 내외의 시그널이 있으며 최근의 Linux 에는 63개의 시그널이 정의되어 있다. <표 6-1>과 <표 6-2>는 Linux 에서 정의되어 있는 시그널을 보여준다.

〈표 6-1〉 Linux에서 정의된 주요 시그널

시그널	내용
SIGABRT	abort()의 호출에 의해 발생하고 프로세스는 비정상적으로 종료
SIGALRM	alarm()로 설정한 타이머가 만료될 때 발생하며, settimer()로 설정한 타이머가 만료될 때에도 발생
SIGBUS	하드웨어 고장에 해당하는 시그널이며, 보통의 경우 특정 종류의 메모리 고장에 대해 이 시그널이 발생
SIGCHLD	프로세스가 종료 또는 중단되면 그 부모에게 이 시그널이 전달되는데 이 시그널은 기본적으로 무시(ignore)되므로, 자식의 상태가 변할 때마다 그 사실을 알아야 한다면 부모는 반드시 이 시그널을 캐치해야 함

시그널	내용
SIGCONT	중단된 프로세스에게 실행 재개를 알리기 위해 전달하며, 프로세스가 중단되지 않은 상태이면 무시
SIGFPE	산술 예외(ex. 0으로 나누기, 부동소수점 에러 등)에 의해 발생
SIGHUP	연결이 끊어졌음을 제어 터미널 인터페이스가 검출했을 때 제어 터미널에 연관된 제어 프로세스로 이 시그널이 전달. 이 시그널을 받는 대상들은 session 구조체의 s_leader 필드가 가리키는 프로세스들임. 단, 연결이 끊어져도 CLOCAL 플래그가 설정되어 있으면 이 시그널은 발생하지 않음. 일반적으로 터미널이 발생시키는 시그널인 SIGINT, SIGTERM과는 다르게 세션 리더가 백그라운드(Background)에 있는 경우에도 전달 수 있음. 또한 세션 리더가 종료 되었을 때에도 발생함. 이러한 경우 시그널은 전경(Foreground) 프로세스 그룹의 각 프로세스에게 전달
SIGILL	프로세스가 위법적인 하드웨어 명령을 실행 시 발생함
SIGINT	사용자가 DELETE 또는 Ctrl+C를 누르면 터미널 드라이버가 이 시그널을 발생. 이 시그널은 전경 프로세스 그룹의 모든 프로세스에게 전달
SIGIO	비동기 입출력 사건을 나타냄
SIGIOT	구현에서 정의된 하드웨어 고장에 해당하는 시그널. Linux에서 SIGABRT와 동일
SIGKILL	무시(ignore)하거나 캐치할 수 없는 두 시그널 중 하나로, 시스템 관리자가 어떠한 프로세스라도 확실히 죽일 수 있도록 마련된 시그널. kill -9 명령이 기본적으로 전달하는 종료 시그널
SIGPIPE	프로세스가 파이프에 자료를 기록하려 하나 그 파이프를 읽는 프로세스가 종료된 상태이면 발생. 프로세스가 연결이 끊긴 SOCK_STREAM 소켓에 자료를 기록하려 할 때에도 발생
SIGPOLL	폴링이 가능한 장치에서 특정한 사건이 일어났을 때 발생. Linux에서는 SIGIO와 동일
SIGPROF	setitimer(2)로 설정한 프로파일링 구간 타이머가 만료될 때 발생
SIGPWR	이 시그널의 의미는 시스템에 종속적일 수 있음. UPS(무정전 전원장치)를 갖춘 시스템에서 주로 사용. 전원이 나갔을 경우, UPS가 작동하고 소프트웨어에 전원 문제가 알려짐. 만약 UPS의 배터리 용량이 낮아지면 시스템은 약 15-30초 이내에 모든 것을 종료해야 하는데, 이 때 이 시그널이 반드시 전달되어야 함. 대부분의 시스템은 배터리 부족조건을 감지하는 프로세스에서 배터리 부족이 감지

시그널	내용
	되면 init 프로세스에게 SIGPWR 시그널을 전달하고, init이 시스템 종료 절차를 실행함. Linux에서 Alpha architecture를 위해서만 정의되어 있고, SIGINFO와 동일
SIGQUIT	사용자가 Ctrl+Backslash(터미널 종료키)를 누르면 터미널 드라이버가 이 시그널을 발생. 이 시그널은 전경 프로세스 그룹에 있는 모든 프로세스에게 전달되며 종료됨과 동시에 core파일을 생성
SIGSEGV	프로세스가 유효하지 않은 메모리 참조를 시도했을 때 발생
SIGSTKFLT	Linux에서만 존재하는 시그널이며 초창기 버전에 등장. 산술 보조프로세서의 스택 에러를 위해 사용됨. 커널이 발생시키는 것이 아니고 커널의 하위 호환성 때문에 남아 있음
SIGSTOP	무시하거나 캐치할 수 없는 두 시그널 중 하나로 프로세스를 중단
SIGSYS	유효하지 않은 시스템 호출을 했을 때 발생
SIGTERM	kill(1) 명령이 기본적으로 전달하는 종료 시그널
SIGTRAP	구현이 정의하는 하드웨어 고장이 발생했을 때 전달
SIGTSTP	사용자가 터미널에서 Ctrl+Z (일시 정지 키)를 눌렀을 때 터미널 드라이버가 이 시그널을 발생. 이 시그널은 전경 프로세스 그룹의 모든 프로세스에 전달
SIGTTIN	백그라운드 프로세스 그룹의 한 프로세스가 자신의 제어 터미널을 읽으려 할 때 터미널 드라이버가 발생시킴. 이 시그널이 발생하지 않는 특수한 경우는 다음과 같음 1. 제어 터미널을 읽는 프로세스가 이 시그널을 무시 또는 블록한 경우 2. 읽는 프로세스의 프로세스 그룹이 고아 프로세스 그룹인 경우 읽기 연산은 errno가 EIO로 설정되고 에러를 리턴함
SIGTTOU	백그라운드 프로세스 그룹의 한 프로세스가 자신의 제어 터미널에 자료를 기록하려 할 때 터미널 드라이버가 발생시킴. 백그라운드 쓰기가 허용되지 않는 경우는 다음과 같이 두 가지가 존재. 1. 쓰기 프로세스가 이 시그널을 무시 또는 블록하도록 설정된 경우 2. 쓰기 프로세스의 프로세스 그룹이 고아 프로세스 그룹일 경우 시그널이 발생하지 않음. 백그라운드 쓰기 허용 여부에 관계 없이, 터미널 연산 tcsetattr, tcsendbreak, tcdrain, tcflush, tcflow, tcsetpgrp을 통해서도 이 시그널을 발생시킬 수 있음

시그널	내용
SIGUSR1	응용 프로그램에 쓰이는 사용자 정의 시그널
SIGUSR2	응용 프로그램에 쓰이는 사용자 정의 시그널
SIGVTALRM	setitimer(2)로 설정한 가상 구간 타이머가 만료 되었을 때 발생
SIGWINCH	터미널의 창 크기를 이전과 다른 값으로 변경하면 커널은 전경 프로세스 그룹에게 이 시그널을 전달
SIGXCPU	프로세스가 자신의 약속된 CPU 시간 한계(Soft limit)를 넘기면 발생
SIGXFSZ	프로세스가 약속된 파일 크기 한계를 넘겼을 때

〈표 6-2〉 기타 시그널

시그널	내용
SIGCANCEL	Solaris의 스레드 라이브러리가 내부적으로 사용
SIGEMT	구현이 정의하는 하드웨어 고장에 해당
SIGFREEZE	Solaris에만 정의되어있는 시스템 상태를 동결하기 전에 특별한 액션을 취해야 하는 프로세스에게 시스템 상태 동결을 알리는 시그널. 시스템이 전원 절약모드나 일시 정지모드로 들어갈 때 발생
SIGINFO	BSD에서 사용자가 터미널에서 상태 키(Ctrl+T)를 누르면 터미널 드라이버가 이 시그널을 발생시킴. 전경 프로세스 그룹의 모든 프로세스에 전달
SIGLWP	Solaris의 쓰레드 라이브러리가 내부적으로 사용하는 시그널
SIGTHAW	이 시그널은 Solaris에서만 정의되는 것으로, 시스템이 일시 정지되었다가 작동을 재개할 때 특별한 액션을 취해야 하는 프로세스들에게 알려주는 용도로 쓰임
SIGURG	프로세스에게 긴박한 상황이 발생했음을 알려주는 역할을 함. 또한, 네트워크 연결에서 대역 밖 자료가 도착했을 때에도 이 시그널이 발생할 수 있음
SIGWAITING	Solaris의 쓰레드 라이브러리가 내부적으로 사용하는 것으로, 일반적인 용도를 위한 것은 아님
SIGXRES	이 시그널은 Solaris에서만 정의되는 것으로, 미리 설정된 자원 한계를 넘었을 경우 프로세스에게 통지할 때 쓰임
SIGCLD	Linux에서는 SIGCHLD와 동일

시그널이 발생하면 커널은 해당 시그널을 전달 가능할 때까지 쌓아뒀다가 가능한 시점에 시그널을 처리한다. 즉 시그널이 프로세스에게 전달되었을 때, 커널은 해당 함

수를 비동기적으로 호출하는데 프로세스의 요청에 따라 <표 6-3>와 같이 처리한다. 대부분의 시그널에 대한 기본 액션(action)은 프로세스 종료이다. SIGSEGV 등의 시그널은 core dump 파일을 생성하기도 한다.

〈표 6-3〉 프로세스의 요청에 따른 커널의 시그널 처리 방식

처리	내용
시그널 무시 (ignore)	아무런 액션을 하지 않음. 단, 무시할 수 없는 시그널은 SIGKILL, SIGSTOP인데 이 두 시그널들은 시스템 관리자가 프로세스를 종료하거나 멈출 수 있어야 하기 때문에 무시할 수 없음
디폴트 (default) 액션 실행	디폴트 액션은 시그널에 따라 다르지만 대부분 프로세스를 종료시킴
시그널을 캐치하여 (catch) 처리	커널은 프로세스의 현재 코드 경로의 실행을 중단하며 이전에 등록했던 시그널 처리 함수로 뛰어 해당 코드를 실행하고 해당 시그널 처리 함수가 리턴되면 시그널이 발생하기 전 위치로 돌아감. 캐치할 수 있는 대표적인 몇몇 시그널은 SIGINT, SIGTERM인데 사용자가 발생시킨 인터럽트가 발생하면 SIGINT를 캐치하며 네트워크 접속을 끊거나 임시 파일 제거 시에 SIGTERM을 캐치함. 참고로, SIGKILL과 SIGSTOP은 캐치할 수 없음

1. signal(2)

```
#include <signal.h>
sighandler_t signal (int signum, sighandler_t handler);

                              리턴 값: 성공 시 포인터, 에러 시 NULL
typedef void (*sighandler_t) (int);
```

signal()는 지정한 시그널의 처리 방식을 등록하는 시스템호출 함수이다. signum 인자에는 시그널 값을 넣고, handler 인자에는 <표 6-3>에서 설명한 바와 같이 SIG_IGN 상수나 SIG_DFL 상수, 또는 시그널 발생(도착) 시 호출될 함수(handler)의 주소를 넣을 수 있다.

handler 인자에 SIG_IGN을 등록하는 것은 signum으로 지정된 시그널을 무시하도록 시스템에게 알려주는 것이고, SIG_DFL을 등록하는 것은 시그널 발생 시 시그널의 디폴트 액션을 실행하게 하는 것이다. handler 인자에 호출될 함수의 주소를 등록하는 것은 프로세스가 해당 시그널을 캐치해서 어떻게 처리하겠다고 시스템에게 알려주는 것이고, 이런 함수를 시그널 핸들러(signal handler) 또는 시그널을 캐치하는 함수(signal catching function)라고 부르며 커널 영역에 등록된다. signal()에 의해 그 주소가 리턴되는 함수는 하나의 정수형 인자를 갖는 함수이며, 호출에 의해 리턴되는 값은 그 시그널에 대한 이전 시그널 핸들러의 주소이다.

<그림 6-1>과 <표 6-4>는 Linux 커널 버전 2.4에서 시그널 호출과 관련된 자료구조를 보여준다. 시그널이 발생하면 sig->action[_NSIG]->sa_handler를 통해 해당 시그널의 핸들러가 실행된다. 시그널이 발생하여 시스템에 들어오는 순간, 해당 시그널이 blocked에 설정된다. 그리고 시그널이 발생해서 핸들러에 의해 처리되는 순간에는 동일한 시그널이 못 들어오므로 시그널 핸들러는 중첩되어 실행이 불가능하다. 이 때, 팬딩(pending)된 시그널 핸들링은 ret_from_exception(), ret_from_signal(), ret_from_interrupt()등에 의해서 커널 영역에서 사용자(user) 영역으로 넘어갈 때 처리된다.

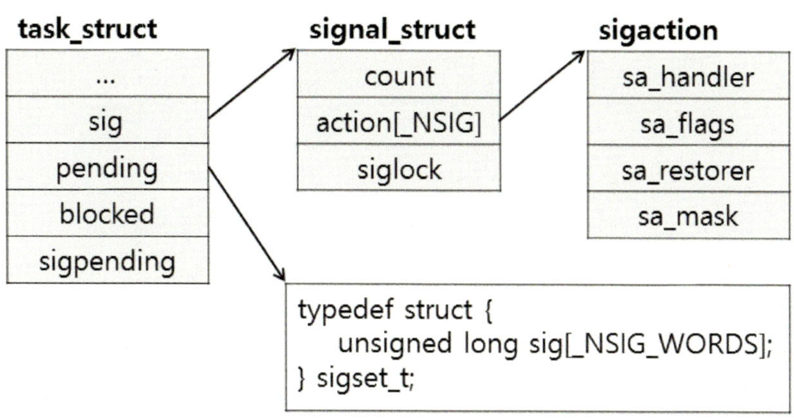

〈그림 6-1〉 Linux 커널 버전 2.4의 시그널 처리 자료구조

〈표 6-4〉 Linux 커널 버전 2.4의 시그널 호출과 관련된 자료구조

자료구조	내용
pending	비트 별로 시그널을 구분하여, 시그널이 발생했을 때 팬딩하는 구조체
blocked	시그널 마스킹과 같은 역할. pending과 같이 비트단위 시그널 구분
sigpending	시그널이 있으면 1, 없으면 0을 리턴해 시그널 처리를 보다 빨리 실행

<그림 6-2>는 Linux 커널 버전 2.6에서 시그널 처리를 위해 기존의 자료구조에 추가된 것을 보여준다. 우선 부모와 자식 간의 공유되는 시그널은 따로 task_struct 안의 signal 구조체에 리스트로 묶여져 있다. 그리고 공유되지 않는 시그널은 pending 구조체가 가리키는 sigpending 구조체의 리스트에 묶여있으며 중첩을 허용하는 구조로 되어 있다.

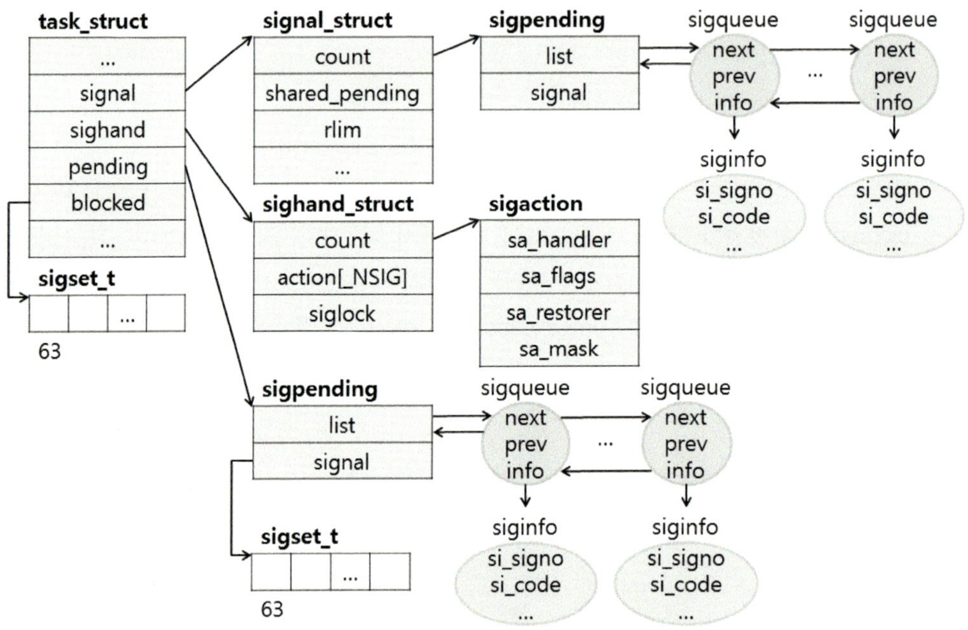

〈그림 6-2〉 커널 버전 2.6의 시그널 처리 자료구조

<그림 6-3>은 Linux에서 시그널이 발생했을 때 처리를 위한 시그널 핸들러를 등록하는 과정을 보여준다. blocked 구조체를 통하여 마스킹 된 시그널인지 아닌지를 구분하여, 마스킹되지 않았다면 시그널 핸들러를 등록한다. signal()를 호출하면 sys_signal()가 호출되며 do_sigaction()를 호출하여 action[sig] -> sa_handler에 해당 시그널에 대한 새로운 시그널 핸들러를 등록한다.

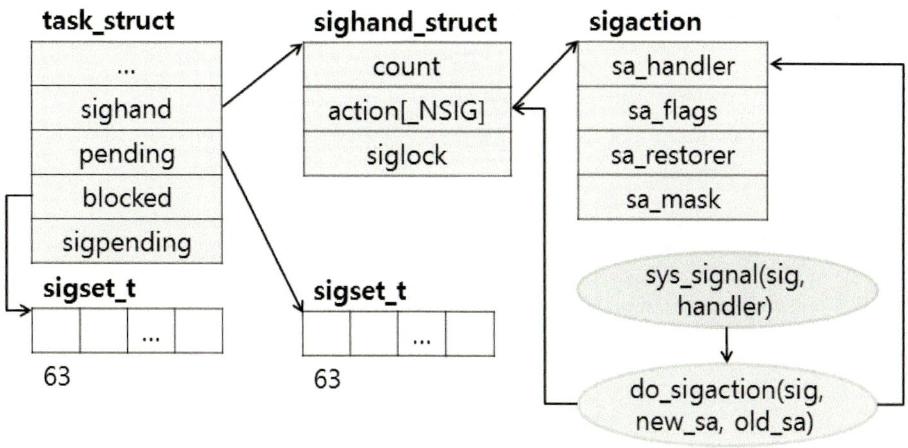

〈그림 6-3〉 Linux의 시그널 핸들러 등록 과정

<그림 6-4>은 Linux에서 시그널이 발생하면 해당 프로세스에 시그널을 전달하는 과정을 보여준다. 시그널을 전달하기 위해서 kill()를 호출했을 때, sys_kill()가 호출되고 그 내부에서도 send_sig_info()가 프로세스에게 시그널을 전달한다. 사용자 프로그램은 커널에서 유저 모드로 복귀 시에 팬딩된 시그널이 있다면 그것을 처리한다. 복귀 시에 sigpending값을 확인하여 팬딩된 시그널이 있는지 확인한다. 있다면 sigset_t를 찾아 해당 시그널에 등록되어 있는 시그널 핸들러를 호출하여 시그널을 처리한다.
<표 6-5>에서 보여주듯이 Linux 커널 버전 2.4의 경우 하나의 시그널이 들어오면 block 구조체에 해당 시그널 비트를 설정해서 블록 시켜 중첩된 시그널이 들어오지 못하도록 했다. 그러나, Linux 커널 버전 2.6에서는 동일한 시그널의 중첩을 허용하여 count를 증가시키는 방향으로 바뀌었다. pending 구조체에 해당 시그널 비트를 설정하고, sigpending의 값을 1로 바꿈으로써 현재 프로세스에 시그널이 팬딩되어 있다는 것을 알려주는 방식으로 구현되었다.

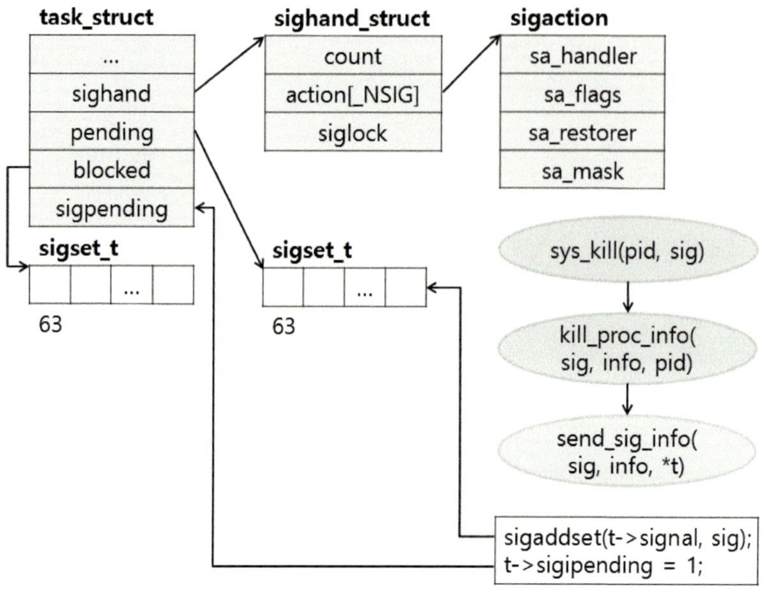

〈그림 6-4〉 Linux에서 시그널 전달 과정

〈표 6-5〉 Linux 커널 버전에 따른 시그널 전달 과정

```
/* Linux 커널 버전 2.4 */
sys_kill(pid, sig) {
    struct task_struct *task = find_task_by_pid(pid);
                                // pid로 시그널 받을 task를 구함
    task -> pending |= signo; // pending 구조체에 signo 비트를 설정
    send_sig_info(sig, &info, task);
    task -> sigpending = 1;    // sigpending에 1을 할당
}
```

```
/* Linux 커널 버전 2.6 */
sys_kill(pid, sig) {
    struct task_struct *task = find_task_by_pid(pid);
                                // pid로 시그널 받을 task를 구함
    if (signal이 중첩되었을 경우)
        count++;
    task -> pending -> list = sig;  // pending의 list에 시그널 추가
    task -> sigpending = 1;    // sigpending에 1을 할당
}
```

• signal() 예제 1

<ssu_signal_1.c>

```
#include <stdio.h>
#include <stdlib.h>
#include <unistd.h>
#include <signal.h>

void ssu_signal_handler(int signo);

void (*ssu_func)(int);

int main(void)
{
    ssu_func = signal(SIGINT, ssu_signal_handler);

    while (1) {
        printf("process running...\n");
        sleep(1);
    }

    exit(0);
}

void ssu_signal_handler(int signo) {
    printf("SIGINT 시그널 발생.\n");
    printf("SIGINT를 SIG_DFL로 재설정 함.\n");
    signal(SIGINT, ssu_func);
}
```

실행 결과

```
root@localhost:/home/oslab# ./ssu_signal_1
process running...
process running...
process running...
^CSIGINT 시그널 발생.
```

```
SIGINT를 SIG_DFL로 재설정 함.
process running...
process running...
^C
```

signal() 예제 1은 signal()를 호출하여 SIGINT에 대한 시그널 핸들러를 등록하고, 리턴 값인 이전 핸들러를 이용해서 다시 시그널 핸들러로 등록한다. 즉, main()에서 signal()를 호출하여 SIGINT에 대한 시그널 핸들러로 ssu_signal_handler()를 등록한다. signal()의 리턴 값은 SIGINT에 대한 이전 시그널 핸들러이고 그 값을 ssu_func 변수에 저장한다. 프로그램은 무한 루프에 진입하고, SIGINT 시그널이 발생하면 이전에 등록했었던 ssu_signal_handler()가 호출된다. 호출된 핸들러가 출력을 실행하고 다시 signal()를 호출하여 SIGINT에 대한 핸들러를 이전의 시그널 핸들러로 되돌린다. 다시 한 번 SIGINT 시그널이 발생하면 ssu_signal_handler()가 아닌, 이전의 시그널 핸들러가 실행된다. 이전의 시그널 핸들러는 디폴트 시그널 핸들러이므로 프로그램이 종료된다.

•signal() 예제 2

```
<ssu_signal_2.c>
#include <stdio.h>
#include <stdlib.h>
#include <unistd.h>
#include <signal.h>

static void ssu_signal_handler(int signo);

int main(void)
{
    if (signal(SIGINT, ssu_signal_handler) == SIG_ERR) {
        fprintf(stderr, "cannot handle SIGINT\n");
        exit(EXIT_FAILURE);
    }

    if (signal(SIGTERM, ssu_signal_handler) == SIG_ERR) {
        fprintf(stderr, "cannot handle SIGTERM\n");
```

```
        exit(EXIT_FAILURE);
    }

    if (signal(SIGPROF, SIG_DFL) == SIG_ERR) {
        fprintf(stderr, "cannot reset SIGPROF\n");
        exit(EXIT_FAILURE);
    }

    if (signal(SIGHUP, SIG_IGN) == SIG_ERR) {
        fprintf(stderr, "cannot ignore SIGHUP\n");
        exit(EXIT_FAILURE);
    }

    while (1)
        pause();

    exit(0);
}

static void ssu_signal_handler(int signo) {
    if (signo == SIGINT)
        printf("caught SIGINT\n");
    else if (signo == SIGTERM)
        printf("caught SIGTERM\n");
    else {
        fprintf(stderr, "unexpected signal\n");
        exit(EXIT_FAILURE);
    }

    exit(EXIT_SUCCESS);
}
```

실행 결과

```
root@localhost:/home/oslab# ./ssu_signal_2
^Ccaught SIGINT
```

signal() 예제 2는 signal()를 호출하여 SIGINT, SIGTERM에 대한 시그널 핸들러를 등록한다. signal()를 호출하여 SIGPROF를 SIG_DFL로 등록하고 SIGPROF 시그널이 발생하면 시그널의 디폴트 액션을 실행하고 SIGHUP를 SIG_IGN로 등록하여 SIGHUP시그널이 발생하면 지정된 시그널을 무시한다.

2. kill(2), raise(3)

```
#include <sys/types.h>
#include <signal.h>
int kill(pid_t pid, int sig);
```

리턴 값 : 성공 시 0, 에러 시 -1을 리턴하고 errno 설정

```
#include <signal.h>
int raise(int sig);
```

리턴 값 : 성공 시 0, 에러 시 0이 아닌 값

kill()는 pid로 지정된 하나의 프로세스 또는 프로세스 그룹에 시그널을 보내는 시스템 호출 함수이다. <표 6-6>은 pid 인자에 따른 kill()의 실행 방식을 보여준다. 시그널은 sig 인자에 의해 지정되는데 이것은 앞에서 설명한 시그널 이름에 대한 상수 값 또는 0이 될 수 있다. 프로세스가 존재하지 않을 경우 kill()는 -1을 리턴하고 errno를 ESRCH로 설정한다. raise()는 sig인자를 처리 중인 프로세스에 보내는 라이브러리 함수이다. raise()는 자기 자신에게 시그널을 보내는 함수로서 ANSI C에는 정의되어 있으나 POSIX.1에는 정의되어 있지 않다. raise(sig)와 kill(getpid(), sig)는 동일한 기능을 실행한다. POSIX.1은 시그널 값 0 을 NULL 시그널로 정의하고 있다. 이것은 실제의 시그널을 보내는 것이 아니라 일반적인 에러 검사를 실행하는 기능으로 쓰인다. NULL 시그널은 임의의 프로세스의 존재여부를 파악할 때 사용하면 편리하다.

한 프로세스가 다른 프로세스에게 시그널을 전달하기 위해서는 그에 따르는 권한이 필요하다. 일반적으로 루트 권한을 가진 유저는 아무 프로세스에게나 시그널을 보낼 수 있다. 그 외의 경우 시그널을 보내는 프로세스의 실제 사용자 ID 또는 유효 사용자 ID가 시그널을 수신할 프로세스의 실제 사용자 ID 또는 유효 사용자 ID와 동일하면 시그널을 보낼 수 있다.

한 가지 특별한 경우는, 전달될 시그널이 SIGCONT이면 프로세스는 같은 세션에 있는 임의의 프로세스에게 시그널 전달이 가능하다. 만약 _POSIX_SAVED_IDS가 정의되어

있다면 시그널을 받는 프로세스의 유효 사용자 ID 대신 저장된 사용자 ID를 검사한다. kill() 호출에 의해 어떠한 시그널이 프로세스에게 전달되고 그 시그널이 블록되지 않으면, sig나 기타 팬딩된 블록되지 않은 시그널들은 kill()가 리턴되기 전에 프로세스에게 전달된다.

〈표 6-6〉 pid에 따른 kill()의 실행 방식

시그널	내용
pid > 0	특정 프로세스(프로세스 ID가 pid인 프로세스)에 시그널을 보냄
pid == 0	프로세스 그룹 ID가 호출한 프로세스의 그룹 ID와 동일한 프로세스 그룹의 모든 프로세스 중 시그널을 보낼 권한을 가지고 있는 모든 프로세스에게 시그널을 보냄. 즉, 자신과 같은 그룹에 속한 모든 프로세스에 시그널 전달. 단, 시스템 프로세스들은 제외
pid < 0	프로세스 그룹 ID가 pid인 프로세스 그룹의 모든 프로세스 중 호출한 프로세스가 시그널을 보낼 권한을 가지고 있는 모든 프로세스에게 시그널을 보냄. 즉, 시그널 전달이 허용된 모든 프로세스에게 시그널 전달. 단, 시스템 프로세스들은 제외
pid == -1	호출한 프로세스가 시그널을 보낼 권한을 가지고 있는 모든 프로세스에 시그널을 보냄. 즉 프로세스 그룹 식별 번호가 -pid인 모든 프로세스에 시그널 전달. 단, 시스템 프로세스들은 제외

•kill() 예제

<ssu_kill_A.c>

```
#include <stdio.h>
#include <stdlib.h>
#include <signal.h>

int main(int argc, char *argv[])
{
    if (argc != 2) {
        fprintf(stderr, "usage: %s [Process ID]\n", argv[0]);
        exit(1);
    }
    else
        kill(atoi(argv[1]), SIGKILL);
```

```
    exit(0);
}
```

<ssu_kill_B.c>

```
#include <stdio.h>
#include <stdlib.h>
#include <unistd.h>

int main(void)
{
    while (1) {
        printf("\n[OSLAB]");
        sleep(5);
    }

    exit(0);
}
```

실행 결과

```
root@localhost:/home/oslab# ./ssu_kill_B &
[1] 2111
root@localhost:/home/oslab#
[OSLAB]
[OSLAB]
./ssu_kill_A 2111
[1]+  Killed                  ./ssu_kill_B
```

kill() 예제는 kill()를 호출하여 종료될 프로그램인 ssu_kill_B와 kill()를 호출하는 ssu_kill_A를 실행한다. ssu_kill_B는 백그라운드 프로세스로 실행되며, ssu_kill_A는 명령행 인자로 kill할 pid를 받아서 그 pid와 SIGKILL을 인수로 하여 kill()을 호출한다. kill()가 성공적으로 호출되었다면 ssu_kill_B 프로그램이 SIGKILL 시그널을 받아서 그에 상응하는 시그널 핸들러가 실행된다.

• raise() 예제

<ssu_raise.c>

```
#include <stdio.h>
#include <stdlib.h>
#include <signal.h>

void ssu_signal_handler1(int signo);
void ssu_signal_handler2(int signo);

int main(void)
{
    if (signal(SIGINT, ssu_signal_handler1) == SIG_ERR) {
        fprintf(stderr, "cannot handle SIGINT\n");
        exit(EXIT_FAILURE);
    }

    if (signal(SIGUSR1, ssu_signal_handler2) == SIG_ERR) {
        fprintf(stderr, "cannot handle SIGUSR1\n");
        exit(EXIT_FAILURE);
    }

    raise(SIGINT);
    raise(SIGUSR1);
    printf("main return\n");
    exit(0);
}

void ssu_signal_handler1(int signo) {
    printf("SIGINT 시그널 발생\n");
}

void ssu_signal_handler2(int signo) {
    printf("SIGUSR1 시그널 발생\n");
}
```

```
실행 결과
root@localhost:/home/oslab# ./ssu_raise
SIGINT 시그널 발생
SIGUSR1 시그널 발생
main return
```

raise() 예제는 raise()를 호출하여 자기 자신에게 시그널을 전달한다. main()에서 signal()을 호출하여 SIGINT와 SIGUSR1에 해당하는 시그널 핸들러를 ssu_signal_handler1(), ssu_signal_handler2()로 등록한다. 그 다음, raise()를 호출하여 SIGINT, SIGUSR1을 자기 자신에게 전달한다. 발생한 시그널에 대해서 대응되는 시그널 핸들러를 호출한 다음, 출력을 진행하고 프로그램은 종료한다.

3. alarm(2), pause(2)

```
#include <unistd.h>
unsigned int alarm(unsigned int seconds);
```

리턴 값: 이전에 설정된 타이머가 없다면 0,
그렇지 않다면 이전에 설정된 타이머가 만료될 때까지의 시간(초)

```
#include <unistd.h>
int pause(void);
```

리턴 값: 시그널이 캐치되거나 시그널 핸들러 함수가 리턴되었을 때
-1을 리턴하고 errno를 EINTR로 설정

alarm()는 프로세스에 SIGALRM을 전달하는 시스템호출 함수이다. alarm()의 인자로 사용되는 seconds는 타이머로 사용될 초단위의 값이다. 타이머가 만료되면 SIGALRM 시그널이 발생한다. SIGALRM 시그널의 디폴트 액션은 프로세스를 종료시키는 것이다. 프로세스가 이 시그널을 캐치하지 않거나 무시한 경우 프로세스는 종료된다. 비록 SIGALRM의 디폴트 액션이 프로세스를 종료시키는 것이지만, 경보용 알람을 사용하고자 하는 프로세스들은 대부분 이 시그널을 캐치해서 처리한다. seconds 인자로 지정된 시간이 흐르면 커널이 시그널을 발생시킨다. 프로세스 스케줄링에 의한 지연 때문에 시그널 핸들러가 실제로 호출되기까지 약간의 시간이 더 흐를 수 있다.
한 프로세스에는 오직 하나의 알람시계만이 존재할 수 있다. 만약, 이미 설정한 알람이 존재할 때 alarm()을 다시 호출하면, 이전 알람이 실행되기까지 남은 시간이 리턴

되고, 이전의 알람은 새로운 알람으로 대체된다.

pause()는 시그널이 발생할 때까지 실행 중이던 프로세스를 대기상태로 만드는 시스템호출 함수이다. pause()는 액션이 프로세스의 종료이거나 시그널 핸들러의 호출인 시그널이 발생할 때까지 프로세스를 기다린다. 만약, 액션이 시그널 핸들러라면 시그널의 전달로 시그널 핸들러가 호출되고, 리턴한 후에 pause()가 리턴된다. 만약, 액션이 프로세스의 종료라면 pause()는 리턴되지 않는다.

•alarm() 예제 1

<ssu_alarm_1.c>

```
#include <stdio.h>
#include <stdlib.h>
#include <unistd.h>
#include <signal.h>

void ssu_signal_handler(int signo);

int count = 0;

int main(void)
{
    signal(SIGALRM, ssu_signal_handler);
    alarm(1);

    while(1);

    exit(0);
}

void ssu_signal_handler(int signo) {
    printf("alarm %d\n", count++);
    alarm(1);
}
```

실행 결과

```
root@localhost:/home/oslab# ./ssu_alarm_1
```

```
alarm 0
alarm 1
alarm 2
alarm 3
^C
```

alarm() 예제 1은 alarm()를 호출하여 시간을 설정하고 지정된 시간이 지나면 SIGALRM에 대한 시그널 핸들러를 통해 문자열과 값을 출력 한다. main()에서 SIGALRM에 대한 시그널 핸들러로 ssu_signal_handler()를 등록한다. 그리고 alarm(1)를 호출하여 1초 후에 SIGALRM이 발생하게 한다 SIGALRM이 발생하면 그에 해당하는 ssu_signal_handler()가 실행되는데, 출력을 실행한 다음 alarm(1)로 새로운 알람을 설정한다. 결국 이 프로그램은 SIGALRM이 발생할 때마다 새로운 알람을 1초 간격으로 설정하게 된다.

•alarm() 예제 2

```
<ssu_alarm_2.c>

#include <stdio.h>
#include <stdlib.h>
#include <unistd.h>
#include <signal.h>

#define LINE_MAX 2048

static void ssu_alarm(int signo);

int main(void)
{
    char buf[LINE_MAX];
    int n;

    if (signal(SIGALRM, ssu_alarm) == SIG_ERR) {
        fprintf(stderr, "SIGALRM error\n");
        exit(1);
    }
```

```
    alarm(10);

    if ((n = read(STDIN_FILENO, buf, LINE_MAX)) < 0) {
        fprintf(stderr, "read() error\n");
        exit(1);
    }

    alarm(0);
    write(STDOUT_FILENO, buf, n);
    exit(0);
}

static void ssu_alarm(int signo) {
    printf("ssu_alarm() called!\n");
}
```

실행 결과

```
root@localhost:/home/oslab# ./ssu_alarm_2
Hello, OSLAB!
Hello, OSLAB!
```

alarm() 예제 2는 alarm()를 호출하여 시간을 설정하고 지정된 시간이 지나면 SIGALRM에 대한 시그널 핸들러를 통해 문자열과 값을 출력한다. read()의 첫 번째 인자인 STDIN_FILENO와 write()의 첫 번째 인자인 STDOUT_FILENO를 사용하여 표준 입력을 얻고 표준 출력으로 출력한다.

• pause() 예제

<ssu_pause.c>

```
#include <stdio.h>
#include <stdlib.h>
#include <unistd.h>
#include <signal.h>

void ssu_alarm(int signo);
```

```
int main(void)
{
    printf("Alarm Setting\n");
    signal(SIGALRM, ssu_alarm);
    alarm(2);

    while (1) {
        printf("done\n");
        pause();
        alarm(2);
    }

    exit(0);
}

void ssu_alarm(int signo) {
    printf("alarm..!!!\n");
}

실행 결과
root@localhost:/home/oslab# ./ssu_pause
Alarm Setting
done
alarm..!!!
done
alarm..!!!
done
alarm..!!!
done
^C
```

pause() 예제는 pause()를 호출하여 SIGALRM 시그널을 받을 때까지 프로세스의 실행을 중지한다. main()에서 SIGALRM 시그널에 대한 시그널 핸들러로 ssu_alarm()를 등록한다. 그리고 alarm(2)를 호출하여 2초 후에 SIGALRM 시그널을 발생하게 한 후 무한 루프에 진입하게 되는데, 문자열 출력 후 pause()를 호출하여 프로세스의 실행을 SIGALRM 시그널이 발생할 때까지 중지시킨다. SIGALRM 시그널이 발생하면 그 시그널에 해당하는 시그널 핸들러인 ssu_alarm()가 호출되며, 문자열을 출력한다. 시그널 핸들러가 실행을 마치면 다시 무한 루프 내부로 돌아오게 되고, alarm(2)를 호출한다. 무한 루프로 인해서 이 프로그램은 pause()와 alarm()에 해당하는 작업을 계속 반복하게 된다.

4. sigemptyset(3), sigfillset(3), sigaddset(3), sigdelset(3), sigismember(3)

```
#include <signal.h>
int sigemptyset(sigset_t *set);
int sigfillset(sigset_t *set);
int sigaddset(sigset_t *set, int signo);
int sigdelset((sigset_t *set, int signo);
```

리턴 값 : 성공 시 0, 에러 시 -1을 리턴하고 errno 설정

```
int sigismember(const sigset_t *set, int signo);
```

리턴 값 : signo가 set의 멤버이면 1, 그렇지 않다면 0,
에러 시 -1을 리턴하고 errno 설정

sigemptyset(), sigfillset(), sigaddset(), sigismember()는 시그널 집합을 처리하는 라이브러리 함수이다. 시그널 집합(set)이란 여러 시그널을 표현할 수 있는 데이터 타입으로서 뒤에 설명될 sigprocmask()와 같은 함수에서 사용된다. 앞 절에서 설명한바와 같이 Linux 커널 버전 3.x 에서는 63개의 시그널이 그리고 4.3+BSD 계열 시스템에서는 31개의 시그널이 존재한다. 하나의 시그널은 한 비트가 할당되어 integer형으로 시그널 집합을 표현하고 있다. POSIX.1에서는 sigset_t라는 데이터 타입을 정의하고 있으며 시그널 집합 연산에 사용될 것을 지정하고 있다.
sigemptyset()는 set 인자가 가리키는 시그널 집합을 빈 집합으로 만든다. 즉, 시그널 집합에서 모든 시그널을 제외시킨다. sigfillset()는 모든 시그널을 set 인자가 가리키는 시그널 집합에 포함시킨다. 시그널 집합을 사용하는 응용 프로그램은 반드시 시그널 집합을 사용하기 전에 sigemptyset()나 sigfillset()를 호출해서 시그널 집합을 초기화해야 한다.
sigaddset()는 인자로 받는 signo에 대한 시그널을 시그널 집합에 추가하고 sigdelset()는 인자로 받는 signo에 대한 시그널을 시그널 집합에서 제거한다. 시그널 집합에서

특정 시그널에 대한 비트가 0으로 설정되었다는 것은 이 시그널 집합을 인자로 하여 실행되는 함수에서 해당 시그널이 제외된다는 의미이며, 특정 시그널에 대한 비트가 1로 설정되면 실행되는 함수의 영향을 받는다는 의미이다.
sigismember()는 인자로 받는 signo가 시그널 집합에 포함되어 있는지 확인한다. sigismember()를 제외한 모든 함수는 성공적으로 실행되면 0을 실패하면 -1을 리턴하며, sigismember()는 멤버가 맞으면 1을 아니면 0을 리턴한다.

• sigemptyset(), sigaddset(), sigismember() 예제

<ssu_sigset.c>

```
#include <stdio.h>
#include <stdlib.h>
#include <signal.h>

int main(void)
{
    sigset_t set;

    sigemptyset(&set);
    sigaddset(&set, SIGINT);

    switch (sigismember(&set, SIGINT))
    {
        case 1 :
            printf("SIGINT is included. \n");
            break;
        case 0 :
            printf("SIGINT is not included. \n");
            break;
        default :
            printf("failed to call sigismember() \n");
    }

    switch (sigismember(&set, SIGSYS))
    {
        case 1 :
```

```
            printf("SIGSYS is included. \n");
            break;
        case 0 :
            printf("SIGSYS is not included. \n");
            break;
        default :
            printf("failed to call sigismember() \n");
    }

    exit(0);
}

실행 결과
root@localhost:/home/oslab# ./ssu_sigset
SIGINT is included.
SIGSYS is not included.
```

sigemptyset(), sigaddset(), sigismember() 예제는 시그널 집합에 명시적으로 몇 가지 시그널을 추가한 다음, 그 집합에 어떤 시그널이 포함되어 있는지를 검사한다. sigemptyset()를 호출하여 시그널 집합을 초기화 한 다음, sigaddset()를 호출하여 시그널 집합에 SIGINT 시그널을 추가한다. sigismember()를 호출하여 시그널 집합에 SIGINT가 있는지를 검사한다. 만약, 시그널 집합에 존재한다면 1이 리턴되고, 그렇지 않으면 0이 리턴된다. SIGINT는 현재 프로그램의 시그널 집합에 포함되어 있으므로 1이 리턴되고 SIGSYS는 시그널 집합에 포함되어 있지 않으므로 0이 리턴된다.

5. sigprocmask(2)

```
#include <signal.h>
int sigprocmask(int how, const sigset_t *set, sigset_t *oldset);
```

리턴 값 : 성공 시 0, 에러 시 -1을 리턴하고 errno 설정

sigprocmask()는 현재의 시그널 마스크를 검사하거나 변경하는 시스템호출 함수이다. 프로세스의 시그널 마스크는 시그널이 마스크(블록)되어 있어 현재 프로세스에게 전달되지 않는 시그널들의 집합을 나타낸다. 일반적으로 sigprocmask()는 시그널이

발생했을 때 나중에 시그널을 처리하기 위해 시그널을 블록시킨다. 즉 특정 작업을 실행하기 위해 시그널을 블록시키고 특정 작업의 실행을 마치고 나면 블록을 해제하는데 사용한다.

how 인자는 시그널 마스크의 구체적인 변경 방법을 정의하는 상수 값이다. <표 6-7>은 how 인자로 사용할 수 있는 상수들을 보여준다. 시그널 마스크를 설정하기 위해서는 set 인자에 NULL 포인터가 아닌 포인터를 넣고 시그널 마스크의 구체적인 변경 방법을 how 인자에 정의하면 된다.

set 인자는 마스크하거나 마스크를 해제할 시그널 집합의 주소를 나타낸다. oldset 인자는 이전 시그널 설정 값을 저장할 시그널 집합의 주소를 나타내고 NULL을 쓸 수도 있다. 시그널 마스크를 검사할 때 oldset 인자에 NULL 포인터가 아닌 값을 넣으면 프로세스의 현재 시그널 마스크가 oldset 인자가 가리키는 곳에 저장된다. set 인자가 NULL이라면, 시그널 마스크는 변경되지 않고 how 인자가 어떤 값을 가지고 있어도 무시된다. 이 경우에는 oldset 인자가 NULL이 아니라고 해도, oldset이 가리키는 곳에 시그널 마스크가 저장되지 않는다.

만약, sigprocmask()를 호출한 후 마스크되지 않고 팬딩 중인 시그널들이 존재한다면 이 팬딩 중인 시그널들 중 적어도 하나가 sigprocmask()의 리턴 전에 프로세스에 전달된다.

〈표 6-7〉 how 인자에 따른 sigprocmask()의 실행

how 인자	설명
SIG_BLOCK	프로세스의 현재 시그널 마스크와 set이 가리키는 시그널 집합의 합집합이 프로세스의 새 프로세스 마스크가 됨. 주로 블록할 시그널들을 더 추가할 때 유용
SIG_UNBLOCK	프로세스의 현재 시그널 마스크와 set이 가리키는 시그널 집합의 교집합이 프로세스의 새 프로세스 마스크가 됨. 주로 블록된 시그널들에 대해 블록을 해제할 때 유용
SIG_SETMASK	이전 블록된 시그널 집합을 모두 지우고 set이 가리키는 시그널 집합의 값이 프로세스의 새 시그널 마스크로 설정

• sigprocmask() 예제

```
<ssu_sigprocmask.c>

#include <stdio.h>
#include <stdlib.h>
#include <unistd.h>
```

```
#include <signal.h>

int main(void)
{
    sigset_t sig_set;
    int count;

    sigemptyset(&sig_set);
    sigaddset(&sig_set, SIGINT);
    sigprocmask(SIG_BLOCK, &sig_set, NULL);

    for (count = 3 ; 0 < count ; count--) {
        printf("count %d\n", count);
        sleep(1);
    }

    printf("Ctrl-C에 대한 블록을 해제\n");
    sigprocmask(SIG_UNBLOCK, &sig_set, NULL);
    printf("count중 Ctrl-C입력하면 이 문장은 출력 되지 않음.\n");

    while (1);

    exit(0);
}

실행 결과
root@localhost:/home/oslab# ./ssu_sigprocmask
count 3
count 2
count 1
Ctrl-C에 대한 블록을 해제
count중 Ctrl-C입력하면 이 문장은 출력 되지 않음.
^C
root@localhost:/home/oslab# ./ssu_sigprocmask
count 3
^Ccount 2
^Ccount 1
```

```
Ctrl-C에 대한 블록을 해제
```

sigprocmask() 예제는 시그널 집합을 만들어서 그 집합에 시그널을 추가한 다음, sigprocmask()를 호출하여 시그널을 블록시켰다가 다시 블록을 해제한다. sigemptyset() 함수로 sig_set 인자를 초기화하고 sigaddset()를 호출하여 SIGINT 시그널을 sig_set 인자에 추가한다. 그리고 SIG_BLOCK을 인수로 줘서 sig_set 인자에 포함된 시그널인 SIGINT를 블록시킨다. for문이 실행되는 동안 SIGINT의 발생이 있었다면, SIG_UNBLOCK 시그널을 sigprocmask()의 인수로 하여 호출하고, 함수의 실행이 끝나고 난 후 SIGINT에 대한 디폴트 시그널 핸들러가 실행된다. SIGINT의 발생이 없었다면, 프로그램은 문자열을 출력하고 무한 루프에 빠지게 된다.

6. sigpending(2)

```
#include <signal.h>
int sigpending(sigset_t *set);
```

리턴 값 : 성공 시 0, 에러 시 -1을 리턴하고 errno 설정

sigpending()는 팬딩 중이거나, 블록되었을 때 발생한 시그널 집합을 가져오는 시스템 호출 함수이다. set 인자가 가리키는 곳에 호출한 프로세스에 시그널이 블록되어 있으며 현재 팬딩 중인 시그널들의 집합을 저장한다.

• sigpending() 예제

<ssu_sigpending.c>

```
#include <stdio.h>
#include <stdlib.h>
#include <unistd.h>
#include <signal.h>

int main(void)
{
    sigset_t pendingset;
    sigset_t sig_set;
```

```
    int count = 0;

    sigfillset(&sig_set);
    sigprocmask(SIG_SETMASK, &sig_set, NULL);

    while (1) {
        printf("count: %d\n", count++);
        sleep(1);

        if (sigpending(&pendingset) == 0) {
            if (sigismember(&pendingset, SIGINT)) {
                printf("SIGINT가 블록되어 대기 중. 무한 루프를 종료.\n");
                break;
            }
        }
    }

    exit(0);
}
```

실행 결과

```
root@localhost:/home/oslab# ./ssu_sigpending
count: 0
count: 1
count: 2
count: 3
^Zcount: 4
^Zcount: 5
count: 6
count: 7
count: 8
^CSIGINT가 블록되어 대기 중. 무한 루프를 종료.
```

sigpending() 예제는 sigpending()를 호출하여 팬딩 중인 시그널 집합을 찾고 sigismember()를 호출하여 SIGINT 시그널이 포함되어 있는지를 검사하여 종료한다. main()에서 sigfillset()를 호출하여 모든 시그널을 sig_set에 추가한다. sigprocmask()를 호출하여 이 시그널 집합에 포함된 모든 시그널을 블록시킨다. 무한 루프 내부에서 sigpending()를 호출하여 현재 팬딩 중인 시그널 집합의 정보를 가져온다. 팬딩 중인 시그널 집합이 있다면 그 집합 안에 SIGINT 시그널이 있는지를 sigismember()로 검사한다. 팬딩 중인 집합 내부에 SIGINT가 존재한다면, break를 통해 무한 루프를 빠져 나오며 프로그램은 종료된다.

7. sigaction(2)

```
#include <signal.h>
int sigaction(int signo, const struct sigaction *act, struct sigaction *oldact);

                          리턴 값 : 성공 시 0, 에러 시 -1을 리턴하고 errno 설정
```

sigaction()는 특정 시그널에 대한 액션을 검사하거나 변경할 수 있도록 해주는 시스템호출 함수이다. 특정 시그널에 대한 액션을 등록할 때 앞서서 signal()를 사용했다. 그러나 signal()는 ANSI C에 정의된 함수로 요즘 프로그래밍에서는 잘 사용하지 않는다. 대신에 POSIX.1에 정의된 sigaction()을 주로 사용한다.

signo 인자는 액션을 수정할 시그널의 번호이며, act 인자와 oldact 인자는 <표 6-8>과 같이 정의된 sigaction 구조체 타입이다. act 인자는 NULL이 아니라면, signo 인자에 대해서 실행되어야 할 액션에 대한 정보를 가지고 있다. act 인자가 NULL이라면 시그널 처리는 변경되지 않으며, 현재 액션을 검사할 수 있도록 해준다.

만약, oldact 인자에 NULL이 아닌 포인터를 지정하면, sigaction()는 oldact 인자가 가리키는 곳에 signo 인자에 대한 이전의 시그널 처리 방식을 저장한다.

〈표 6-8〉 sigaction 구조체

```
struct sigaction{
    void (*sa_handler)(int);                  // SIG_IGN나 SIG_DFL의 시그널 핸들러 주소
    sigset_t sa_mask;                         // 추가적으로 블록할 시그널
    int sa_flags;                             // 시그널 옵션, 〈표 6-10〉 참조
    void (*sa_sigaction)(int, siginfo_t *, void *);        // 대안 핸들러
};
```

sa_handler에는 무시(SIG_IGN), 디폴트(SIG_DFL), 또는 시그널 핸들러 함수의 주소값이 들어 갈 수 있다. 특히, sa_mask에는 시그널 핸들러 함수가 실행되기 전에 블록될

추가적인 시그널 집합들을 지정할 수 있다. 이 때, SIGKILL과 SIGSTOP 시그널은 sa_mask에 들어 갈 수 없다.

시그널 핸들러가 호출될 때, 운영체제는 전달되는 시그널을 시그널 마스크 집합에 포함시킨다. 따라서, 한 시그널을 처리하는 도중 같은 시그널이 다시 발생해도 첫 시그널의 핸들러가 끝날 때까지 추가적인 시그널들이 블록된다. 시그널 핸들러가 리턴하면 원래의 시그널 마스크 집합으로 재설정된다.

sigaction()를 호출하여 signo 인자에 대한 처리 방식을 설정하고 나면 이후 signo에 대해서 sigaction()를 호출하기 전까지 설정은 유지된다. 만약, signo 시그널에 대한 이전의 액션이 signal()에 의해서 설정되었다면, sigaction() 호출에 의해서 리턴된 oldact 구조체의 내용을 믿을 수 없다는 점에 유의하기 바란다.

sa_flags필드는 지정된 시그널 처리 방식에 대한 여러 옵션들을 포함하고 있다. 자세한 옵션은 <표 6-10>을 참조하길 바란다.

sa_sigaction 필드는 sigaction 구조체의 sa_mask에 SA_SIGINFO플래그가 설정되었을 때 쓰이는 시그널 핸들러이다. 시스템 구현에 따라서는 sa_sigaction 필드와 sa_handler 필드를 동일한 메모리에 저장할 수도 있기 때문에 둘 중 하나만을 사용해야 한다.

보통의 경우 시그널 핸들러에는 void sa_handler(int signo)와 같이 인자 하나만 전달한다. 만약, SA_SIGINFO 플래그가 설정되었다면 void sa_sigaction(int signo, siginfo_t *info, void *context)처럼 추가적인 두 개의 인자들을 받게 된다. siginfo_t 구조체 변수인 info는 시그널이 발생한 이유에 해당하는 정보를 가리킨다. siginfo_t 구조체는 <표 6-9>과 같은 구성을 가진다. <표 6-10>은 기타 시그널 처리에 관한 옵션 플래그를 보여준다.

〈표 6-9〉 siginfo_t 구조체

```
struct siginfo {
    int si_signo;        // 시그널 번호
    int si_errno;        // 0이 아니라면, <errno.h>에 정의된 errno 값을 가짐
    int si_code;         // 시그널에 따른 추가적인 정보
    pid_t si_pid;        // 시그널을 보내는 프로세스 ID
    uid_t si_uid;        // 시그널을 보내는 프로세스의 real user ID
    void *si_addr;       // fault가 발생한 주소
    int si_status;       // exit값 혹은 시그널 번호
    long si_band;        // SIGPOLL에 대한 band 이벤트
};
```

〈표 6-10〉 각 시그널 처리에 대한 옵션 플래그들(sa_flags)

옵션	설명
SA_INTERRUPT	이 시그널에 의해 가로채인 시스템 호출이 자동으로 재시작 되지 않음
SA_NOCLDSTOP	signo가 SIGCHLD인 경우, 자식 프로세스가 중단되었을 때 이 시그널을 발생하지 않도록 함
SA_NOCLDWAIT	signo가 SIGCHLD인 경우, 이 옵션은 호출한 프로세스의 자식 프로세스들이 종료되었을 때 시스템이 좀비 프로세스들을 만들지 못하게 함
SA_NODEFER	이 시그널에 의해 시그널 핸들러가 실행되는 도중에 시스템이 같은 시그널을 자동으로 블록되지 않게 함
SA_ONSTACK	sigaltstack(2)로 대안 스택이 선언되어 있다면 시그널이 대안 스택의 프로세스에 전달되게 함
SA_RESETHAND	시그널 핸들러에 진입할 때 시그널의 처분 방식을 SIG_DFL로 재설정하고 SA_SIGINFO플래그를 해제함
SA_RESTART	이 시그널에 의해 가로채인 시스템 호출이 자동으로 재시작하게 함
SA_SIGINFO	시그널 핸들러에 추가적인 정보 두 개를 전달하게 함

• sigaction() 예제 1

<ssu_sigaction_1.c>

```
#include <stdio.h>
#include <stdlib.h>
#include <unistd.h>
#include <signal.h>

void ssu_signal_handler(int signo) {
    printf("ssu_signal_handler control\n");
}

int main(void) {
    struct sigaction sig_act;
    sigset_t sig_set;

    sigemptyset(&sig_act.sa_mask);
```

```
    sig_act.sa_flags = 0;
    sig_act.sa_handler = ssu_signal_handler;
    sigaction(SIGUSR1, &sig_act, NULL);
    printf("before first kill()\n");
    kill(getpid(), SIGUSR1);
    sigemptyset(&sig_set);
    sigaddset(&sig_set, SIGUSR1);
    sigprocmask(SIG_SETMASK, &sig_set, NULL);
    printf("before second kill()\n");
    kill(getpid(), SIGUSR1);
    printf("after second kill()\n");
    exit(0);
}
```

실행 결과

```
root@localhost:/home/oslab# ./ssu_sigaction_1
before first kill()
ssu_signal_handler control
before second kill()
after second kill()
```

sigaction() 예제 1은 sigaction()를 호출하여 SIGUSR1 시그널에 관한 액션을 변경해서 확인하고 sigprocmask()를 호출하여 SIGUSR1을 블록한 다음, SIGUSR1 시그널을 발생시켜서 블록되었는지 확인한다. sigaction 구조체 변수인 sig_act의 sa_mask를 sigemptyset()를 호출하여 초기화한다. 그리고 sig_act의 sa_flag는 0으로 초기화하고, sa_handler변수는 ssu_signal_handler()의 주소를 갖는다. sigaction()을 호출하면서 sig_act를 인수로 주어서 SIGUSR1 시그널이 발생했을 때의 액션에 대한 정보를 전달한다. 액션이 변경되었는지 확인을 위해서 kill() 호출로 현재 프로세스에 SIGUSR1 시그널을 발생시킨다. 시그널이 발생하면 전달한 sig_act변수의 정보에 따라 ssu_signal_handler()가 시그널 핸들러로 호출된다. 그 다음에는 sig_set 시그널 집합을 sigemptyset()를 호출하여 초기화 한 다음, SIGUSR1 시그널을 추가한다. 그리고 sigprocmask()를 호출하여 시그널 집합에 있는 시그널을 블록시킨다. kill()를 호출하여 SIGUSR1 시그널을 발생시켜 블록되었는지 확인한다. SIGUSR1 시그널이 블록되었다면 sigaction으로 등록한 시그널 핸들러가 실행되지 않으며 실행이 끝나게 된다.

• sigaction() 예제 2

<ssu_sigaction_2.c>

```
#include <stdio.h>
#include <stdlib.h>
#include <unistd.h>
#include <signal.h>

void ssu_check_pending(int signo, char *signame);
void ssu_signal_handler(int signo);

int main(void)
{
    struct sigaction sig_act;
    sigset_t sig_set;

    sigemptyset(&sig_act.sa_mask);
    sig_act.sa_flags = 0;
    sig_act.sa_handler = ssu_signal_handler;

    if (sigaction(SIGUSR1, &sig_act, NULL) != 0) {
        fprintf(stderr, "sigaction() error\n");
        exit(1);
    }
    else {
        sigemptyset(&sig_set);
        sigaddset(&sig_set, SIGUSR1);

        if (sigprocmask(SIG_SETMASK, &sig_set, NULL) != 0) {
            fprintf(stderr, "sigprocmask() error\n");
            exit(1);
        }
        else {
            printf("SIGUSR1 signals are now blocked\n");
            kill(getpid(), SIGUSR1);
            printf("after kill()\n");
```

```
            ssu_check_pending(SIGUSR1, "SIGUSR1");
            sigemptyset(&sig_set);
            sigprocmask(SIG_SETMASK, &sig_set, NULL);
            printf("SIGUSR1 signals are no longer blocked\n");
            ssu_check_pending(SIGUSR1, "SIGUSR1");
        }
    }

    exit(0);
}

void ssu_check_pending(int signo, char *signame) {
    sigset_t sig_set;

    if (sigpending(&sig_set) != 0)
        printf("sigpending() error\n");
    else if (sigismember(&sig_set, signo))
        printf("a %s signal is pending\n", signame);
    else
        printf("%s signals are not pending\n", signame);
}

void ssu_signal_handler(int signo) {
    printf("in ssu_signal_handler function\n" );
}
```

실행 결과

```
root@localhost:/home/oslab# ./ssu_sigaction_2
SIGUSR1 signals are now blocked
after kill()
a SIGUSR1 signal is pending
in ssu_signal_handler function
SIGUSR1 signals are no longer blocked
SIGUSR1 signals are not pending
```

sigaction() 예제 2는 sigaction()를 호출하여 SIGUSR1 시그널에 관한 액션을 변경해서 확인하고 sigprocmask()를 호출하여 SIGUSR1을 블록한 다음, SIGUSR1 시그널을 발생시켜서 확인한다. ssu_check_pending()로 시그널이 블록된 상태인지를 확인할 수 있다.

•sigaction() 예제 3

<ssu_sigaction_3.c>

```
#include <stdio.h>
#include <stdlib.h>
#include <signal.h>
#include <unistd.h>
#include <sys/types.h>
#include <sys/wait.h>

static void ssu_signal_handler1(int signo);
static void ssu_signal_handler2(int signo);

int main(void)
{
    struct sigaction act_int, act_quit;

    act_int.sa_handler = ssu_signal_handler1;
    sigemptyset(&act_int.sa_mask);
    sigaddset(&act_int.sa_mask, SIGQUIT);
    act_quit.sa_flags = 0;

    if (sigaction(SIGINT, &act_int, NULL) < 0) {
        fprintf(stderr, "sigaction(SIGINT) error\n");
        exit(1);
    }

    act_quit.sa_handler = ssu_signal_handler2;
    sigemptyset(&act_quit.sa_mask);
    sigaddset(&act_quit.sa_mask, SIGINT);
    act_int.sa_flags = 0;
```

```
    if (sigaction(SIGQUIT, &act_quit, NULL) < 0) {
        fprintf(stderr, "sigaction(SIGQUIT) error\n");
        exit(1);
    }

    pause();
    exit(0);
}

static void ssu_signal_handler1(int signo) {
    printf("Signal handler of SIGINT : %d\n", signo);
    printf("SIGQUIT signal is blocked : %d\n", signo);
    printf("sleeping 3 sec\n");
    sleep(3);
    printf("Signal handler of SIGINT ended\n");
}

static void ssu_signal_handler2(int signo) {
    printf("Signal handler of SIGQUIT : %d\n", signo);
    printf("SIGINT signal is blocked : %d\n", signo);
    printf("sleeping 3 sec\n");
    sleep(3);
    printf("Signal handler of SIGQUIT ended\n");
}
```

실행 결과

```
root@localhost:/home/oslab# ./ssu_sigaction_3
^CSignal handler of SIGINT : 2
SIGQUIT signal is blocked : 2
sleeping 3 sec
^CSignal handler of SIGINT ended
Signal handler of SIGINT : 2
SIGQUIT signal is blocked : 2
sleeping 3 sec
Signal handler of SIGINT ended
```

sigaction() 예제 3은 sigaction()를 호출하여 SIGINT, SIGQUIT 시그널에 관한 액션을 변경하고 시그널이 대응하는 핸들러를 통해 시그널의 상태를 출력한다.

8. sigsetjmp(3), siglongjmp(3)

```
#include <setjmp.h>
int sigsetjmp(sigjmp_buf env, int savesigs);

                              리턴 값 : 직접 호출되었을 때에는 0,
                    siglongjmp() 호출에서 리턴된 경우에는 0이 아닌 값

void siglongjmp(sigjmp_buf env, int val);
```

sigsetjmp()는 프로세스의 현재 상태를 저장하는 라이브러리 함수이며, siglongjmp()는 프로세스의 저장된 위치로 복귀하는 라이브러리 함수이다. setjmp()와 longjmp()는 비지역적(nonlocal) 분기에 사용된다고 IV 장에서 설명한 바 있다. longjmp()는 시그널 핸들러가 호출되었을 때 시그널 핸들러의 끝까지 실행한 후 리턴하는 것이 아니라 바로 원하는 위치로 리턴하려할 때 자주 사용된다. 이러한 setjmp()와 longjmp()는 시그널과 같이 사용할 수 있다. 그리고 ANSI C 표준에도 시그널 핸들러는 리턴하거나 abort(), exit(), longjmp()를 호출할 수 있다고 기술되어 있다.

그러나 longjmp()에는 문제점이 있다. 시그널이 전달되어 시그널 핸들러가 실행되면 해당 시그널은 자동적으로 시그널 마스크에 추가되며, 블록된다. 이것은 같은 시그널이 발생하여 시그널 핸들러를 호출하는 것을 방지하는데, 이 경우 시그널 핸들러에서 longjmp()를 호출한다면 몇몇 시스템호출 및 함수 호출에서는 시그널 마스크의 복원이 이루어지지 않을 수도 있다.

예외로, 4.3+BSD에서는 setjmp(), longjmp() 호출을 하면 시그널 마스크를 저장하고 나중에 복원할 수도 있다. 하지만, SVR4에서는 그렇지 않다. 또한 4.3+BSD라고 하더라도 _setjmp(), _longjmp()를 사용하면 시그널 마스크의 저장이 이루어지지 않도록 할 수 있다. 하지만 이러한 두 가지 기능을 모두 허용하기 위해서 시그널 마스크에 대해서는 setjmp(), longjmp()의 호출에 제한을 두고 있지 않다. 대신 sigsetjmp()나 siglongjmp()와 같은 새로운 함수를 정의하였는데, 이 두 함수는 이식성 측면과 시그널 핸들러에 비지역적 분기를 실행하는 것을 고려할 때 사용하는 것을 권장하고 있다.

setjmp(), longjmp()와의 유일한 차이는 sigsetjmp()에 인자가 하나 더 있다는 점이다.

savesigs 인자가 0이 아니면 sigsetjmp()는 프로세스의 현재 시그널 마스크를 env에 저장한다. 그렇게 저장한 env를 인자로 해서 siglongjmp()를 호출하면 siglongjmp()는 저장된 시그널 마스크를 복원한다.

•sigsetjmp() 예제 1

<ssu_sigsetjmp_1.c>

```
#include <stdio.h>
#include <stdlib.h>
#include <unistd.h>
#include <signal.h>
#include <setjmp.h>

void ssu_signal_handler(int signo);

jmp_buf jump_buffer;

int main(void)
{
    signal(SIGINT, ssu_signal_handler);

    while (1) {
        if (setjmp(jump_buffer) == 0) {
            printf("Hit Ctrl-c at anytime ... \n");
            pause();
        }
    }

    exit(0);
}

void ssu_signal_handler(int signo) {
    char character;

    signal(signo, SIG_IGN);
    printf("Did you hit Ctrl-c?\n" "Do you really want to quit? [y/n] ");
```

```
    character = getchar();

    if (character == 'y' || character == 'Y')
        exit(0);
    else {
        signal(SIGINT, ssu_signal_handler);
        longjmp(jump_buffer, 1);
    }
}
```

실행 결과

```
root@localhost:/home/oslab# ./ssu_sigsetjmp_1
Hit Ctrl-C at anytime ...
^CDid you hit Ctrl-C?
Do you really want to quit? [y/n] y
root@localhost:/home/oslab# ./ssu_sigsetjmp_1
Hit Ctrl-C at anytime ...
^CDid you hit Ctrl-C?
Do you really want to quit? [y/n] n
Hit Ctrl-C at anytime ...
^C^C^C^C^C^C
```

sigsetjmp() 예제 1은 sigsetjmp(), siglongjmp()를 사용하지 않고 여러 함수로 호출하여 setjmp(), longjmp()를 사용했을 때 일어날 수 있는 문제점을 보여준다. main()에서 SIGINT에 대한 시그널 핸들러로 ssu_signal_handler()를 등록한다. 그리고 setjmp()를 호출하여 longjmp() 호출시 jump 될 위치를 설정한 다음, 문자열을 출력하고 pause()를 호출하여 시그널 발생을 기다린다. 이 때, 사용자가 SIGINT 시그널을 발생시키면 등록한 시그널 핸들러인 ssu_signal_handler()가 호출되며, SIGINT 시그널은 ssu_signal_handler()가 실행을 마치고 리턴하기 전까지 블록된다.
ssu_signal_handler()에서 signo 인자 값은 발생한 시그널의 값이므로 SIGINT가 된다. SIGINT에 대해서 signal() 호출을 통해 SIG_IGN로 ignore 하는 시그널 핸들러를 등록하고, 문자열을 출력한 다음 사용자로부터 입력을 기다린다. 사용자가 'y' 를 입력한다면 exit(0) 호출로 인해 프로그램은 종료되고, 'n' 을 입력한다면 SIGINT에 대한 시그널 핸들러를 ssu_signal_handler()로 다시 설정하고 longjmp()를 호출하게 된다. longjmp()를 호출하면 이전에 main()에서 설정한 setjmp()의 위치로 점프하게 된다.

그리고 2번째 인자인 1을 setjmp()의 리턴 값으로 사용하고, longjmp()로 인해서 setjmp()가 리턴되기 때문에 리턴 값은 1이 된다. 이 때 longjmp()는 리턴되었지만, 아직 ssu_signal_handler()는 리턴하지 않은 상태이기 때문에 SIGINT는 블록된 상태가 된다 결국 사용자가 SIGINT 시그널을 발생시켜도 SIGINT는 블록된 상태이므로 그에 상응하는 시그널 핸들러가 실행되지 않는다. 따라서 시그널을 포함해서 점프를 구현하려면 시그널 마스크 복원 기능을 가진 sigsetjmp()와 siglongjmp()를 사용해야 한다.

•sigsetjmp() 예제 2

<ssu_sigsetjmp_2.c>

```
#include <stdio.h>
#include <stdlib.h>
#include <unistd.h>
#include <errno.h>
#include <setjmp.h>
#include <signal.h>
#include <time.h>

static void ssu_alarm(int signo);
static void ssu_func(int signo);
void ssu_mask(const char *str);

static volatile sig_atomic_t can_jump;
static sigjmp_buf jump_buf;

int main(void)
{
    if (signal(SIGUSR1, ssu_func) == SIG_ERR) {
        fprintf(stderr, "SIGUSR1 error");
        exit(1);
    }

    if (signal(SIGALRM, ssu_alarm) == SIG_ERR) {
        fprintf(stderr, "SIGALRM error");
        exit(1);
    }
```

```
    ssu_mask("starting main: ");

    if (sigsetjmp(jump_buf, 1)) {
        ssu_mask("ending main: ");
        exit(0);
    }

    can_jump = 1;

    while (1)
        pause();

    exit(0);
}

void ssu_mask(const char *str) {
    sigset_t sig_set;
    int err_num;

    err_num = errno;

    if (sigprocmask(0, NULL, &sig_set) < 0) {
        printf("sigprocmask() error");
        exit(1);
    }

    printf("%s", str);

    if (sigismember(&sig_set, SIGINT))
        printf("SIGINT ");

    if (sigismember(&sig_set, SIGQUIT))
        printf("SIGQUIT ");

    if (sigismember(&sig_set, SIGUSR1))
```

```
        printf("SIGUSR1 ");

    if (sigismember(&sig_set, SIGALRM))
        printf("SIGALRM ");

    printf("\n");
    errno = err_num;
}

static void ssu_func(int signo) {
    time_t start_time;

    if (can_jump == 0)
        return;

    ssu_mask("starting ssu_func: ");
    alarm(3);
    start_time = time(NULL);

    while (1)
        if (time(NULL) > start_time + 5)
            break;

    ssu_mask("ending ssu_func: ");
    can_jump = 0;
    siglongjmp(jump_buf, 1);
}

static void ssu_alarm(int signo) {
    ssu_mask("in ssu_alarm: ");
}
```

실행 결과

```
root@localhost:/home/oslab# ./ssu_sigsetjmp_2 &
[1] 2442
root@localhost:/home/oslab# starting main:
```

```
kill -USR1 2442
root@localhost:/home/oslab# starting ssu_func: SIGUSR1
in ssu_alarm: SIGUSR1 SIGALRM
ending ssu_func: SIGUSR1
ending main:

[1]+  Done                    ./ssu_sigsetjmp_2
```

sigsetjmp() 예제 2는 signal()를 호출하여 SIGINT에 대한 시그널 핸들러로 ssu_fun()를 등록하고 SIGALRM에 대한 시그널 핸들러로 ssu_alarm()를 등록한다. sigsetjmp()를 호출하여 jump될 위치를 설정한 다음 pause()를 호출해서 시그널 발생을 기다린다. SIGUSR1 시그널이 발생할 때 ssu_func() 시그널 핸들러에서 alarm(3)이 실행되어 3초 후 SIGALRM 시그널이 발생하고 siglongjmp를 만나 main()에 지정한 위치로 점프된다.

•sigsetjmp() 예제 3

<ssu_sigsetjmp_3.c>

```
#include <stdio.h>
#include <stdlib.h>
#include <unistd.h>
#include <setjmp.h>
#include <signal.h>

static void ssu_signal_handler1(int signo);
static void ssu_signal_handler2(int signo);

sigjmp_buf jmp_buf1;
sigjmp_buf jmp_buf2;

int main(void)
{
    struct sigaction act_sig1;
    struct sigaction act_sig2;
    int i, ret;
```

```
    printf("My PID is %d\n", getpid());
    ret = sigsetjmp(jmp_buf1, 1);

    if (ret == 0) {
        act_sig1.sa_handler = ssu_signal_handler1;
        sigaction(SIGINT, &act_sig1, NULL);
    }
    else if (ret == 3)
        printf("----------------\n");

    printf("Starting\n");
    sigsetjmp(jmp_buf2, 2);
    act_sig2.sa_handler = ssu_signal_handler2;
    sigaction(SIGUSR1, &act_sig2, NULL);

    for (i = 0; i < 20; i++) {
        printf("i = %d\n", i);
        sleep(1);
    }

    exit(0);
}

static void ssu_signal_handler1(int signo) {
    fprintf(stderr, "\nInterrupted\n");
    siglongjmp(jmp_buf1, 3);
}

static void ssu_signal_handler2(int signo) {
    fprintf(stderr, "\nSIGUSR1\n");
    siglongjmp(jmp_buf2, 2);
}
```

실행 결과

```
root@localhost:/home/oslab# ./ssu_sigsetjmp_3
My PID is 2503
```

```
Starting
i = 0
i = 1
i = 2
^C
Interrupted
----------------
Starting
i = 0
i = 1
i = 2
i = 3
i = 4
i = 5
i = 6
i = 7
i = 8
i = 9
i = 10

SIGUSR1 ( 다른 터미널에서 kill -10 2503 입력 )
i = 0
i = 1
i = 2
```

sigsetjmp() 예제 3은 sigsetjmp()를 호출하여 jump될 위치를 지정한 후 setlongjmp()를 호출하여 main()의 지정된 위치에 jump하고 원하는 리턴 값을 리턴한다.

9. sigsuspend(2)

```
#include <signal.h>
int sigsuspend(const sigset_t *sigmask);
```

리턴 값 : 항상 -1, errno는 EINTR로 설정

sigsuspend()는 블록시킬 시그널을 재설정함과 함께 동시에 캐치할 수 있는 시그널이 도착하거나 종료(SIGINT) 시그널이 도착할 때까지 프로세스를 잠시 블록시키는 액션을 원자적으로 실행하는 시스템호출 함수이다. 이 함수는 sigprocmask(SIG_SETMAST, &set, NULL);와 pause();를 원자적으로 실행하여 sigprocmask()와 pause() 사이에 발생할 수 있는 시그널을 잃어버리지 않게 한다.
해당 시그널을 처리하는 시그널 핸들러가 있다면 해당 시그널 핸들러를 실행하고, 해당해당 시그널 핸들러가 리턴하면 sigsuspend()는 -1을 리턴하고 sigsuspend()를 호출하기 전 마스크된 시그널 집합이 복원된다. 즉, 프로세스의 시그널 마스크는 sigsuspend() 호출 이전의 값으로 재설정 된다.
그러나 프로세스를 종료시키는 액션을 하는 시그널을 받는 경우 sigsuspend()는 리턴되지 않는다. 또한 SIGKILL이나 SIGSTOP 시그널은 마스크에 포함시켜도 블록되지 않으며 기존 마스크에 영향을 주지 않는다.
일반적으로 sigsuspend()는 프로그램의 특정 코드가 실행되는 영역에서 특정 시그널을 블록시키기 위해 sigprcokmask()와 함께 사용한다. 특정 코드의 실행이 끝나면 sigprocmask()가 리턴했던 oldset 인자를 시그널 마스크로 사용하여 sigsuspend()를 호출하여 oldset 인자의 시그널이 발생할 때까지 프로세스를 중단시킨다. 예를 들어, sigaddset()로 sigset 인자에 SIGINT를 추가(sigaddset(&sigset, SIGINT);)하고 sigprockmask()로 sigset 인자를 블록시킬(sigprockmask(SIG_BLOCK, &sigset, &oldset);) 때 SIGINT의 블록을 해제하고 SIGINT가 도착할 때까지 프로세스를 잠시 중단시키게 하려면 sigsuspend(&oldset)을 사용하면 된다.

•sigsuspend() 예제 1

<ssu_sigsuspend_1.c>

```
#include <stdio.h>
#include <stdlib.h>
#include <unistd.h>
#include <signal.h>

int main(void)
{
    sigset_t old_set;
    sigset_t sig_set;

    sigemptyset(&sig_set);
```

```
    sigaddset(&sig_set, SIGINT);
    sigprocmask(SIG_BLOCK, &sig_set, &old_set);
    sigsuspend(&old_set);
    exit(0);
}

실행 결과
root@localhost:/home/oslab# ./ssu_sigsuspend_1
^C
root@localhost:/home/oslab#
```

sigsuspend() 예제 1은 sigsuspend()를 호출하여 기존 시그널 집합으로 시그널이 발생할 때까지 잠시 팬딩하다가 SIGINT 시그널이 발생하면 SIGINT 시그널 핸들러가 실행된다. main()에서는 sigemptyset()를 호출하여 새로운 시그널 집합인 sig_set 인자를 초기화한다. 그리고 SIGINT를 sig_set 인자에 포함한 다음 sigprocmask()를 호출하여 sig_set 인자를 블록하고 기존의 시그널 집합을 old_set 인자에 저장한다. sigsuspend()를 호출하여 old_set 인자에 있는 시그널들이 발생할 때까지 프로세스는 일시 정지된다. 그리고 SIGINT 시그널이 발생하면 해당하는 시그널 핸들러가 실행되고 프로그램은 종료된다.

•sigsuspend() 예제 2

```
<ssu_sigsuspend_2.c>
#include <stdio.h>
#include <stdlib.h>
#include <errno.h>
#include <signal.h>

static void ssu_func(int signo);
void ssu_print_mask(const char *str);

int main(void)
{
    sigset_t new_mask, old_mask, wait_mask;
```

```
    ssu_print_mask("program start: ");

    if (signal(SIGINT, ssu_func) == SIG_ERR) {
        fprintf(stderr, "signal(SIGINT) error\n");
        exit(1);
    }

    sigemptyset(&wait_mask);
    sigaddset(&wait_mask, SIGUSR1);
    sigemptyset(&new_mask);
    sigaddset(&new_mask, SIGINT);

    if (sigprocmask(SIG_BLOCK, &new_mask, &old_mask) < 0) {
        fprintf(stderr, "SIG_BLOCK() error\n");
        exit(1);
    }

    ssu_print_mask("in critical region: ");

    if (sigsuspend(&wait_mask) != -1) {
        fprintf(stderr, "sigsuspend() error\n");
        exit(1);
    }

    ssu_print_mask("after return from sigsuspend: ");

    if (sigprocmask(SIG_SETMASK, &old_mask, NULL) < 0) {
        fprintf(stderr, "SIG_SETMASK() error\n");
        exit(1);
    }

    ssu_print_mask("program exit: ");
    exit(0);
}

void ssu_print_mask(const char *str) {
```

```
    sigset_t sig_set;
    int err_num;

    err_num = errno;

    if (sigprocmask(0, NULL, &sig_set) < 0) {
        fprintf(stderr, "sigprocmask() error\n");
        exit(1);
    }

    printf("%s", str);

    if (sigismember(&sig_set, SIGINT))
        printf("SIGINT ");

    if (sigismember(&sig_set, SIGQUIT))
        printf("SIGQUIT ");

    if (sigismember(&sig_set, SIGUSR1))
        printf("SIGUSR1 ");

    if (sigismember(&sig_set, SIGALRM))
        printf("SIGALRM ");

    printf("\n");
    errno = err_num;
}

static void ssu_func(int signo) {
    ssu_print_mask("\nin ssu_func: ");
}
```

실행 결과

```
root@localhost:/home/oslab# ./ssu_sigsuspend_2
program start:
in critical region: SIGINT
```

```
^C
in ssu_func: SIGINT SIGUSR1
after return from sigsuspend: SIGINT
program exit:
```

sigsuspend() 예제 2는 sigsuspend()를 호출하여 기존의 시그널 집합을 가지고 시그널이 발생할 때까지 잠시 팬딩하다가 SIGINT 시그널이 발생하면 그것의 시그널 핸들러가 실행된다. main()에서 sigprocmask()를 호출하여 시그널을 블록하고 시그널의 블록을 해제하고 ssu_print_mask()의 sigismenber()를 호출하여 sig_set 인자가 가리키는 시그널 집합에서 두 번째 인자인 시그널이 존재하는지를 확인한다.

•sigsuspend() 예제 3

<ssu_sigsuspend_3.c>

```
#include <stdio.h>
#include <stdlib.h>
#include <unistd.h>
#include <signal.h>
#include <time.h>

void ssu_signal_handler(int signo);
void ssu_timestamp(char *str);

int main(void)
{
    struct sigaction sig_act;
    sigset_t blk_set;

    sigfillset(&blk_set);
    sigdelset(&blk_set, SIGALRM);
    sigemptyset(&sig_act.sa_mask);
    sig_act.sa_flags = 0;
    sig_act.sa_handler = ssu_signal_handler;
    sigaction(SIGALRM, &sig_act, NULL);
    ssu_timestamp("before sigsuspend()");
    alarm(5);
```

```
    sigsuspend(&blk_set);
    ssu_timestamp("after sigsuspend()");
    exit(0);
}

void ssu_signal_handler(int signo) {
    printf("in ssu_signal_handler() function\n");
}

void ssu_timestamp(char *str) {
    time_t time_val;

    time(&time_val);
    printf("%s the time is %s\n", str, ctime(&time_val));
}
```

```
실행 결과
root@localhost:/home/oslab# ./ssu_sigsuspend_3
before sigsuspend() the time is Wed Jan 11 21:21:57 2017

in ssu_signal_handler() function
after sigsuspend() the time is Wed Jan 11 21:22:02 2017
```

sigsuspend() 예제 3은 sigfillset()를 호출하여 모든 시그널을 blk_set 시그널 집합에 추가하고 sigdelset()을 호출하여 blk_set 인자가 가리키는 시그널 집합에서 SIGALRM를 삭제한다. sigsuspend()를 호출하여 기존의 시그널 집합을 가지고 시그널이 발생할 때까지 잠시 팬딩하다가 SIGALRM 시그널이 발생하면 등록된 시그널 핸들러가 실행된다.

10. abort(3)

```
#include <stdlib.h>
void abort(void);
```

abort()는 프로세스 자신에게 SIGABRT 시그널을 발생시키며, 프로그램을 비정상적으로 종료시키는 라이브러리 함수이다. 프로세스는 이 시그널을 무시할 수 없다. 대신에 SIGABRT에 대한 별도의 시그널 핸들러를 두고 프로세스가 종료하기 전에 여러 가지 정리 작업을 실행할 수 있다.
POSIX.1에서는 이 시그널 핸들러에서 스스로 종료하지 않는 경우에는 시그널 핸들러가 리턴한 후 abort()에 의해서 프로세스가 종료된다고 정의한다. 또한 ANSI C에서는 abort()의 호출에 따른 출력 스트림의 플러시(flush)와 같은 임시 파일의 삭제 등의 실행 여부는 시스템에 종속적이라고 되어 있는 반면에 POSIX.1에서는 abort()가 프로세스를 종료시킬 때 모든 표준 입출력 스트림에 대해 fclose()를 호출한 효과를 가진다고 정의한다. 따라서 SIGABRT가 캐치되었을 때 시그널 핸들러에서 exit(), _exit(), _Exit(), longjmp(), siglongjmp() 등을 호출하면 시그널 핸들러가 리턴되지 않는 경우도 발생한다.

•abort() 예제

<ssu_abort.c>

```
#include <stdio.h>
#include <stdlib.h>

int main(void)
{
    printf("abort terminate this program\n");
    abort();
    printf("this line is never reached\n");
    exit(0);
}
```

실행 결과 [Ubuntu, Fedora]

```
root@localhost:/home/oslab# ./ssu_abort
abort terminate this program
Aborted (core dumped)
```

실행 결과 [macOS]

```
ssu-ui-MacBook-Air:oslab root# ./ssu_abort
abort terminate this program
Abort trap: 6
```

abort() 예제는 **main()**에서 문자열을 출력하고 **abort()**를 호출한다. **abort()**를 호출하면 자신에게 SIGABRT 시그널을 발생시키며 디폴트 액션은 비정상적 종료이다. Ubuntu나 Fedora같은 Linux계열에서는 'Aborted (core dumped)'라는 메시지가 뜨고 macOS와 같은 BSD계열에서는 'Abort trap: 6'과 같은 메시지가 나타난다.

11. sleep(3)

```
#include <unistd.h>
unsigned int sleep(unsigned int seconds);
```

리턴 값 : 0 또는 덜 잠든 시간(초)

sleep()는 호출한 프로세스를 seconds 인자로 지정된 시간이 경과하거나, 시그널이 전달되어 시그널 핸들러가 리턴될 때까지 일시정지 상태로 만드는 라이브러리 함수이다.
지정된 시간이 경과되어 리턴하게 되는 경우에는 리턴 값이 0이고, 시그널 핸들러가 리턴되서 sleep()가 리턴되는 경우에는 리턴 값이 seconds 인자로 지정한 시각까지 남은 시간(초)이 리턴된다. alarm()의 경우와 비슷하게 프로세스 스케줄링과 같은 시스템의 다른 활동으로 인해 sleep()의 리턴은 제 시각에 이루어지지 않을 수 있다.
sleep()는 alarm()를 이용해서 구현할 수 있으나 반드시 그런 것은 아니다. 예를 들어, 4.3+BSD는 setitimer()를 이용한다. 만약, alarm()를 통해 sleep()를 구현하였다면 alarm()와 sleep()사이에 간섭이 일어날 수 있다. POSIX.1에서는 이러한 간섭 작용에 대해서는 저의되어 있지 않다. 예를 들어, alarm(10)을 호출하고 3초 후에 sleep(5)를 호출한다면 sleep()는 5초 후에 리턴할 것이다. 그런데 이전의 alarm()도 원래대로 2초 후에 리턴할 것인지에 대해서는 시스템에 종속적인 결과를 보인다.

• sleep() 예제

<ssu_sleep.c>

```
#include <stdio.h>
#include <stdlib.h>
#include <unistd.h>
#include <time.h>
```

```
void ssu_timestamp(char *str);

int main(void)
{
    unsigned int ret;

    ssu_timestamp("before sleep()");
    ret = sleep(10);
    ssu_timestamp("after sleep()");
    printf("sleep() returned %d\n", ret);
    exit(0);
}

void ssu_timestamp(char *str) {
    time_t time_val;

    time(&time_val);
    printf("%s the time is %s\n", str, ctime(&time_val));
}

실행 결과
root@localhost:/home/oslab# ./ssu_sleep
before sleep() the time is Wed Jan 11 21:25:59 2017

after sleep() the time is Wed Jan 11 21:26:09 2017

sleep() returned 0
```

sleep() 예제는 sleep()를 호출을 해서 프로세스를 일시중지 한 다음 ssu_timestamp()를 이용해서 호출 전 시각과 호출 후 시각을 출력한다. main()에서 sleep()를 호출 전에 ssu_timestamp()를 호출한다. ssu_timestamp()에서는 호출 되는 시점의 시각을 출력한다. ssu_timestamp()의 호출이 끝나면 sleep(10)를 호출한다. 10초 동안 프로세스의 실행은 지연되며 10초 후에 다시 ssu_timestamp()를 호출한다. 출력된 결과로 보아 10초가 지났다는 것을 확인할 수 있다.

12. 이 장에서 배운 함수들

```
sighandler_t signal (int signum, sighandler_t handler);
typedef void (*sighandler_t) (int);
int kill(pid_t pid, int sig);
int raise(int sig);
unsigned int alarm(unsigned int seconds);
int pause(void);
int sigemptyset(sigset_t *set);
int sigfillset(sigset_t *set);
int sigaddset(sigset_t *set, int signo);
int sigismember(const sigset_t *set, int signo);
int sigprocmask(int how, const sigset_t *set, sigset_t *oldset);
int sigpending(sigset_t *set);
int sigaction(int signo, const struct sigaction *act, struct sigaction
*oldact);
int sigsetjmp(sigjmp_buf env, int savesigs);
void siglongjmp(sigjmp_buf env, int val);
int sigsuspend(const sigset_t *sigmask);
void abort(void);
unsigned int sleep(unsigned int seconds);
```

연습문제

1. 쉘 명령어인 kill 이 어떤 시그널을 사용하여 구현되었는지 설명하라.

2. sleep() 시스템 호출 함수와 pause() 시스템호출 함수를 비교 설명하라.

3. 다음 프로그램 실행 시 아래 실행 결과가 나올 수 있도록 프로그램을 완성하라.

<ex6-1_a.c>

```
#include <stdio.h>
#include <stdlib.h>
```

```
#include <unistd.h>
#include <signal.h>

void sigint_handler(int signo) {
    printf("\nSIGINT handler!!\n");
    exit(1);
}

int main(int argc, char *argv[])
{
    int i;

    while(1) {
        for(i = 0; i < argc; i++)
            printf("ARGV[%d] : %s\n",i, argv[i]);
        sleep(1);
    }

    exit(0);
}
```

<ex6-1_b.c>

```
#include <stdio.h>
#include <stdlib.h>
#include <unistd.h>
#include <signal.h>

int main(void)
{
    pid_t pid;

    if ((pid = fork()) < 0) {
        fprintf(stderr, "fork error\n");
        exit(1);
    }
    else if (pid == 0)
```

```
        execl("./ex6-1_a", " ex6-1a ", "process", "running", (void *)0) ;
    else
        sleep(3);

    kill(pid, SIGINT)                        ;
    exit(0);
}

실행 결과
root@localhost:/home/oslab# gcc ex6-1_a.c -o ex6-1_a
root@localhost:/home/oslab# gcc ex6-1_b.c -o ex6-1_b
root@localhost:/home/oslab# ./ex6-1_b
ARGV[0] : ex6-1_a
ARGV[1] : process
ARGV[2] : running
ARGV[0] : ex6-1_a
ARGV[1] : process
ARGV[2] : running
ARGV[0] : ex6-1_a
ARGV[1] : process
ARGV[2] : running
root@localhost:/home/oslab#
SIGINT handler!!
```

4. 다음 프로그램 실행 시 아래 실행 결과가 나올 수 있도록 프로그램을 완성하라.

```
<ex6-2.c>

#include <stdio.h>
#include <stdlib.h>
#include <unistd.h>
#include <signal.h>

void ssu_signal(int signo) {
    printf("SIGUSR1 catched!!\n");
}
```

```
int main(void)
{
    pid_t pid;
    sigset_t sigset;
    sigset_t pending_sigset;

    signal(SIGUSR1, ssu_signal);
    kill(getpid(), SIGUSR1);

    if ((pid = fork()) < 0){
        fprintf(stderr, "fork error\n");
        exit(1);
    }
    else if (pid == 0){
        sigpending(&pending_sigset);

        if (sigismember    (&pending_sigset, SIGUSR1))
            printf("child : SIGUSR1 pending\n");
    }
    else {
        sigpending(&pending_sigset);

        if (sigismember    (&pending_sigset, SIGUSR1))
            printf("parent : SIGUSR1 pending\n");
    }
}

root@localhost:/home/oslab# ./ex6-2
parent : SIGUSR1 pending
```

Ⅶ. 쓰레드 라이브러리

본 장에서는 Linux · Unix에서 사용하는 쓰레드 라이브러리를 이용하여 멀티 쓰레드 프로그래밍을 하는 방법에 대해 설명한다. 쓰레드는 커널 쓰레드와 사용자 쓰레드가 있다. 그러나 현재까지 Linux 커널은 커널 쓰레드를 지원하지 않고 있기 때문에 쓰레드 라이브러리를 사용하여 쓰레드 프로그래밍을 한다. Linux · Unix에서 주로 사용하는 쓰레드 라이브러리는 pthread 라이브러리이며 Windows에서도 이를 지원하고 있다.

VII. 쓰레드 라이브러리

1. 쓰레드의 개념

쓰레드란 하나의 프로세스에 여러 개의 제어 흐름을 두어 프로세스가 동시에 여러 개의 작업을 하도록 하는 것이다. 쓰레드는 운영체제 커널에 의해 스케줄 가능한 독립적인 명령어로 정의하기 때문에, 자신의 독립적인 제어 흐름을 가지고 있고 스케줄러에 의해 독립적으로 스케줄 된다. 쓰레드는 프로세스에 비해 자료구조가 단순하여 일반적으로 경량(lightweight) 프로세스라고도 부른다.

a.out 이라는 실행 프로그램 내 main()가 여러 개의 쓰레드를 포함하고 있다고 가정하고, 여러 개의 쓰레드가 독립적으로 스케줄링이 가능할 때 이를 다중 쓰레드(multi-thread) 프로그램이라고 한다. 다중 쓰레드 프로그램은 자원을 공유하기 때문에 한 쓰레드가 자원을 변경하면 다른 쓰레드도 이에 영향을 받는다. 따라서, 소프트웨어 개발자가 프로그램 실행에 이상이 없도록 소프트웨어 개발 시 쓰레드간에 동기화를 고려하여 개발해야한다.

쓰레드는 전통적으로 하드웨어 회사들이 다양한 쓰레드를 별도로 개발했지만 나중에 프로그래머들이 동일한 인터페이스로 프로그래밍 할 수 있게 표준화 한 pthread 라이브러리가 개발되어 다양한 운영체제에 pthread 라이브러리를 사용하고 있다. pthread 라이브러리는 커널 쓰레드의 장점을 충분히 활용하기 위해 프로그래머에게 표준화된 인터페이스를 제공한다. Linux·Unix에서는 IEEE POSIX 1003.1c 표준(1995)으로 pthread 라이브러리를 기본적으로 사용한다. C언어로 작성된 프로그램을 컴파일하는 경우 gcc –o hello hello.c –lpthread와 같이 POSIX Thread 라이브러리를 링크해야만 pthread 라이브러리를 사용할 수 있다.

Linux의 다중 쓰레드(multi-thread) 프로그램에서 단일 프로세스는 <그림 7-1>과 같이 여러 개의 쓰레드를 포함할 수 있다. 여러 개의 쓰레드는 독립적으로 실행되면서 초기화된 데이터(initialized data), 초기화되지 않은 데이터(uninitialized data), 힙(heap) 영역을 포함하는 전역 메모리 공간을 공유한다. 쓰레드 별로 할당된 스택의 위치는 공유 라이브러리의 위치와 뒤섞일 수 있다. 즉, 쓰레드 별로 할당된 스택의 위치는 쓰레드의 생성 순서와 공유 라이브러리가 메모리에 로드된 순서 등에 따라 달라질 수 있으며 Linux 배포판마다 다르게 구현되어 있다.

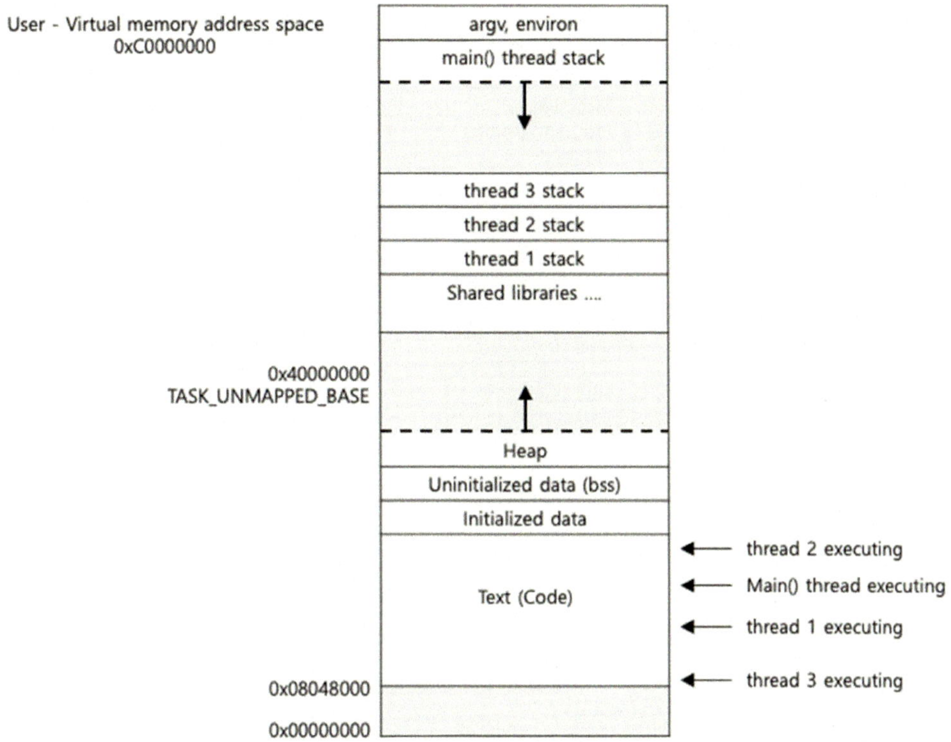

〈그림 7-1〉 단일 프로세스 내 다중 쓰레드의 가상 메모리 주소 공간

쓰레드는 다양한 장점이 있다. 먼저 비동기적인 사건들을 처리하는 코드를 단순화할 수 있는 장점이 있다. 다중 프로세스 접근 방식에서는 프로세스들이 메모리나 파일 디스크립터를 공유하려면 운영체제가 제공하는 복잡한 기법들을 사용해야한다. 그러나 쓰레드를 사용하면 특별한 처리 없이도 동일한 메모리 주소 공간과 파일 디스크립터들에 접근할 수 있다는 장점도 있다. 또한 프로그램이 해결해야 할 문제를 작은 조각들로 분할함으로써 프로그램의 전반적인 산출량을 높일 수도 있고, 대화식 프로그램의 경우에는 사용자의 입·출력을 처리하는 부분과 그 외의 부분을 여러 개의 쓰레드들로 나눠 처리함으로써 프로그램의 반응 속도를 높일 수 있다는 장점도 있다. <그림 7-2>는 프로세스와 쓰레드의 사용자 주소 공간을 보여준다.

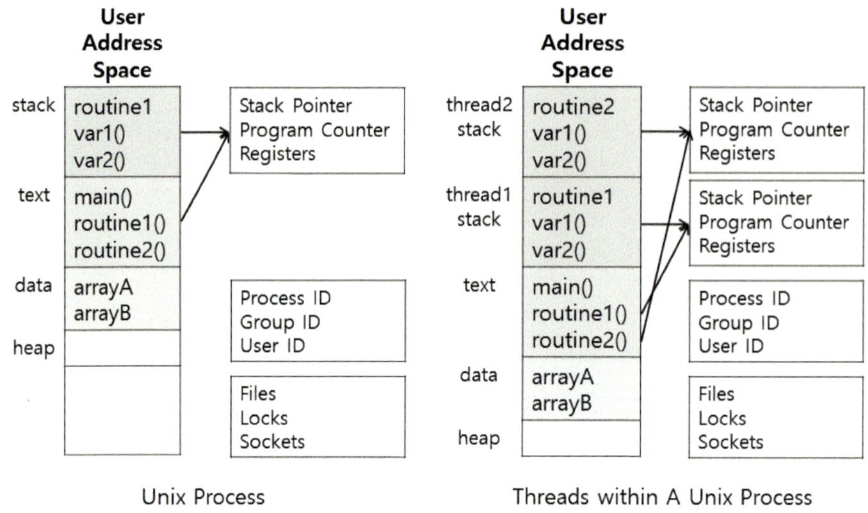

〈그림 7-2〉 일반 프로세스(좌)와 쓰레드를 포함한 프로세스(우)

2. pthread_create(3)

```
#include <pthread.h>
int pthread_create(pthread_t *restrict tidp, const pthread_attr_t *restrict attr,
void *(*start_rtn)(void *), void *restrict arg);
```

리턴 값: 성공 시 0, 실패 시 에러 번호

pthread_craete()는 새로운 쓰레드를 생성하는 라이브러리 함수이다. 쓰레드 프로그래밍에서 main()는 기본 쓰레드이며 추가적으로 쓰레드를 생성하길 원할 경우 명시적으로 프로그래머가 pthread_create()를 호출하면 된다.

pthread_create() 호출이 성공하여 새 쓰레드가 생성되면, 새 쓰레드의 쓰레드 ID는 tidp 인자가 가리키는 주소에 저장된다. pthread_attr_t 인자는 여러 쓰레드들의 특성을 설정하는데 쓰인다. 이 인자에 NULL을 지정하면 기본 특성을 갖는 쓰레드가 생성된다. pthread_attr_t 인자는 구조체로서 Linux는 /usr/include/bits/pthreadtypes.h에 선언되어 있고, Solaris는 /usr/include/sys/types.h 에 선언되어 있다. pthread_attr_init()를 이용해 초기화가 가능하다. 사용자 모드 쓰레드를 사용하기 위해서는 PTHREAD_SCOPE_SYSTEM을 쓰고 커널 모드 쓰레드를 사용하기 위해서는 PTHREAD_SCOPE_PROCESS를 사용한다. Linux는 기본적으로 pthread_attr_t가 NULL일 경우 PTHREAD_SCOPE_SYSTEM을 사용한다.

새로 생성된 쓰레드는 세 번째 인자로 주어진 start_rtn 함수의 주소에서 실행을 시작한다. start_rtn 함수는 형식이 없는 포인터인 arg를 인자로 받는다. 즉, start_rtn이 가리키는 함수에 여러 가지 정보를 넘겨주고 싶다면 해당 정보들을 구조체에 저장하고 그 구조체의 주소를 arg 인자로 지정한 다음 함수를 호출하면 된다. <표 7-1>은 pthread_create()의 인자들을 설명한다.
첫 번째 주의할 점은 쓰레드 간 실행 순서는 사용자가 미리 알 수 없다는 것이다. 두 번째 주의할 점은 새로 생성된 쓰레드는 프로세스 주소 공간에 접근할 수 있으며, 호출한 쓰레드의 부동 소수점 환경과 시그널 마스크도 물려받는다는 것이다. 그러나 유보된 시그널들의 집합은 새 쓰레드에서 빈 집합으로 초기화되어 물려받는다. 대부분의 pthread()류 함수들은 호출 실패 시 에러 코드를 리턴하는데, 다른 POSIX 함수들과 달리 errno 변수를 설정하지 않는다.

〈표 7-1〉 pthread_create()의 인자 및 설명

pthread_create() 인자	내용
thread	서브루틴에서 리턴되는 새로운 쓰레드의 유일한 식별자
attr	기본 값은 NULL이며, 쓰레드 애트리뷰터 객체 지정 시 사용. 즉, Linux에서는 NULL을 쓰면 사용자 모드(user mode) 쓰레드, Solaris와 같은 커널 쓰레드를 지원하는 OS에서는 커널 모드의 쓰레드 생성
start routine	쓰레드가 생성되면 해당 쓰레드가 실행될 C 루틴

세 번째 주의할 점은 한 프로세스에 의해 생성될 수 있는 최대 쓰레드 개수는 시스템마다 다를 수 있으며, 한계 값을 넘어서면 쓰레드 생성에 실패하거나 잘못된 결과를 나타낼 수 있다는 것이다. <표 7-2>는 Linux 쓰레드의 한계 값을 확인 방법을 보여준다.

〈표 7-2〉 Linux 쓰레드의 한계 값 출력

bash

```
# ulimit -a
core file size          (blocks, -c) 0
data seg size           (kbytes, -d) unlimited
scheduling priority             (-e) 0
file size               (blocks, -f) unlimited
pending signals                 (-i) 60265
```

```
max locked memory       (kbytes, -l) 64
max memory size         (kbytes, -m) unlimited
open files                      (-n) 1024
pipe size            (512 bytes, -p) 8
POSIX message queues     (bytes, -q) 819200
real-time priority              (-r) 0
stack size              (kbytes, -s) 8192
cpu time               (seconds, -t) unlimited
max user processes              (-u) 60265
virtual memory          (kbytes, -v) unlimited
file locks                      (-x) unlimited

# ulimit -Hu
60265

# ulimit  - u 7168

# ulimit -a
core file size          (blocks, -c) 0
data seg size           (kbytes, -d) unlimited
scheduling priority             (-e) 0
file size               (blocks, -f) unlimited
pending signals                 (-i) 60265
max locked memory       (kbytes, -l) 64
max memory size         (kbytes, -m) unlimited
open files                      (-n) 1024
pipe size            (512 bytes, -p) 8
POSIX message queues     (bytes, -q) 819200
real-time priority              (-r) 0
stack size              (kbytes, -s) 8192
cpu time               (seconds, -t) unlimited
max user processes              (-u) 7168
virtual memory          (kbytes, -v) unlimited
file locks                      (-x) unlimited
```

csh

```
% limit
cputime         unlimited
filesize        unlimited
datasize        unlimited
stacksize       8192 kbytes
coredumpsize    0 kbytes
memoryuse       unlimited
memorylocked    64 kbytes
maxproc         1024
openfiles       1024

% limit maxproc 7168

% limit
cputime         unlimited
filesize        unlimited
datasize        unlimited
stacksize       8192 kbytes
coredumpsize    0 kbytes
memoryuse       unlimited
memorylocked    64 kbytes
maxproc         7168
openfiles       1024
```

마지막으로 주의할 점은, 변수 i의 주소 전달은 모든 쓰레드가 볼 수 있는 공유 메모리 공간에 있는 주소로의 전달이라는 것이다. 특정 반복문이 수행되면서 생성된 쓰레드가 이 메모리 영역의 값을 접근하기 전에 값이 변할 수 있다. <표 7-3>는 생성된 쓰레드로 잘못된 인자를 전달하는 예를 보여준다.

〈표 7-3〉 쓰레드를 잘못 사용하는 예

```
long i;

for (i = 0; i < THREAD_NUM; i++) {
    printf("Creating thread %ld\n", i);
    if (pthread_create(&tid[i], NULL, ssu_printhello, (void *)&thread_data_array[i]) != 0) {
    ...
}
```

• pthread_create() 예제 1

<ssu_pthread_create_1.c>

```
#include <stdio.h>
#include <stdlib.h>
#include <unistd.h>
#include <pthread.h>
#include <string.h>

void *ssu_thread(void *arg);

int main(void)
{
    pthread_t tid;
    pid_t pid;

    if (pthread_create(&tid, NULL, ssu_thread, NULL) != 0) {
        fprintf(stderr, "pthread_create error\n");
        exit(1);
    }

    pid = getpid();
    tid = pthread_self();
    printf("Main Thread: pid %u tid %u \n",
            (unsigned int)pid, (unsigned int)tid);
    sleep(1);
```

```
    exit(0);
}

void *ssu_thread(void *arg) {
    pthread_t tid;
    pid_t pid;

    pid = getpid();
    tid = pthread_self();
    printf("New Thread: pid %d tid %u \n", (int)pid, (unsigned int)tid);
    return NULL;
}
```

실행 결과

```
root@localhost:/home/oslab# gcc  - o ssu_pthread_create_1
ssu_pthread_create_1.c -lpthread
root@localhost:/home/oslab# ./ssu_pthread_create_1
Main Thread: pid 3222 tid 3075864320
New Thread: pid 3222 tid 3075861312
```

pthread_create() 예제 1은 pthread_create()를 호출하여 새로운 쓰레드를 생성한다. main()에서 pthread_create()의 세 번째 인자를 통해 쓰레드가 생성된 후 실행 될 함수를 지정해주고, 새로운 쓰레드를 생성한다. 생성된 쓰레드는 인자로 전달된 ssu_thread()를 실행하고 종료하는데, 이 때 자신의 pid와 tid를 출력한다. 실행 결과를 보면 동일한 pid값을 갖는 새로 생성된 쓰레드와 main 쓰레드의 tid가 다르다는 것을 확인할 수 있다.

•pthread_create() 예제 2

<ssu_pthread_create_2.c>

```
#include <stdio.h>
#include <stdlib.h>
#include <unistd.h>
#include <pthread.h>

#define THREAD_NUM 8
```

```
struct thread_data {
    int thread_index;
    int sum;
    char *message;
};

void *ssu_printhello(void *arg);

struct thread_data thread_data_array[THREAD_NUM];
char *messages[THREAD_NUM];

int main(void)
{
    pthread_t tid[THREAD_NUM];
    int sum;
    int i;

    sum=0;
    messages[0] = "English: Hello World!";
    messages[1] = "French: Bonjour, le monde!";
    messages[2] = "Spanish: Hola al mundo";
    messages[3] = "Klingon: Nuq neH!";
    messages[4] = "German: Guten Tag, Welt!";
    messages[5] = "Russian: Zdravstvytye, mir!";
    messages[6] = "Japan: Sekai e konnichiwa!";
    messages[7] = "Latin: Orbis, te saluto!";

    for (i = 0; i < THREAD_NUM; i++) {
        sum = sum + i;
        thread_data_array[i].thread_index = i;
        thread_data_array[i].sum = sum;
        thread_data_array[i].message = messages[i];
        printf("Creating thread %d\n", i);

        if (pthread_create(&tid[i], NULL, ssu_printhello,
                (void *)&thread_data_array[i]) != 0) {
```

```
            fprintf(stderr, "pthread_create error\n");
            exit(1);
        }
    }

    sleep(5);
    exit(0);
}

void *ssu_printhello(void *arg) {
    struct thread_data *data;
    char *message;
    int thread_index;
    int sum;

    sleep(1);
    data = (struct thread_data *)arg;
    thread_index = data -> thread_index;
    sum = data -> sum;
    message = data -> message;
    printf("Thread %d: %s  Sum=%d\n", thread_index, message, sum);
    return NULL;
}
```

실행 결과

```
root@localhost:/home/oslab# ./ssu_pthread_create_2
Creating thread 0
Creating thread 1
Creating thread 2
Creating thread 3
Creating thread 4
Creating thread 5
Creating thread 6
Creating thread 7
Thread 2: Spanish: Hola al mundo  sum=3
Thread 5: Russian: Zdravstvytye, mir!  sum=15
Thread 1: French: Bonjour, le monde!  sum=1
```

```
Thread 7: Latin: Orbis, te saluto!  sum=28
Thread 3: Klingon: Nuq neH!  sum=6
Thread 4: German: Guten Tag, Welt!  sum=10
Thread 6: Japan: Sekai e konnichiwa!  sum=21
Thread 0: English: Hello World!  sum=0
```

pthread_create() 예제 2는 반복문을 통해 THREAD_NUM(8개)만큼 새로운 쓰레드를 생성한다. main()에서 pthread_create()의 세 번째 인자를 통해 실행 될 함수인 ssu_printhello()를 지정하고, 네 번째 인자를 통해 ssu_printhello()의 인자를 지정한다. ssu_printhello()에서 arg 인자는 형식이 없는 포인터이기 때문에 캐스팅 후 사용한다. 실행 결과를 보면 쓰레드는 순서대로 생성이 되었으나, 실행 순서는 생성 순서와는 다르다는 것을 확인할 수 있다.

3. pthread_exit(3)

```
#include <pthread.h>
void pthread_exit(void *rval_ptr);
```

pthread_exit()는 쓰레드를 종료시키기 위해 사용하는 라이브러리 함수이다. 쓰레드를 종료시키는 방법에는 네 가지가 있다. 첫 번째는 시작 루틴에서 아무 일 없이 일을 수행하면 종료 후 리턴한다. 두 번째는 쓰레드가 일을 완료하는지 여부에 상관없이 pthread_exit()를 호출하면 쓰레드는 종료된다. 세 번째는 같은 프로세스에서 어떤 쓰레드임에 상관없이 exec()나 exit()를 호출하면 쓰레드는 종료된다. 마지막으로, pthread_exit()를 명시적으로 호출하지 않았음에도 불구하고 main()가 종료되면 쓰레드는 종료된다.

pthread_exit()는 프로그래머가 종료 옵션 상태 파라미터를 직접 명세할 수 있게 하며, 종료 옵션 파라미터는 종료되는 쓰레드를 join한 쓰레드에게 리턴된다. 또한, 쓰레드 함수가 종료되었다고 모든 쓰레드의 자원이 종료되지는 않는다. 종료된 쓰레드의 자원을 회수하기 위해 pthread_join()를 사용한다.

• pthread_exit() 예제 1

<ssu_pthread_exit_1.c>

```
#include <stdio.h>
#include <stdlib.h>
#include <pthread.h>

#define THREAD_NUM 5

void *ssu_printhello(void *arg);

int main(void)
{
    pthread_t tid[THREAD_NUM];
    int i;

    for (i = 0; i < THREAD_NUM; i++) {
        printf("In main: creating thread %d\n", i);

        if (pthread_create(&tid[i], NULL, ssu_printhello, (void *)&i) != 0)
{
            fprintf(stderr, "pthread_create error\n");
            exit(1);
        }
    }

    pthread_exit(NULL);
    exit(0);
}

void *ssu_printhello(void *arg) {
    int thread_index;

    thread_index = *((int *)arg);
    printf("Hello World! It's me, thread #%d!\n", thread_index);
    pthread_exit(NULL);
```

```
    return NULL;
}

실행 결과
root@localhost:/home/oslab# ./ssu_pthread_exit_1
In main: creating thread 0
In main: creating thread 1
Hello World! It's me, thread #1!
In main: creating thread 2
In main: creating thread 3
Hello World! It's me, thread #2!
Hello World! It's me, thread #3!
In main: creating thread 4
Hello World! It's me, thread #4!
Hello World! It's me, thread #5!
```

pthread_exit() 예제 1은 pthread_exit()를 이용하여 생성한 쓰레드를 종료한다. main()에서 pthread_create()로 THREAD_NUM(5개)만큼 쓰레드를 생성한 후, pthread_exit()를 통해 쓰레드를 종료시킨다.

•pthread_exit() 예제 2

<ssu_pthread_exit_2.c>

```
#include <stdlib.h>
#include <stdio.h>
#include <unistd.h>
#include <pthread.h>

void *ssu_thread(void *arg);

int main(void)
{
    pthread_t tid;

    if (pthread_create(&tid, NULL, ssu_thread, NULL) != 0) {
        fprintf(stderr, "pthread_create error\n");
```

```
        exit(1);
    }

    sleep(1);
    printf("쓰레드가 완료되기전 main 함수가 먼저 종료되면 실행중 쓰레드 
소멸\n");
    printf("메인 종료\n");
    exit(0);
}

void *ssu_thread(void *arg) {
    printf("쓰레드 시작\n");
    sleep(5);
    printf("쓰레드 수행 완료\n");
    pthread_exit(NULL);
    return NULL;
}

실행 결과
root@localhost:/home/oslab# ./ssu_pthread_exit_2
쓰레드 시작
쓰레드가 완료되기전 main 함수가 먼저 종료되면 실행중 쓰레드 소멸
메인 종료
```

pthread_exit() 예제 2는 sleep()를 이용하여 생성된 쓰레드보다 main() 쓰레드를 먼저 종료시켰을 때 수행 과정을 확인한다. 실행 결과를 보면 main() 쓰레드가 종료되면 생성된 쓰레드가 실행이 끝나지 않았음에도 종료된 것을 확인할 수 있다.

4. pthread_join(3), pthread_detach(3)

```
#include <pthread.h>
int pthread_join(pthread_t thread, void **rval_ptr);
int pthread_detach(pthread_t tid);
```

리턴 값: 성공 시 0, 실패 시 에러 번호

pthread_join()는 main() 쓰레드가 생성한 쓰레드들이 종료될 때까지 기다리는 라이브러리 함수이다. pthread_join()는 main() 쓰레드의 종료로 인해 다른 쓰레드들이 강제로 종료되는 것을 방지하기 위해 다른 쓰레드들이 정상적으로 작업을 완료하고 종료될 수 있게 기다려주는 것이다. 첫 번째 인자인 thread는 종료 대기 및 리턴 값을 받을 쓰레드의 tid이다. pthread_create()를 통해 생성 된 tid 값을 인자로 넘겨주면 된다. 두 번째 인자인 rval_ptr은 형식 없는 포인터(typeless pointer)로, 쓰레드 종료 루틴에 넘겨주는 인자와 동일한 인자이다. pthread_join()를 호출한 쓰레드는 thread로 지정된 쓰레드가 pthread_exit()를 호출하거나 취소될 때까지 실행이 되지 않고 대기한다. 그 쓰레드가 해당 종료 루틴에서 정상적으로 리턴되면 rval_ptr 인자에는 그 루틴의 리턴 코드가 저장되고, 쓰레드가 취소되면 rval_ptr 인자가 가리키는 곳에 PTHREAD_CANCELED가 설정된다.

pthread_create()로 pthread_attr_t 인자에 NULL을 지정하여 기본 특성을 갖는 쓰레드를 생성할 경우 해당 쓰레드를 pthread_join 해야 한다. 그렇지 않으면 쓰레드의 자원을 회수할 수 없게 되고 이로 인해 더 이상 쓰레드를 생성할 수 없게 된다. pthread_join()를 호출하면 해당 쓰레드는 자동으로 main() 쓰레드와 분리(detach) 상태가 되며, 커널은 해당 쓰레드가 종료 시 해당 쓰레드가 사용한 자원을 회수할 수 있게 된다. 여기서 쓰레드의 분리(detach) 상태라고 하는 것은 부모 쓰레드와 떨어져 독립적으로 동작함을 의미한다.

pthread_join()는 반드시 joinable 한 상태로 생성된 쓰레드의 종료만을 기다릴 수 있기 때문에 pthread_create()로 쓰레드를 생성할 때, 나중에 join되지 않을 것으로 생각하고 생성하면 pthread_join()로 해당 쓰레드의 종료를 기다릴 수가 없게 된다.

만약 쓰레드의 리턴 값을 사용하지 않는다면 rval_ptr 인자에 NULL을 지정하면 된다. 이렇게 rval_ptr 인자에 NULL을 지정하여 pthread_join()를 호출하면 pthread_join()는 지정된 쓰레드의 종료를 기다리지만 그 쓰레드의 종료 상태는 회수하지 않는다. 특정 쓰레드의 종료(리턴) 상태를 알고 싶다면 프로그래머가 특정 쓰레드에서 pthread_exit()를 호출하도록 하면 된다. 그러나, 같은 쓰레드 내에서 여러 개 join을 하면 논리적으로 에러가 발생할 수 있다. <그림 7-3>은 pthread_join()와 pthread_exit()의 관계를 보여준다.

phread_detach()는 쓰레드 종료 시 자동으로 자원이 회수되도록 지정하는 라이브러리 함수이다. 한 쓰레드의 종료 상태는 그 쓰레드에 대한 pthread_join()가 호출될 때까지 유지된다. pthread_join()가 호출되어 분리된 쓰레드를 종료하는 경우에는 종료 즉시 그 쓰레드가 사용하던 자원들을 해제할 수 있지만, 그렇지 않고 쓰레드가 종료되면 pthread_join()로 그 쓰레드의 종료를 기다릴 수 없게 되기 때문에 쓰레드가 사용하였던 자원을 회수하지 못한다. 따라서, 쓰레드의 종료 상태를 main() 쓰레드에서 확인할 필요가 없고, pthread_join()를 호출하지 않고도 자동으로 해당 쓰레드가 사용한 자원을 회수하기 위해서는 pthread_detach()를 호출하도록 한다.

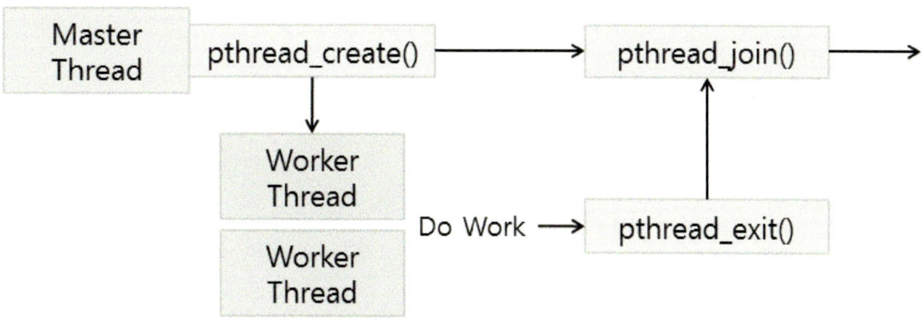

〈그림 7-3〉 pthread_join() 호출 과정

•pthread_join() 예제

<ssu_pthread_join_1.c>

```
#include <stdio.h>
#include <stdlib.h>
#include <unistd.h>
#include <pthread.h>

void *ssu_thread(void *arg);

int main(void)
{
    pthread_t tid1, tid2;
    int thread1 = 1;
    int thread2 = 2;
    int status;

    if (pthread_create(&tid1, NULL, ssu_thread, (void *)&thread1) != 0) {
        fprintf(stderr, "pthread_create error\n");
        exit(1);
    }

    if (pthread_create(&tid2, NULL, ssu_thread, (void *)&thread2) != 0) {
```

```
        fprintf(stderr, "pthread_create error\n");
        exit(1);
    }
    pthread_join(tid1, (void *)&status);
    pthread_join(tid2, (void *)&status);
    exit(0);
}

void *ssu_thread(void *arg) {
    int thread_index;
    int i;

    thread_index = *((int *)arg);

    for (i = 0; i < 5; i++) {
        printf("%d : %d\n", thread_index, i);
        sleep(1);
    }

    return NULL;
}

실행 결과
root@localhost:/home/oslab# ./ssu_pthread_join_1
1 : 0
2 : 0
1 : 1
2 : 1
1 : 2
2 : 2
1 : 3
2 : 3
1 : 4
2 : 4
```

pthread_join() 예제는 pthread_join()를 호출하여 생성한 쓰레드가 종료될 때까지 기다린다. main()에서 pthread_create()로 쓰레드를 두 개 생성하고, 해당 쓰레드에서 ssu_thread()를 호출하도록 pthread_create()의 세 번째 인자로 전달한다. pthread_join()를 두 번 호출하여 생성된 쓰레드가 종료될 때까지 기다리기 위해 첫 번째 인자로 각 쓰레드의 tid를 넘겨준다.

5. pthread_cancel(3), pthread_cleanup_push(3), pthread_cleanup_pop(3)

```
#include <pthread.h>
int pthread_cancel(pthread_t tid);

                                리턴 값: 성공 시 0, 실패 시 0이 아닌 값

void pthread_cleanup_push(void(*rtn)(void *), void *arg);
void pthread_cleanup_pop(int execute);
```

pthread_cancel()은 지정한 쓰레드에 취소 요청을 보내는 라이브러리 함수이고, pthread_cleanup_push(), pthread_cleanup_pop()는 종료 루틴 스택에 종료 루틴을 추가 및 삭제하는 라이브러리 함수들이다. pthread_cancel()의 호출은 tid로 지정된 쓰레드가 PTHREAD_CANCELED를 인자로 하여 pthread_exit()를 호출한 것과 동일한 결과를 보인다.

쓰레드가 취소 요청을 무시하거나 취소 시에 다른 행동이 일어나도록 설정해두었을 수도 있다. 이 경우 pthread_cancel()의 호출은 쓰레드가 종료될 때까지 기다리는 것이 아니고, 단순히 취소 요청만 할 뿐이기 때문에 쓰레드가 종료될 때까지 기다리지는 않는다. pthread_cleanup_push()는 프로세스가 종료되는 경우 atexit()를 호출하여 사용자 함수를 등록하는 것처럼, 쓰레드가 종료되는 경우 호출 될 사용자 함수를 지정하는 역할을 한다. rtn 인자으로 지정된 종료 루틴 함수를 스택에 등록하며, 등록된 종료 루틴 함수는 arg 인자를 유일한 인자로 하여 호출된다.

종료 루틴 함수가 호출되는 상황은 쓰레드가 pthread_exit()를 호출하는 경우, pthread_cancel()를 통해 취소 요청이 전달된 경우, 쓰레드 내부에서 pthread_cleanup_pop()를 execute 인자값에 0이 아닌 값을 넣어 호출한 경우 이렇게 세 가지 경우가 있다. 만약 execute 인자에 0을 지정하여 pthread_cleanup_pop()를 호출하면, 마지막에 호출된 pthread_cleanup_push()로 등록된 종료 루틴 함수를 종료 루틴 스택에서 제거한다.

6. pthread_equal(3)

```
#include <pthread.h>
int pthread_equal(pthread_t t1, pthread_t t2);
```

리턴 값: t1과 t2가 같으면 0이 아닌 값, 다르면 0

pthread_equal()는 인자로 주어진 두 개의 쓰레드 ID가 동일한지 확인하는 라이브러리 함수이다. pthread_equal()은 두 개의 쓰레드 ID 비교하여 같으면 0을 리턴, 다르면 0이 아닌 값을 리턴한다. 비교 시 == 을 사용하지 않는다는 것에 주의해야 한다. pthread_t 데이터 타입은 시스템마다 다르게 정의되어 있다. Linux에서 pthread_t 는 unsigned long 형으로 정의되어 있으나 다른 시스템에서는 쓰레드 구조체를 가르키는 포인터 즉, unsigned long 으로 데이터 타입을 변환한 포인터로 구현되어 있기도 하다. 따라서 pthread_equal()는 이기종 시스템에서 구현한 쓰레드 프로그램의 디버깅용으로 주로 사용된다.

•pthread_equal() 예제

<ssu_pthread_create_3.c>

```
#include <stdio.h>
#include <stdlib.h>
#include <unistd.h>
#include <pthread.h>

void *ssu_thread(void *arg);

pthread_t glo_tid;

int main(void)
{
    pthread_t loc_tid;

    if (pthread_create(&loc_tid, NULL, ssu_thread, NULL) != 0) {
        fprintf(stderr, "pthread_create error\n");
        exit(1);
    }
```

```
    sleep(5);

    if (pthread_equal(loc_tid, glo_tid) == 0) {
        printf("다른 쓰레드\n");
        exit(0);
    }

    printf("동일한 쓰레드\n");
    exit(0);
}

void *ssu_thread(void *arg) {
    printf("쓰레드에서 자신의 쓰레드 ID를 전역변수에 할당 \n");
    glo_tid = pthread_self();
    return NULL;
}

실행 결과
root@localhost:/home/oslab# ./ssu_pthread_create_3
쓰레드에서 자신의 쓰레드 ID를 전역변수에 할당
동일한 쓰레드
```

pthread_equal() 예제는 pthread_equal()를 이용하여 쓰레드가 동일한지 비교한다. main()에서 pthread_create()의 세 번째 인자를 통해 실행 될 함수인 ssu_thread()를 지정하고, 첫 번째 인자를 통해 해당 쓰레드의 ID를 지정한다. 그 후 main()는 5초간 대기를 한다. ssu_thread()는 pthread_self()를 호출하여 자신의 쓰레드 ID를 리턴받고 이를 전역 변수인 glo_tid에 저장 후 종료된다. 5초 후 main()는 pthread_equal()를 호출하여 두 개의 쓰레드 아이디를 비교한 후 결과를 출력하고 종료한다.

7. pthread_self(3), pthread_once(3)

```
#include <pthread.h>
pthread_t pthread_self(void);
```

리턴 값: 호출한 쓰레드의 쓰레드 ID

```
int pthread_once(pthread_once_t *once_control, void (*init_routine)(void));  /* Ubuntu에는 존재하지 않음 */
```

리턴 값: 성공 시 0, 실패 시 에러 번호

pthread_self()는 현재 쓰레드의 아이디를 리턴하는 라이브러리 함수이며 pthread_once()는 지정된 루틴이 한번만 효력을 갖게 만드는 라이브러리 함수이다. pthread_self()는 호출한 쓰레드의 ID(시스템에서 할당)를 리턴한다. pthread_once()는 단 하나의 프로세스 내에서 init_routine(주로 초기화 루틴)을 실행한다. 특정 쓰레드에서 이 함수를 호출하면 다음의 호출들은 아무런 효력을 가지지 못한다. once_control 인자는 동기화 구조체로 pthread_one()를 호출하기 전에 pthread_once_t once_control = PTHREAD_ONCE_INIT;와 같이 초기화 되어야 한다.

•pthread_self() 예제

<ssu_pthread_self.c>

```
#include <stdio.h>
#include <stdlib.h>
#include <unistd.h>
#include <pthread.h>

void *ssu_thread(void *arg);
int main(void)
{
    pthread_t tid;

    if (pthread_create(&tid, NULL, ssu_thread, NULL) != 0) {
        fprintf(stderr, "pthread_create error\n");
        exit(1);
```

```
    }

    printf("%u\n", (unsigned int)tid);

    if (pthread_create(&tid, NULL, ssu_thread, NULL) != 0) {
        fprintf(stderr, "pthread_create error\n");
        exit(1);
    }

    printf("%u\n", (unsigned int)tid);
    sleep(1);
    exit(0);
}

void *ssu_thread(void *arg) {
    pthread_t tid;

    tid = pthread_self();
    printf("->%u\n", (unsigned int)tid);
    return NULL;
}
```

실행 결과

```
root@localhost:/home/oslab# ./ssu_pthread_self
3075693376
->3075693376
3067300672
->3067300672
```

pthread_self() 예제는 pthread_self()를 호출하여 생성한 쓰레드의 tid가 pthread_ self()를 호출하여 얻어진 tid와 동일한지 비교한다. main()에서 pthread_create()로 쓰레드를 생성하고 생성된 쓰레드에서 ssu_thread()를 호출하도록 pthread_create()의 세 번째 인자로 전달한다. pthread_self()의 값을 확인하기 위해 pthread_create()의 첫 번째 인자로 전달한 tid값과 각 쓰레드에서 호출하는 pthread_self()의 값을 출력한다. 실행 결과 쓰레드 두 개 모두 pthread_self()로 리턴되는 값과 pthread_create()의 첫 번째 인자로 전달한 tid값이 동일하다는 것을 확인할 수 있다.

8. pthread_mutex_init(3), pthread_mutex_destroy(3)

뮤텍스는 다중 쓰기 작업이 있을 때 공유되는 데이터를 보호하는 기법으로 쓰레드 동기화에 사용된다. 뮤텍스는 뮤텍스 변수를 통해 잠금기법처럼 사용되는데, 동일한 시간에 하나의 쓰레드만이 뮤텍스 변수를 잠글 수 있다. 이렇게 각 쓰레드가 공유변수를 번갈아 가며 사용하여 경쟁 상태가 되는 것을 방지한다. <표 7-4>는 두 쓰레드가 하나의 변수를 동시에 접근하는 은행 트랜잭션의 예를 보여준다.

〈표 7-4〉 은행 트랜잭션의 예

Thread1	Thread2	Balance
Read balance : $1,000		$1,000
	Read balance : $1,000	$1,000
	Deposit $200	$1,000
Deposit $200		$1,000
Update balance $1,000+$200		$1,200
	Update balance $1,000+$200	$1,200

```
#include <pthread.h>
int pthread_mutex_init(pthread_mutex_t *mutex, const pthread_mutexatt_t *attr);
int pthread_mutex_destroy(pthread_mutex_t *mutex);

리턴 값: 성공 시 0, 실패 시 에러 번호
```

pthread_mutex_init(), pthread_mutex_destroy()는 뮤텍스 변수의 초기화 및 해제를 위해 사용되는 라이브러리 함수이다. 뮤텍스를 사용하기 위해서는 먼저 뮤텍스 변수를 초기화해야 한다. pthread_mutex_ init()에 pthread_mutex_t형 변수의 주소를 넘겨 초기화를 진행할 수 있다. 뮤텍스 변수에 PTHREAD_MUTEX_INITIALIZER 값을 직접 대입하여 초기화하는 방법도 있다. 후자의 경우 attr 인자를 사용할 수 없다는 단점이 있다. attr 인자는 서로 다른 프로세스간 동기화객체 공유나 뮤텍스의 에러점검 등등 여러 가지 기능을 지원하는 인자이다. attr 인자를 NULL로 하면 기본형 뮤텍스가 생성된다.

사용이 끝난 뮤텍스는 pthread_mutex_destroy()를 호출하여 해제해야 한다. 특히,

malloc() 등을 호출하여 동적으로 선언한 뮤텍스 변수는 free() 호출 전 꼭 pthread_mutex_destroy()를 먼저 호출해야 한다.

•pthread_mutex_lock() 예제

<ssu_pthread_mutex.c>

```
#include <stdio.h>
#include <stdlib.h>
#include <unistd.h>
#include <pthread.h>

void *ssu_loop1(void *arg);
void *ssu_loop2(void *arg);

pthread_mutex_t mutex = PTHREAD_MUTEX_INITIALIZER;
int shared_value;

int main(void)
{
    pthread_t tid1, tid2;
    int status;

    shared_value = 0;

    if (pthread_create(&tid1, NULL, ssu_loop1, NULL) != 0) {
        fprintf(stderr, "pthread_create error\n");
        exit(1);
    }

    sleep(1);

    if (pthread_create(&tid2, NULL, ssu_loop2, NULL) != 0) {
        fprintf(stderr, "pthread_create error\n");
        exit(1);
    }
```

```
    if (pthread_join(tid1, (void *)&status) != 0) {
        fprintf(stderr, "pthread_join error\n");
        exit(1);
    }

    if (pthread_join(tid2, (void *)&status) != 0) {
        fprintf(stderr, "pthread_join error\n");
        exit(1);
    }

    status = pthread_mutex_destroy(&mutex);
    printf("code  =  %d\n", status);
    printf("programming is end\n");
    exit(0);
}

void *ssu_loop1(void *arg) {
    int i;

    for (i = 0; i < 10; i++) {
        pthread_mutex_lock(&mutex);
        printf("loop1 : %d\n", shared_value);
        shared_value++;

        if (i == 10)
            return NULL;

        pthread_mutex_unlock(&mutex);
        sleep(1);
    }

    return NULL;
}

void *ssu_loop2(void *arg) {
    int i;
```

```
    for (i = 0; i < 10; i++) {
        pthread_mutex_lock(&mutex);
        printf("loop2 : %d\n", shared_value);
        shared_value++;
        pthread_mutex_unlock(&mutex);
        sleep(2);
    }

    return NULL;
}
```

실행 결과

```
root@localhost:/home/oslab# ./ssu_pthread_mutex
loop1 : 0
loop1 : 1
loop2 : 2
loop1 : 3
loop1 : 4
loop2 : 5
loop1 : 6
loop2 : 7
loop1 : 8
loop1 : 9
loop2 : 10
loop1 : 11
loop1 : 12
loop2 : 13
loop1 : 14
loop2 : 15
loop2 : 16
loop2 : 17
loop2 : 18
loop2 : 19
code  =  0
programming is end
```

pthread_mutex_lock() 예제는 pthread_mutex_lock()를 호출하여 다수의 쓰레드가 공유 변수에 접근하는 경우 쓰레드 간 동기화를 보장한다. main()에서 pthread_create()로 쓰레드 두 개를 생성하고 생성 된 쓰레드에서 각각 ssu_loop1()와 ssu_loop2()를 호출할 수 있도록 pthread_create()의 세 번째 인자로 전달한다. main()에서 ssu_loop1()를 수행하는 쓰레드와 ssu_loop2()를 생성한다. 이 두 함수는 하나의 공유 변수를 변경하는데, 서로에게 영향을 주지 않게 하기위해 뮤텍스를 사용한다. 프로그램의 마지막 부분에서는 쓰레드가 모두 종료될 때까지 기다리고, 종료 후 pthread_mutex_destory()를 통해 뮤텍스 변수를 해제하며, 에러가 검출되었는지 확인하기 위해 status변수에 해당 함수의 리턴 값을 저장하고 출력한다.

9. pthread_cond_init(3), pthread_ cond_destroy(3)

```
#include <pthread.h>
int pthread_cond_init(pthread_cond_t *restirct condition, pthread_condattr_t *restrict attr);
int pthread_cond_destroy(pthread_cont_t *condition);

                                              리턴 값: 성공 시 0, 실패 시 에러 번호
```

pthread_cond_init()와 pthread_cond_destroy()는 조건 변수의 초기화 및 해제를 위해 사용되는 라이브러리 함수들이다. 기존의 뮤텍스는 사건을 기다리는 프로세스가 뮤텍스 변수를 지속적으로 검사해야 한다는 단점이 있다. 이를 해결하기 위해 조건 변수를 사용하는 pthread_cond_init()와 pthread_cond_destroy()가 사용된다. 조건 변수는 뮤텍스와 함께 사용되는 변수로 초기화 및 해제 방법이 뮤텍스와 유사하다. pthread_cond_init() 호출 또는 PTHREAD_COND_INITIALIZER 값을 직접 대입하는 방법으로 초기화를 하고, 사용이 끝나면 pthread_cond_destroy()를 호출하여 조건 변수를 해제해야 한다.

•pthread_cond() 예제 1

<ssu_pthread_cond_1.c>

```
#include <stdio.h>
#include <stdlib.h>
#include <unistd.h>
#include <pthread.h>
```

```
void *ssu_thread1(void *arg);
void *ssu_thread2(void *arg);

pthread_mutex_t mutex1 = PTHREAD_MUTEX_INITIALIZER;
pthread_mutex_t mutex2 = PTHREAD_MUTEX_INITIALIZER;
pthread_cond_t cond1 = PTHREAD_COND_INITIALIZER;
pthread_cond_t cond2 = PTHREAD_COND_INITIALIZER;

int count = 0;
int input = 0;
int t1 = 0, t2 = 0;

int main(void)
{
    pthread_t tid1, tid2;
    int status;

    if (pthread_create(&tid1, NULL, ssu_thread1, NULL) != 0) {
        fprintf(stderr, "pthread_create error\n");
        exit(1);
    }

    if (pthread_create(&tid2, NULL, ssu_thread2, NULL) != 0) {
        fprintf(stderr, "pthread_create error\n");
        exit(1);
    }

    while (1) {
        printf("2개 이상의 개수 입력 : ");
        scanf("%d", &input);

        if(input >= 2) {
            pthread_cond_signal(&cond1);
            break;
        }
    }
```

```
    pthread_join(tid1, (void *)&status);
    pthread_join(tid2, (void *)&status);

    printf("complete \n");
    exit(0);
}

void *ssu_thread1(void *arg) {
    while (1) {
        pthread_mutex_lock(&mutex1);

        if (input < 2)
            pthread_cond_wait(&cond1, &mutex1);

        if (input == count) {
            pthread_cond_signal(&cond2);
            break;
        }

        if (count == 0) {
            t2++;
            count++;
            printf("Thread 1 : %d\n", t1);
        }
        else if (count % 2 == 0) {
            t1 += t2;
            count++;
            printf("Thread 1 : %d\n", t1);
        }

        pthread_cond_signal(&cond2);
        pthread_cond_wait(&cond1, &mutex1);
        pthread_mutex_unlock(&mutex1);
    }

    return NULL;
```

```
}

void *ssu_thread2(void *arg) {
    while (1) {
        pthread_mutex_lock(&mutex2);

        if (input < 2)
            pthread_cond_wait(&cond2, &mutex2);

        if (input == count) {
            pthread_cond_signal(&cond1);
            break;
        }

        if (count == 1) {
            count++;
            printf("Thread 2 : %d\n", t2);
        }
        else if (count % 2 == 1) {
            t2 += t1;
            count++;
            printf("Thread 2 : %d\n", t2);
        }

        pthread_cond_signal(&cond1);
        pthread_cond_wait(&cond2, &mutex2);
        pthread_mutex_unlock(&mutex2);
    }

    return NULL;
}
```

실행 결과

```
root@localhost:/home/oslab# ./ssu_pthread_cond_1
2개 이상의 개수 입력 : 20
Thread 1 : 0
Thread 2 : 1
```

```
Thread 1 : 1
Thread 2 : 2
Thread 1 : 3
Thread 2 : 5
Thread 1 : 8
Thread 2 : 13
Thread 1 : 21
Thread 2 : 34
Thread 1 : 55
Thread 2 : 89
Thread 1 : 144
Thread 2 : 233
Thread 1 : 377
Thread 2 : 610
Thread 1 : 987
Thread 2 : 1597
Thread 1 : 2584
Thread 2 : 4181
complete
```

pthread_cond() 예제 1은 pthread_cond_signal()를 호출하여 피보나치 수열을 출력한다. 먼저, main()에서 ssu_thread1()와 ssu_thread2()를 각각 호출하는 두 개의 쓰레드를 생성한다. 사용자로부터 입력이 들어오면 cond1로 시그널을 보내는데, 이때 ssu_thread1()가 해당 cond를 기다리고 있으므로, cond를 전송받으면 ssu_thread1()의 실행을 계속한다. 수행의 마지막 부분에는 다시 자신의 cond를 기다림과 동시에 ssu_thread2()에게 cond2 시그널을 전송하여 ssu_thread2()가 실행되게끔 한다. ssu_thread1()와 ssu_thread2()를 실행하는 Thread1과 Thread2는 번갈아 가면서 피보나치 수열을 출력하고, 사용자의 입력의 개수만큼 피보나치 수열을 출력한 뒤 프로그램을 종료한다.

pthread_cond() 예제 2

```
<ssu_pthread_cond_2.c>

#include <stdio.h>
#include <stdlib.h>
#include <unistd.h>
```

```
#include <errno.h>
#include <pthread.h>
#include <sys/time.h>

pthread_mutex_t lock = PTHREAD_MUTEX_INITIALIZER;
pthread_cond_t cond = PTHREAD_COND_INITIALIZER;

int glo_val1 = 1, glo_val2 = 2;

void *ssu_thread1(void *arg);
void *ssu_thread2(void *arg);

int main(void)
{
    pthread_t tid1, tid2;

    pthread_create(&tid1, NULL, ssu_thread1, NULL);
    pthread_create(&tid2, NULL, ssu_thread2, NULL);
    pthread_join(tid1, NULL);
    pthread_join(tid2, NULL);
    pthread_mutex_destroy(&lock);
    pthread_cond_destroy(&cond);

    exit(0);
}

void *ssu_thread1(void *arg) {
    sleep(1);
    glo_val1 = 2;
    glo_val2 = 1;

    if (glo_val1 > glo_val2)
        pthread_cond_broadcast(&cond);

    printf("ssu_thread1 end\n");
    return NULL;
```

```
}

void *ssu_thread2(void *arg) {
    struct timespec timeout;
    struct timeval now;

    pthread_mutex_lock(&lock);
    gettimeofday(&now, NULL);

    timeout.tv_sec = now.tv_sec + 5;
    timeout.tv_nsec = now.tv_usec * 1000;

    if (glo_val1 <= glo_val2) {
        printf("ssu_thread2 sleep\n");
        if (pthread_cond_timedwait(&cond, &lock, &timeout) ==
ETIMEDOUT)
            printf("timeout\n");
        else
            printf("glo_val1 = %d, glo_val2 = %d\n", glo_val1, glo_val2);
    }

    pthread_mutex_unlock(&lock);
    printf("ssu_thread2 end\n");
    return NULL;
}

실행 결과
root@localhost:/home/oslab# ./ssu_pthread_cond_2
ssu_thread2 sleep
ssu_thread1 end
glo_val1 = 2, glo_val2 = 1
ssu_thread2 end
```

pthread_cond() 예제 2는 pthread_cond_broadcast()를 호출하여 두 개의 쓰레드의 실행 흐름을 확인한다. 먼저, main()에서 ssu_thread1()와 ssu_thread2()를 각각 호출하는 두 쓰레드를 생성한다. ssu_thread1()는 sleep()로 인해 1초간 대기 상태에 있게 되

고 이로 인해 ssu_thread2()가 먼저 호출된다. ssu_thread2() 수행 중 pthread_cond_timedwait()가 호출되어 대기 상태가 되고, 시간이 지나 대기 상태가 풀린 ssu_thread1()가 pthread_cond_broadcast()를 호출하여 ssu_thread2()를 실행 가능한 상태로 변경한다. pthread_cond_broadcast()가 호출되기 때문에 인자로 준 시간(ETIMEDOUT, 5초) 후에도 pthread_cond_timedwait()는 리턴되지 않는다.

pthread_cond() 예제 3

<ssu_pthread_cond_3.c>

```
#include <stdio.h>
#include <stdlib.h>
#include <pthread.h>

#define VALUE_DONE  10
#define VALUE_STOP1  3
#define VALUE_STOP2  6

pthread_mutex_t lock = PTHREAD_MUTEX_INITIALIZER;
pthread_cond_t cond = PTHREAD_COND_INITIALIZER;

void *ssu_thread1(void *arg);
void *ssu_thread2(void *arg);

int glo_val = 0;

int main(void)
{
    pthread_t tid1, tid2;

    pthread_create(&tid1, NULL, &ssu_thread1, NULL);
    pthread_create(&tid2, NULL, &ssu_thread2, NULL);
    pthread_join(tid1, NULL);
    pthread_join(tid2, NULL);
<<pthread_mutex_destroy(), pthread_cond_destroy() 함수 호출 없음>>
    printf("final value: %d\n", glo_val);
    exit(0);
```

```
}

void *ssu_thread1(void *arg) {
    while(1) {
        pthread_mutex_lock(&lock);
        pthread_cond_wait(&cond, &lock);
        glo_val++;
        printf("global value ssu_thread1: %d\n", glo_val);
        pthread_mutex_unlock(&lock);

        if (glo_val >= VALUE_DONE)
            return NULL;
    }
}

void *ssu_thread2(void *arg) {
    while(1) {
        pthread_mutex_lock(&lock);
        if (glo_val < VALUE_STOP1 || glo_val > VALUE_STOP2)
          pthread_cond_signal(&cond);
        else {
            glo_val++;
            printf("global value ssu_thread2: %d\n", glo_val);
        }

        pthread_mutex_unlock(&lock);

        if (glo_val >= VALUE_DONE)
            return NULL;
    }
}
```

실행 결과

```
root@localhost:/home/oslab# ./ssu_pthread_cond_3
global value ssu_thread1: 1
global value ssu_thread1: 2
```

```
global value ssu_thread1: 3
global value ssu_thread2: 4
global value ssu_thread2: 5
global value ssu_thread2: 6
global value ssu_thread2: 7
global value ssu_thread1: 8
global value ssu_thread1: 9
global value ssu_thread1: 10
final value: 10
```

pthread_cond() 예제 3은 pthread_cond_signal()를 이용하여 두 개의 쓰레드의 실행 순서를 확인한다. 먼저, main()에서 ssu_thread1()와 ssu_thread2()를 각각 호출하는 두 쓰레드를 생성한다. ssu_thread1()는 pthread_cond_wait()가 호출되어 시그널이 오기 전까지 블록 상태가 된다. ssu_turead2()의 경우 glo_val 인자의 값에 따라 cond로 시그널을 보내거나 glo_val 인자 값을 출력한다. cond로 시그널을 보낼 경우 ssu_thread1()는 실행 가능한 상태로 변경이 되고 수행 후 다시 블록 상태가 된다. 위 과정을 VALUE_DONE(10)회 반복 후 프로그램을 종료한다.

10. 이 장에서 배운 함수들

```
int pthread_create(pthread_t *restrict tidp, const pthread_attr_t *restrict attr,
void *(*start_rtn)(void *), void *restrict arg);
void pthread_exit(void *rval_ptr);
int pthread_join(pthread_t thread, void **rval_ptr);
int pthread_detach(pthread_t tid);
int pthread_cancel(pthread_t tid);
void pthread_cleanup_push(void(*rtn)(void *), void *arg);
void pthread_cleanup_pop(int execute);
int pthread_equal(pthread_t tid1, pthread_t tid2);
pthread_t pthread_self(void);
int pthread_once(pthread_once_t *once_control, void (*init_routine)(void));
int pthread_mutex_init(pthread_mutex_t *mutex, const pthread_mutexatt_t
*attr);
int pthread_mutex_destroy(pthread_mutex_t *mutex);
```

```
int pthread_cond_init(pthread_cond_t *restirct condition, pthread_condattr_t
*restrict attr);
int pthread_cond_destroy(pthread_cont_t *condition);
```

연습문제

1. 다음은 쓰레드를 이용하여 두 행렬의 곱을 구하는 프로그램이다. 프로그램 실행 시 아래 실행 결과가 나올 수 있도록 프로그램을 완성하라.

2. pthread_join()는 join이 가능한 쓰레드만 기다리기 때문에 join이 가능하지 않는 상태로 생성된 쓰레드를 생성하면 어떤 문제가 발생하는지 설명하라.

3. 커널 수준 쓰레드와 사용자 수준 쓰레드를 비교 설명하라.

<ex7-1.c>

```
#include <stdio.h>
#include <stdlib.h>
#include <unistd.h>
#include <pthread.h>

#define N 4

int matrix1[N][N] = {{1, 2, 3, 4}, {2, 3, 4, 5}, {3, 4, 5, 6}, {4, 5, 6, 7}};
int matrix2[N][N] = {{7, 6, 5, 4}, {6, 5, 4, 3}, {5, 4, 3, 2}, {4, 3, 2, 1}};

struct arg {
    int x;
    int y;
};

void *ssu_thread(void *arg) {
    struct arg str_arg = *(struct arg*)   arg;
    int result;
    int i;
```

```
    return (void *)result    ;
}

int main(void)
{
    struct arg arg[N][N];
    pthread_t tid[N][N];
    int result[N][N];
    int i, j;

    for (i = 0; i < N; i++) {
        for (j = 0; j < N; j++) {
            arg[i][j].x = i;
            arg[i][j].y = j;

            //쓰레드  생성
            if (pthread_create(&tid[i][j], NULL, ssu_thread, (void *)&arg[i][j]) < 0) {
                fprintf(stderr, "pthread_create error\n");
                exit(1);
            }
        }
    }

    for (i = 0; i < N; i++)
        for (j = 0; j < N; j++)
            pthread_join(tid[i][j], (void **)&result[i][j]) ;

    for (i = 0; i < N; i++) {
        for (j = 0; j < N; j++)
            printf("%d ", result[i][j]);
        printf("\n");
    }
}

root@localhost:/home/oslab# gcc -o ex7-1 ex7-1.c -lpthread
```

```
root@localhost:/home/oslab# ./ex7-1
50 40 30 20
72 58 44 30
94 76 58 40
116 94 72 50
```

4. 다음 프로그램 실행 시 아래 실행 결과가 나올 수 있도록 프로그램을 완성하라.

```
<ex7-2.c>
#include <stdio.h>
#include <stdlib.h>
#include <pthread.h>

pthread_mutex_t mutex = PTHREAD_MUTEX_INITIALIZER ;
pthread_cond_t cond1  = PTHREAD_COND_INITIALIZER  ;
pthread_cond_t cond2  = PTHREAD_COND_INITIALIZER  ;
int length;
int buf[100];

void *ssu_thread_producer(void *arg) {
    int i;

    for (i = 1; i <= 300; i++) {
        pthread_mutex_lock(&mutex);
        buf[length++] = i;

        if (length == 100)
            pthread_cond_wait(&cond1, &mutex);
        pthread_mutex_unlock(&mutex);
    }
}

void *ssu_thread_consumer(void *arg) {
    int i;
    int sum = 0;
```

```
    for (i = 1; i <= 300; i++) {
        pthread_mutex_lock(&mutex);

        if (length == 0)
            pthread_cond_wait(&cond2, &mutex);

        sum += buf[--length];
        pthread_mutex_unlock(&mutex);
    }

    printf("%d\n", sum);
}

int main(void)
{
    pthread_t producer_tid, consumer_tid;

    pthread_create(&producer_tid, NULL, ssu_thread_producer, NULL);
    pthread_create(&consumer_tid, NULL, ssu_thread_consumer, NULL);
    pthread_join(producer_tid, NULL);
    pthread_join(consumer_tid, NULL);

    //mutex, cond 초기화
    pthread_mutex_destroy(&mutex)     ;
    pthread_cond_destroy(&cond1)      ;
    pthread_cond_destroy(&cond2)      ;

    exit(0);
}

root@localhost:/home/oslab# gcc  -o ex7-2 ex7-2.c  -lpthread
root@localhost:/home/oslab# ./ex7-2
45150
```

Ⅷ. 디몬 프로세스

본 장에서는 디몬 프로세스를 만드는 방법에 대해 설명한다. 디몬 프로세스는 시스템 부팅 중에 메모리에 로딩된다. 이 후 시스템이 종료될 때 까지 백그라운드 상태에서 대기하다가 특정 조건이 되면 실행되는 프로세스이다. 디몬 프로세스를 만드는 방법은 아주 간단하기 때문에 절차적인 방법을 익힌다면 쉽게 응용 할 수 있다.

VIII. 디몬 프로세스

1. 디몬 코딩 규칙

디몬 프로세스는 백그라운드에서 긴 시간 동작하는 프로세스이다. 대부분의 디몬 프로세스는 부팅 시 같이 실행되어 운영체제 시스템이 해야 할 일들을 수행한다. 안정적인 디몬 프로세스를 생성하기 위해서는 다음의 몇 가지 규칙에 맞추어 프로그램을 작성해야한다.

첫째로, 백그라운드 수행이 되어야 한다. 디몬 프로세스는 한 번 가동되면 시스템이 종료될 때까지 항상 클라이언트의 서비스 요청을 처리해야 하므로 쉘이나 /etc/rc 스크립터에 의한 백그라운드 수행 명령 없이 백그라운드에서 수행되어야 한다. 그러기 위해서 자식 프로세스를 생성하여 실제 작업은 자식 프로세스에게 전달하고 부모는 수행을 종료한다. 이때 디몬의 부모 프로세스는 /etc/init이 된다.

둘째로, 프로세스 그룹에서 탈퇴, 새로운 프로세스 그룹을 생성한다. 디몬이 자신의 부모 프로세스와 같은 프로세스 그룹에 있으면 그 그룹으로 전해지는 불필요한 시그널 전달에 의해 간섭을 받을 수 있다. 이러한 영향을 피하기 위해 상속된 프로세스 그룹에서 탈퇴하여 자신의 독자적인 프로세스 그룹을 생성하면 된다. BSD 계열에서는 새로운 세션을 생성하는 setsid()가 제공되므로 이를 이용하여 새로운 세션을 생성하고, 그 세션의 세션 리더이자 그룹 리더가 되면서 기존의 그룹에서 탈퇴할 수 있다. System V계열에서는 세션이란 개념이 없으므로 setpgrp()를 이용하여 새로운 프로세스 그룹을 생성하고 자신이 그룹 리더가 될 수 있다.

셋째로, 터미널 입출력 시그널을 무시한다. 작업 제어 기능(job control)을 지원하는 시스템에서는 백그라운드에서 수행중인 작업에게도 작업제어와 연관된 시그널들이 전달될 수 있다. 그러므로 작업제어와 연관된 시그널 SIGTTIN, SIGTTOU, SIGTSTP을 무시하도록 해야 디몬 프로세스가 불필요한 시그널의 간섭 없이 수행될 수 있다.

〈표 8-1〉 작업제어와 연관된 시그널을 무시

```
signal(SIGTTIN, SIG_IGN);
signal(SIGTTOU, SIG_IGN);
signal(SIGTSTP, SIG_IGN);
```

넷째로, 파일 모드 생성 마스크를 해제한다. 파일 모드 생성 마스크는 부모로부터 물려받게 되는데, 만일 부모가 특정 허가를 금지하여 놓았다면 자식 프로세스도 그 영향을 받아 그 허가가 금지되게 된다. 이것은 디몬 프로세스가 특정 파일을 자기가 원하는 허가 모드로 생성하려는 것을 막는 사태를 초래할 수도 있다. 이러한 상황을 방지하기 위해 디몬 프로세스는 파일 모드 생성 마스크를 설정하는 umask()를 이용하여 디몬이 생성할 파일의 접근 허가 모드를 모두 허용하도록 한다.

다섯째로, 현재 디렉토리를 루트 디렉토리로 설정한다. 대부분의 Linux·Unix 환경은 NFS(Network File System)를 이용하여 여러 파일 시스템을 마운트하여 사용하고 있다. 그런데 디몬이 마운트된 파일 시스템에 존재하면 그 파일 시스템이 언마운트가 불가능하다. 그러므로 작업 디렉토리를 루트 디렉토리로 이동하여 파일 시스템 언마운트에 영향을 주지 말아야 한다. 특정 디렉토리에서만 작업이 가능한 디몬도 있는데, 예를 들어 lpd 디몬은 /usr/spool/lp 디렉토리에서만 작업이 가능하므로 현재 디렉토리를 루트 디렉토리 대신 해당 디렉토리로 옮겨주어야 한다.

여섯째로, 오픈되는 모든 파일 디스크립터를 닫는다. 디몬 프로세스는 부모 프로세스가 오픈된 파일 디스크립터를 상속받는데, 디몬이 쓸데없는 파일에 접근하는 것을 막기 위해 불필요한 파일 디스크립터를 모두 닫는 것이 좋다. 이때, 부모가 오픈하고 있는 디스크립터가 몇 개인지 알 수 없으므로 일반적으로 그 시스템에서 한 프로세스에게 허용된 파일 디스크립터를 모두 닫으면 된다. 파일 디스크립터의 총수는 System V인 경우 <stdio.h>에 NOFILE로 설정되어 있고, BSD 계열인 경우에는 getdtablesize()로 알 수 있다.

마지막으로 표준 입출력과 표준 에러를 /dev/null로 재지정한다. 이로써 이들의 라이브러리 루틴을 무효화시킬 수 있다.

•디몬 코딩 규칙 예제

<ssu_daemon.c>

```
#include <stdio.h>
#include <stdlib.h>
#include <unistd.h>
#include <fcntl.h>
#include <signal.h>
#include <syslog.h>
#include <sys/stat.h>
#include <sys/types.h>
```

```
int ssu_daemon_init(void);
int main(void)
{
    pid_t pid;

    pid = getpid();
    printf("parent process : %d\n", pid);
    printf("daemon process initialization\n");

    if (ssu_daemon_init() < 0) {
        fprintf(stderr, "ssu_daemon_init failed\n");
        exit(1);
    }
    exit(0);
}

int ssu_daemon_init(void) {
    pid_t pid;
    int fd, maxfd;

    if ((pid = fork()) < 0) {
        fprintf(stderr, "fork error\n");
        exit(1);
    }
    else if (pid != 0)
        exit(0);

    pid = getpid();
    printf("process %d running as daemon\n", pid);
    setsid();
    signal(SIGTTIN, SIG_IGN);
    signal(SIGTTOU, SIG_IGN);
    signal(SIGTSTP, SIG_IGN);
    maxfd = getdtablesize();

    for (fd = 0; fd < maxfd; fd++)
```

```
        close(fd);

    umask(0);
    chdir("/");
    fd = open("/dev/null", O_RDWR);
    dup(0);
    dup(0);
    return 0;
}

실행 결과
root@localhost:/home/oslab# ./ssu_daemon
parent process : 12153
daemon process initialization
process 12154 running as daemon
```

디몬 코딩 규칙 예제는 디몬 코딩 규칙에 따라 디몬 프로세스를 생성한다. 먼저, 자식 프로세스를 새로운 세션의 리더로 만들어 제어 터미널이 없게 한다. 그리고 터미널 입출력 시그널들을 무시하게 한 뒤 필요 없는 파일 디스크립터를 모두 닫고 파일 모드 생성마스크를 0으로 설정한 다음 작업 디렉토리를 루트 디렉토리로 변경한다. 마지막으로 /dev/null로 표준 입출력과 에러(fd 0, 1, 2)를 모두 재지정한다. 이렇게 디몬 프로세스가 수행 준비가 끝나면 부모를 종료시킨다.

2. 에러 기록

```
#include <syslog.h>
void openlog(const char *ident, int option, int facility);
void syslog(int priority, const char *format, ...);
void vsyslog(int priority, const char *format, va_list arg);
void closelog(void);
int setlogmask(int maskpri);

                                리턴 값 : 이전의 로그 우선순위 마스크 값
```

디몬 프로세스는 제어 터미널이 없기 때문에 표준 입출력과 에러를 사용할 수 없다. 따라서 디몬 프로세스에 문제가 발생했을 경우 그에 대한 내용을 파일에 쓰려면 각 디몬 프로세스가 사용하는 파일 이름을 전부 알아야한다. 디몬 프로세스는 이를 위해 에러 메시지들을 모두 관리해주는 시스템 로그(syslog)를 사용한다.
openlog()는 syslog()를 사용하기 위한 환경 초기화를 하는 라이브러리 함수이다. ident 인자는 로그 메시지에 자동으로 추가될 구분자인데, 일반적으로 프로그램 이름을 넣는다. 나머지 인자에는 표에 있는 값이나 0을 넣는다. openlog()는 호출 자체를 생략할 수 있다. 이 경우나 facility 인자 값이 0인 경우 facility 인자 값은 syslog() 호출시의 priority 인자 값을 따라가게 된다. <표 8-1>는 facility 인자로 사용할 수 있는 값을 표여 주고 <표 8-2>는 option 인자로 사용할 수 있는 값을 보여 준다. <표 8-1>과 <표 8-2>에서 XSI항목에 표시된 것들은 단일 Unix의 openlog() 정의에 포함된 것으로, Linux 외에도 Unix라는 이름을 사용하는 운영체제(솔라리스, macOS 등)에는 모두 정의되어 있다.

〈표 8-1〉 openlog()의 facility 인자

facility	XSI	설명
LOG_AUTH		인증 프로그램(login, su, getty 등)
LOG_AUTHPRIV		LOG_AUTH와 같되, 메시지가 제한된 권한들로 파일에 기록되었음
LOG_CRON		cron과 at
LOG_DAEMON		시스템 디몬(inetd, routed 등)
LOG_FTP		FTP 디몬(ftpd)
LOG_KERN		커널이 생성한 메시지
LOG_LOCAL0	O	지역 용도로 예약됨
LOG_LOCAL1	O	지역 용도로 예약됨
LOG_LOCAL2	O	지역 용도로 예약됨
LOG_LOCAL3	O	지역 용도로 예약됨
LOG_LOCAL4	O	지역 용도로 예약됨
LOG_LOCAL5	O	지역 용도로 예약됨
LOG_LOCAL6	O	지역 용도로 예약됨
LOG_LOCAL7	O	지역 용도로 예약됨
LOG_LPR		라인 프린터 시스템(lpd, lpc 등)
LOG_MAIL		메일 시스템

LOG_NEWS		Usenet 네트워크 뉴스 시스템
LOG_SYSLOG		syslogd 디몬 자체
LOG_USER	O	다른 사용자 프로세스들이 보낸 메시지(기본 종류)
LOG_UUCP		UUCP 시스템

〈표 8-2〉 openlog()의 option 인자

option	XSI	설명
LOG_CONS	O	syslogd에 보낼 수 없다면 대신 그 메시지를 콘솔로 출력
LOG_NDELAY	O	첫 메시지를 기록할 때가 되어야 오픈됨
LOG_NOWAIT	O	메시지 기록 과정에서 생성되는 자식 프로세스들을 기다리지 않음
LOG_ODELAY	O	syslogd 디몬에 대한 연결을 첫 메시지가 기록될 때까지 미룸
LOG_PERROR	O	로그 메시지를 syslogd로 보낼 뿐만 아니라 표준 에러로도 출력
LOG_PID	O	각 메시지마다 프로세스 ID를 기록

syslog()는 /dev/log에 있는 UNIX 도메인 데이터그램 소켓에 메시지를 전달하는 역할을 하는 라이브러리 함수로 실제로 로그 메시지를 생성하는 함수이다. priority 인자에는 기본적으로 <표 8-3>에 보여 주는 값을 사용하지만, | 연산을 통해 openlog()의 facility값을 같이 사용할 수 있다. 생성되는 메시지의 형태는 format 인자에 의해 결정된다. syslog()는 내부적으로 format 인자 이후의 가변인자들을 모두 vsprintf()의 인자로 주어 실행한다. 단, 문자열 중 %m은 모두 errno에 따른 에러 문자열로 치환된다.

〈표 8-3〉 syslog()의 priority 인자

priority	설명
LOG_EMERG	시스템 사용 불가 메시지
LOG_ALERT	바로 고쳐져야 하는 에러 상태
LOG_CRIT	크리티컬 에러 상태
LOG_ERR	에러 상태
LOG_WARNING	경고 상태
LOG_NOTICE	알림 관련 메시지

LOG_INFO	단순한 정보 메시지
LOG_DEBUG	디버그 메시지

syslog()는 syslogd 디몬에 의해 제공되며, 사용자 디몬 프로세스에서 syslog()를 호출하여 사용할 수 있다. 이곳으로 전달된 메시지는 기능과 우선순위별로 분류되어 저장된다. syslog를 사용하는 다른 방법으로 UDP 포트 514에 직접 로그 메시지를 보내는 법이나, 커널 프로세스에서 log()를 호출하는 방법, 그리고 logger 프로그램을 사용하는 방법도 있지만 이 책에서는 다루지 않는다.

vsyslog()는 syslog()와 동일한 라이브러리 함수이다. vsyslog()는 가변인자를 va_list형으로 받는다는 점만 다르다. closelog()는 syslog() 사용을 종료할 때 호출하는 함수로, syslogd와 통신하는 파일 디스크립터를 닫는다. openlog()와 마찬가지로 호출을 생략할 수 있다. setlogmask()는 로그 우선순위 마스크를 설정하는 함수이다. 설정된 마스크보다 등급이 낮은 로그 메시지는 전부 무시된다.

<표 8-4>에서 보여주듯이 syslog 환경 파일인 /etc/rsyslog.conf를 수정하면 기능과 우선순위별로 메시지가 저장되는 경로를 변경할 수 있다.

〈표 8-4〉 /etc/rsyslog.conf의 내용

```
#  /etc/rsyslog.conf   Configuration file for rsyslog.
#
#          For more information see
#          /usr/share/doc/rsyslog-doc/html/rsyslog_conf.html
#
#  Default logging rules can be found in /etc/rsyslog.d/50-default.conf


#################
#### MODULES ####
#################

module(load="imuxsock") # provides support for local system logging
module(load="imklog")   # provides kernel logging support
#module(load="immark")  # provides --MARK-- message capability

# provides UDP syslog reception
```

```
#module(load="imudp")
#input(type="imudp" port="514")

# provides TCP syslog reception
#module(load="imtcp")
#input(type="imtcp" port="514")

# Enable non-kernel facility klog messages
$KLogPermitNonKernelFacility on

###########################
#### GLOBAL DIRECTIVES ####
###########################

#
# Use traditional timestamp format.
# To enable high precision timestamps, comment out the following line.
#
$ActionFileDefaultTemplate RSYSLOG_TraditionalFileFormat

# Filter duplicated messages
$RepeatedMsgReduction on

#
# Set the default permissions for all log files.
#
$FileOwner syslog
$FileGroup adm
$FileCreateMode 0640
$DirCreateMode 0755
$Umask 0022
$PrivDropToUser syslog
$PrivDropToGroup syslog

#
```

```
# Where to place spool and state files
#
$WorkDirectory /var/spool/rsyslog

#
# Include all config files in /etc/rsyslog.d/
#
$IncludeConfig /etc/rsyslog.d/*.conf
```

• syslog() 예제

```
<ssu_syslog.c>
#include <stdio.h>
#include <stdlib.h>
#include <unistd.h>
#include <fcntl.h>
#include <signal.h>
#include <syslog.h>
#include <sys/stat.h>
#include <sys/types.h>

int ssu_daemon_init(void);

int main(void)
{
    printf("daemon process initialization\n");

    if (ssu_daemon_init() < 0) {
        fprintf(stderr, "ssu_daemon_init failed\n");
        exit(1);
    }

    while (1) {
        openlog("lpd", LOG_PID, LOG_LPR);
        syslog(LOG_ERR, "open failed lpd %m");1
        closelog();
```

```
        sleep(5);
    }

    exit(0);
}

int ssu_daemon_init(void) {
    pid_t pid;
    int fd, maxfd;

    if ((pid = fork()) < 0) {
        fprintf(stderr, "fork error\n");
        exit(1);
    }
    else if (pid != 0)
        exit(0);

    pid = getpid();
    printf("process %d running as daemon\n", pid);
    setsid();
    signal(SIGTTIN, SIG_IGN);
    signal(SIGTTOU, SIG_IGN);
    signal(SIGTSTP, SIG_IGN);
    maxfd = getdtablesize();

    for (fd = 0; fd < maxfd; fd++)
        close(fd);

    umask(0);
    chdir("/");
    fd = open("/dev/null", O_RDWR);
    dup(0);
    dup(0);
    return 0;
}
```

```
실행결과 [Ubuntu]
root@localhost:/home/oslab# ./ssu_syslog
daemon process initialization
process 12279 running as daemon
root@localhost:/home/oslab# ps -ejfc | grep ssu_syslog
root 12279 1 12279 12279 TS 19 21:46 ?00:00:00 ./ssu_syslog
root 12281 12038 12280 12007 TS 19 21:46 pts/19 00:00:00 grep
--color=auto ssu_syslog
root@localhost:/home/oslab# tail -1 /var/log/syslog
Jan 13 21:46:36 oslab-ZBOX-ID91 lpd[12279]: open failed lpd Bad file
descriptor

실행결과 [Fedora]
[root@localhost oslab]# ./ssu_syslog | journalctl -r -n 1
-- Logs begin at 월 2017-01-02 14:54:19 KST, end at 금 2017-01-13
22:12:13 KST. --
 1월 13 22:12:13 localhost.localdomain lpd[30257]: open failed lpd Bad file
descriptor
[root@localhost oslab]# ps -ejfc | grep ssu_syslog
root 30257 1 30257 30257 TS 19 22:12 ?00:00:00 ./ssu_syslog
root 30264 25229 30263 16706 TS 19 22:12 pts/100:00:00 grep
--color=auto ssu_syslog

실행결과 [masOS]
ssu-ui-MacBook-Air:oslab root# ./ssu_syslog
daemon process initialization
process 5583 running as daemon
ssu-ui-MacBook-Air:oslab root# ps -ejfc | grep ssu_syslog
root 5583 1 5583 00 Ss ??0:00.00 ssu_syslog 0 0 10:24PM ??
ssu-ui-MacBook-Air:oslab root# tail -1 /var/log/system.log
Jan 13 22:24:40 ssu-ui-MacBook-Air lpd[5583]: open failed lpd Operation
timed out
```

syslog() 예제는 앞에서 다룬 디몬 코딩 규칙 예제를 활용하여, 디몬 프로세스가 5초마다 로그 메시지를 남기게 하고 그 동작을 확인한다. 디몬 프로세스는 표준 입출력과 에러가 /dev/null로 재지정되어 있기 때문에 로그 메시지를 통해 에러를 확인해야 한다. 운영체제별로 로그를 확인하는 과정이 다르다.

3. 디몬의 관례

디몬 프로세스가 잠금 파일을 사용하는 경우 그 파일을 /var/run/[이름].pid 에 저장하는 것이 관례이다. 이름에는 보통 디몬이나 서비스의 이름이 들어간다. 파일을 해당 경로에 저장하기 위해서는 루트 권한이 필요할 수 있음에 주의해야한다.
디몬이 설정 옵션들을 지원하는 경우 설정 파일들은 보통 /etc의 하위경로에 저장한다. 설정 파일 이름은 name.conf 형태로, name은 디몬 또는 서비스의 이름을 의미한다. 쉘에서 바로 디몬을 실행하는 것이 가능하나, 보통은 시스템 초기화 스크립트(/etc/rc* 혹은 /etc/init.d/*)에서 디몬들을 실행한다. 디몬이 종료되었을 때 자동으로 재시작 되어야 한다면 설정 파일 /etc/initab의 respawn 항목을 적절히 지정해서 init이 디몬을 자동으로 재시작하게 만들 수 있다. 디몬이 설정 파일을 사용하는 경우, 시작 시에는 디몬이 설정 파일을 읽으나 그 이후에는 읽지 않은 것이 보통이기 때문에, 시스템 관리자가 설정 파일을 변경한 후에는 디몬을 중단하고 다시 실행해야 변경된 설정이 적용된다.

4. 이 장에서 배운 함수들

```
void openlog(const char *ident, int option, int facility);
void syslog(int priority, const char *format, ...);
void closelog(void);
void vsyslog(int priority, const char *format, va_list arg);
int setlogmask(int maskpri);
```

연습문제

1. 다음 프로그램은 /var/log/system.log 파일에 자신의 pid를 로그 메시지로 남기는 디몬 프로세스를 생성하는 프로그램이다. 아래 실행 결과가 나올 수 있도록, 프로그램을 완성하라.

<ex8.c>

```
#include <stdio.h>
#include <stdlib.h>
#include <unistd.h>
#include <fcntl.h>
#include <signal.h>
#include <syslog.h>
#include <sys/stat.h>
#include <sys/types.h>

int ssu_daemon_init(void);

int main(void)
{

    exit(0);
}

int ssu_daemon_init(void) {

}

root@localhost:/home/oslab# ./ex8
daemon process initialization
root@localhost:/home/oslab# ps -e | grep ex8
3409    ?    00:00:00 ex8
root@localhost:/home/oslab# tail -1 /var/log/syslog
Jan 17 18:32:59 oslab ex8: My pid is 3409
(PID는 바뀔 수 있음)
```

Ⅸ. 프로세스 간 통신

본 장에서는 프로세스 간 통신(Inter-Process Communication, IPC)에 대해 설명한다. 프로세스는 독립적이기 때문에 다른 프로세스의 영향을 받지 않는 것이 원칙이기 때문에 IPC 기능이 없으면 프로세스들 간 통신은 불가능하다.

프로세스 간 통신을 위해 Linux · Unix에서 제공하는 IPC 기능은 Pipe, FIFO, 메시지 큐, 공유 메모리, 세마포어, 소켓 등이 있다. 이 중 메시지 큐, 공유 메모리, 세마포어 등이 초기 Unix부터 제공되었다. 소켓은 BSD가 네트워크 기반으로 개발한 것으로 본 장에서는 소켓에 대한 설명은 하지 않는다.

Ⅸ. 프로세스간 통신

1. pipe(2)

```
#include <unistd.h>
int pipe(int filedes[2]);
```

리턴 값 : 성공 시 0, 에러 시 -1을 리턴하고 errno 설정

pipe()는 파이프 파일을 생성하는 시스템호출 함수이다. pipe()는 인자로 받은 int형 배열에 읽기전용의 파이프 파일과 쓰기전용의 파이프 파일 2개를 리턴한다. 0번 디스크립터는 읽기를 위한 파이프 파일, 1번 디스크립터는 쓰기를 위한 파이프 파일의 디스크립터이다.

파이프 파일은 모든 Linux·Unix에서 제공하는 단방향 IPC로 사용된다. 사용자는 셸에서도 파이프 기능을 사용할 수 있는데, 전형적으로 한 프로세스의 출력을 다른 프로세스의 입력으로 연결되도록 할 수 있다.

파이프 파일은 매우 간단하게 사용할 수 있다는 장점이 있다. 만약 한쪽 프로세스가 단지 읽기만 하고 다른 쪽 프로세스는 단지 쓰기만 하는 단순한 데이터 흐름을 가진다면 고민 없이 파이프 파일을 사용하면 된다. 그러나 <그림 9-1>에서 보여주듯이 파이프 파일은 반이중 통신을 지원한다는 단점이 있다. 만약 프로세스가 읽기와 쓰기 통신 모두를 사용해야 한다면 두 개의 파이프 파일이 필요하게 되며 이로 인해 구현이 번거로워진다.

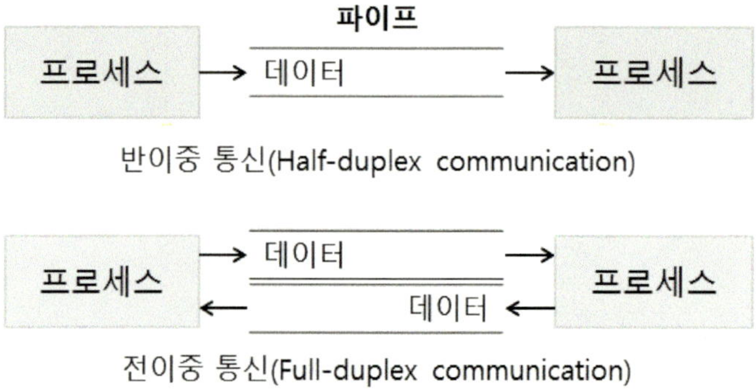

〈그림 9-1〉 반이중 통신과 전이중 통신

단순히 하나의 프로세스에서 파이프 파일에 데이터를 쓰고 다시 읽는 것은 별 의미가 없는 동작이지만, pipe() 호출 뒤에 자식 프로세스를 생성하면 두 프로세스가 이 파이프파일을 통해 통신을 할 수 있다. 자식 프로세스가 부모의 파일 디스크립터로서 존재하는 파이프 파일을 복사해가기 때문이다. 그러나 파이프 파일은 단방향 IPC만을 제공하기 때문에, 부모 프로세스에게 일방적으로 데이터를 전송할지, 아니면 그 반대로 할지를 결정해야 한다.

•pipe() 예제 1

<ssu_pipe_1.c>

```
#include <stdio.h>
#include <stdlib.h>
#include <unistd.h>
#include <errno.h>

#define BUFFER_SIZE 1024

int main(void)
{
    char buf[BUFFER_SIZE];
    int pipe_fd[2];

    if (pipe(pipe_fd) == -1) {
        fprintf(stderr, "pipe error\n");
        exit(1);
    }

    printf("writing to file descriptor #%d \n", pipe_fd[1]);
    write(pipe_fd[1], "OSLAB", 6);
    printf("reading from file descriptor #%d \n", pipe_fd[0]);
    read(pipe_fd[0], buf, 6);
    printf("read  \"%s \" \n", buf);
    exit(0);
}
```

실행 결과

```
root@localhost:/home/oslab# ./ssu_pipe_1
writing to file descriptor #4
reading from file descriptor #3
read  "OSLAB "
```

pipe() 예제 1은 하나의 프로세스에서 파이프 파일의 동작을 확인한다. pipe_fd[2]를 pipe()의 인자로 주어 pipe_fd[1]에는 쓰기용 파일 디스크립터를, pipe_fd[0]에는 읽기용 파일 디스크립터를 할당받는다. 이후 pipe_fd[0]에 쓴 내용을 pipe_fd[1]을 통해 읽음으로써 파이프 파일의 동작을 확인한다.

•pipe() 예제 2

<ssu_pipe_2.c>

```
#include <stdio.h>
#include <stdlib.h>
#include <unistd.h>
#include <errno.h>
#include <sys/types.h>
#include <sys/wait.h>

#define BUFFER_SIZE 1024

int main(void)
{
    char buf[BUFFER_SIZE];
    int pid;
    int pipe_fd[2];

    pipe(pipe_fd);

    if ((pid = fork()) < 0) {
        fprintf(stderr, "fork error\n");
        exit(1);
    }
    else if (pid > 0) {
        printf(" PARENT: writing to the pipe \n");
```

```
        write(pipe_fd[1], "OSLAB", 6);
        printf(" PARENT: waiting \n");
        wait(NULL);

    }
    else {
        printf(" CHILD: reading from pipe \n");
        read(pipe_fd[0], buf, 6);
        printf(" CHILD: read  \"%s \" \n", buf);
        exit(0);
    }

    exit(0);
}

실행 결과 [Ubuntu, macOS]
root@localhost:/home/oslab# ./ssu_pipe_2
 PARENT: writing to the pipe
 PARENT: waiting
 CHILD: reading from pipe
 CHILD: read  "OSLAB “
root@localhost:/home/oslab#
실행 결과 [Fedora]
[root@localhost oslab]# ./ssu_pipe_2
 PARENT: writing to the pipe
 PARENT: waiting
 CHILD: reading from pipe
 CHILD: read  "OSLAB "
```

pipe() 예제 2는 부모, 자식 프로세스를 통한 파이프 파일의 동작을 확인한다. pipe_fd 인자를 pipe()의 인자로 주어 pipe_fd[1]에는 쓰기용 파일 디스크립터를, pipe_fd[0]에는 읽기용 파일 디스크립터를 할당받는다. fork() 호출 이후 부모 프로세스는 쓰기 동작을 pipe_fd[1]을 사용하여 , 자식 프로세스는 읽기 동작을 pipe_fd[0]을 사용하여 수행한다. 부모 프로세스는 쓰기 작업을 파일 디스크립터에 수행하고 난 후 자식 프로세스가 수행을 마치고 종료될 때까지 sleep 모드에 들어간다. 자식 프로세스가 파일 디스크립터를 통하여 읽기 작업을 마치면 부모 프로세스도 정상적인 종료를 하게 된다.

•pipe() 예제 3

<ssu_pipe_3.c>

```
#include <stdio.h>
#include <stdlib.h>
#include <unistd.h>
#include <string.h>

#define BUFFER_SIZE 1024

int main(void)
{
    char buf[BUFFER_SIZE];
    int pid;
    int pipe_fd[2];

    if (pipe(pipe_fd) < 0) {
        fprintf(stderr, "pipe error\n");
        exit(1);
    }

    if ((pid = fork()) < 0) {
        fprintf(stderr, "fork error\n");
        exit(1);
    }
    else if (pid == 0) {
        close(pipe_fd[0]);

        while (1) {
            memset(buf, 0x00, BUFFER_SIZE);
            sprintf(buf, "Hello Mother Process. My name is %d\n",
getpid());
            write(pipe_fd[1], buf, strlen(buf));
            sleep(1);
```

```
        }
    }
    else {
        close(pipe_fd[1]);

        while (1) {
            memset(buf, 0x00, BUFFER_SIZE);
            read(pipe_fd[0], buf, BUFFER_SIZE);
            fprintf(stderr, "%s", buf);
        }
    }

    exit(0);
}

실행 결과
root@localhost:/home/oslab# ./ssu_pipe_3
Hello Mother Process. My name is 8321
Hello Mother Process. My name is 8321
Hello Mother Process. My name is 8321
^C
```

pipe() 예제 3은 부모 자식 프로세스를 통한 파이프 파일을 확인한다. fork를 통해 자식 프로세스는 쓰기만 하는 수행을 반복적으로 하고 부모 프로세스는 읽기만 하는 수행을 반복적으로 한다.

2. mkfifo(3), mknod(2)

```
#include <sys/types.h>
#include <sys/stat.h>
int mkfifo(const char *pathname, mode_t mode)

#include <sys/types.h>
#include <sys/stat.h>
#include <fcntl.h>
```

```
#include <unistd.h>
int mknod(const char *pathname, mode_t mode, dev_t dev)
```

리턴 값 : 성공 시 0, 에러 시 -1을 리턴하고 errno 설정

mkfifo()는 FIFO 파일을 생성할 때 사용되는 라이브러리 함수이고, mknod()는 FIFO 파일을 생성할 때 사용되는 시스템호출 함수이다. 파이프는 자식 프로세스와 부모 프로세스 간 통신을 지원하지만, 서로 관련이 없는 프로세스 간 통신은 불가능하다.

이를 해결하기 위해 FIFO 파일을 사용한다. FIFO는 First In First Out의 줄인말로 파이프처럼 단방향 통신을 지원하며, 사용할 파이프의 이름을 정할 수 있기 때문에 명명된 파이프 파일이라고도 부른다. 이를 이용하면 파이프의 이름을 아는 클라이언트끼리 통신이 가능하고 클라이언트/서버 환경의 프로그램도 작성 가능하다. mkfifo()는 FIFO파일을 생성하기 위한 함수로 인자가 creat()의 인자와 동일하다. 이 함수를 통해 생성된 파일은 다른 파일과 동일하게 사용할 수 있다.

mknod()는 원래 디바이스 파일을 생성할 때 사용하는 시스템호출 함수이지만 mode 인자에 S_IFIFO 플래그를 같이 넣어 주어 FIFO 파일을 생성할 수 있다. 이 경우 dev 인자는 무시된다. 대부분의 시스템에서는 mkfifo()가 내부적으로 mknod()를 호출하게 되어 있다. 단지 FIFO 파일을 생성하는 것만이 목적이라면, /bin/mknod [fifoname] p와 같이 mknod 명령을 사용할 수도 있다.

이렇게 생성된 FIFO 파일은 open(), read(), write(), close()를 사용할 수 있다. 파이프의 경우와 같이 표준 입출력 라이브러리를 사용하고 싶은 경우에는 fopen()를 사용하면 된다. 파이프는 pipe()를 호출하면 read(), write()를 하기 위한 모든 준비가 되는데, FIFO 파일은 mknod() 호출 한 번, open() 호출 두 번이 필요하기 때문에 더 번거롭다. 프로세스는 파이프 파일이나 FIFO 파일을 생성한 후에 해당 디스크립터에 대해서 fcntl()로 O_NDELAY 플래그를 설정 할 수가 있다. O_NDELAY는 no delay를 의미하는데, read(), write()를 호출할 때 오류가 발생하는 경우 즉시 리턴하라는 뜻으로 사용된다. 이것은 <표 9-1>에서 보여주는 다양한 상황에 대해서 여러 가지 read(), write() 동작을 야기한다.

〈표 9-1〉 O_NDELAY 플래그의 동작

상황	O_NDELAY 플래그 미설정	O_NDELAY 플래그 설정
FIFO에 데이터를 쓰려는 프로세스가 하나도 없는데, FIFO를 읽기전용으로 연 경우	어떤 프로세스가 데이터를 쓰려고 FIFO를 열 때까지 기다린다.	오류 없이 즉시 리턴한다.

FIFO에서 데이터를 읽으려는 프로세스가 하나도 없는데, FIFO를 쓰기전용으로 연 경우	어떤 프로세스가 데이터를 읽으려고 FIFO를 열 때까지 기다린다.	오류와 함께 즉시 리턴한다. errno = ENXIO
파이프나 FIFO를 읽으려는데, 데이터가 전혀 없는 경우	파이프나 FIFO에 데이터가 생길 때까지 기다린다. 만약 데이터를 쓰려는 프로세스가 하나도 없으면, 0을 리턴한다.	0을 즉시 리턴
데이터를 쓰는데, 파이프나 FIFO가 꽉 찬 경우	쓰기를 할 수 있는 공간이 생길 때까지 기다려서, 쓰기를 행한다.	0을 즉시 리턴

<표 9-1>에서 읽기전용, 쓰기전용이라는 말이 포함되어 있다는 사실에 주의해야 한다. 만약 한 프로세스가 FIFO 파일을 읽기, 쓰기가 가능하게 오픈한다면, FIFO 파일을 읽거나 쓰려는 프로세스가 이미 존재하고 있다는 것이다. 이것은 <표 9-1>에서 제시한 상황에 해당하지 않는다. 파이프 파일과 FIFO 파일에 적용되는 몇 가지 규칙은 다음과 같다.

먼저, 파이프 파일이나 FIFO 파일에 대해 read()를 행하면, read() 호출은 유효한 데이터양만큼을 읽고 리턴한다. 파이프 파일이나 FIFO 파일에 아직 데이터가 남아 있다면, read()를 호출해서 읽을 수가 있다. 만약 파이프 파일이나 FIFO 파일에 존재하는 데이터가 읽으려는 데이터 크기보다 작다면, read() 호출은 존재하는 데이타만 읽고 리턴한다.

두 번째로, 파이프 파일이나 FIFO 파일에 대해 read()를 호출할 때, 그 파이프 파일이나 FIFO 파일에 데이터를 쓰려고 기다리는 프로세스가 없다면, read()는 0을 리턴한다. 이것은 파일의 끝을 의미하는 상황과 유사하다. 만약 O_NDELAY 플래그를 설정했다면 0이 리턴될 때, write()를 실행하려는 프로세스가 없는 것인지, 현재 파이프나 FIFO에 데이터가 없는 것인지 구별할 수 없다.

세 번째로, 파이프 파일이나 FIFO 파일에 대해 write()를 호출할 때, 쓰려는 데이터의 크기가 파이프나 FIFO가 수용할 수 있는 크기보다 작다면 쓰기 동작은 언제나 원자적이다. 즉, 두 프로세스가 동시에 같은 파이프 파일이나 FIFO 파일에 쓰려고 할 때 데이터가 섞이는 일이 없다는 뜻이다. 예를 들어 한 프로세스가 6,096 바이트 크기의 데이터를 파이프 파일이나 FIFO 파일에 쓰려고 할 때 커널은 먼저 4,096 바이트를 쓰고 나중에 나머지 2,000 바이트를 쓸 수 있다. 이 때 다른 프로세스가 이 사이에 자신의 데이터를 파이프 파일이나 FIFO 파일에 쓴다면 파이프 파일이나 FIFO 파일에는 첫 번째 프로세스가 나중에 쓰려고 했던 2,000 바이트의 데이터가 4,096 바이트의 데이터의 바로 뒤에 쓰여지지 않고 다른 프로세스의 데이터가 이 사이에 끼어들어 쓰여질 수 있어 데이터의 일관성이 깨지게 된다. 이러한 데이터의 일관성을 보장하기 위해서 원자적 연산이 제공된다. 그러나 만약 파이프 파일이나 FIFO 파일이 수용할 수 있는 크기를 초과하는 데이터를 쓰는 경우에는 원자적 연산이 보장되지 않는다.
마지막으로, 파이프 파일이나 FIFO 파일에 대해 write()를 호출할 때, 그 파이프 파일이나 FIFO 파일에서 데이터를 읽으려고 기다리는 프로세스가 없다면, SIGPIPE 시그널이 생성된다. write()는 0을 리턴하고, errno 변수는 EPIPE로 설정된다. 프로세스는 보통 SIGPIPE 시그널을 받으면 종료한다. 이것을 막으려면 시그널 핸들러를 미리 설정해 놓아야 한다.

•FIFO 예제

<ssu_fifo_A.c>

```
#include <stdio.h>
#include <stdlib.h>
#include <unistd.h>
#include <errno.h>
#include <fcntl.h>
#include <string.h>
#include <sys/stat.h>
#include <sys/types.h>

#define BUFFER_SIZE 1024
#define FILE_MODE
S_IWUSR|S_IRUSR|S_IWGRP|S_IRGRP|S_IWOTH|S_IROTH
#define FIFO_NAME "ssu_fifofile"

int main(void)
{
    char buf[BUFFER_SIZE];
    int fd;
    int length;

    mkfifo(FIFO_NAME, FILE_MODE);
    printf("waiting for readers... \n");
```

```
    if ((fd = open(FIFO_NAME, O_WRONLY)) < 0) {
        fprintf(stderr, "open error for %s\n", FIFO_NAME);
        exit(1);
    }

    printf("got a reader--type some stuff \n");

    while (fgets(buf, BUFFER_SIZE, stdin), !feof(stdin)) {
        if ((length = write(fd, buf, strlen(buf)-1)) == -1) {
            fprintf(stderr, "write error\n");
            exit(1);
        }
        else
            printf("speak: wrote %d bytes \n", length);
    }

    exit(0);
}
```

<ssu_fifo_B.c>

```
#include <stdio.h>
#include <stdlib.h>
#include <unistd.h>
#include <errno.h>
#include <fcntl.h>
#include <string.h>
#include <sys/stat.h>
#include <sys/types.h>

#define BUFFER_SIZE 1024
#define FIFO_NAME "ssu_fifofile"

int main(void)
{
    char buf[BUFFER_SIZE];
    int fd;
```

```
    int length;

    mknod(FIFO_NAME, S_IFIFO | 0666, 0);
    printf("waiting for writers... \n");

    if ((fd = open(FIFO_NAME, O_RDONLY)) < 0) {
        fprintf(stderr, "open error for %s\n", FIFO_NAME);
        exit(1);
    }

    printf("got a writer \n");

    do {
        if ((length = read(fd, buf, BUFFER_SIZE)) == -1) {
            fprintf(stderr, "read error\n");
            exit(1);
        }
        else {
            buf[length] = '\0';
            printf("tick: read %d bytes: \"%s\"\n", length, buf);
        }
    }
    while (length > 0);

    exit(0);
}
```

실행 결과 [ssu_fifo_A]

```
root@localhost:/home/oslab# ./ssu_fifo_A
waiting for readers...
got a reader--type some stuff
Hello
speak: wrote 5 bytes
OSLAB~!
speak: wrote 7 bytes
Linux System Programming
```

```
speak: wrote 24 bytes
^C

실행 결과 [ssu_fifo_B]
root@localhost:/home/oslab# ./ssu_fifo_B
waiting for writers...
got a writer
tick: read 5 bytes: "Hello"
tick: read 7 bytes: "OSLAB~!"
tick: read 24 bytes: "Linux System Programming"
tick: read 0 bytes: ""
```

FIFO 예제는 ssu_fifo_A를 생산자, ssu_fifo_B를 소비자로 만들어 FIFO 파일을 확인한다. ssu_fifo_A에서 표준 입력으로부터 입력을 받은 뒤 개행 문자를 제외하고 ssu_fifo_B에 보내면, ssu_fifo_B에서는 받은 데이터 그대로 출력한다.

3. ftok(3)

```
#include <sys/ipc.h>
#include <sys/types.h>
key_t ftok(const char *path, int id);

        리턴 값: 성공 시 새로운 IPC키 key_t(long) 값, 에러 시 -1을 리턴하고 errno 설정
```

ftok()는 key_t타입의 키를 생성하는 라이브러리 함수이다. 파일의 경로명과 id 인자로 넘겨진 프로젝트 값을 통해 커널이 알아볼 수 있는 키를 생성한다.
경로명과 프로젝트 값이 동일하면 생성되는 키의 값도 같다. 따라서 통신을 하려는 프로세스 간에는 같은 경로명과 프로젝트 값을 알고 있어야 한다. 경로명만을 사용하는 FIFO 파일과 달리, ftok()는 경로명에서 추출한 파일의 i-node번호와 프로젝트 값을 이용하기 때문에 키가 유일하지 않을 수 있다는 단점이 생긴다. 만약 서로 다른 디스크 파티션에 존재하는 파일이 같은 i-node번호를 가지게 된다면 서로 다른 경로명을 사용했음에도 불구하고 키가 같을 수도 있다. 단지 그 확률이 극히 낮기 때문에 무시하고 사용할 뿐이다.
ftok()가 파일의 i-node를 이용하기 때문에 발생하는 또 다른 문제가 있다. ftok()의 인자로 쓰이는 path에 해당하는 파일은 서버가 지웠다가 다시 생성하는 파일을 사용하면

안 된다는 것이다. 만약 서버가 그 파일을 지우고 다시 생성하면 새로 생성된 파일의 i-node는 이전 파일의 i-node는 다르기 때문에 ftok()는 이전에 생성된 파일과 새로 생성된 파일과 관련된 두 개의 다른 키를 생성하게 되고 이것은 서버와 클라이언트 간 통신에 심각한 문제를 발생시킬 수 있다.

프로그램에 따라서는 ftok()로 키를 생성하지 않고, 키를 미리 특정 상수로 정해놓고 사용하기도 한다. ftok()는 i-node의 변화가 없는 경우 동일한 path, id 인자 값에 대해서 항상 동일한 키를 생성한다. 따라서 프로그래머들은 ftok()를 잘 사용하지 않는다. <그림 9-2>는 ftok()를 사용해서 생성되는 키를 사용하는 과정을 보여준다. 생성된 키를 이용하여 파이프 파일이나 FIFO 파일 이외 시스템 내부의 IPC 기능을 이용하여 데이터를 주고받을 수 있다.

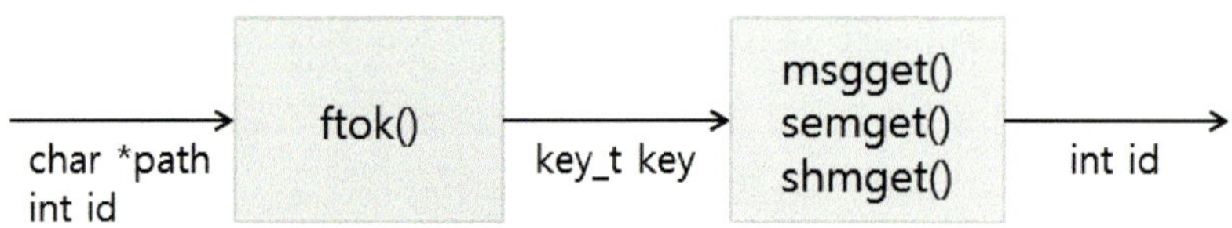

〈그림 9-2〉 ftok() 호출을 통해서 리턴되는 키를 사용하는 과정

<그림 9-3>에서 보여주듯이 System V IPC인 메시지 큐, 세마포어, 공유 메모리 등도 ftok()를 사용하여 키를 주고 받는다. 파일 접근과 유사하게 System V IPC들도 접근 권한이 있으며 접근 권한의 변경도 가능하다.

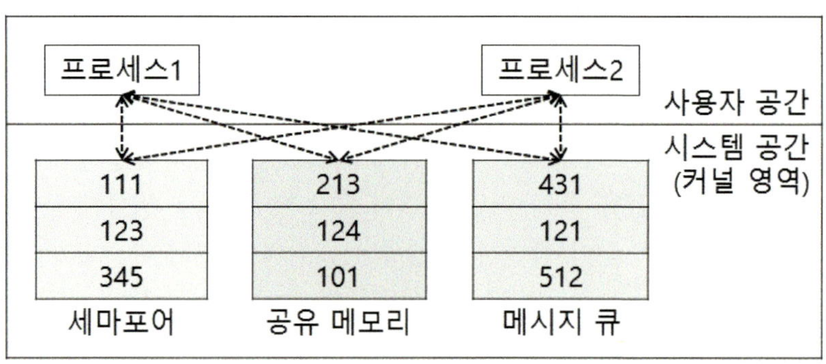

〈그림 9-3〉 시스템 내부의 IPC 기능들

참고로 System V IPC는 오랜 역사를 가진 만큼 이기종 시스템 간 코드 호환성을 확실히 보장해 주지만, API가 좀 구식이며 함수명도 명확하지 않다. 따라서 직관적으로 API가 구성되어 있는 POSIX IPC를 요즘은 더 많이 사용한다. <표 9-4>는 IPC를 위한 시스템 호출 함수들을 보여준다.

〈표 9-4〉 IPC 기능을 사용하기 위한 일련의 시스템 호출 함수

	메시지 큐	세마포어	공유 메모리
열기 작업을 수행하는 시스템 콜	msgget()	semget()	shmget()
동작을 제어하는 시스템 콜	msgctl()	semctl()	shmctl()
IPC를 동작시키는 시스템 콜	msgsnd()/msgrcv()	semop()	shmat()/shmdt()

System V 방식의 IPC의 특징을 이해하려면 'name space' 라는 개념을 알아야 한다. 앞에서 우리는 FIFO를 명명된 파이프 파일이라고 하였는데 이것 역시 name space에서 유래된 것이다.

일반적으로 프로세스 간 통신을 위해 사용되는 IPC 채널을 보호할 수 있다고 하는 것은 두 프로세스 간에 고유한 IPC 채널을 할당할 수 있다는 뜻한다. 시스템은 다수의 프로세스 그룹이 채널 할당을 요구할 때마다, 서로 다른 번호의 채널을 생성함으로써 각각의 프로세스 그룹에 대해서 유일한 IPC 채널을 지원한다. 예를 들어, 시스템은 한 프로세스 그룹에 채널 번호가 100인 IPC 채널을 할당하고, 다른 프로세스 그룹에 채널 번호가 101인 IPC 채널을 할당하여 프로세스 간 통신은 할당된 채널로만 가능하게 한다. 따라서 IPC 채널 번호를 유일하게 생성하는 것이 중요한 문제가 되는데, 생성 가능한 채널 번호의 집합을 name space라고 한다.

name space는 두 프로세스가 데이터를 주고받고자 할 때 IPC 채널을 고유하게 할당할 수 있는 방법을 정의하는 것이다. 즉, 작성한 클라이언트 서버 프로그램이 파이프 파일을 이용할 때, name space는 다른 프로세스가 함부로 해당 파이프 파일을 접근하지 못하도록 보호하는 방법을 정의하는 것이다.

하나의 IPC 방식이 어떤 name space를 갖고 어떤 채널 번호가 생성되느냐에 따라, 고유한 IPC 채널이 할당될 수 있고 그렇지 않을 수도 있다. <표 9-5>는 각각의 IPC 방식의 name space를 보여준다.

〈표 9-5〉 다양한 IPC 방식에 따른 name space 및 채널 ID

IPC 종류	name space	채널 ID
파이프	없음	파일 디스크립터
FIFO	pathname	파일 디스크립터
메시지 큐	key_t key	ID

공유메모리	key_t key	ID
세마포어	key_t key	ID
소켓(UNIX domain)	pathname	파일 디스크립터
소켓(다른 domain)	경우에 따라 다름	파일 디스크립터

파이프 파일은 name space가 없고 부모, 자식 프로세스 사이에 공유되는 파일 디스크립터를 통해 통신하기 때문에, 다른 프로세스가 전혀 간섭할 수가 없다. 또한 FIFO 파일은 경로명을 name space로 두고 있어, 파일시스템에 존재할 수 있는 경로명만큼의 IPC 채널을 할당할 수 있게 된다. 한 경로명은 하나의 IPC 채널에 대응되기 때문에 서로 다른 경로명을 사용하는 프로세스 그룹 간에 IPC 채널은 독립적이 된다. 메시지 큐, 세마포어, 공유 메모리는 동일한 name space를 사용하는데 경로명과 프로젝트 값을 함께 사용하기 때문에 FIFO 파일과는 다르다.

4. msgget(2)

```
#include <sys/ipc.h>
#include <sys/msg.h>
#include <sys/types.h>
int msgget(key_t key, int msgflg);

                              리턴 값: 성공 시 식별번호, 에러 시 -1를 리턴하고 errno 설정
```

msgget()는 메시지 큐의 ID를 얻기 위해 사용되는 시스템호출 함수이다. 메시지 큐는 커널에서 관리하는 FIFO 형태의 자료구조로, 여러 시스템에서 제공되는 IPC 중 하나이다. 메시지 큐는 메시지에 타입을 둠으로써, 하나의 큐에서 동시에 여러 프로세스가 데이터를 다룰 수 있게 지원해준다는 장점이 있다. 메시지 큐 사용을 위해서는 먼저 msgget()로 메시지 큐를 생성하고, 참조를 위한 ID를 얻어야 한다.

msgget()는 ftok()로 생성한 키와 msgflg를 인자로 받는다. <표 9-6>에서 보여주는 msgflg 인자는 권한 정보와 함수 옵션이 포함된다. msgget()로 메시지 큐가 커널에 생성되면 <표 9-7>에서 보여주는 msqid_ds 구조체의 형태로 메시지 큐를 관리할 수 있게 된다. <그림 9-4>에 보여주듯이 메시지 큐는 링크드 리스트로 관리된다.

〈표 9-6〉 msgflg 인자

8진수 값	msgflg	기능
0400	MSG_R	큐 소유자에 의해 읽기 가능
0200	MSG_W	큐 소유자에 의해 쓰기 가능
0040	MSG_R >> 3	그룹에 의해 읽기 가능
0020	MSG_W >> 3	그룹에 의해 쓰기 가능
0004	MSG_R >> 6	누구나 읽기 가능
0002	MSG_W >> 6	누구나 쓰기 가능
	IPC_CREAT	키가 존재하지 않는 경우 새로운 ID 리턴 키가 존재하는 경우 기존 채널 ID 리턴
	IPC_EXCL	키가 존재하지 않는 경우 새로운 ID 리턴 키가 존재하는 경우 오류. errno = EEXIST

〈표 9-7〉 msqid_ds 구조체

```
struct msqid_ds{
        struct ipc_perm msg_perm;        // 권한정보를 가진 구조체
        struct msg *msg_first;           // 큐의 처음 메시지
        struct msg *msg_last;            // 큐의 마지막 메시지
        ushort msg_cbytes;               // 현재 큐에 들은 메시지의 바이트
        ushort msg_qnum;                 // 현재 큐에 들은 메시지의 개수
        ushort msg_qbytes;               // 큐의 최대 바이트 수
        ushort msg_lspid;                // 마지막 메시지를 보낸 프로세스의 ID
        ushort msg_lrpid;                // 마지막 메시지를 조회한 프로세스의 ID
        ushort msg_stime;                // 마지막 msgsnd()가 호출된 시간
        ushort msg_rtime;                // 마지막 msgrcv()가 호출된 시간
        ushort msg_ctime;                // 마지막 msgctl()가 호출된 시간
};
```

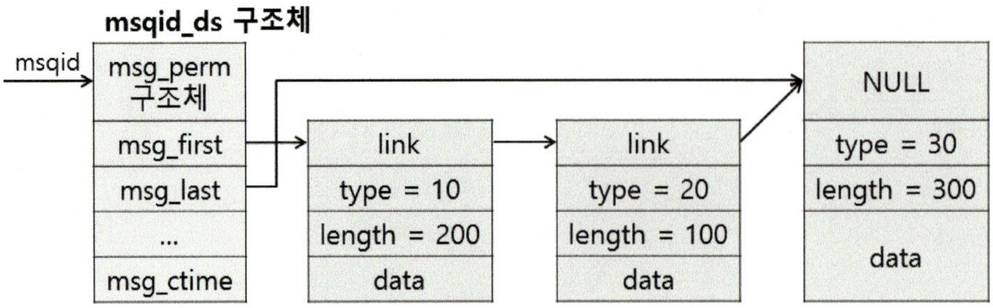

〈그림 9-4〉 링크드 리스트로 관리되는 메시지 큐의 형태

5. msgsnd(2)

```
#include <sys/ipc.h>
#include <sys/msg.h>
#include <sys/types.h>
int msgsnd(int msqid, const void *msgp, size_t msgsz, int msgflg);
```

리턴 값: 성공 시 0, 에러 시 -1을 리턴하고 errno 설정

msgsnd()는 메시지 큐를 통해 데이터를 보내는 시스템호출 함수이다. msgget()를 통해 생성된 메시지 큐에 메시지를 보내려면 msgsnd()를 호출해야 한다. msgsnd()는 msgid에 해당하는 ID를 갖는 메시지 큐에 msgp 인자가 가리키는 데이터를 보낸다. msgp 인자는 <표 9-8>에 보여주듯이 커널에 저장된 기본적인 형태인 msgbuf 구조체를 사용한다.

〈표 9-8〉 msgbuf 구조체

```
struct msgbuf {
    long mtype;              //메시지 타입
    char mtext[1];           // 메시지 자료 자체
    // long reguest_id;
    // struct client info;
};
```

msgbuf 구조체의 mtype 멤버는 메시지의 종류를 결정한다. 프로세스마다 사용할 mtype 멤버의 값을 다르게 하면, 프로세스가 메시지 큐에서 자신이 받아야 할 메시지

만 참조할 수 있게 할 수 있으며, 메시지에 우선순위를 부여할 수도 있다. char 형으로 정의된 mtext 멤버는 큐에 붙여질 데이터는 필요에 따라 형태와 크기를 재정의하여 사용할 수 있다. 따라서 msgsnd()의 세 번째 인자인 msgsz를 통해 재정의된 mtext의 크기를 커널에 알려준다. .<표 9-9>는 msgbuf 구조체를 재정의하는 예를 보여준다.

〈표 9-9〉 msgbuf 구조체 예제

```
struct pirate_msgbuf {
    long mtype;                    // 양수여야 함
    struct pirate_info{
    char name[30];
    char ship_type;
    int notoriety;
    int cruelty;
    int booty_value;
    } info;
};
```

msgsnd()의 마지막 msgflg 인자는 옵션으로 별다른 플래그를 지정하지 않고 싶다면 0을 쓰면 된다. 메시지 큐에 저장할만한 공간이 없을 경우 기다리지 말고 오류로 리턴하라는 플래그인 IPC_NOWAIT 가 사용된다.

6. msgrcv(2)

```
#include <sys/ipc.h>
#include <sys/msg.h>
#include <sys/types.h>
ssize_t msgrcv(int msqid, void *msgp, size_t msgsz, long msgtyp, int msgflg);

  리턴 값: 성공 시 실제로 msgp인자로 읽어들인 바이트 수, 에러 시 -1을 리턴하고 errno 설정
```

msgrcv()는 메시지 큐를 통해 데이터를 읽는 시스템호출 함수이다. msgsnd()에 의해서 보내진 메시지는 그 메시지를 필요로 하는 프로세스가 msgrcv()를 호출해서 메시지를 읽을 때까지 커널 내부에 남아 있게 된다. msgrcv()의 호출 인자는 msgsnd()와 거의 같고, msgtyp 인자와 msgflg 인자만 다르다.

msgflg 인자는 MSG_NOERROR, IPC_NOWAIT 또는 0으로 설정될 수 있는데, MSG_NOERROR를 설정하면 msgrcv()의 msgsz보다 많은 데이터를 가진 메시지가 읽혀질 때 오류 없이 리턴하라는 의미로 사용된다. 실제 메시지가 갖고 있는 데이터가 msgsz 인자보다 길어도 커널은 msgsz의 뒷부분을 잘라버리고 msgrcv()를 리턴한다. 물론 이 플래그를 설정하지 않고, msgsz 인자보다 큰 메시지를 읽으면 오류가 발생한다. 그리고 IPC_NOWAIT 플래그를 설정하면 메시지 큐에 메시지가 없을 경우 -1을 리턴하고, errno를 ENOMSG로 설정한다. 그렇지 않으면 msgrcv()를 호출한 프로세스는 시그널을 받거나, 메시지 큐가 제거되거나, 메시지 타입 조건에 부합하는 메시지가 나타날 때까지 중단된다.

msgtyp 인자는 매우 중요하다. 이것은 msgbuf 구조체에 왜 메시지 타입이 들어가는지 설명해 준다. 하나의 메시지 큐에는 다수의 메시지가 존재할 수 있다. 예를 들어, 서버가 메시지 큐에 하나의 메시지를 보낸 뒤, 서버 동작의 이상을 알리는 비상 메시지를 추후에 보낸다면 클라이언트는 이것을 어떻게 알 수 있을까? 클라이언트가 메시지 큐에 있는 메시지를 순서대로만 읽을 수 있다면, 클라이언트는 첫 번째 메시지를 받은 후에야 비상 메시지를 받을 수 있을 것이다.

System V에서는 메시지 타입을 두어 이러한 문제를 효율적으로 해결하고 있다. 클라이언트가 msgrcv()를 호출할 때 적당한 msgtyp 값을 설정하여, 클라이언트는 메시지 큐에서 일정한 조건을 만족시키는 특정한 메시지를 선택적으로 읽어 들일 수 있다. msgtyp 값에 따라 msgrcv()의 동작은 다르다. 먼저, msgtyp 값이 0보다 큰 경우에는 메시지 타입을 검사하여 msgtyp 값과 메시지 타입이 같은 첫 번째 메시지를 리턴한다. 두 번째로, msgtyp 값이 0보다 작은 경우에는 msgtyp의 절대 값보다 작거나 같은 첫 번째 메시지를 리턴한다. 마지막으로, msgtyp 값이 0인 경우에는 별다른 검사 없이 메시지 큐의 첫 번째 메시지를 리턴한다.

메시지 큐에 있는 메시지들은 모두 메시지 타입을 갖고 있고 리스트로 구성되어 있다. 커널은 여기서 리스트를 순서대로 검사하여 조건에 부합하는 특정한 메시지를 선택할 수 있다.

7. msgctl(2)

```
#include <sys/ipc.h>
#include <sys/msg.h>
#include <sys/types.h>
int msgctl(int msqid, int cmd, struct msqid_ds *buf);
```

리턴 값 : 성공 시 cmd에 따라 다른 값 리턴, 에러 시 -1을 리턴하고 errno 설정

msgctl()는 메시지 큐를 조작할 때 사용되는 시스템호출 함수이다. 메시지 큐는 명시적으로 제거하지 않으면 남아서 메모리를 낭비한다. 따라서 사용이 끝난 메시지 큐는 msgctl()를 호출하여 제거해야 한다. <표 9-10>에서 보여주듯이 msgctl()는 cmd 인자에 따라 메시지 큐 제거 이외도 여러 가지 역할을 한다.

〈표 9-10〉 msgctl의 cmd 인자

cmd	내용
IPC_RMID	큐를 커널에서 제거
IPC_STAT	msqid_ds 구조체에서 상태값을 얻어 buf 주소에 이를 저장
IPC_SET	msqid_ds 구조체 내 ipc_perm 멤버의 값을 buf에서 읽어와 지정

cmd 값이 IPC_RMID일 경우에는 buf 인자는 필요가 없으므로 NULL을 넣으면 된다. 그러나 IPC_STAT이나 IPC_SET인 경우에는 목적에 맞게 msqid_ds 구조체의 내용을 채워야 한다.

• 메시지 큐 예제 1

〈ssu_msgqueue_1.c〉

```
#include <stdio.h>
#include <stdlib.h>
#include <errno.h>
#include <string.h>
#include <sys/ipc.h>
#include <sys/msg.h>
```

```
#include <sys/types.h>

#define BUFFER_SIZE 1024

struct ssu_msgbuf  {
    char msg_text[BUFFER_SIZE];
    long msg_type;
};

int main(void)
{
    struct ssu_msgbuf buf;
    key_t key;
    int msg_queueid;

    if ((key = ftok("ssu_dummy.c", 'B')) == -1) {
        fprintf(stderr, "ftok error\n");
        exit(1);
    }

    if ((msg_queueid = msgget(key, 0644 | IPC_CREAT)) == -1) {
        fprintf(stderr, "msgget error\n");
        exit(1);
    }

    printf("Enter lines of text, ^D to quit: \n");
    buf.msg_type = 1;

    while (fgets(buf.msg_text, sizeof(buf.msg_text), stdin) != NULL) {
        int length = strlen(buf.msg_text);

        if (buf.msg_text[length-1] == '\n')
            buf.msg_text[length-1] = '\0';

        if (msgsnd(msg_queueid, &buf, length+1, 0) == -1)
            fprintf(stderr, "msgsnd error");
```

```
    }

    if (msgctl(msg_queueid, IPC_RMID, NULL) == -1) {
        fprintf(stderr, "msgctl error");
        exit(1);
    }

    exit(0);
}
```

실행 결과

```
root@localhost:/home/oslab# touch ssu_dummy.c
root@localhost:/home/oslab# ./ssu_msgqueue_1
Enter lines of text, ^D to quit:
Hi OSLAB!
Nice to meet you!
```

메시지 큐 예제 1은 ssu_dummy.c 파일과 프로젝트 값 B로 key를 얻고, 그 key에 해당하는 메시지 큐 ID를 얻고 나서, 얻은 메시지 큐에 메시지를 보낸다. 이 예제는 메시지를 보내기만 하고 수신하는 코드가 없기 때문에 동작을 확인할 수는 없다.

• 메시지 큐 예제 2

<ssu_msgqueue_2A.c>

```
#include <stdio.h>
#include <stdlib.h>
#include <errno.h>
#include <string.h>
#include <sys/ipc.h>
#include <sys/msg.h>
#include <sys/types.h>

#define BUFFER_SIZE 1024

struct ssu_msgbuf {
    char msg_text[BUFFER_SIZE];
```

```
    long msg_type;
};

int main(void)
{
    struct ssu_msgbuf buf;
    key_t key;
    int msg_queueid;

    if ((key = ftok("ssu_msgqueue_1A.c", 'B')) == -1) {
        fprintf(stderr, "ftok error\n");
        exit(1);
    }

    if ((msg_queueid = msgget(key, 0644 | IPC_CREAT)) == -1) {
        fprintf(stderr, "msgget error\n");
        exit(1);
    }

    printf("Enter lines of text, ^D to quit: \n");
    buf.msg_type = 1;

    while (fgets(buf.msg_text, sizeof(buf.msg_text), stdin) != NULL) {
        int length = strlen(buf.msg_text);

        if (buf.msg_text[length-1] == '\n')
            buf.msg_text[length-1] = '\0';

        if (msgsnd(msg_queueid, &buf, length+1, 0) == -1)
            fprintf(stderr, "msgsnd error\n");
    }

    if (msgctl(msg_queueid, IPC_RMID, NULL) == -1) {
        fprintf(stderr, "msgctl error\n");
        exit(1);
    }
```

```
    exit(0);
}
```

<ssu_msgqueue_2B.c>

```
#include <stdio.h>
#include <stdlib.h>
#include <errno.h>
#include <sys/ipc.h>
#include <sys/msg.h>
#include <sys/types.h>

#define BUFFER_SIZE 1024

struct ssu_msgbuf {
    char msg_text[BUFFER_SIZE];
    long msg_type;
};

int main(void)
{
    struct ssu_msgbuf buf;
    key_t key;
    int msg_queueid;

    if ((key = ftok("ssu_msgqueue_1A.c", 'B')) == -1) {
        fprintf(stderr, "ftok error\n");
        exit(1);
    }

    if ((msg_queueid = msgget(key, 0644)) == -1) {
        fprintf(stderr, "msgget error\n");
        exit(1);
    }

    printf("spock: ready to receive messages, captain.\n");
```

```
    while (1) {
        if (msgrcv(msg_queueid, &buf, sizeof(buf.msg_text), 0, 0) == -1)
{
            fprintf(stderr, "msgrcv: Identifier removed\n");
            exit(1);
        }

        printf("spock: \"%s\"\n", buf.msg_text);
    }

    exit(0);
}

실행 결과 [ssu_msgqueue_2A] (A실행 후 B실행 후 A에 입력)
root@localhost:/home/oslab# ./ssu_msgqueue_2A
Enter lines of text, ^D to quit:
Hi OSLAB~!
Nice to meet you~

실행 결과 [ssu_msgqueue_2B]
root@localhost:/home/oslab# ./ssu_msgqueue_2B
spock: ready to receive messages, captain.
spock: "Hi OSLAB~!"
spock: "Nice to meet you~"
msgrcv: Identifier removed
```

메시지 큐 예제 2의 ssu_msgqueue_1A.c는 ssu_msgque_1A.c 파일과 프로젝트 값 B로 key를 얻고, 그 key에 해당하는 메시지 큐 ID를 얻고 사용자로부터 입력받은 메시지를 메시지 큐에 보낸다. ssu_msgqueue_2B.c는 동일하게 key를 얻고 1A로부터 받은 메시지를 출력한다.

8. semget(2)

```
#include <sys/ipc.h>
#include <sys/sem.h>
#include <sys/types.h>
int semget(key_t key, int nsems, int semflg);
```

리턴 값 : 성공 시 음수가 아닌 새로 만들어진 세마포어 ID 또는 key와 일치하는 세마포어 ID,
에러 시 -1을 리턴하고 errno 설정

semget()는 세마포어 ID를 얻기 위해 사용되는 시스템호출 함수이다. 메시지 큐 또는 공유 메모리를 통해 데이터를 공유하는 경우, 동시에 두 개 이상의 프로세스가 데이터를 접근하면 안 된다.

이를 위해 커널에서 세마포어라는 기법을 지원하는데, 세마포어는 자원에 대한 동시 접근을 막는 IPC로 활용된다. 세마포어는 커널이 관리하는 공유 변수로서 일반적인 변수와 달리 커널이 지원하는 두 가지 원자적인 연산인 P()와 V()만 사용 가능한 변수라고 정의할 수 있다.

세마포어가 어떤 값이 되거나 조건을 만족하기를 기다리다가 이것이 만족되면 즉시 세마포어 변수를 줄이는 P(), 그리고 단지 세마포어 변수에 어떤 값을 더하는 V()가 그 두 가지 연산이다. P()와 V()는 병행성 문제를 해결하기 위해 Dijkstra가 제안하였다. 세마포어 변수는 자원의 수를 나타내기 때문에, P()는 자원의 점유를 나타내고 V()는 자원의 방출을 나타낸다. <표 9-11>은 세마포어를 사용하지 않아 증가 연산이 같은 변수에 대해 두 번 일어났지만 증가 연산이 한번 일어난 결과를 얻게 되는 예를 보여준다.

〈표 9-11〉 세마포어가 없는 경우의 예

```
int count = 100;
A 프로세스가 count를 읽어온다.          100
B 프로세스가 count를 읽어온다.          100
B 프로세스가 count를 1 증가 시킨다.    101
A 프로세스가 count를 1 증가 시킨다.    101
```

count 값은 본래 102가 되어야 했으나, count 변수를 두 프로세스가 동시에 점유를 시도 했기 때문에 원하지 않는 값으로 변했다. 위와 같은 상황을 막기 위해 세마포어가 사용된다.

세마포어를 사용하려면 먼저 세마포어 ID를 얻어야하고, 세마포어 ID를 얻기 위해서는 semget()를 호출해야 한다. 사용자는 세마포어 ID를 통해 커널에 있는 세마포어 값에 접근할 수 있다. semget()는 메시지 큐와 마찬가지로 키를 이용하여 ID를 할당받고 msgget()의 msgflg 인자와 동일한 역할을 하는 <표 9-12>에서 보여주는 semflg 인자를 받는다. 단 메시지 큐와 달리 세마포어는 할당될 자원의 수를 nsems 인자로 받아야 한다. 만약 이미 생성되어있는 세마포어의 ID를 얻고자 하는 경우에는 nsems 인자가 필요가 없으므로 0을 쓰면 된다.

〈표 9-12〉 semflg 인자

8진수 값	플래그	기능
0400	SEM_R	소유자에 의해 읽기 가능
0200	SEM_A	소유자에 의해 변경 가능
0040	SEM_R >> 3	그룹에 의해 읽기 가능
0020	SEM_A >> 3	그룹에 의해 변경 가능
0004	SEM_R >> 6	누구나 읽기 가능
0002	SEM_A >> 6	누구나 변경 가능
	IPC_CREAT	key가 존재하지 않는 경우 새로운 ID 리턴 key가 존재하는 경우 기존 ID 리턴
	IPC_EXCL	key가 존재하지 않는 경우 새로운 ID 리턴 key가 존재하는 경우 오류 리턴 errno = EEXIST

메시지 큐와 마찬가지로, semget()를 호출하면 세마포어가 커널 내에 생성되고, 그 내용을 구조체를 통해 확인하거나 수정할 수 있다. <표 9-13>와 <그림 9-5>에서 보여주는 semid_ds 구조체의 sem_base 멤버에는 세마포어를 배열 형태로 사용하는데 이것은 다수의 세마포어를 고려하여 필요한 공유 변수를 여러 개 사용할 수 있게 하는 것이다.

〈표 9-13〉 semid_ds 구조체

```
struct semid_ds {
    struct ipc_perm sem_perm;          // 권한정보를 가진 구조체
    struct sem *sem_base;              // 첫 번째 세마포어를 가리키는 포인터
    ushort sem_nsems;                  // 세마포어의 수
    time_t sem_otime;                  // 마지막 semop()가 호출된 시간
    time_t sem_ctime;                  // 이 구조체의 마지막 변경시간
};
```

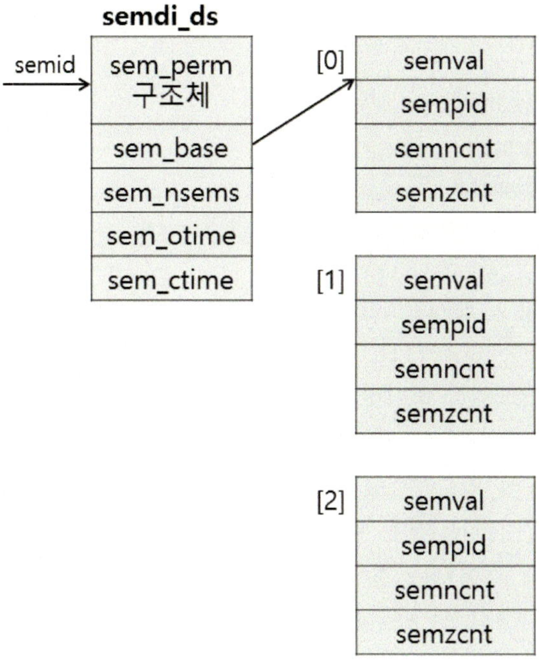

〈그림 9-5〉 세마포어 배열 및 sem 구조체

다수의 공유 변수에 값을 더하고 빼는 연산이 각각 원자적으로 이루어지는 경우와 달리, 그 모든 연산이 원자적으로 이루어져야 하는 경우에 semget()를 여러 번 호출하여 공유 변수를 여러 개 만들 수도 있다. <표 9-14>에서 보여주듯이 sem 구조체의 semval 멤버가 세마포어 공유 변수이다.

〈표 9-14〉 sem 구조체

```
struct sem {
    ushort semval;        // 세마포어 값. 0 이상의 수
    short sempid;         // 마지막 동작을 수행한 프로세스의 ID
    ushort semncnt;       // 자원 사용이 가능할 때 까지 기다리는 프로세스의 수
    ushort semzcnt;       // 100% 자원활용을 기다리는 프로세스의 수
}
```

9. semctl(2)

```
#include <sys/ipc.h>
#include <sys/sem.h>
#include <sys/types.h>
int semctl(int semid, int semnum, int cmd, ... /*arg*/);

 리턴 값 : 성공 시 cmd에 따라 다른 값 리턴(0 이상의 값), 에러 시 -1을 리턴하고 errno 설정
```

semctl()는 세마포어를 조작하기 위해 사용되는 시스템호출 함수이다. setget()를 통해 할당받은 세마포어를 조작하려면 semctl()를 호출해야 한다. 하나의 세마포어에 여러 개의 공유 변수를 만들 수 있기 때문에, 그 중 몇 번째 세마포어를 조작할지 semnum 인자를 통해 알려줘야 한다. 어떤 조작을 할지는 cmd 인자를 통해 결정하는데, 특정 값이 cmd 인자에 들어가는 경우 4번째 인자로 semun 공용체를 받는다. <표 9-15>는 semctl()에서 사용할 수 있는 cmd 인자들을 보여주고, <표 9-16>은 semum 공용체의 구조를 보여준다.

〈표 9-15〉 cmd 인자

cmd	내용
SETVAL	세마포어 값을 설정
GETVAL	세마포어의 현재 값을 구함
SETALL	세마포어 집합의 모든 세마포어 값을 설정
GETALL	세마포어 집합의 모든 세마포어 값을 구함
IPC_RMID	세마포어를 커널에서 제거

IPC_STAT	세마포어를 위한 상태값을 semid_ds에서 얻어 이를 arg.buf에 저장
IPC_SET	semid_ds 자료 구조 내 에서 ipc_perm 멤버의 값을 buf에서 읽어와 지정 (세마포어에 대한 권한 변경)

〈표 9-16〉 semun 공용체

```
union semun {
    int val;                    // SETVAL에 사용됨
    struct semid_ds *buf;       // IPC_STAT, IPC_SET에 사용됨
    ushort *array;              // GETALL, SETALL에 사용됨
};
```

사용한 세마포어를 커널에서 제거하기 위해서는 <표 9-17>과 같이 semctl()의 CMD 인자에 IPC_RMID를 사용하면 된다.

〈표 9-17〉 세마포어의 삭제

```
int semid;
semid = semget(...);
semctl(semid, 0, IPC_RMID);
```

10. semop(2)

```
#include <sys/ipc.h>
#include <sys/sem.h>
#include <sys/types.h>
int semop(int semid, struct sembuf *sops, unsigned int nsops);

                    리턴 값 : 성공 시 0, 에러 시 -1을 리턴하고 errno 설정
```

semop()는 세마포어의 접근을 제어하는 시스템호출 함수이다. semget()를 통해 얻은 세마포어 ID를 semid 인자로 사용한다. sops 인자는 세마포어 접근을 제어하는 연산을 위한 배열을 받기 위한 포인터이며, nsops 인자는 배열에 있는 동작의 개수이다. sops 인자는 sembuf 구조체로 여러 개의 연산으로 세마포어의 접근을 제어하려면 <표

9-18>에서 보여주는 sembuf 구조체의 sops 멤버에 연산 지정하고 nsops 에 배열의 길이를 쓰면 된다.

semop()로 수행하는 세마포어 연산은 앞에서 언급한 P()와 V()이다. sem_op 멤버 값이 0인 경우에는 sem_op 멤버 값이 0이 될 때 가지 기다리고, 음수인 경우 P()를 수행하고, 양수인 경우 V()를 수행한다. P()는 공유 변수가 sem_op 멤버의 절대 값보다 같거나 클 때 까지 기다리고, 조건이 만족되면 공유 변수에 sem_op 멤버의 값을 더하는 반면 V()는 sem_op 멤버의 값을 공유 변수에 바로 더한다.

〈표 9-18〉 sembuf 구조체

```
struct sembuf {
    ushort sem_num;         // 세마포어 인덱스. 여러개를 사용하지 않으면 0
    short sem_op;           // 세마포어 연산 지정
    short sem_flg;          // IPC_NOWAIT, SEM_UNDO 등의 플래그 설정
};
```

<표 9-18>에서 sembuf 구조체에서 sem_flg에는 IPC_NOWAIT, SEM_UNDO, 또는 0이 설정될 수 있다. IPC_NOWAIT는 semop()가 성공적으로 수행될 수 없어도 즉시 리턴하라는 뜻에서 사용된다. SEM_UNDO는 세마포어 연산을 수행할 때 세마포어 보정 값을 적절히 설정하라는 뜻에서 사용한다. 세마포어 보정 값은 SEM_UNDO라는 이름에서 알 수 있듯이 역연산을 위한 값이다. 만약 P()로 자원을 점유한 프로세스가 에러로 인해 V()를 수행하지 못하고 종료되면 동일한 세마포어 변수를 사용하는 모든 프로세스가 블럭될 것이다. 이를 막기 위해, 커널에 공유 변수를 연산한 값의 역수를 저장해 두었다가 프로세스가 종료되면 역수를 더하여 연산을 무효화시킨다.

•세마포어 함수 예제

〈ssu_semaphore_A.c〉

```
#include <stdio.h>
#include <stdlib.h>
#include <unistd.h>
#include <errno.h>
#include <sys/ipc.h>
#include <sys/sem.h>
#include <sys/types.h>
```

```
#define MAX_RETRIES 8

union ssu_sema_undef {
    struct semid_ds *buf;
    ushort *array;
    int val;
};

int ssu_initsema(key_t key, int sema_nums);

int main(void)
{
    struct sembuf sema_buf;
    key_t key;
    int sema_id;

    sema_buf.sem_num = 0;
    sema_buf.sem_op = -1;
    sema_buf.sem_flg = SEM_UNDO;

    if ((key = ftok("ssu_semademo.c", 'J')) == -1) {
        fprintf(stderr, "ftok error\n");
        exit(1);
    }

    if ((sema_id = ssu_initsema(key, 1)) == -1) {
        fprintf(stderr, "initsem error\n");
        exit(1);
    }

    printf("Press return to lock: ");
    getchar();
    printf("Trying to lock... \n");

    if (semop(sema_id, &sema_buf, 1) == -1) {
```

```
        fprintf(stderr, "semop error\n");
        exit(1);
    }

    printf("Locked. \n");
    printf("Press return to unlock: ");
    getchar();
    sema_buf.sem_op = 1;

    if (semop(sema_id, &sema_buf, 1) == -1) {
        fprintf(stderr, "semop error\n");
        exit(1);
    }

    printf("Unlocked \n");
    exit(0);
}

int ssu_initsema(key_t key, int sema_nums) {
    union ssu_sema_undef sema;
    struct semid_ds buf;
    struct sembuf sema_buf;
    int i;
    int sema_id;

    sema_id = semget(key, sema_nums, IPC_CREAT | IPC_EXCL | 0666);

    if (sema_id >= 0) {
        sema_buf.sem_op = 1;
        sema_buf.sem_flg = 0;
        sema.val = 1;
        printf("press return \n");
        getchar();

        for (sema_buf.sem_num = 0; sema_buf.sem_num < sema_nums;
sema_buf.sem_num++) {
```

```
            if (semop(sema_id, &sema_buf, 1) == -1) {
                int err_num = errno;
                semctl(sema_id, 0, IPC_RMID);
                errno = err_num;
                return -1;
            }
        }
    }
    else if (errno == EEXIST) {
        int ready = 0;
        sema_id = semget(key, sema_nums, 0);

        if (sema_id < 0)
            return sema_id;

        sema.buf = &buf;

        for (i = 0; i < MAX_RETRIES && !ready; i++) {
            semctl(sema_id, sema_nums-1, IPC_STAT, sema);

            if (sema.buf -> sem_otime != 0)
                ready = 1;
            else
                sleep(1);
        }

        if (!ready) {
            errno = ETIME;
            return -1;
        }
    }
    return sema_id;
}
```

<ssu_semaphore_B.c>

```
#include <stdio.h>
```

```
#include <stdlib.h>
#include <errno.h>
#include <sys/ipc.h>
#include <sys/sem.h>
#include <sys/types.h>

#if defined(_SEM_SEMUN_UNDEFINED) && _SEM_SEMUN_UNDEFINED

union ssu_sema_undef {
    unsigned short int *array;
    struct semid_ds *buf;
    struct seminfo *__buf;
    int val;
};

#endif

int main(void)
{
    union ssu_sema_undef sema;
    key_t key;
    int sema_id;

    if ((key = ftok("ssu_semademo.c", 'J')) == -1) {
        fprintf(stderr, "ftok error\n");
        exit(1);
    }

    if ((sema_id = semget(key, 1, 0)) == -1) {
        fprintf(stderr, "semget error\n");
        exit(1);
    }

    if (semctl(sema_id, 0, IPC_RMID, sema) == -1) {
        fprintf(stderr, "semctl error\n");
        exit(1);
```

```
    }

    exit(0);
}

실행 결과
root@localhost:/home/oslab# touch ssu_semademo.c
root@localhost:/home/oslab# ./ssu_semaphore_A
press return

Press return to lock:
Trying to lock...
Locked.
Press return to unlock:
Unlocked
root@localhost:/home/oslab# ./ssu_semaphore_B
root@localhost:/home/oslab# ./ssu_semaphore_B
semget error
macOS 컴파일시 gcc 옵션으로 -D _SEM_SEMUN_UNDEFINED 사용
```

세마포어 함수 예제는 세마포어 함수들을 확인한다. 먼저 ssu_semaphore_A에서 키를 얻고 그 키에 해당하는 세마포어를 얻어 값을 1로 설정해준 뒤, P()와 V()를 수행한다. P()와 V()가 끝난 후에는 ssu_semaphore_B를 실행하여 사용이 끝난 세마포어를 커널에서 제거한다. 이미 세마포어가 제거된 뒤에 ssu_semaphore_B를 다시 실행하면 에러가 발생한다.

11 shmget(2)

```
#include <sys/ipc.h>
#include <sys/shm.h>
int shmget(key_t key, size_t size, int shmflg);

                    리턴 값 : 공유 메모리 생성 성공 시 공유 메모리 ID, 에러 시 -1
```

shmget()는 공유메모리의 ID를 얻기 위해 사용되는 시스템호출 함수이다. 공유메모리

사용을 위해서는 먼저 shmget()를 통해 공유메모리 ID를 얻어야 한다. shmget()도 semget()나 msgget()와 같이 키를 이용하여 ID를 얻고, ID를 얻을 때 shmflg를 넘긴다. 그리고 size 인자를 통해 공유할 메모리의 크기를 넘길 수 있다. <표 9-19>는 shmflg 인자로 사용할 수 있는 플래그를 보여준다.

〈표 9-19〉 shmflg에 사용할 수 있는 플래그

8진수 값	플래그	기능
0400	SHM_R	소유자에 의해 읽기 가능
0200	SHM_W	소유자에 의해 쓰기 가능
0040	SHM_R >> 3	그룹에 의해 읽기 가능
0020	SHM_W >> 3	그룹에 의해 쓰기 가능
0004	SHM_R >> 6	누구나 읽기 가능
0002	SHM_W >> 6	누구나 쓰기 가능
	IPC_CREAT	key가 존재하지 않는 경우 새로운 ID 리턴 key가 존재하는 경우 기존 채널 ID 리턴
	IPC_EXCL	key가 존재하지 않는 경우 새로운 ID 리턴 key가 존재하는 경우 오류 리턴 errno = EEXIST

공유 메모리는 System V IPC 중에서 데이터를 주고받는 메커니즘의 효율을 최대로 높인 것이다. 일반적인 서버, 클라이언트 프로그램의 큰 문제점은 파일을 전송받는 경우, 클라이언트가 파일 내용을 포함하고 있는 하나의 버퍼를 전송받고 파일에 기록할 때까지 너무 많은 메모리 복사가 필요하다는 것이다. 서버는 클라이언트에게 전송할 파일을 오픈하고 서버의 주소 공간에 있는 버퍼로 파일 내용을 읽어야 한다. 여기서 커널은 서버의 버퍼에 파일 내용을 복사한다. 서버는 파이프, FIFO, 메시지 큐 등 커널 내부의 IPC 버퍼에 이것을 다시 복사해야 하고, 클라이언트는 커널 내부의 IPC 버퍼에서 자신의 주소 공간에 있는 버퍼로 파일 내용을 복사해야 한다. 여기서 두 번의 메모리 복사가 있게 된다. 그리고 마지막으로 클라이언트는 전송 받은 파일을 디스크에 기록하기 위해서 커널로 하여금 write() 호출을 수행하게 한다. 이 때 커널은 클라이언트 버퍼에서 파일 내용을 읽어 write() 호출을 수행하기 때문에 또 메모리 복사가 있게 된다. 이 과정은 한 파일을 전송하는데 4번의 메모리 복사가 필요하다는 것을 보여준다. 파일의 크기가 아주 크다면 4번의 메모리 복사는 시스템에 많은 부담을 안겨줄 것이다. 따라서 너무 잦은 메모리 복사를 줄이기 위한 새로운 IPC가 필요하게 되었는데 이를

위해 제안된 것이 공유 메모리 기법이다. 공유 메모리 기법이란, 서로 다른 프로세스가 메모리 블럭을 공유할 수 있도록 하는 메커니즘이다. 공유 메모리는 각각의 프로세스에게는 자신의 주소 공간으로 고려되기 때문에 서버와 클라이언트가 공유 메모리를 접근하는데 있어 몇 가지 규칙을 지킨다면 이를 유용하게 이용할 수 있다.

공유 메모리가 기존의 프로세스의 주소 공간에 매핑될 수 있는 것은, 프로세스의 주소 공간이 텍스트, 데이터, 스택 부분으로 구성되어 있기 때문에 가능하다. 프로세스가 동적으로 메모리를 사용하는 경우는 malloc()를 통해 힙에서 메모리를 할당받는 경우와 스택이 증가하는 경우가 있다. 따라서 힙과 스택의 중간 부분은 대부분 비어 있게 되는데 비어 있는 주소 공간을 공유 메모리가 사용하게 된다. 힙과 스택은 그 가운데 주소 공간 방향으로 증가하기 때문에 프로그램에 따라서 공유 메모리로 인해 스택 오버플로가 발생하거나, malloc()로 메모리를 할당 받을 수 없는 상황이 발생할 수도 있다. 만약 동적 메모리 할당을 많이 필요로 하는 프로그램을 작성할 때는 공유 메모리 사용을 주의해야 한다.

12. shmctl(2)

```
#include <sys/ipc.h>
#include <sys/shm.h>
int shmctl(int shmid, int cmd, struct shmid_ds *buf);

                    리턴 값 : 공유 메모리 생성 성공 시 공유 메모리 ID, 에러 시 -1
```

shmctl()는 공유 메모리 연산을 수행하는 시스템호출 함수이다. shmget()에서 얻은 ID와 적용할 cmd 인자로 받아 명령을 수행한다. cmd 인자의 종류에 따라 커널에서 buf 인자로 정보를 받아오거나 buf 인자의 값을 커널에 저장한다. <표 9-20>은 shmctl()에서 사용하는 cmd 인자를 보여준다.

〈표 9-20〉 shmctl()의 cmd 인자

cmd	기능
IPC_STAT	인자로 넘긴 shmid에 해당하는 shmid_ds 구조체를 buf가 가리키는 곳에 저장
IPC_SET	인자로 넘긴 shmid에 해당하는 shmid_ds 구조체에 buf가 가리키는 구조체의 uid,gid,mode 필드를 복사. 이 명령은 루트 권한 또는 메모리 생성자의 권한 필요

IPC_RMID	인자로 넘긴 shmid에 해당하는 공유메모리에 제거 표식을 남김. 이 표식은 공유메모리에 연결된 프로세스가 모두 분리되는 순간 발동. 이 명령은 루트 권한 또는 메모리 생성자의 권한 필요
SHM_LOCK	(Linux, Solaris) 공유 메모리 영역을 잠금. 이 명령은 루트 권한 필요
SHM_UNLOCK	(Linux, Solaris) 공유 메모리 영역의 잠금을 해제. 이 명령은 루트 권한 필요

〈표 9-21〉 shmid_ds 구조체

```
struct shmid_ds{
    struct ipc_perm shm_perm;     // 권한정보를 가진 구조체
    int shm_segsz;                // 세그먼트의 크기
    struct XXX shm_YYY;           // 시스템마다 다름
    ushort shm_lpid;              // 마지막으로 사용한 프로세스의 ID
    ushort shm_cpid;              // 생성자 프로세스 ID
    ushort shm_nattch;            // 현재 접근한 프로세스의 수
    time_t shm_atime;             // 마지막으로 세그먼트에 붙은 시간
    time_t shm_dtime;             // 마지막으로 세그먼트에서 분리된 시간
    time_t shm_ctime;             // 마지막으로 변경된 시간
};
```

<표 9-21>은 shmid_ds 구조체의 구조를 보여준다. shmid_ds 구조체의 맴버 변수 중 struct XXX shm_YYY라고 되어 있는 것은 시스템마다 공유 메모리를 구현 방식이 다르기 때문에 구조체 간의 차이를 표시한 것이다.

13. shmat(2), shmdt(2)

```
#include <sys/shm.h>
#include <sys/types.h>
void *shmat(int shmid, void *shmaddr, int shmflg);

        리턴 값 : 성공 시 프로세스에 첨부된 프로세스에서의 공유 메모리 주소,
                  에러 시 -1을 리턴하고 errno 설정
int shmdt(void *shmaddr);
```

리턴 값 : 성공 시 0, 에러 시 -1을 리턴하고 errno 설정

shmat()는 생성한 공유 메모리를 프로세스 주소 공간의 일부로 설정해서 접근하기 위한 시스템호출 함수이다. 공유 메모리를 프로세스 주소 공간의 어느 지점에 붙일지는 shmaddr 인자를 통해 전달하게 되어있으나, 프로세스가 메모리 주소 공간을 마음대로 조작해서는 안 되기 때문에 실제로 shmaddr 인자 값대로 커널이 공유 메모리 주소를 설정하지는 않는다.
커널이 공유 메모리의 주소를 프로세스의 연속된 주소 공간의 일부로 만들어주는 경우는 shmaddr 인자에 따라 두 가지로 나눌 수 있다. 먼저 shmaddr 인자가 0인 경우, 커널은 공유 메모리의 주소를 자동으로 찾아 선택한다. 0이 아닐 때, SHM_RND 플래그가 shmflg 인자에 설정되지 않은 경우에는 공유 메모리가 shmaddr 위치에 붙여지게 된다. SHM_RND 플래그가 shmflg 인자에 설정된 경우에는 공유 메모리가 shmaddr 인자 위치에 붙여지나 SHMLBA라는 상수에 의해서 그 위치가 변하게 된다.
shmaddr 인자가 0인 경우에 커널이 공유 메모리를 붙일 주소를 결정하므로, 공유 메모리를 이용한 프로그램의 시스템 간 호환성을 높이려면 0을 설정하는 것이 더 좋다. 또한 shmat()는 공유 메모리를 기본적으로 읽기, 쓰기가 가능하도록 만들기 때문에, 읽기 전용으로 사용하고 싶은 경우에는 shmflg에 SHM_RDONLY 플래그를 같이 지정해야 한다.
shmdt()는 공유 메모리를 프로세스 주소 공간에서 분리시키는 시스템호출 함수이다. shmdt()를 사용하여 공유 메모리를 프로세스 주소 공간에서 먼저 분리시켜야 shmctl()를 사용하여 공유 메모리를 제거할 수 있다.

•공유메모리 예제

<ssu_sharedmemory.c>

```
#include <stdio.h>
#include <stdlib.h>
#include <string.h>
#include <sys/ipc.h>
#include <sys/shm.h>
#include <sys/types.h>

#define SHARED_MEMORY_SIZE 1024
```

```
int main(int argc, char *argv[])
{
    key_t key;
    char *data;
    int shared_memory_id;

    if (argc > 2) {touc
        fprintf(stderr, "usage: %s [data_to_write] \n", argv[0]);
        exit(1);
    }

    if ((key = ftok("ssu_shmdemo.c", 'R')) == -1) {
        fprintf(stderr, "ftok error\n");
        exit(1);
    }

    if ((shared_memory_id = shmget(key, SHARED_MEMORY_SIZE, 0644 |
IPC_CREAT)) == -1) {
        fprintf(stderr, "shmget error\n");
        exit(1);
    }

    if ((data = shmat(shared_memory_id, (void *)0, 0)) == (char *)(-1))
{
        fprintf(stderr, "shmat error\n");
        exit(1);
    }

    if (argc == 2) {
        printf("writing to segment: \"%s\" \n", argv[1]);
        strncpy(data, argv[1], SHARED_MEMORY_SIZE);
    }
    else
        printf("segment contains: \"%s\" \n", data);

    if (shmdt(data) == -1) {
```

```
        fprintf(stderr, "shmdt error\n");
        exit(1);
    }

    exit(0);
}
```

```
실행 결과
root@localhost:/home/oslab# touch ssu_shmdemo.c
root@localhost:/home/oslab# ./ssu_sharedmemory Hello\ World
writing to segment: "Hello World"
root@localhost:/home/oslab# ./ssu_sharedmemory
segment contains: "Hello World"
```

공유 메모리 예제는 공유 메모리에 정보를 저장하고 그 정보를 다시 확인한다. 먼저 정해진 경로명을 이용하여 키를 획득하고, 그 키로 공유 메모리의 ID를 획득한다. 그 후 공유 메모리를 읽거나 쓰는데, 예제에 인자로 문자열이 주어진 경우에는 해당 문자열을 공유 메모리에 쓰고 인자가 없는 경우 현재 쓰인 메모리를 읽는다. 이 때 프로그램의 인자로 준 문자열에 띄어쓰기를 하는 경우 실행 결과처럼 공백 앞에 백슬래시를 삽입해야한다.

14. 이 장에서 배운 내용

```
int pipe(int filedes[2]);
int mkfifo(const char *pathname, mode_t mode);
int mknod(const char *pathname, mode_t mode, dev_t dev);
int fcntl(int fd, int cmd, struct flock *lock);
key_t ftok(const char *path, int id);
int msgget(key_t key, int msgflg);
int msgsnd(int msqid, const void *msgp, size_t msgsz, int msgflg);
ssize_t msgrcv(int msqid, void *msgp, size_t msgsz, long msgtyp, int msgflg);
int msgctl(int msqid, int cmd, struct msqid_ds *buf);
int semget(key_t key, int nsems, int semflg);
int semctl(int semid, int semnum, int cmd, ... /*arg*/);
```

```
int semop(int semid, struct sembuf *sops, unsigned int nsops);
int shmget(key_t key, size_t size, int shmflg);
int shmctl(int shmid, int cmd, struct shmid_ds *buf);
void *shmat(int shmid, void *shmaddr, int shmflg);
int shmdt(void *shmaddr);
```

연습문제

1. 쉘에서 "ls | more" 라고 명령어를 쓰면 프로세스 간 통신 관점에서 시스템 내부에서 어떤 일이 발생하는지 설명하라.

2. 세마포어를 제어하기 위한 semctl() 시스템호출 함수의 기능을 설명하라.

3. 다음은 부모 프로세스에서 입력 받은 메시지를 2개의 자식 프로세스를 통해 화면에 출력하는 프로그램이다. 동일한 실행 결과가 나오도록 <조건>에 알맞게 프로그램을 완성하라.

〈조 건〉

1. 부모와 자식 프로세스간의 메시지를 전달하기 위해 공유메모리를 생성
2. key와 id값을 생성한 후 전역변수 data에 공유메모리 생성(key 생성을 위한 인자들은 임의로 설정)
3. 공유 메모리의 마지막 1byte는 부모와 자식 프로세스 간의 동기화를 위해 사용
4. 부모 프로세스에서 입력 받은 메시지의 크기는 127byte를 넘지 않는 것으로 가정

부모 프로세스
1. 자식 프로세스 2개 생성
2. "parent : " 출력 후 메시지를 입력받음
3. 입력 받은 메시지를 공유메모리에 저장 후 자식 프로세스들에게 SIGUSR1을 전달
4. 입력 받은 메시지가 "exit" 일 경우 SIGKILL을 자식 프로세스들에게 전달 후 종료
5. 두 개의 자식 프로세스에서 부모 프로세스가 전달한 메시지를 출력하기 까지

공유메모리의 마지막 1byte를 계속 검사하면서 대기
※ 두 개의 자식 프로세스는 공유메모리 마지막 1byte에 메시지를 출력했다는 표시를 함 (표시 및 검사 방법은 자유)
6. [2. “ parent : ” 출력 후 메시지를 입력받음] 반복

자식 프로세스
1. SIGUSR1 시그널에 대한 핸들러를 등록 한 후 sleep(1)를 호출하는 무한루프
2. 부모 프로세스로부터 받은 메시지를 화면에 출력 후 공유 메모리 data의 가장 마지막 1byte에 출력 했다는 표시

void ssu_signal_handler1(int signo)
- 첫 번째 자식 프로세스에서 SIGUSR1 시그널에 대한 핸들러로 사용하는 함수
- “ child1 : 부모로부터 받은 메시지 ” 를 출력

void ssu_signal_handler2(int signo)
- 두 번째 자식 프로세스에서 SIGUSR1 시그널에 대한 핸들러로 사용하는 함수
- “ child2 : 부모로부터 받은 메시지 ” 를 출력

<ex9.c>

```
#include <stdio.h>
#include <stdlib.h>
#include <unistd.h>
#include <signal.h>
#include <string.h>
#include <sys/ipc.h>
#include <sys/shm.h>

#define SHM_MEM_SIZ 128
#define BUF_SIZ 128

void ssu_signal_handler1(int signo);
void ssu_signal_handler2(int signo);

char *data;

int main(void)
```

```
{
    key_t key;
    pid_t pid[2];
    char buf[BUF_SIZ];
    int shm_id;
    int n;

}

void ssu_signal_handler1(int signo){


}

void ssu_signal_handler2(int signo){


}
```

```
root@localhost:/home/oslab# ./ex9
parent : hello world
child1 : hello world
child2 : hello world
parent : ssu go
child2 : ssu go
child1 : ssu go
parent : exit
```

X. 고급 입출력

본 장에서는 고급 입출력 함수에 대해 설명한다. 고급 입출력 함수에는 nonblocking, 레코드 단위의 락, 벡터 단위의 읽기/쓰기 함수, 입출력을 메모리에 매핑하는 함수 등이 포함된다. 단일 시스템 프로그램을 할 때는 고급 입출력 함수를 잘 사용하지 않는다. 그러나, 네트워크에 연결된 시스템 사이에서 읽기/쓰기를 빈번하게 하는 경우에 고급 입출력 함수를 사용할 경우가 많이 있다.

X. 고급 입출력

1. Blocking & Non-Blocking I/O

blocking과 non-blocking은 연산이나 시스템 콜을 포함하는 함수 호출과 관련된 연산 방법이다. 응용 프로그램에서 I/O 시스템 호출 함수가 호출될 때, 시스템 호출 함수와 관련한 커널 함수가 수행이 완료된 후 결과를 리턴하는 경우를 blocking I/O라고 하고, 시스템 호출 함수와 관련한 커널 함수를 호출하기 전에 바로 리턴하는 경우를 nonblocking I/O라고 한다. nonblocking I/O는 blocking I/O의 비효율성을 극복하고자 만들어진 방법으로 I/O가 진행되는 동안 응용 프로그램을 대기시키지 않고 I/O 요청에 대해 바로 결과를 리턴하고 응용 프로그램을 계속 진행시킨다.

blocking 연산은 다소 시간이 많이 걸리는 작업으로 예를 들어 데이터를 읽을(read()) 때 함수 호출의 리턴이 올 때까지 기다리는 것을 말한다. 이 경우 CPU는 다른 프로세스가 선택하여 처리하거나 CPU는 idle한 상태가 된다. 이에 반해 non-blocking 연산은 I/O의 완료와 상관없이 함수 호출의 바로 리턴하는 방법이다. non-blocking I/O에서는 연산이 완료될 수 없는 경우에도 호출이 차단되지 않고 에러 코드를 설정 후 즉시 리턴한다.

응용 프로그램에서 I/O가 이루어지면 궁극적으로 스케줄링 함수를 호출하고 이로 인해 I/O를 실행한 응용 프로그램은 I/O 컨트롤러에 의해 인터럽트가 오기 전까지 대기(block, sleep)해야 한다. 그러나 이러한 blocking I/O 방식은 특수 파일들(파이프, 터미널 장치, 네트워크 장치)에서 몇 가지 문제점이 나타날 수 있다. 특정 조건이 발생할 때까지 오픈 연산이 대기되거나, 파일이 존재하지 하지 않을 경우 read 연산이 계속 대기될 수 있으며, 파이프가 꽉 차있거나 네트워크 연결에 문제가 있을 경우 쓰기 연산이 대기될 수 있다. 또한 필수 레코드 잠금이 활성화된 파일을 읽거나 쓰는 연산들도 생각 이상으로 대기될 수 있다.

특정한 파일 디스크립터에 대해 non-blocking I/O를 지정하는 방법은 open()로 파일 디스크립터를 오픈할 때 O_NONBLOCK 플래그를 지정하거나 이미 오픈한 파일 디스크립터 대해, fcntl()를 이용해서 파일 상태 플래그 O_NONBLOCK 플래그를 지정하면 된다.

2. fcntl(2)

```
#include <unistd.h>
#include <fcntl.h>
int fcntl(int fd, int cmd, ... /*arg*/);

int fcntl(int fd, int cmd);
int fcntl(int fd, int cmd, long arg);
int fcntl(int fd, int cmd, struct flock *lock);

                                    리턴 값: 성공 시 cmd에 따라 다름, 에러 시 -1
```

fcntl()는 이미 오픈한 파일의 속성을 가져오거나 변경할 때 사용하는 시스템호출 함수이다. fcntl()에서 제공하는 다양한 기능들은 두 번째 인자로 지정된 cmd 인자에 따라서 결정된다.

fcntl()의 첫 번째 기능은 오픈한 파일의 속성을 가져오거나 변경하는 것이다. open()나 fopen()를 사용할 때 mode 인자를 이용하여 파일의 속성을 설정하고 open된 파일을 다른 프로세스가 읽거나 쓰는 것을 막을 수 있다. 다른 프로세스의 읽거나 쓰는 것을 막을 수도 있으나 이를 변경하기 위해서는 오픈한 파일을 닫고, 다시 mode 인자를 변경하여 파일의 속성을 변경해야 한다. 그러나 fcntl()를 사용하면 오픈한 파일을 닫지 않고 파일의 속성을 바로 변경하여 다른 프로세스가 읽거나 쓰는 것을 막을 수 있다. fcntl()는 오픈한 파일에 대해서 여러 번 속성을 변경할 수 있다. <표 10-1>은 파일의 속성을 가져오거나 변경하기 위해 fcntl()의 cmd 인자에 지정할 수 있는 값들을 보여준다.

〈표 10-1〉 cmd 값에 대한 fcntl()의 기능

플래그	설명
F_DUPFD	fd로 지정된 파일 디스크립터를 복사. dup2()와 유사하나 dup2()는 파일 디스크립터를 프로그래머가 지정해 주지만 fcntl()는 이미 해당 파일 디스크립터가 사용되고 있으면 arg 인자 보다 큰 할당 가능한 파일 디스크립터 번호 중 가장 작은 번호를 리턴. 복사된 파일 디스크립터가 이미 사용되어지고 있다면, arg 인자 보다 큰 할당 가능한 파일 디스크립터 번호 중 가장 작은 번호를 라턴. 복사된 파일 디스크립터는 close-on-exec()는 공유되지 않지만 락, 파일 위치 포인터, 파일 플래그 등은 공유

F_DUPFD_CLOEXEC	Linux 2.6.24에서 추가됨. F_DUPFD와 같은 기능을 갖는 플래그이나 파일 디스크립터를 복사할 때 close-on-exec를 설정. FD_CLOEXEC (close-on-exec) 플래그를 설정하기 위해 fcntl() F_SETFD 연산을 하지 않기 위해 사용되는 플래그
F_GETFD	fd로 지정된 파일 디스크립터의 플래그를 리턴하는데 arg 인자는 무시 (FD_CLOEXEC 값을 리턴)
F_SETFD	fd로 지정된 파일 디스크립터의 플래그를 arg 인자에서 지정한 플래그 값으로 재설정 (FD_CLOEXEC 값을 지정된 플래그 값으로 설정)
F_GETFL	fd로 지정된 파일 디스크립터가 open할 때 지정한 파일의 접근 권한과 상태 플래그(file status flag)를 리턴하는데 arg 인자는 무시
F_SETFL	fd로 지정된 파일 디스크립터의 파일 상태 플래그를 arg 인자에 지정한 플래그 값(O_APPEND, O_NONBLOCK, O_ASYNC, O_DIRECT)으로 재설정. arg 인자에서 접근 권한 플래그(O_RDONLY, O_WRONLY, O_RDWR) 및 파일 생성 플래그(O_CREAT, O_EXCL, O_NOCTTY, O_TRUNC)를 지정하면 무시
F_GETLEASE	파일 디스크립터에 담긴 lease 타입
F_GETOWN	파일 디스크립터의 소유자 프로세스 ID
F_GETSIG	읽기나 쓰기가 가능해 질 때 보내지는 시그널 값
F_GETPIPE_SZ, F_GETPIPE_SZ	파이프 용량
F_GET_SEALS	파일 디스크립터에 의해서 참조되는 inode에 대한 seal을 인식하는 비트 마스크
그 외	0

fcntl()의 두 번째 기능은 파일 전체뿐만 아니라 일부에 락을 설정하는 것이다. 락을 설정하기 위해 fcntl()를 사용한다면 <표 10-2>에서 보여주듯이 cmd 인자에 F_GETLK나 F_SETLK, F_SETLKW를 지정하면 된다.

〈표 10-2〉 락을 설정하기 위해 사용되는 fcntl()의 cmd 인자

cmd	설명
F_GETLK	락 상태 정보를 세 번째 struct flock *flockpt 인자를 통해 확인할 때 사용. lockptr로 지정된 락을 설정할 수 없게 만드는 다른 어떤 락이 존재하는지 파악하는데 쓰이며, 기존 락 때문에 새 락을 설정할 수 없는 상황이면 기존 락에 대한 정보가 flockptr가 가리키는 구조체에 write. 기존 락이 없어서 새 락을 설정하는 것이 가능한 상황이면 flockptr 구조체의 l_type 필드만 F_UNLCK으로 설정되고 나머지 필드들은 변하지 않음
F_SETLK	락을 설정할 때 사용하며 다른 프로세스가 이미 락을 설정 했을 경우 -1을 리턴. flockptr로 지정된 락을 설정할 있음. read 락이나 write 락을 설정하려고 하는데 호환성 규칙 때문에 시스템이 잠금을 거부한 경우, fcntl는 errno를 EACCES나 EAGAIN으로 설정하고 즉시 리턴
F_SETLKW	다른 프로세스가 이미 락을 설정 했을 경우 락을 해제할 때까지 기다림. F_SETLK의 차단 버전(W는 wait를 뜻함). 다른 프로세스가 요청된 영역의 일부를 잠그고 있어서 read 락이나 write 락을 설정할 수 없으면 fcntl을 호출한 프로세스는 수면에 들어갔다가 이후 락이 가능해지거나 시그널에 의해 가로채기가 일어날 때 깨어남

flockptr 인자는 flock 구조체를 가리키는 포인터를 지정한다. 파일의 일부에 락을 설정할 수 있기 때문에 fcntl()를 레코드 락 함수로 부르기도 한다. 프로세스가 파일의 일정 영역을 읽거나 수정하는 동안 다른 프로세스들이 그 영역을 수정하지 못하도록 락을 설정할 수 있다. 레코드 단위의 락은 파일 안의 한 범위, 즉 일부 또는 전체에 락을 설정하는 기능을 지원한다. 다양한 운영체제에서 여러 형태의 레코드 단위의 락을 설정하는 함수들이 존재하지만 POSIX.1의 표준에 따르는 함수는 fcntl() 밖에 없다. <표 10-3>은 fcntl.h에서 정의된 flock 구조체 구조를 보여준다.

〈표 10-4〉 flock 구조체의 멤버 변수

```
struct flock {
    short l_type; // F_RDLCK, F_WRLCK, 또는 F_UNLCK
    short l_whence; // SEEK_SET, SEEK_CUR, 또는 SEEK_END
    __off_t l_start; // 바이트 단위 오프셋, l_whence와 관련 있음
    __off_t l_len; // length, in bytes; 0 means lock to EOF */
    __pid_t l_pid; // returned with F_GETLK
};
```

flock 구조체에서 l_type은 <표 10-4>에 나타나 있듯이 락 연산의 종류를 나타낸다. F_RDLCK은 파일 영역을 공유 읽기 모드로 락을 설정할 때 사용하며 F_WRLCK은 쓰기 모드 단독으로 락을 설정할 때 사용한다. 또한 F_UNLCK은 락을 해제할 때 사용한다.

〈표 10-4〉 flock 구조체의 l_type의 의미

l_type	의미
F_RDLCK	다른 프로세스가 읽기 락만 가능, 쓰기 락은 불가능
F_WRLCK	다른 프로세스는 읽기 락과 쓰기 락 모두 불가능
F_UNLCK	락 해제

l_start와 l_whence는 락을 설정하거나 락을 해제할 때 영역의 범위를 시작 기준과 오프셋을 나타내며, l_len은 락을 설정할 영역의 바이트 단위 크기를 표시한다. l_pid에는 fcntl의 인자 cmd를 F_GETLK를 사용할 때만 현재 프로세스를 차단할 수 있는 락을 가진 프로세스의 프로세스 ID가 저장된다.

라이브러리의 모든 함수가 레코드 락들을 일관된 방식으로 처리한다고 할 때 일관된 함수를 사용해서 데이터베이스에 접근하는 프로세스들을 협동적 프로세스들이라고 한다. 이런 경우 필수(advisory) 락을 사용하는 것이 바람직하다. 그러나 필수 락만으로는 데이터베이스 파일에 대한 쓰기 권한을 가진 다른 프로세스가 데이터베이스 파일을 마음대로 수정하는 것을 막을 수가 없다. 데이터베이스 접근에 대해 일관된 방식을 사용하지 않는 프로세스를 비협동적 프로세스라고 한다.

필수 락의 경우에는 커널이 모든 open(), read(), write()를 호출한 프로세스가 해당 파일에 대한 락을 위반하는지 점검한다. 필수 락을 강제 모드(enforcement-mode) 락이라고 한다.

파일의 SUID 비트를 켜고 그룹 실행 비트를 끄면 그 파일에 대해 필수 락이 활성화된다. 필수 락이 활성화된 상태에서 다른 프로세스가 read 또는 write로 락을 설정한 파일의 영역에 대하여 read나 write를 호출하면 연산의 종류(read, write), 다른 프로세스 프로세스가 설정한 락의 종류(read 락 또는 write 락), 파일 디스크립터의 비 차단 여부에 따라 다른 결과를 리턴한다. <표 10-5>에 락이 설정되어 있을 때 read()와 write()의 호출 규칙이 설명되어 있다.

read(), write() 외에 open() 역시 다른 프로세스의 필수 레코드 락에 영향을 받는다. 보통의 경우 open한 파일에 필수 레코드 락이 설정되어 있어도 open() 호출이 성공하면 그 이후의 read() 호출이나 write() 호출은 <표 10-5>와 같은 규칙을 따르게 된

다. 그러나 open() 호출시 O_TRUNC나 O_CREAT를 지정하면 open()가 즉시 EAGAIN을 리턴하는데 이는 O_NONBLOCK 지정과는 무관하다.

〈표 10-6〉 락이 설정될 때 read(), write() 호출 규칙

다른 프로세스가 영역에 건 락의 종류	차단 파일 디스크립터		비차단 파일 디스크립터	
	read	write	read	write
read 락	OK	차단됨	OK	EAGAIN
write 락	차단됨	차단됨	EAGAIN	EAGAIN

파일에 락을 설정할 때 첫 번째 주의할 점은 락 영역의 시작 오프셋을 지정하는 두 필드는 lseek()와 마지막 두 인자와 비슷하며 실제로 l_whence필드가 가질 수 있는 값은 SEEK_SET이나 SEEK_CUR, SEEK_END 라는 것이다.
두 번째 주의할 점은 락 영역이 현재 EOF를 넘어선 위치에서 시작하거나 그런 위치로 연장될 수 있으나 파일의 시작 이전 영역에는 연장될 수 없다는 것이다.
세 번째로 주의할 점은 l_len이 0이면 락 영역의 끝은 파일의 가장 큰 오프셋이 되고 파일에 데이터가 추가되어도 락 영역이 자동으로 새로운 EOF까지 연장되므로, 락을 설정한 후 파일에 몇 바이트나 더 추가될 것인지를 추측할 필요가 없게 된다.
네 번째로 주의할 점은 파일 전체에 락을 설정할 때는 l_start와 l_whence를 파일의 시작에 맞게 설정하고 길이(l_len)를 0으로 둬야 한다는 것이다. 파일의 시작을 지정하는 방법은 여러 가지인데, 대부분의 응용 프로그램은 l_start를 0으로 l_whence를 SEEK_SET으로 설정한다.
다섯 번째로 주의할 점은 주어진 한 바이트에 대해 공유 read 락을 설정할 수 있는 프로세스의 개수에는 제한이 없지만 주어진 한 바이트에 대한 독점 write 락은 오직 하나의 프로세스만이 설정할 수 있다는 것이다. 한 바이트에 하나 이상의 read 락이 설정되어 있으면 그 바이트에 write 락을 설정할 수 없으며, 한 바이트에 write 락이 설정되어 있으면 그 바이트에 read 락을 설정할 없다.
여섯 번째 주의할 점은 한 프로세스가 한 파일 영역에 락을 설정된 상태에서 같은 영역에 또 다시 락을 설정해도 에러가 발생하지 않고 단지 기존 락이 새로운 락으로 대체될 뿐이다는 것이다.
일곱 번째 주의할 점은 레코드 락은 프로세스와 파일 모두에 연관되는 자원이기 때문에 프로세스가 종료되면 그 프로세스의 모든 락이 해제되고 파일 디스크립터가 닫히면 파일 디스크립터가 지칭하는 파일에 대한 해당 프로세스의 모든 락이 해제된다는 것이다. 일반적으로 fork()로 생성된 자식 프로세스는 부모 프로세스의 파일 서술

자들을 물려받는 반면 부모의 레코드 락들은 물려받지 않는다. 또한 exec()로 실행된 새 프로세스는 락을 상속받는다. <표 10-6>과 <표 10-7>은 파일을 부분적으로 락 설정 하거나 파일 전체에 락을 설정할 때 사용할 수 있는 함수 예를 보여준다.

〈표 10-6〉 파일의 부분적으로 락을 설정하는 함수 코드

```
#include <fcntl.h>

int lock_reg(int fd, int cmd, int type, off_t offset, int whence, off_t len)
{
    struct flock    lock;

    lock.l_type = type;          /* F_RDLCK, F_WRLCK, F_UNLCK */
    lock.l_start = offset;       /* 바이트 오프셋, l_whence 와 관련 */
    lock.l_whence = whence;      /* SEEK_SET, SEEK_CUR, SEEK_END */
    lock.l_len = len;            /* #bytes (0 means to EOF) */

    return(fcntl(fd, cmd, &lock));
}
```

〈표 10-7〉 파일 전체에 락을 설정하는 함수 코드

```
#include <unistd.h>
#include <fcntl.h>

int lockfile(int fd)
{
    struct flock fl;

    fl.l_type = F_WRLCK;
    fl.l_start = 0;
    fl.l_whence = SEEK_SET;
    fl.l_len = 0;
    return(fcntl(fd, F_SETLK, &fl));
}
```

•fcntl() 예제 1

<ssu_fddup.c>

```
#include <fcntl.h>
#include <sys/types.h>
#include <sys/stat.h>
#include <stdio.h>

int main(void)
{
    int testfd;
    int fd;

    fd  = open("test.txt", O_CREAT);

    testfd = fcntl(fd, F_DUPFD, 5);
    printf("testfd :%d\n", testfd);
    testfd = fcntl(fd, F_DUPFD, 5);
    printf("testfd :%d\n", testfd);

    getchar();
}
```

실행 결과

```
root@localhost:/home/oslab/lsp# ./ssu_fddup
testfd :5
testfd :6

root@localhost:/home/oslab/lsp#
```

fcntl() 예제 1은 fcntl()의 호출을 통해서 파일 디스크립터를 복사한다. fcntl() 호출 시 F_DUPFD를 cmd의 인자로, 5를 arg의 인자로 넘겨 fd의 값을 5로 복사한다. 두 번째 fcntl() 호출 시 파일 디스크립터 5는 이미 사용됐음으로 그 다음 값인 6을 리턴한다.

•fcntl() 예제 2

<ssu_fdcopy.c>

```
#include <stdio.h>
#include <stdlib.h>
#include <unistd.h>
#include <sys/types.h>
#include <string.h>
#include <fcntl.h>

#define MSG "message will be written to Terminal\n"

int main(void)
{
    int     new_fd;

    if ((new_fd=fcntl(STDOUT_FILENO, F_DUPFD, 3))== -1){
        fprintf(stderr, "Error : Copying File Descriptor\n");
        exit(1);
    }

    close(STDOUT_FILENO);
    write(3, MSG, strlen(MSG));
    exit(0);
}
```

실행 결과

```
root@localhost:/home/oslab/lsp# ./ssu_fdcopy
message will be written to Terminal
```

fcntl() 예제 2는 fcntl()를 이용하여 파일 디스크립터를 복사한다. fnclt() 호출 시 표준 출력(STDOUT_FILENO)을 3으로 복사한다. 그 후 표준 출력을 닫고, 파일 디스크립터 3으로 MSG에 정의된 내용을 표준 출력으로 출력한다.

•fcntl() 예제 3

<ssu_closeonexec_3.c>

```
#include <stdio.h>
#include <stdlib.h>
#include <unistd.h>
#include <sys/types.h>
#include <fcntl.h>

int main(void)
{
    int     flag;

    if((flag=fcntl(STDOUT_FILENO, F_DUPFD))== -1){
        fprintf(stderr, "Error : Checking CLOSE_ON_EXEC\n");
        exit(1);
    }

    printf("CLOSE ON EXEC flag is = %d\n", flag);
    exit(0);
}
```

실행 결과

```
root@localhost:/home/oslab/lsp# ./ssu_closeonexec_1
Error : Checking CLOSE_ON_EXEC
```

fcntl() 예제 3은 fcntl()에 F_DUPFD 인자를 통해 파일 디스크립터의 복사본을 만든다. 그러나 F_DUPFD를 사용할 경우, fcntl(int old_filedes, F_DUPFD, int next_filedes) 형태로 사용해야 한다. 그러나 fcntl() 예제 3의 경우 인자가 부족하여 에러 값을 리턴한다.

•fcntl() 예제 4

<ssu_nonblock1.c>

```
#include <stdio.h>
#include <stdlib.h>
#include <unistd.h>
#include <errno.h>
#include <fcntl.h>

void set_flags(int fd, int flags);
void clr_flags(int fd, int flags);

char    buf[500000];

int main(void)
{
    int     ntowrite, nwrite;
    char    *ptr;

    ntowrite = read(STDIN_FILENO, buf, sizeof(buf));
    fprintf(stderr, "reading %d bytes\n", ntowrite);

    set_flags(STDOUT_FILENO, O_NONBLOCK);

    ptr = buf;
    while (ntowrite > 0) {
        errno = 0;
        nwrite = write(STDOUT_FILENO, ptr, ntowrite);
        fprintf(stderr, "nwrite = %d, errno = %d\n", nwrite, errno);

        if (nwrite > 0) {
            ptr += nwrite;
            ntowrite -= nwrite;
        }
    }
    clr_flags(STDOUT_FILENO, O_NONBLOCK);  /* nonblocking 해제 */
```

```
    exit(0);
}

void set_flags(int fd, int flags)
{
    int     val;

    if ((val = fcntl(fd, F_GETFL, 0)) < 0) {
        fprintf(stderr, "fcntl F_GETFL failed");
        exit(1);
    }

    val |= flags;

    if (fcntl(fd, F_SETFL, val) < 0) {
        fprintf(stderr, "fcntl F_SETFL failed");
        exit(1);
    }
}

void clr_flags(int fd, int flags)
{
    int     val;

    if ((val = fcntl(fd, F_GETFL, 0)) < 0) {
        fprintf(stderr, "fcntl F_GETFL failed");
        exit(1);
    }

    val &= ~flags;

    if (fcntl(fd, F_SETFL, val) < 0) {
        fprintf(stderr, "fcntl F_SETFL failed");
        exit(1);
    }
}
```

```
실행 결과
root@localhost:/home/oslab/lsp# ls -l ssu_test1.txt
-rw-r--r-- 1 root root 500000 Jun  8 04:11 ssu_test1.txt
root@localhost:/home/oslab/lsp# ./ssu_nonblock1 <ssu_test1.txt
>ssu_test2.txt
reading 500000 bytes
nwrite = 500000, errno = 0
root@localhost:/home/oslab/lsp# ls -l ssu_test2.txt
-rw-r--r-- 1 root root 500000 Jun  8 04:12 ssu_test2.txt
root@localhost:/home/oslab/lsp# ./ssu_nonblock1 <ssu_test1.txt 2>
ssu_test3.txt

[ssu_test3.txt]
reading 500000 bytes
nwrite = 8192, errno = 0
nwrite = -1, errno = 11
nwrite = -1, errno = 11
..
..
nwrite = -1, errno = 11
nwrite = 3840, errno = 0
nwrite = -1, errno = 11
..
..
```

fcntl() 예제 4는 Linux에서는 nonblocking을 설정하여도 일반 파일에서는 nonblocking 설정이 무시되는 것을 보여준다. "/ssu_nonblock1 <ssu_test1.txt> ssu_ test2.txt"를 하였을 때는 표준 출력을 일반 파일로 출력 재지정을 하여 nonblocking이 무시되어 blocking이 된다. "ssu_nonblock1 <ssu_test1.txt 2> ssu_test3.txt"의 결과는 캐릭터 특수 파일로 출력하므로 nonblocking 설정이 되었다. 참고로 비트 연산자로 플래그 처리할 수 있는데 플래그의 비트를 조작하거나 검사할 때 사용하는 숫자를 마스크(mask)라고 한다. <표 10-8>은 비트 연산자를 이용한 플래그 처리하는 방법을 보여준다.

〈표 10-8〉 비트 연산자를 이용한 플래그 처리

비트 연산자	설명
flag |= mask	플래그의 특정 비트를 켬
flag &= ~mask	플래그의 특정 비트를 끔
flag ^= mask	플래그의 특정 비트를 토글시킴
flag &mask	플래그의 특정 비트가 켜져 있는지 검사

•fcntl() 예제 5

<ssu_nonblock2.c>

```
#include <stdio.h>
#include <stdlib.h>
#include <unistd.h>
#include <sys/types.h>
#include <errno.h>
#include <fcntl.h>

#define MAX_CALL 100
#define MAX_BUF 20000

void serror(char *str)
{
    fprintf(stderr, "%s\n", str);
    exit(1);
}

int main(void)
{
    int nread, nwrite, val, i=0;
    char *ptr;
    char buf[MAX_BUF];

    int call[MAX_CALL];
```

```
    nread = read(STDIN_FILENO, buf, sizeof(buf));
    fprintf(stderr, "read %d bytes\n", nread);

    if ((val = fcntl(STDOUT_FILENO, F_GETFL, 0)) < 0)
        serror("fcntl F_GETFL error");
    val |= O_NONBLOCK;
    if (fcntl(STDOUT_FILENO, F_SETFL, val) < 0)
        serror("fcntl F_SETFL error");

    for (ptr = buf; nread > 0; i++) {
        errno = 0;
        nwrite = write(STDOUT_FILENO, ptr, nread);

        if (i < MAX_CALL)
            call[i] = nwrite;


        fprintf(stderr, "nwrite = %d, errno = %d\n", nwrite, errno);
        if (nwrite > 0) {
            ptr += nwrite;
            nread -= nwrite;
        }
    }

    if ((val = fcntl(STDOUT_FILENO, F_GETFL, 0)) < 0)
        serror("fcntl F_GETFL error");
    val &= ~O_NONBLOCK;
    if (fcntl(STDOUT_FILENO, F_SETFL, val) < 0)
        serror("fcntl F_SETFL error");

    for (i = 0; i < MAX_CALL; i++)
        fprintf(stdout, "call[%d] = %d\n", i, call[i]);

    exit(0);
}
```

실행 결과

```
root@localhost:/home/oslab/lsp# ./a.out < ssu_test1.txt
read 20000 bytes
170757136154575460718866888411500353174760025452232118805544605628734200
002625657668536281668011703201218352607272816515460462320437536542521328
3200724362512642278515148467586084074281523787813752366021778257743060
..
..
887572884487883784867508157668668404561027786054221078074520404322758061
728324534633318661608832105072033643106541680357505488406174156421812354
40354610662335nwrite = 32, errno = 0
call[0] = 10240
call[1] = -1
call[2] = -1
call[3] = 3840
call[4] = -1
call[5] = 3840
call[6] = -1
call[7] = -1


...
```

fcntl() 예제 5는 표준 출력에 nonblocking을 설정하여 실제 출력 시에 nonblocking 되는 것을 확인한다. val 변수에 nonblocking을 위한 플래그 설정하고 fcntl()를 호출하여 표준 출력을 val 변수에 설정된 플래그 값으로 설정한다. ssu_test1.txt 파일은 난수생성기로 생성한 숫자가 500,000개가 채워져 있는 파일이다. fcntl()는 close-on-exec 값을 조정하기 위해서 사용된다. exec()를 호출해 프로세스를 만들기 전에 기존에 오픈했던 파일 디스크립터들을 깨끗하게 정리하고 싶을 때가 있을 것이다. 이러한 경우를 "close-on-exec 시킨다" 라고 말한다. fcntl()를 호출하여 오픈된 파일 디스크립터에 대해서 close-on-exec 시키려면, F_GETFD를 이용해서 FD_CLOEXEC 값을 가져오고 F_SETFD를 이용해서 이 값을 변경한다.

기본적으로는 execl()를 호출할 때 오픈된 파일들이 닫히지 않는다. 보통 프로세스에서 exec()를 호출해 새로운 프로세스를 실행시키면 이 새로운 프로세스는 기존의 프로세스의 이미지를 덮어쓰고 실행된다. 이 때 특별한 설정이 없는 경우 오픈한 파일 디스크립터를 그대로 상속한다. 즉, 오픈한 파일은 exec()를 해도 기본적으로 닫지 않는다. exec()를 할 때 기존에 오픈한 파일을 close-on-exec 하려면 fcntl()를 호출해서 오픈한 파일 디스크립터의 속성을 변경해야 한다.

•fcntl() 예제 6

<ssu_open_on_exec.c>

```
#include <stdlib.h>
#include <unistd.h>
#include <fcntl.h>
#include <sys/stat.h>
#include <sys/types.h>

int main(void)
{
    int fd;
    int val;

    fd = open("exec_copy.txt", O_CREAT);
    execl("/home/oslab/loop", "./loop", NULL);
    exit(0);
}
```

실행 결과

```
root@localhost:/home/oslab# ./a.out | ps
...
15612 pts/18 00:00:00 a.out
...
root@localhost:/home/oslab# cd /proc/15612/fd
root@localhost:/proc/15612/fd# ls -al
합계 0
dr-x------    2 root    root         0 10월 25 13:59 .
dr-xr-xr-x    3 root    root         0 10월 25 13:59 ..
lrwx------    1 root    root        64 10월 25 13:59 0 -> /dev/ttyp0
lrwx------    1 root    root        64 10월 25 13:59 1 -> /dev/ttyp0
lrwx------    1 root    root        64 10월 25 13:59 2 -> /dev/ttyp0
```

```
lr-x------    1 root     root           64 10월 25 13:59 3 ->
/home/oslab/exec_copy.txt
```

fcntl() 예제 6은 execl() 실행 후 파일디스크립터의 상속을 확인한다. fcntl() 예제 6을 실행시키려면 먼저 execl()로 실행시킬 무한 루프 프로그램을 먼저 작성해야 한다. fcntl() 예제 6을 실행시킨 후 ps명령어로 pid를 확인하고 /proc/pid/fd로 이동해서 ls를 해보면 execl() 실행 시 오픈한 파일 디스크립터가 상속되었음을 알 수 있다.

```
<ssu_close_on_exec.c>
#include <stdio.h>
#include <stdlib.h>
#include <unistd.h>
#include <fcntl.h>
#include <sys/stat.h>
#include <sys/types.h>

int main(void)
{
    int fd;
    int val;

    if ((fd = open("exec_copy.txt", O_CREAT)) < 0) {
        fprintf(stderr, "open error for %s\n", "exec_copy.txt");
        exit(1);
    }
    val = fcntl(fd, F_GETFD, 0);

    if (val & FD_CLOEXEC)
        printf("close-on-exec bit on\n");
    else
        printf("close-on-exec bit off\n");

    val |= FD_CLOEXEC;

    if (val & FD_CLOEXEC)
        printf("close-on-exec bit on\n");
```

```
    else
        printf("close-on-exec bit off\n");

    fcntl(fd, F_SETFD, val);
    execl("/home/oslab/loop", "./loop", NULL);
}
```

실행 결과

```
root@localhost:/home/oslab# ./ssu_close_on_exec
close-on-exec bit off
close-on-exec bit on
```

위의 프로그램을 실행시켜둔 상태에서 fd가 close-on-exec 되었는지 /proc/pid/fd를 확인해보면 기존에 오픈했었던 파일 디스크립터가 상속되어있지 않음을 확인할 수 있다.

•fcntl() 예제 7

<ssu_fcntl_7.c>

```
#include <stdio.h>
#include <stdlib.h>
#include <unistd.h>
#include <fcntl.h>
#include <string.h>

int main(void)
{
    char *filename = "ssu_test.txt";
    int fd1, fd2;
    int flag;

    if ((fd1 = open(filename, O_RDWR | O_APPEND, 0644)) < 0) {
        fprintf(stderr, "open error for %s\n", filename);
        exit(1);
    }
```

```
if (fcntl(fd1, F_SETFD, FD_CLOEXEC) == -1) {
    fprintf(stderr, "fcntl F_SETFD error\n");
    exit(1);
}

if ((flag = fcntl(fd1, F_GETFL, 0)) == -1) {
    fprintf(stderr, "fcntl F_GETFL error\n");
    exit(1);
}

if (flag & O_APPEND)
    printf("fd1 : O_APPEND flag is set.\n");
else
    printf("fd1 : O_APPEND flag is NOT set.\n");

if ((flag = fcntl(fd1, F_GETFD, 0)) == -1) {
    fprintf(stderr, "fcntl F_GETFD error\n");
    exit(1);
}

if (flag & FD_CLOEXEC)
    printf("fd1 : FD_CLOEXEC flag is set.\n");
else
    printf("fd1 : FD_CLOEXEC flag is NOT set.\n");

if ((fd2 = fcntl(fd1, F_DUPFD, 0)) == -1) {
    fprintf(stderr, "fcntl F_DUPFD error\n");
    exit(1);
}

if ((flag = fcntl(fd2, F_GETFL, 0)) == -1) {
    fprintf(stderr, "fcntl F_GETFL error\n");
    exit(1);
}

if (flag & O_APPEND)
```

```
        printf("fd2 : O_APPEND flag is set.\n");
    else
        printf("fd2 : O_APPEND flag is NOT set.\n");

    if ((flag = fcntl(fd2, F_GETFD, 0)) == -1) {
        fprintf(stderr, "fcntl F_GETFD error\n");
        exit(1);
    }

    if (flag & FD_CLOEXEC)
        printf("fd2 : FD_CLOEXEC flag is set.\n");
    else
        printf("fd2 : FD_CLOEXEC flag is NOT set.\n");

    exit(0);
}
```

실행 결과

```
root@localhost:/home/oslab# ./ssu_fcntl_1
fd1 : O_APPEND flag is set.
fd1 : FD_CLOEXEC flag is set.
fd2 : O_APPEND flag is set.
fd2 : FD_CLOEXEC flag is NOT set.
```

fcntl() 예제 7은 O_APPEND 플래그를 설정하여 open()으로 오픈한 파일 디스크립터 fd1에 fcntl()를 호출하여 FD_CLOEXEC 플래그를 설정하고 F_DUPFD 플래그를 이용하여 fd2를 만든다. fd1에 O_APPEND와 FD_CLOEXED 플래그는 설정되어 있는 것을 확인 할 수 있고, fd2에는 O_APPEND 플래그는 설정되어 있지만 FD_CLOEXEC 플래그는 설정 되어 있지 않은 것을 확인하여 파일 디스크립터 복사 시 close-on-exec 기능은 복사되지 않는 것을 확인 할 수 있다.

•fcntl() 예제 8

<ssu_fcntl_8.c>

```
#include <stdio.h>
#include <stdlib.h>
```

```
#include <unistd.h>
#include <fcntl.h>
#include "ssu_employee.h"

#define DUMMY 0

int main(int argc, char *argv[])
{
    struct ssu_employee record;
    int fd;
    int flags;
    int length;
    int pid;

    if (argc < 2) {
        fprintf(stderr, "Usage : %s file\n", argv[0]);
        exit(1);
    }

    if ((fd = open(argv[1], O_RDWR)) < 0) {
        fprintf(stderr, "open error for %s\n", argv[1]);
        exit(1);
    }

    if ((flags = fcntl(fd, F_GETFL, DUMMY)) == -1) {
        fprintf(stderr, "fcntl F_GETFL error\n");
        exit(1);
    }

    flags |= O_APPEND;

    if (fcntl(fd, F_SETFL, flags) == -1) {
        fprintf(stderr, "fcntl F_SETFL error\n");
        exit(1);
    }
```

```
    pid = getpid();

    while (1) {
        printf("Enter employee name : ");
        scanf("%s", record.name);

        if (record.name[0] == '.')
            break;

        printf("Enter employee salary : ");
        scanf("%d", &record.salary);
        record.pid = pid;
        length = sizeof(record);

        if (write(fd, (char *)&record, length) != length) {
            fprintf(stderr, "record write error\n");
            exit(1);
        }
    }

    close(fd);
    exit(0);
}
```

실행 결과

```
root@localhost:/home/oslab# ./ssu_fcntl_2 ssu_employeefile
Enter employee name : BaekMaKang
Enter employee salary : 3000000
Enter employee name : HanRaSan
Enter employee salary : 1300000
Enter employee name : BakDooSan
Enter employee salary : 1900000
Enter employee name : .
```

fcntl() 예제 8은 파일 디스크립터의 플래그에 O_APPEND를 추가해 출력의 결과가 EOF에 이어지게 한다. F_GETFL 플래그를 사용하여 오픈한 파일 디스크립터의 플래그를 가져와 O_APPEND 플래그를 추가한다. 그리고 F_SETFL 플래그를 설정해 fcntl()를 통해 파일 디스크립터에 O_APPEND 플래그가 추가된 플래그를 설정한다.

•fcntl() 예제 9

<ssu_fcntl_lock1.c>

```
#include <stdio.h>
#include <stdlib.h>
#include <unistd.h>
#include <error.h>
#include <fcntl.h>

#define NAMESIZE 50
#define MAXTRIES 5

struct employee{
    char name[NAMESIZE];
    int salary;
    int pid;
};

int main(int argc, char *argv[])
{
    struct flock lock;
    struct employee record;
    int fd, sum=0, try=0;

    sleep(10);

    if((fd = open(argv[1], O_RDONLY)) == -1) {
        perror(argv[1]);
        exit(1);
    }

    lock.l_type = F_RDLCK;
    lock.l_whence = 0;
```

```
    lock.l_start = 0L;
    lock.l_len = 0L;

    while(fcntl(fd, F_SETLK, &lock) == -1) {
        if(errno == EACCES) {
            if(try++ < MAXTRIES) {
                sleep(1);
                continue;
            }
            printf("%s busy -- try later\n", argv[1]);
            exit(2);
        }
        perror(argv[1]);
        exit(3);
    }
    sum = 0;
    while(read(fd, (char *)&record, sizeof(record)) > 0) {
        printf("Employee: %s, Salary: %d\n", record.name, record.salary);
        sum += record.salary;
    }
    printf("\nTotal salary: %d\n", sum);

    lock.l_type = F_UNLCK;
    fcntl(fd, F_SETLK, &lock);
    close(fd);
}
```

실행 결과

```
root@localhost:/home/oslab/lsp# ./ssu_fcntl_lock1 employeefile
Employee: HongKilDong, Salary: 1500000
Employee: LeeSoonShin, Salary: 1900000
Employee: SongSeonHoon, Salary: 450000
Employee: BaekMaKang, Salary: 230000
Employee: KimJongHoon, Salary: 1500000

Total salary: 5580000
```

fcntl() 예제 9는 인자로 입력받은 파일의 락 여부를 확인하고 파일을 읽고 종료한다. 입력받은 파일의 전체를 read 락으로 설정하고 락이 설정 된 파일에 대해 1초 간격으로 5번 시도하여 락이 해제되지 않으면 error 메시지 출력하고 반복문 종료한다. 파일에 대한 모든 사용이 끝나면 read 락을 제거한다.

•fcntl() 예제 10

<ssu_fcntl_lock2.c>

```
#include <stdio.h>
#include <stdlib.h>
#include <unistd.h>
#include <errno.h>
#include <fcntl.h>

int main(int argc, char *argv[])
{
    struct flock lock;
    int fd;
    char command[100];

    if((fd = open(argv[1], O_RDWR)) == -1) {
        perror(argv[1]);
        exit(1);
    }
    lock.l_type = F_WRLCK;
    lock.l_whence = 0;
    lock.l_start = 0l;
    lock.l_len = 0l;
    if(fcntl(fd, F_SETLK, &lock) == -1) {
        if (errno == EACCES) {
            printf("%s busy -- try later\n", argv[1]);
            exit(2);
        }
        perror(argv[1]);
        exit(3);
    }
```

```
    sprintf(command, "vim %s\n", argv[1]);
    system(command);
    lock.l_type = F_UNLCK;
    fcntl(fd, F_SETLK, &lock);
    close(fd);

    return 0;
}

실행 결과
root@localhost:/home/oslab/lsp# ./ssu_fcntl_lock2
[vi 실행됨]
```

fcntl() 예제 10은 인자로 입력받은 파일에 write 락을 설정하고 vi 또는 vim 으로 파일을 오픈한다. 전체 파일에 write 락을 설정한다. 락을 설정 된 파일을 vi 또는 vim으로 오픈하고 vi 또는 vim이 종료되면 write 락을 해제한다.

•fcntl() 예제 11

```
<ssu_fcntl_lock3.c>

#include <stdio.h>
#include <stdlib.h>
#include <unistd.h>
#include <fcntl.h>

#define NAMESIZE 50

struct employee{
    char name[NAMESIZE];
    int salary;
    int pid;
};

int main(int argc, char *argv[])
{
    struct flock lock;
```

```
struct employee record;
int fd, recnum, pid;
long position;

if((fd = open(argv[1], O_RDWR)) == -1) {
    perror(argv[1]);
    exit(1);
}

pid = getpid();
for(;;){
    printf("\nEnter record number: ");
    scanf("%d", &recnum);
    if(recnum < 0)
        break;
    position = recnum * sizeof(record);
    lock.l_type = F_WRLCK;
    lock.l_whence = 0;
    lock.l_start = position;
    lock.l_len = sizeof(record);
    if(fcntl(fd, F_SETLKW, &lock) == -1) {
        perror(argv[1]);
         exit(2);
    }
    lseek(fd, position, 0);
    if(read(fd, (char*)&record, sizeof(record)) == 0){
        printf("record %d not found\n", recnum);
        lock.l_type = F_UNLCK;
        fcntl(fd, F_SETLK, &lock);
        continue;
    }
    printf("Employee: %s, salary: %d\n", record.name, record.salary);
    record.pid = pid;
    printf("Enter new salary: ");
    scanf("%d", &record.salary);
    lseek(fd, position, 0);
```

```
        write(fd, (char*)&record, sizeof(record));

        lock.l_type = F_UNLCK;
        fcntl(fd, F_SETLK, &lock);
    }
    close(fd);
}
```

```
실행 결과
root@localhost:/home/oslab/lsp# ./ssu_fcntl_lock3 employeefile

Enter record number: 2
Employee: SongSeonHoon, salary: 450000
Enter new salary: 450000

Enter record number: 3
Employee: BaekMaKang, salary: 230000
Enter new salary: 500000

Enter record number: -1
root@localhost:/home/oslab/lsp#
```

fcntl() 예제 11은 인자로 입력받은 파일에서 수정을 원하는 레코드에 write 락을 설정하고 레코드를 수정한다. read할 레코드 위치부터 레코드 길이만큼 write 락을 설정하고 레코드가 락이 설정 된 상태라면 락이 해제될 때까지 기다린다.

•fcntl() 예제 12

```
<ssu_fcntl_lock4.c>
#include <stdio.h>
#include <stdlib.h>
#include <unistd.h>
#include <fcntl.h>

#define NAMESIZE 50
```

```
struct employee{
    char name[NAMESIZE];
    int salary;
    int pid;
};

int main(int argc, char *argv[])
{
    struct flock lock;
    struct employee record;
    int fd, recnum, pid;
    long position;
    char ans[5];

    if((fd = open(argv[1], O_RDWR)) == -1) {
        perror(argv[1]);
        exit(1);
    }

    pid = getpid();
    for(;;){
        printf("\nEnter record number: ");
        scanf("%d", &recnum);
        if(recnum < 0)
            break;

        position = recnum * sizeof(record);
        lock.l_type = F_RDLCK;
        lock.l_whence = 0;
        lock.l_start = position;
        lock.l_len = sizeof(record);

        if(fcntl(fd, F_SETLKW, &lock) == -1) {
            perror(argv[1]);
            exit(2);
        }
```

```
        lseek(fd, position, 0);
        if(read(fd, (char*)&record, sizeof(record)) == 0){
            printf("record %d not found\n", recnum);
            lock.l_type = F_UNLCK;
            fcntl(fd, F_SETLK, &lock);
            continue;
        }
        printf("Employee: %s, salary: %d\n", record.name, record.salary);
        printf("Do you want to update salary (y or n)? ");
        scanf("%s", ans);

        if(ans[0] != 'y') {
            lock.l_type = F_UNLCK;
            fcntl(fd, F_SETLK, &lock);
            continue;
        }
        lock.l_type = F_WRLCK;
        if(fcntl(fd, F_SETLKW, &lock) == -1) {
            perror(argv[1]);
            exit(3);
        }
        record.pid = pid;
        printf("Enter new salary: ");
        scanf("%d", &record.salary);

        lseek(fd, position, 0);
        write(fd, (char*)&record, sizeof(record));

        lock.l_type = F_UNLCK;
        fcntl(fd, F_SETLK, &lock);
    }
    close(fd);
}
```

실행 결과

```
root@localhost:/home/oslab/lsp# ./ssu_fcntl_lock4 employeefile
```

```
Enter record number: 2
Employee: SongSeonHoon, salary: 450000
Do you want to update salary (y or n)? y
Enter new salary: 230000

Enter record number: 3
Employee: BaekMaKang, salary: 500000
Do you want to update salary (y or n)? y
Enter new salary: 250000

Enter record number: 3
Employee: BaekMaKang, salary: 250000
Do you want to update salary (y or n)? 400000

Enter record number: -1
root@localhost:/home/oslab/lsp#
```

fcntl() 예제 12는 인자로 파일 이름을 입력 받고, 입력 받은 파일 이름을 오픈한 후 원하는 위치에 read 락을 설정하여 읽고, 수정을 원하는 위치에는 write 락을 설정 후 수정한다. 읽을 레코드 위치부터 레코드 길이만큼 read 락을 설정하고 사용자가 해당 레코드의 락을 원치 않으면 레코드의 락 설정을 해제한다. 사용자가 해당 레코드의 수정을 원한다면 레코드의 락 설정을 write 락으로 변경한다.

3. flock(2)

```
#include <sys/file.h>
int flock(int fd, int operation)

                                              리턴 값: 성공 시 0, 에러 시 -1,
                에러 중에서 EWOULDBLOCK 시 파일은 잠겨 있고 LOCK_NB 플래그가 선택
```

flock()는 open한 파일에 advisory 락을 설정하거나 해제하는 시스템호출 함수이다. <표 10-9>는 operation 인자에 지정할 수 있는 값들을 보여준다.

〈표 10-9〉 operation 값에 대한 flock()의 기능

플래그	설명
LOCK_SH	공유(shared) 락으로 한개 이상의 프로세스들은 주어진 시간에 주어진 파일에 대한 공유 락을 설정
LOCK_EX	배타(exclusive) 락으로 단 한 개의 프로세스만이 주어진 시간에 주어진 파일에 대해 배타적으로 락을 설정
LOCK_UN	락을 해제
LOCK_NB	파일이 락이 설정된 경우 block 하지 않는다. 다른 operatiion 인자와 함께 or로 지정

한 파일에 대해서는 동시에 공유 락과 배타 락을 동시에 설정할 수 없다. 파일은 파일 디스크립터에 대해 락이 설정한 것이 아니라 파일의 inode에 락을 설정하는 것이다. 따라서 dup()와 fork()는 중복된 락을 설정하지 못한다. flock()는 NFS에 있는 파일은 락을 설정하지 못한다. NFS에 있는 파일에 락을 설정 하면 fcntl()를 사용해야 한다.

4. ioctl(2)

```
#include <unistd.h>          /* System V */
#include <sys/ioctl.h>       /* BSD and Linux */
#include <stropts.h>         /* XSI STREAMS */
int ioctl(int filedes, int request, ...);

                리턴 값: 성공 시 0이나 양수, 에러 시 -1을 리턴하고 errno 설정
```

ioctl()는 기본적인 I/O 함수들만으로 하기 어려운 연산들을 하기 위해 사용하는 시스템호출 함수이다. 이 함수는 일반 파일에 대해서도 사용할 수 있지만 주로 터미널이나 네트워크 등 특수 파일의 입출력을 제어하는 데에 쓰인다.

fcntl()와 마찬가지로 request 인자에는 특정 헤더 파일에서 #define으로 정의된 기호 상수로 함수가 수행할 기능을 결정짓는 것으로 그 기능을 지정하는 플래그 값을 넣게 되는데 <표 10-10>은 request 인자에 지정할 수 있는 플래그를 보여준다.

〈표 10-10〉 request 인자에 대한 ioctl()의 기능

플래그	내용
TCGETA	파일의 현재 상태를 리턴. 이 때 세 번째 인자로는 termios 구조체에 대한 포인터가 사용. 호출이 성공적으로 수행되면 이 구조체에 파일 상태 정보를 복사해 넣게 됨
TCSETA	파일의 현재 상태를 변경한다. 새로운 상태 정보는 세 번째 인자로써 주어지는데 이것 역시 termios 구조체에 대한 포인터이다. 호출이 완료되면 변경된 상태 정보는 즉각적으로 그 효력을 나타남
TGSETAW	위의 TCSETA와 같은 기능을 수행. 차이점은 호출이 완료된 후 새로운 상태 정보가 바로 효력을 갖는 것이 아니고 현재의 출력 큐가 비워질 때까지 기다림. 그러므로 파일의 출력과 관련한 속성을 변경할 경우에는 이 값을 인자로 사용
TCSETAF	TCSETA의 또 다른 형태로서 출력 큐가 비워질 때까지 기다린 후 입력 큐를 비우고 나서 파일의 상태를 변경
TCFLSH	파일의 입출력 큐를 비우는 기능이 수행. 세 번째 인자가 0이면 입력 큐, 1이면 출력 큐 그리고 2면 입출력 큐 모두가 비워짐
TCXONC	파일에 대한 출력의 흐름을 제어할 때 사용. 세 번째 인자가 0이면 출력이 중단된다. 중단된 출력을 재개하려면 세 번째 인자를 1로 해서 이 함수를 다시 호출
TCSBRK	브레이크 신호를 전송할 때 사용. 이 기능이 수행되기 위해서는 반드시 출력 큐가 비어있어야 함

<표 10-10>에서 열거한 것 외에도 여러 기능들이 더 있다. 기능이 많다는 것은 그만큼 쓰임새가 산만할 수 있다는 것을 뜻한다. 따라서 특정한 기능만 수행하는 함수가 등장해서 ioctl()의 부담을 덜어주고 있다. 예를 들면 ioctl(fd, TCGETA, &termios)는 tcgetattr()에 의해 대체될 수 있고, ioctl(fd, TCFLSH, 0)는 tcflush()에 의해 대체될 수 있다. 그러나 특정한 기능을 수행하는 데 마땅한 함수가 없는 경우에는 여전히 ioctl()를 효과적으로 쓸 수 있다.

•ioctl() 예제

〈ssu_ioctl.c〉

```
#include <sys/ioctl.h>
#include <termios.h>
#include <stdio.h>
#include <stdlib.h>
```

```
int main(void)
{
    struct termios tio;

    if(isatty(0) != 1) {
        printf("Not a tty!\n");
        exit(1);
    }

    ioctl(0, TCGETA, &tio);
    tio.c_cc[VINTR] = 1;
    ioctl(0, TCSETA, &tio);

    exit(0);
}
```

ioctl() 예제는 표준 입력(0)이 터미널 디바이스와 연관된 파일 디스크립터이면 1을 리턴하여 다음 명령들을 수행한다. ioctl은 TCGETA옵션을 통해서 터미널의 속성정보를 가져와 termio 구조체에 저장한다. 그 후 termio 구조체의 제어문자 속성 값인 ¬c.cc를 VINTR로 설정하여 일시중지(Ctrl + C) 관련 제어를 On 상태로 만든다. 이 상태로 만들면 일시중지 시, 전경 프로세스(foreground process)에 SIGINT 시그널이 발생된다. 그리고 다시 TCSETA를 통하여 새로운 속성 정보를 설정한다.

5. readv(2), writev(2)

```
#include <sys/uio.h>
ssize_t readv(int fd, const struct iovec *iov, int iovcnt);
ssize_t writev(int fd, const struct iovec *iov, int iovcnt);
```

리턴 값: 성공 시 읽거나 쓴 바이트 수, 에러 시 −1

readv()와 writev()는 연속적이지 않은 여러 개의 버퍼들을 하나의 함수 호출로 read하거나 write하기 위해 사용하는 시스템호출 함수이다. <표 10-11>는 두 번째 iovec의 구조체 인자의 구조를 보여준다.

〈표 10-11〉 iovec 구조체

```
struct iovec {
        void *iov_base;             // 버퍼의 시작주소
        size_t iov_len;             // 버퍼의 크기
};
```

readv(), writev()에 공통으로 들어가는 iovcnt 인자는 iov 배열의 원소 개수이고 이 값은 IOV_MAX 이하이어야 한다. readv()는 자료를 버퍼들에 순서대로 분산해서 read하지만, 반드시 한 버퍼를 다 채운 후에 다음 버퍼를 채운다. 리턴 값은 실제로 읽은 바이트 수이며 더 이상 읽을 자료가 없고 EOF에 도달했다면 리턴 값은 0이다. writev()는 버퍼들에 담긴 출력 자료들을 모아서 순서대로 기록한다. 리턴 값은 실제로 기록한 바이트 수이며, 정상적인 경우 이는 모든 버퍼 길이의 총합이 된다.

•readv() 예제

<ssu_readv.c>

```
#include <stdio.h>
#include <sys/uio.h>

int main(int argc, char **argv){
    struct iovec vec[2];
    char MSG1[10]={0,};
    char MSG2[10]={0,};
    int str_len;

    vec[0].iov_base=MSG1;  //저장할 배열
    vec[0].iov_len=9;  // 저장할 내용의 길이.
    vec[1].iov_base=MSG2;
    vec[1].iov_len=9;

    str_len=readv(0, vec, 2);

    printf("\n총 %d 바이트 입력\n", str_len);
    printf("첫 번째 메시지 : %s \n", MSG1);
    printf("두 번째 메시지 : %s \n", MSG2);
```

```
    return 0;
}

실행 결과
root@localhost:/home/oslab# ./ssu_readv
123456789123456789

총 18 바이트 입력
첫 번째 메시지 : 123456789
두 번째 메시지 : 123456789
```

readv() 예제는 iovec 구조체를 통하여 미리 전송할 데이터의 시작 주소와 바이트 수를 미리 대입하여 readv() 호출시 첫 번째 인자로 수신할 파일(혹은 소켓)의 파일 디스크립터를 전달하고, 두 번째 인자로 얼마나 큰 데이터를 수신할 것인지에 대한 정보를 iovec 구조체 변수에 넣어 배열이름을 인자로 전달하고, 세 번째 인자로 데이터를 수신하기 위해서 참고할 iovec 구조체 변수의 수를 지정하여 출력한다.

•writev() 예제

```
<ssu_writev.c>

#include <stdio.h>
#include <string.h>
#include <sys/uio.h>

int main(int argc, char **argv){
    struct iovec vec[2];
    char MSG1[]="0123456789";
    char MSG2[]="abcdefghijklmnopqrstuvwxyz";
    int str_len;

    vec[0].iov_base = MSG1;
    vec[0].iov_len = strlen(MSG1);
    vec[1].iov_base = MSG2;
    vec[1].iov_len = strlen(MSG2);
```

```
    str_len = writev(1, vec, 2);

    printf("\n총 %d 바이트 출력\n", str_len);

    return 0;
}
```

실행 결과

```
root@localhost:/home/oslab# ./ssu_writev
0123456789abcdefghijklmnopqrstuvwxyz
총 36 바이트 출력
```

writev() 예제는 여러 버퍼에 저장되어 있는 데이터를 한 번에 전송하게 되는 것을 보여준다. 첫 번째 인자로 데이터 전송의 목적지를 나타내는 소켓의 파일 디스크립터를 전달하고, 두 번째 인자로 iovec 구조체 배열의 이름을 전달하는데 여기에 전송하고자하는 데이터에 대한 정보가 담겨진다. 세 번째 인자로 데이터를 전송하기 위해 참고할 iovec 구조체 변수의 수를 지정한다. 2가 인자로 전달되었으니 vector가 가리키는 iovec 구조체 변수를 시작으로 총 2개의 iovec 변수를 참고하여 데이터를 전송한다.

6. mmap(2), memcpy(3), munmap(2)

```
#include <sys/mman.h>
void *mmap(void *addr, size_t len, int prot, int flag, int fd, off_t off );
```

리턴 값 : 성공 시 매핑된 메모리 영역의 시작 주소, 에러 시 MAP_FAILED

```
#include <string.h>
void *memcpy(void * dest, const void *src, size_t n);
```

리턴 값: 성공 시 0, 에러 시 -1

```
#include <sys/mman.h>
int munmap(caddr_t addr, size_t len);
```

리턴 값: 성공 시 0, 에러 시 -1

메모리 맵 입출력은 디스크상의 파일을 메모리의 한 버퍼에 매핑해서 입출력을 수행하는 메커니즘으로 mmap()는 파일을 메모리의 한 영역에 매핑 하도록 커널에게 알려주는 시스템호출 함수이다.

mmap()의 addr 인자는 파일이 매핑 될 영역의 시작 주소이고, 0을 지정하면 시스템이 적절한 시작 주소를 선택하게 한다. len 인자는 메모리에 매핑 할 파일 영역의 크기를 바이트로 설정할 수 있으며, prot 인자는 매핑 된 영역의 보호 방식을 <표 10-11>과 같이 지정할 수 있다.

〈표 10-11〉 prot 값에 대한 mmap()의 기능

prot	설명
PROT_READ	영역을 읽을 수 있음
PROT_WRITE	영역에 쓸 수 있음
PROT_EXEC	영역을 실행할 수 있음
RPOT_NONE	영역에 접근할 수 없음

flag 인자는 매핑 된 영역의 여러 특성들에 영향을 미친다. <표 10-12>은 flag인자에 지정할 수 있는 값들을 보여준다.

〈표 10-12〉 flag 값에 대한 mmap()의 기능

플래그	설명
MAP_FIXED	함수의 리턴 값이 addr 인자와 반드시 같음
MAP_SHARED	매핑 된 영역에 대한 프로세스의 저장 연산의 처리 방식을 결정하는 두 플래그 중 하나로 이 플래그를 지정하면 저장 연산이 매핑 된 파일을 실제로 수정
MAP_PRIVATE	메모리 맵 영역에 대해 저장 연산을 수행하면 해당 파일 영역의 비 공유 복사본이 만들어짐
RPOT_NONE	영역에 접근할 수 없음

fd 인자는 메모리 영역에 매핑 할 파일을 나타내며 이 함수를 호출하기 전에 그 파일을 오픈해야 한다. off 인자는 그 영역의 시작 위치에 해당하는 파일 오프셋을 나타낸다.

memcpy()은 메모리 내용을 다른 곳으로 복사할 수 있는 라이브러리 함수이다. n 인자 만큼의 바이트를 src 인자의 메모리 영역에서 dest 인자의 메모리 영역에 복사한다. 주의할 점은 src 메모리 영역과 dest 메모리 영역은 동일한 영역을 사용할 수 없다. 동일한 영역을 사용하려면 memmove()를 사용해야 한다.
munmap()는 프로세스가 종료되면 메모리 맵 영역이 자동으로 해제되지만 명시적으로 해제할 때 사용하는 라이브러리 함수이다.

•mmap() 예제 1

<ssu_test.txt>

```
Linux System Programming!
```

<ssu_mmap_1.c>

```c
#include <stdio.h>
#include <string.h>
#include <stdlib.h>
#include <unistd.h>
#include <fcntl.h>
#include <sys/mman.h>
#include <sys/stat.h>

#define FILE_MODE   (S_IRUSR | S_IWUSR | S_IRGRP | S_IROTH)

int main(int argc, char *argv[])
{
    int         fdin, fdout;
    void        *src, *dst;
    struct stat statbuf;

    if (argc != 3) {
        printf("usage: %s <fromfile> <tofile>", argv[0]);
        exit(1);
    }

    if ((fdin = open(argv[1], O_RDONLY)) < 0) {
```

```
        printf("can't open %s for reading", argv[1]);
        exit(1);
    }

    if ((fdout = open(argv[2], O_RDWR | O_CREAT | O_TRUNC,
      FILE_MODE)) < 0) {
        printf("cannot creat %s for writing", argv[2]);
        exit(1);
    }

    if (fstat(fdin, &statbuf) < 0) {     /* 입력 파일의 크기 */
        printf("fstat() error");
        exit(1);
    }

    /* 출력 파일의 크기 */
    if (lseek(fdout, statbuf.st_size - 1, SEEK_SET) == -1) {
        printf("lseek() error");
        exit(1);
    }
    if (write(fdout, "", 1) != 1) {
        printf("write() error");
        exit(1);
    }

    if ((src = mmap(0, statbuf.st_size, PROT_READ, MAP_SHARED,
      fdin, 0)) == MAP_FAILED) {
        printf("mmap() error for input");
        exit(1);
    }

    if ((dst = mmap(0, statbuf.st_size, PROT_READ | PROT_WRITE,
      MAP_SHARED, fdout, 0)) == MAP_FAILED) {
        printf("mmap() error for output");
        exit(1);
    }
```

```
    memcpy(dst, src, statbuf.st_size);  /* 파일 복사를 수행 */
    exit(0);
}
```

실행 결과

```
root@localhost:/home/oslab# vim ssu_test.txt
root@localhost:/home/oslab# ./ssu_mmap_1 ssu_test.txt ssu_test_1.txt
root@localhost:/home/oslab# ls -al ssu_test.txt ssu_test_1.txt
-rw-r--r-- 1 root root 26  6월  9 10:48 ssu_test.txt
-rw-r--r-- 1 root root 26  6월  9 10:48 ssu_test_1.txt
```

mmap() 예제 1은 첫 번째 인자로 받은 파일의 내용을 두 번째 인자로 받은 파일의 이름으로 mmap()와 memcpy()를 이용하여 복사한다. 첫 번째 인자의 파일을 오픈하고 해당 파일 디스크립터를 이용, 파일의 크기를 알아낸다. 그리고 두 번째 인자로 받은 문자열에 해당하는 파일을 오픈하거나 없으면 생성하고, lseek()를 통해 offset을 변경, 파일의 크기를 조정한다. 그리고 mmap()와 memcpy() 호출을 통해 파일을 복사한다.

•mmap() 예제 2

<ssu_test.txt>

```
Linux System Programming!
```

<ssu_mmap_2.c>

```
#include <stdio.h>
#include <stdlib.h>
#include <unistd.h>
#include <string.h>
#include <sys/types.h>
#include <sys/stat.h>
#include <sys/mman.h>
#include <fcntl.h>

#ifndef MAP_FILE
```

```
#define MAP_FILE 0
#endif

void serror(char *str)
{
    fprintf(stderr, "%s\n", str);
    exit(1);
}

int main(int argc, char *argv[])
{
    int fdin, fdout;
    char *inp, *outp;
    struct stat statbuf;

    if (argc != 3)
        serror("usage: a.out [source file] [target file]");

    if ((fdin = open(argv[1], O_RDONLY)) < 0)
        serror("can`t open file for reading");

    if ((fdout = open(argv[2], O_RDWR | O_CREAT | O_TRUNC, S_IRUSR
| S_IWUSR | S_IRGRP | S_IROTH)) < 0)
        serror("can`t creat file for writing");

    if (fstat(fdin, &statbuf) < 0)
        serror("fstat error");

    /* 출력 파일의 크기를 지정 */
    if (lseek(fdout, statbuf.st_size - 1, SEEK_SET) == -1)
        serror("lseek error");

    if (write(fdout, " ", 1) != 1)
        serror("write error");

    if ((inp = mmap(0, statbuf.st_size, PROT_READ, MAP_SHARED, fdin,
```

```
0)) == (caddr_t) -1)
        serror("mmap error for input");

    if ((outp = mmap(0, statbuf.st_size, PROT_READ | PROT_WRITE,
MAP_SHARED, fdout, 0)) == (caddr_t) -1)
        serror("mmap error for output");

    memcpy(outp, inp, statbuf.st_size);

    exit(0);
}

실행 결과
root@localhost:/home/oslab# cat ssu_test.txt
Linux System Programming!
root@localhost:/home/oslab# ./ssu_mmap_2 ssu_test.txt ssu_mmap_test.txt
root@localhost:/home/oslab# diff ssu_test.txt ssu_mmap_test.txt
root@localhost:/home/oslab# cat ssu_mmap_test.txt
Linux System Programming!
```

mmap() 예제 2는 인자로 받은 첫 번째 파일인 source file을 메모리에 매핑한다. 그리고 mmap() 호출을 통하여 보호 방식은 영역을 읽을 수 있도록 설정하고, 저장 연산이 메모리에 매핑 된 파일을 실제로 수정할 수 있는 플래그를 설정한다. 그리고 두 번째 인자인 target file을 메모리에 매핑하여 보호 방식은 영역을 읽고 쓸 수 있도록 설정하고, 저장 연산이 메모리에 매핑 된 파일을 실제로 수정할 수 있게 하는 플래그를 설정한다. 프로그램이 수행되고 나면, 첫 번째 인자로 준 파일의 내용과 동일한 내용이면서 두 번째 인자를 이름으로 하는 파일이 생성된다.

7. 이 장에서 배운 함수들

```
int fcntl(int fd, int cmd, ... /*arg*/);
int fcntl(int fd, int cmd);
int fcntl(int fd, int cmd, long arg);
int fcntl(int fd, int cmd, struct flock *lock);
```

```
int flock(int fd, int operation);
int ioctl(int fd, int request, ...);
ssize_t readv(int fd, const struct iovec *iov, int iovcnt);
ssize_t writev(int fd, const struct iovec *iov, int iovcnt);
void *mmap(void *addr, size_t len, int prot, int flag, int fd, off_t off );
void *memcpy(void * dest, const void *src, size_t n);
int munmap(caddr_t addr, size_t len);
```

연습문제

1. read() 와 write() 시스템호출 함수가 있음에도 불구하고 ioctl() 시스템함수를 사용해야 하는 경우를 설명하라.

2. read() 와 write() 시스템호출 함수와 readv(), writev() 시스템호출 함수의 차이점을 설명하라.

3. 프로그램 실행 시 아래와 같은 실행 결과가 나올 수 있도록 프로그램을 완성하라.

<test.txt>

```
Linux System Programming!
Unix System Programming!
Linux Mania
Unix Mania
```

<ex11-1.c>

```
#include <stdio.h>
#include <stdlib.h>
#include <unistd.h>
#include <fcntl.h>
int main(void)
{
```

```
struct flock lock;
char *fname = "test.txt";
int fd;
pid_t pid;
char c;

if((fd = open(fname, O_RDWR, 0644)) < 0){
    fprintf(stderr, "open error for %s\n", fname);
    exit(1);
}

lock.l_type = F_WRLCK;

if((pid = fork()) < 0){
    fprintf(stderr, "fork error\n");
    exit(1);
}else if(pid == 0){
    sleep(1);
    int i = 0;
    while(read(fd, &c, 1) > 0){
        lock.l_whence = SEEK_SET;
        lock.l_start = i++;
        lock.l_len = 1;
        if(fcntl(fd, F_SETLKW, &lock) == -1){
            fprintf(stderr, "fcntl error\n");
            exit(1);
        }
        fprintf(stderr, "%c", c);
    }
    exit(1);
}else{
    if(fcntl(fd, F_SETLKW, &lock) == -1){
        fprintf(stderr, "fcntl error\n");
        exit(1);
    }
    while(1);
```

```
    }
}

root@localhost:/home/oslab# ./ex11-1
Linux System Programming!
Unix System Programming!
Linux Mania
Unix
```

XI. 시스템 관련 정보

본 장에서는 Linux·Unix의 각종 정보를 알아낼 수 있는 함수들에 대해 설명한다. 시스템 각종 정보를 확인할 수 있는 함수들은 실제 프로그래밍에서도 유용하게 쓰인다. 특히 time과 관련된 함수들은 작성한 프로그램의 성능을 측정할 때 사용하기도 한다.

XI. 시스템 관련 정보

1. getpwuid(3), getpwnam(3)

```
#include <pwd.h>
#include <sys/types.h>
struct passwd *getpwuid(uid_t uid);
struct passwd *getpwnam(const char *name);
```

리턴 값: 성공 시 포인터, 에러 시 NULL을 리턴하고 errno 설정

getpwuid()는 ls 프로그램이 파일의 i-node에 담긴 숫자로 된 사용자 ID를 사용자의 로그인 이름으로 맵핑하는데 사용하는 라이브러리 함수이다. getpwnam()는 로그인 프로그램에서 사용자 이름을 입력할 때 사용하는 라이브러리 함수이다. POSIX.1이 정의하는 위 두 함수들은 /etc/passwd파일의 항목을 가져오는 함수들이며, 사용자의 로그인 이름이나 숫자로 된 사용자 ID를 통해서 항목을 가져올 수 있도록 해준다.
두 함수 모두 항목 값이 채워진 struct passwd의 포인터를 리턴한다. 참고로, 함수 내부에서 struct passwd는 대개 static으로 선언되어 있다. 그렇기 때문에 위 두 함수를 여러 번 호출하다 보면 구조체 값이 갱신될 수 있다는 점에 유의해야 한다.

•getpwnam() 예제

<ssu_getpwnam.c>

```
#include <stdio.h>
#include <stdlib.h>
#include <pwd.h>

int main(void)
{
    struct passwd *pw_passwd;
    char temp_name[128];

    printf("Enter ID: ");
```

```
    scanf("%s", temp_name);

    if ((pw_passwd = getpwnam(temp_name)) == NULL) {
        fprintf(stderr, "getpwnam error\n");
        exit(1);
    }

    printf("ID\t: %s\nPID\t: %d\nGID\t: %d\n",
        pw_passwd -> pw_name, pw_passwd -> pw_uid, pw_passwd ->
pw_gid);
    exit(0);
}

실행 결과
root@localhost:/home/oslab# ./ssu_getpwnam
Enter ID: root
ID      : root
PID     : 0
GID     : 0
```

getpwnam() 예제는 getpwnam()의 호출을 통해서 문자열 입력과 그에 해당하는 struct passwd포인터를 리턴하는 동작을 시험한다. 이 예제는 문자열을 입력받으면 그에 해당하는 struct passwd 포인터를 리턴받아서 그 내부의 내용을 출력한다. main()에서 temp_name변수에 사용자로부터 문자열을 입력받고, 그 문자열을 getpwnam()의 인자로 준다. getpwnam()의 호출이 성공적이었다면 리턴받은 구조체의 ID, PID, GID를 출력한다.

2. getpwent(3), setpwent(3), endpwent(3)

```
#include <pwd.h>
#include <sys/types.h>
struct passwd *getpwent(void);

                    리턴 값: 성공 시 포인터, 에러나 EOF이면 NULL을 리턴하고 errno 설정
```

```
void setpwent(void);
void endpwent(void);
```

위 세 함수들은 /etc/passwd 파일의 모든 항목들에 접근할 수 있도록 제공되는 함수들이다. getpwent()는 passwd 파일의 파일포인터 기준으로 다음 항목을 리턴하는 라이브러리 함수이다. 함수를 호출하면 passwd 파일의 한 항목이 저장된 구조체를 가리키는 포인터를 리턴받는다. 함수가 호출 될 때마다 passwd 파일의 다음 항목으로 넘어가므로 구조체 값이 갱신될 수 있다. 단, 리턴받는 항목들의 순서에 대해서는 보장되지 않는다. setpwent()는 passwd 파일의 파일포인터의 위치를 처음으로 되돌리는 기능을 하는 라이브러리 함수이다. endpwent()는 passwd 파일을 닫는 라이브러리 함수이다.

•getpwent() 예제

<ssu_getpwent.c>

```
#include <stdio.h>
#include <stdlib.h>
#include <pwd.h>

int main(void)
{
    struct passwd *ptr;

    setpwent();

    while((ptr = getpwent()) != NULL)
        printf("UID: %5d\tGID: %5d\tSHELL: %s\n",
                ptr -> pw_uid, ptr -> pw_gid, ptr -> pw_shell);

    endpwent();
    exit(0);
}
```

실행 결과 [Ubuntu, Fedora]

```
root@localhost:/home/oslab# ./ssu_getpwent
UID:     0     GID:     0    SHELL: /bin/bash
UID:     1     GID:     1    SHELL: /usr/sbin/nologin
```

```
UID:     2     GID:     2    SHELL: /usr/sbin/nologin
UID:     3     GID:     3    SHELL: /usr/sbin/nologin
UID:     4     GID: 65534   SHELL: /bin/sync
UID:     5     GID:    60    SHELL: /usr/sbin/nologin
UID:     6     GID:    12    SHELL: /usr/sbin/nologin
UID:     7     GID:     7    SHELL: /usr/sbin/nologin
UID:     8     GID:     8    SHELL: /usr/sbin/nologin
UID:     9     GID:     9    SHELL: /usr/sbin/nologin
UID:    10     GID:    10    SHELL: /usr/sbin/nologin
UID:    13     GID:    13    SHELL: /usr/sbin/nologin
(생략)

실행 결과 [macOS]
ssu-ui-MacBook-Air:oslab root# ./ssu_getpwent
UID:    83     GID:    83    SHELL: /usr/bin/false
UID:    55     GID:    55    SHELL: /usr/bin/false
UID:    87     GID:    87    SHELL: /usr/bin/false
UID:    79     GID:    79    SHELL: /usr/bin/false
UID:    67     GID:    67    SHELL: /usr/bin/false
UID:   235     GID:   235    SHELL: /usr/bin/false
UID:   245     GID:   245    SHELL: /usr/bin/false
UID:    97     GID:    97    SHELL: /usr/bin/false
UID:   229     GID:    -2    SHELL: /usr/bin/false
UID:    93     GID:    93    SHELL: /usr/bin/false
UID:    32     GID:    32    SHELL: /usr/bin/false
UID:    82     GID:    82    SHELL: /usr/bin/false
UID:   202     GID:   202    SHELL: /usr/bin/false
UID:   236     GID:   236    SHELL: /usr/bin/false
UID:   212     GID:   212    SHELL: /usr/bin/false
UID:    72     GID:    72    SHELL: /usr/bin/false
(생략)
```

getpwent() 예제는 getpwent() 호출을 통해서 passwd파일의 내용을 출력 동작을 시험한다. main()에서 setpwent()를 호출해서 passwd파일의 파일 포인터 위치를 되돌린 다음, UID, GID, SHELL의 정보를 passwd파일의 EOF까지 출력한다. 출력이 모두 끝나면 endpwent()를 호출해서 passwd파일을 닫는다. Ubuntu나 Fedora에서 실행하면 UID기준으로 오름차순으로 출력 되고, macOS에서 실행하면 그렇지 않음을 확인할 수 있다.

3. getspnam(3), getspent(3), setspent(3), endspent(3)

```
#include <shadow.h>
struct spwd *getspnam(const char *name);
struct spwd *getspent(void);

                    리턴 값: 성공 시 포인터, 에러 시 NULL을 리턴하고 errno 설정
void setspent(void);
void endspent(void);
```

위 4개의 함수들은 /etc/shadow 파일에 접근하기 위한 함수들이다. getspnam()는 로그인 프로그램에서 사용자 이름을 입력할 때 사용하며, name 인자와 일치하는 shadow 파일의 항목 값을 포함하고 있는 구조체인 struct spwd 주소를 리턴하는 라이브러리 함수이다.

getspent()는 shadow 파일의 파일 포인터 기준으로 다음 항목을 리턴하는 라이브러리 함수이다. 함수를 호출하면 shadow 파일의 한 항목이 저장된 구조체를 가리키는 포인터를 리턴받는다. 함수가 호출 될 때마다 shadow 파일의 다음 항목으로 넘어가므로 구조체 값은 갱신될 수 있다. 리턴받는 항목들의 순서에 대해서는 어떠한 보장도 없다.

setspent()는 shadow 파일의 파일 포인터의 위치를 되돌리는 라이브러리 함수이다.

endspent()는 shadow 파일을 닫는 기능을 하는 라이브러리 함수이다.

•getspent() 예제

<ssu_getspent.c>

```
#include <stdio.h>
#include <stdlib.h>
#include <shadow.h>

int main(void)
{
    struct spwd *ptr;
```

```
    setspent();

    while ((ptr = getspent()) != NULL)
        printf("%s\t%s\n", ptr -> sp_namp, ptr -> sp_pwdp);

    endspent();
    exit(0);
}
```

실행 결과

```
root@localhost:/home/oslab# ./ssu_getspent
root
$6$3NizgkKm$tcZyV7pLEi5gcmB1uxHq1H9waaKjdHPWcerVeQ4BUKKjHAR
9024RszTh0bRyGX4.fsUVi.zDV.3TOtXE6MsFI.
daemon  *
bin     *
sys     *
sync    *
games   *
man     *
lp      *
mail    *
news    *
uucp    *
proxy   *
www-data        *
backup  *
list    *
irc     *
gnats   *
nobody  *
systemd-timesync        *
systemd-network *
systemd-resolve *
(생략)
```

getspent() 예제는 getspent()를 통하여 shadow파일에 접근해서 파일의 항목들을 출력 동작을 시험한다. main()에서 setspent()를 호출해서 shadow 파일의 파일포인터의 위치를 되돌린다. 그리고 shadow 파일의 EOF에 도달할 때까지 getspent()를 호출하며 리턴 된 포인터를 참조해서 정보를 출력한다. shadow 파일의 EOF에 도달하여 반복문이 끝나면 endspent()를 호출해서 shadow 파일을 닫는다.

4. getgrgid(3), getgrnam(3)

```
#include <grp.h>
#include <sys/types.h>
struct group *getgrgid(gid_t gid);
struct group *getgrnam(const char *name);
```

리턴 값: 성공 시 포인터, 에러 시 NULL을 리턴하고 errno 설정

위 두 함수들은 POSIX.1에 정의되어 있으며, /etc/group 파일에서 그룹 이름이나 숫자로 된 그룹 ID를 조회할 때 사용하는 함수들이다. getgrgid()는 인자로 받는 그룹 ID인 gid를 통해서 group 파일 내부에 gid와 일치하는 그룹의 정보를 담은 구조체의 포인터를 리턴하는 라이브러리 함수이다. getgrnam()는 인자로 받는 그룹 이름인 name과 일치하는 그룹의 정보를 담은 구조체의 포인터를 리턴하는 라이브러리 함수이다. 두 함수 모두 static 구조체에 대한 포인터를 리턴하며, 그 구조체는 함수가 호출 될 때마다 값이 갱신될 수 있다.

• getgrgid() 예제

<ssu_getgrgid.c>

```
#include <stdio.h>
#include <stdlib.h>
#include <grp.h>

int main(void)
{
    struct group *group_ptr;
```

```
    int n;

    printf("Enter gid: ");
    scanf("%d", &n);

    if ((group_ptr = getgrgid(n)) == NULL) {
        fprintf(stderr, "getgrgid error\n");
        exit(1);
    }

    printf("input gid: %d, group name: %s\n", n, group_ptr -> gr_name);
    exit(0);
}

실행 결과 [Ubuntu, Fedora]
root@localhost:/home/oslab# ./ssu_getgrgid
Enter gid: 0
input gid: 0, group name: root

실행 결과 [macOS]
ssu-ui-MacBook-Air:oslab root# ./ssu_getgrgid
Enter gid: 0
input gid: 0, group name: wheel
```

getgrgid() 예제는 gid를 입력받아서 그 gid에 해당하는 그룹의 정보를 출력 동작을 시험한다. main()에서 gid를 사용자로부터 입력받으면 그 gid를 getgrgid()의 인자로 준다. getgrgid() 호출의 결과로 인자로 받은 gid에 해당하는 그룹의 정보를 찾았다면 group_ptr로 가리키게 한다. 그리고 group_ptr를 참조해서 gid와 그룹 이름을 출력한다.

5. getgrent(3), setgrent(3), endgrent(3)

```
#include <grp.h>
#include <sys/types.h>
struct group *getgrent(void);
```

리턴 값: 성공 시 포인터, 에러나 EOF이면 NULL을 리턴하고 errno 설정

```
void setgrent(void);
void endgrent(void);
```

위 세 함수들은 /etc/group 파일에 담긴 정보들을 얻기 위해서 사용되는 함수들이다. getgrent()는 group 파일의 파일포인터 기준 다음 항목을 읽는 라이브러리 함수이다. 만약, group 파일이 오픈되어 있지 않았다면 group 파일을 먼저 오픈한 후에 읽기를 진행한다. setgrent()는 group 파일을 오픈하고, 파일포인터를 처음으로 되돌리는 라이브러리 함수이다. endgrent()는 group 파일을 닫는 기능을 하는 라이브러리 함수이다.

• getgrent() 예제

<ssu_getgrent.c>

```
#include <stdio.h>
#include <stdlib.h>
#include <grp.h>

int main(void)
{
    struct group *group_ptr;

    setgrent();

    while ((group_ptr = getgrent()) != NULL)
        printf("group name : %s\t\tgroup id: %d\n",
                group_ptr -> gr_name, group_ptr -> gr_gid);

    endgrent();
    exit(0);
```

```
}

실행 결과 [Ubuntu, Fedora]
root@localhost:/home/oslab# ./ssu_getgrent
group name : root           group id: 0
group name : daemon         group id: 1
group name : bin            group id: 2
group name : sys            group id: 3
group name : adm            group id: 4
group name : tty            group id: 5
group name : disk           group id: 6
group name : lp             group id: 7
group name : mail           group id: 8
group name : news           group id: 9

실행 결과 [macOS]
ssu-ui-MacBook-Air:oslab root# ./ssu_getgrent
group name : _amavisd       group id: 83
group name : _appleevents   group id: 55
group name : _appowner      group id: 87
group name : _appserveradm  group id: 81
group name : _appserverusr  group id: 79
group name : _appstore      group id: 33
group name : _ard           group id: 67
group name : _assetcache    group id: 235
group name : _astris        group id: 245
```

getgrent() 예제는 getgrent() 호출을 통해서 group 파일에 있는 정보를 출력 동작을 시험한다. main()에서 setgrent() 호출을 통해서 group 파일의 파일 포인터를 되돌린 다음, getgrent()를 호출하여 group 파일의 정보를 한 항목씩 읽어온다. 읽어온 항목은 group_ptr이 가리키며 group_ptr를 참조해서 그룹 이름과 그룹 id를 출력한다. group 파일의 EOF에 도달해서 반복문이 끝나면 endgrent()를 호출해서 group 파일을 닫는다.

6. getgroups(2), setgroups(2), initgroups(3)

```
#include <unistd.h>
#include <sys/types.h>
int getgroups(int gidsetsize, gid_t grouplist[]);

                    리턴 값: 성공 시 추가 그룹 ID 개수, 에러 시 -1을 리턴하고 errno 설정

#include <grp.h>    /* Linux의 경우 */
#include <unistd.h>/* FreeBSD나 macOS, Solaris의 경우 */
int setgroups(size_t size, const gid_t *grouplist);

                                  리턴 값: 성공 시 0, 에러 시 -1을 리턴하고 errno 설정

#include <grp.h>    /* Linux와 Solaris의 경우 */
#include <sys/types.h>       /* Linux와 Solaris의 경우 */
#include <unistd.h>/* FreeBSD와 macOS의 경우 */
int initgroups(const char *username, gid_t basegid);

                                  리턴 값: 성공 시 0, 에러 시 -1을 리턴하고 errno 설정
```

UNIX 초기 버전인 Version7에서는 각 사용자가 동시에 여러 그룹에 속할 수 없었다. 즉, 한순간에는 오직 한 그룹에만 속할 수 있었다. 사용자는 로그인 할 때 /etc/passwd 파일의 그룹 ID값을 실제 그룹 ID로 할당 받은 후 실제 그룹 ID를 바꾸고 싶을 때마다 newgrp 명령을 이용하였다. newgrp이 성공적으로 수행되면 실제 그룹 ID가 변경되었으며, 이후에 일어난 모든 파일 접근 권한 검사에는 이 새로운 그룹 ID가 사용되었다. 또한 newgrp을 인자 없이 실행시킴으로서 원래의 실제 그룹 ID로 돌아갈 수 있었다.

이러한 형태의 그룹 소속 관계는 4.2BSD에서 도입한 보조 그룹 ID 개념으로 다르게 정의되었다. 4.2BSD에서 각 사용자는 /etc/passwd 파일에 의해 지정된 그룹 ID 뿐만 아니라 최대 16가지의 각기 다른 그룹에 포함될 수 있게 되었다. 따라서 시스템이 파일 접근 권한을 검사할 때 이 모든 그룹 ID가 고려되었다.

보조 그룹 ID는 POSIX.1에서 선택적인 특성으로 언급되어 있다. NGROUPS_MAX 상수가 보조 그룹 ID의 가짓수를 지정하는데 보통 16의 값을 갖는다. 보조 그룹 ID가 지원되지 않는 시스템에서는 이 값이 0이다. SVR4, 4.3+BSD 모두 보조 그룹 ID를 지원하고 있다. 보조 그룹 ID의 장점은 그룹 ID를 일부러 newgrp 명령을 사용해서 바꿀 필요가 없다는 것이다.

POSIX.1은 이 중 getgroups()에 대해서만 설명하고 있는데, 그 이유는 initgroups()나 setgroups()는 루트 권한이 있는 사용자만 사용가능하기 때문이다. SVR4와 4.3+BSD은 위의 세 함수를 모두 포함하고 있다.

getgroups()는 grouplist로 주어진 배열에 보조 그룹 ID들을 최대 gidsetsize개 까지 채우는 시스템호출 함수이다. 리턴되는 값은 grouplist배열에 저장된 보조 그룹 ID들의 개수이다. gidsetsize값을 0으로 하면 함수는 보조 그룹 ID 개수만 리턴하며 grouplist 배열은 채우지 않는다. 이 호출을 통해서 grouplist 배열을 할당하는 데 필요한 크기를 알 수 있다.

setgroups()는 루트 권한에 의해서만 호출될 수 있는, 호출한 프로세스의 보조 그룹 ID를 설정하는 라이브러리 함수이다. grouplist는 설정할 보조 그룹 ID 리스트를 포함하고 있으며 size는 설정할 그룹의 ID 개수이다. 일반적으로 setgroups()는 initgroups()에서만 호출되는 경향을 보인다.

initgroups()는 루트 권한에 의해서만 호출 가능하며 라이브러리 함수이다. 이 함수는 해당 사용자에 대한 보조 그룹 ID 목록을 초기화한다. setgroups()는 initgroups()에서 호출되는게 보통인데, initgroups()는 /etc/group 파일을 getgrent(), setgrent(), endgrent()를 이용해서 모두 읽고 각 사용자에 대한 그룹 소속 관계를 결정한다. 그 다음, setgroups()를 호출해서 그 사용자에 대한 보조 그룹 ID를 설정해 준다. 이 때, initgroups() 또한 basegid를 보조 그룹 ID에 포함시키는데, basegid는 passwd 파일에서 읽은 그룹 ID이다. initgroups()는 로그인 프로그램에서 쓰이는 함수로서 그 이외의 용도로 쓰이는 일은 드물다.

•getgroups() 예제

<ssu_getgroups.c>

```
#include <stdio.h>
#include <stdlib.h>
#include <unistd.h>
#include <grp.h>
#include <sys/types.h>

int main(void)
{
    gid_t *grouplist_ptr;
    long max;
    int group_count, i;
```

```
    max = sysconf(_SC_NGROUPS_MAX) + 1;
    grouplist_ptr = (gid_t*)malloc(max * sizeof(gid_t));
    printf("Maximum number of groups: %ld\n", max);

    if ((group_count = getgroups(max, grouplist_ptr)) == -1) {
        fprintf(stderr, "getgroups error\n");
        exit(1);
    }

    printf("Print supplementary Groups IDs\n");

    for (i = 0; i < group_count; i++)
        printf("Group name: %s\t\tGID: %d\n",
            (getgrgid(grouplist_ptr[i])) -> gr_name, grouplist_ptr[i]);

    exit(0);
}
```

```
실행 결과 [Ubuntu, Fedora]
root@localhost:/home/oslab# ./ssu_getgroups
Maximum number of groups: 65537
Print supplementary Groups IDs
Group name: root             GID: 0
```

```
실행 결과 [macOS]
ssu-ui-MacBook-Air:oslab root# ./ssu_getgroups
Maximum number of groups: 17
Print supplementary Groups IDs
Group name: staff            GID: 20
Group name: everyone         GID: 12
Group name: localaccounts    GID: 61
Group name: _appserverusr    GID: 79
Group name: admin            GID: 80
Group name: _appserveradm    GID: 81
Group name: _lpadmin         GID: 98
(생략)
```

getgroups() 예제는 getgroups()를 호출해서 grouplist 배열에 추가 그룹 ID를 채우고 그것들을 출력한다. main()에서 sysconf() 호출을 통해서 보조 그룹의 최대 개수를 가져오고 그에 알맞게 동적으로 메모리를 할당한 주소를 grouplist_ptr이 가리키게 한다. 그리고 getgroups()를 호출해서 보조 그룹에 대한 정보를 grouplist_ptr가 가리키는 곳에 저장한다. 저장한 후, 보조 그룹의 개수에 따라 반복문을 통해서 각 그룹의 이름과 GID를 출력한다.

7. uname(2)

```
#include <sys/utsname.h>
int uname(struct utsname *name)

                    리턴 값: 성공 시 0, 에러 시 -1을 리턴하고 errno 설정
```

uname()는 로그인 하고 있는 호스트 및 운영체제에 대한 정보를 리턴하는 시스템호출 함수이다. uname()의 인자로 사용되는 name에 utsname 구조체의 주소를 넣으면 함수가 그 구조체에 정보를 채워 넣고 리턴한다. <표 11-1>은 utsname 구조체의 구조를 보여준다.

〈표 11-1〉 utsname 구조체

```
struct utsname{
    char sys_name[9];     // 운영체제 이름
    char node_name[9];    // 구현된 특정 통신 네트워크에서 이 노드의 이름
    char release[9];      // 이 구현의 현재 릴리즈 레벨
    char version[9];      // 이 릴리즈의 현재 버전
    char machine[9];      // 시스템이 동작하는 하드웨어 유형의 이름
}
```

utsname 구조체를 볼 때 주의해야 할 점은, node_name 항목은 통신 네트워크와 인터페이스하는데 있어서 충분한 정보가 되지 못한다는 것이다. 이 정보는 초기 System V 계열에서 UUCP 네트워크상의 호스트를 구분하는데 이용되었었다. 그리고 각 항목의 크기에 대해서는 시스템마다 다를 수 있다는 점에 유의하기 바란다. POSIX.1에서는, 항상 NULL로 끝날 것을 명시하고 있다.

셸에서 실행할 수 있는 명령으로는 uname이 있다. -a 옵션과 함께 실행시키면 utsname 구조체에 있는 정보들을 쉽게 얻을 수 있다.

• uname() 예제

<ssu_uname.c>

```
#include <stdio.h>
#include <stdlib.h>
#include <sys/utsname.h>

int main(void)
{
    struct utsname uts_buf;

    uname(&uts_buf);
    printf("System name\t: %s\n", uts_buf.sysname);
    printf("Release\t\t: %s\n", uts_buf.release);
    printf("machine\t\t: %s\n", uts_buf.machine);
    exit(0);
}
```

실행 결과 [Ubuntu, Fedora]

```
root@localhost:/home/oslab# ./ssu_uname
System name     : Linux
Release         : 4.4.0-57-generic
machine         : x86_64
```

실행 결과 [macOS]

```
ssu-ui-MacBook-Air:oslab root# ./ssu_uname
System name     : Darwin
Release         : 15.6.0
machine         : x86_64
```

uname() 예제는 uname() 호출을 통해서 현재 호스트 및 운영체제에 관한 정보를 출력한다. main()에서 uname()를 호출해서 uts_buf에 정보를 저장한다. 저장된 정보를 바탕으로 system 이름, 릴리즈 버전, 아키텍쳐 정보를 출력한다.

8. gethostname(2)

```
#include <unistd.h>
int gethostname(char *name, size_t namelen);
```

리턴 값: 성공 시 0, 에러 시 -1을 리턴하고 errno 설정

gethostname()는 name 인자에 TCP/IP 네트워크상의 호스트 이름을 저장하고 리턴하는 시스템호출 함수이다. namelen 인자에는 name이 가리키는 버퍼의 크기를 넣어야 한다. name 인자가 가리키는 배열의 크기가 충분하다면 이름의 마지막이 NULL로 끝난다. <sys/param.h>에 정의된 MAXHOSTNAMELEN은 이 name의 최대 크기를 나타내며, 보통 64바이트로 지정되어 있다. 만약, 호스트가 TCP/IP 네트워크에 연결되어 있다면 이 호스트의 이름은 호스트의 모든 도메인 이름을 포함한다. 호스트의 이름을 얻는 기능은 쉘에서 hostname 명령으로 사용할 수 있다.

• gethostname() 예제

<ssu_gethostname.c>

```
#include <stdio.h>
#include <stdlib.h>
#include <unistd.h>

int main(void)
{
    char host_name[256];
    int length = 256;

    gethostname(host_name, length);
    printf("Host name: %s\n", host_name);
    exit(0);
}
```

```
실행 결과 [Ubuntu]
root@localhost:/home/oslab# ./ssu_gethostname
Host name: localhost
실행 결과 [Fedora]
```

```
[root@localhost oslab]# ./ssu_gethostname
Host name: localhost.localdomain

실행 결과 [macOS]
ssu-ui-MacBook-Air:oslab root# ./ssu_gethostname
Host name: ssu-ui-MacBook-Air.local
```

gethostname() 예제는 gethostname() 호출을 통해서 현재 호스트의 이름을 출력한다. 실행 결과로 보아 각 운영체제의 설정에 따라 각기 다른 호스트의 이름을 가지는 것을 알 수 있다.

9. time(2)

```
#include <time.h>
time_t time(time_t *calptr);

리턴 값: 성공 시 시간 값, 에러 시 -1을 리턴하고 errno 설정
```

UNIX 시스템에서 관리되는 시간 값은 달력 시간(Calendar time)과 프로세스 시간(Process time)으로 두 가지가 있다. 달력 시간은 UTC 기준 1970년 1월 1일 00:00:00 이후 현재까지 흐른 시간을 초 단위로 카운트 한 값이다. 이 값은 우리말의 '시각'에 해당하는 값이며, 파일이 최근에 변형된 시간을 기록하는 경우에 사용된다.
프로세스 시간은 CPU 시간이라고도 불리며 프로세스가 CPU를 이용한 시간을 측정한 것이다. 프로세스 시간은 클럭 틱(Clock Tick)단위로 측정된다. UNIX 커널에 의해서 제공되는 달력 시간은 time_t 데이터 타입으로 표현된다. time_t 데이터 타입은 시간과 날짜를 모두 포함하는 구조를 가지고 있다.
time()는 UTC 기준 현재 시간 및 날짜에 해당하는 시간 값을 리턴하는 시스템호출 함수이다. 커널이 제공하는 기본적인 시간 서비스는 달력 시간으로 제공한다. 프로그램 내부에서는 time_t라는 데이터 타입으로 나타낸다. 인자로 받는 calptr가 NULL이 아니라면 calptr이 가리키는 곳에도 time()의 리턴 값과 동일한 시간 값을 저장한다.
시간 값은 항상 함수의 값으로써 리턴된다. 그러나 이것은 1970년부터 현재까지의 시간을 초 단위로 표현한 것 이므로 추가적인 다른 함수들을 호출해서 사람이 읽을 수 있는 형태로 변형해야 한다.

10. gettimeofday(2)

```
#include <sys/time.h>
int gettimeofday(struct timeval * tp, struct timezone * tzp);
```

리턴 값: 성공 시 0, 에러 시 -1을 리턴하고 errno 설정

gettimeofday()는 마이크로초 단위를 사용하므로 time()보다 정밀도가 더 높은 시간을 제공하는 시스템호출 함수이다. 일반적으로 tzp 인자에는 NULL을 넣으나, tzp 인자를 통해서 시간대(time zone)를 지정할 수 있게 하는 플랫폼을 구현하려면 NULL이 아닌 값을 사용하기도 한다. NULL이 아닌 값을 넣는 경우의 결과는 정의되어 있지 않다. gettimeofday()는 측정된 현재 시간을 tp 인자가 가리키는 공간에 저장한다. tp 인자는 timeval 구조체를 가리키고, 그 구조체에는 초와 마이크로초 값이 저장된다.

• gettimeofday() 예제

<ssu_gettimeofday.c>

```c
#include <stdio.h>
#include <stdlib.h>
#include <unistd.h>
#include <sys/time.h>

#define SECOND_TO_MICRO 1000000

void ssu_runtime(struct timeval* begin_t, struct timeval* end_t) {
    end_t -> tv_sec -= begin_t -> tv_sec;

    if (end_t -> tv_usec < begin_t -> tv_usec) {
        end_t -> tv_sec--;
        end_t -> tv_usec += SECOND_TO_MICRO;
    }

    end_t -> tv_usec -= begin_t -> tv_usec;
    printf("Runtime: %ld:%06ld(sec:usec)\n",
        end_t -> tv_sec, end_t -> tv_usec);
}
```

```
int main(void)
{
    struct timeval begin_t, end_t;
    int i;

    gettimeofday(&begin_t, NULL);

    for (i = 5; i > 0; i--) {
        sleep(1);
        printf("%d\n", i);
    }

    gettimeofday(&end_t, NULL);
    ssu_runtime(&begin_t, &end_t);
    exit(0);
}

실행 결과
root@localhost:/home/oslab# ./ssu_gettimeofday
5
4
3
2
1
Runtime: 5:003941(sec:usec)
```

gettimeofday() 예제는 반복문 전과 후를 기점으로 gettimeofday()를 호출해서 반복문의 수행 시간을 확인한다. main()에서 struct timeval형인 begin_t와 end_t를 두어 각각 반복문 전, 후에서 gettimeofday()의 인자로 넘겨 준다. 인자로 넘겨 준 begin_t와 end_t에는 각각 gettimeofday()가 호출되는 시점의 시각 정보가 저장된다. 두 변수에 저장된 정보는 ssu_runtime()에 인자로 전달되고 반복문의 수행 시간을 출력하는 데 사용된다.

11. gmtime(3), localtime(3)

```
#include <time.h>
struct tm *gmtime(const time_t *calptr);
struct tm *localtime(const time_t *calptr);
```

리턴 값: 성공 시 분할된 시간을 가리키는 포인터, 에러 시 NULL

gmtime()와 localtime()는 달력 시간을 '분해된 시간(broken-down time)'이라고도 불리는 tm 구조체로 변환하여 리턴하는 라이브러리 함수들이다. gmtime()은 달력시간을 UTC 기준의 분할된 시간으로 변환하며, localtime()은 달력시간을 먼저 지역 시간대와 서머타임 플래그를 고려한 지역 시간 기준의 분할된 시간으로 변환한다.
두 함수 모두 struct tm 포인터를 리턴하는데, 차이점은 localtime()은 지역에 따른 시간대를 고려하여 변환하는 반면, gmtime()은 UTC로 표현된다는 것이다. <표 11-2>은 tm 구조체의 구조를 보여준다.

〈표 11-2〉 tm 구조체의 구성

```
struct tm {                     // 분해된 시간
        int tm_sec;             // 초 [0, 61]
        int tm_min;             // 분 [0, 59]
        int tm_hour;            // 시 [0, 23]
        int tm_mday;            // 일 [1, 31]
        int tm_mon;             // 월 [0, 11]
        int tm_year;            // 1900 이후의 년
        int tm_wday;            // 일요일로부터의 일수 [0, 6]
        int tm_yday;            // 1월 1일로부터의 일수 [0, 365]
        int tm_isdst;           // 서머타임 플래그 <0, 0, 0>
}
```

tm 구조체 내부의 멤버인 초(tm_sec)가 59보다 클 수 있는 것은 윤초(leap seconds)를 허용하기 위한 것이다. 만약 시각에 서머 타임이 적용되는 경우 tm_isdst가 양의 값을 갖고 그렇지 않으면 0을 갖는다.

•localtime() 예제

<ssu_localtime.c>

```
#include <stdio.h>
#include <stdlib.h>
#include <unistd.h>
#include <sys/types.h>
#include <time.h>

int main(void)
{
    struct tm *tm_p;
    time_t now;

    time(&now);
    tm_p = localtime(&now);
    printf("Current time: %d/%d/%d %d:%d:%d\n",
            tm_p -> tm_year+1900,
            tm_p -> tm_mon+1,
            tm_p -> tm_mday,
            tm_p -> tm_hour,
            tm_p -> tm_min,
            tm_p -> tm_sec);

    exit(0);
}
```

실행 결과

```
root@localhost:/home/oslab# ./ssu_localtime
Current time: 2017/1/10 14:45:13
```

localtime() 예제는 localtime()를 호출하여 현재 시스템에 설정된 시각을 지역의 시간대를 반영해서 출력한다. time()를 호출하여 현재 시스템의 달력 시간을 받아온 다음, localtime()를 호출하여 tm구조체의 형태로 만든다. 그리고 그 값을 출력한다.

12. mktime(3)

```
#include <time.h>
time_t mktime(struct tm *tmptr);
```

리턴 값: 성공 시 달력 시간, 에러 시 -1

mktime()는 gmtime() 나 localtime()와 같이 지역별 시간대를 고려해서 분해하는 함수를 사용했을 때 얻어진 분할된 시간을 다시 time_t 값으로 변환하는 라이브러리 함수이다.

13. asctime(3), ctime(3)

```
#include <time.h>
char *asctime(const struct tm *tmptr);
char *ctime(const time_t *calptr);
```

리턴 값: 성공 시 문자열 포인터, 에러 시 NULL

asctime()와 ctime()는 사람이 읽기 편한 26바이트 크기의 문자열로 변환해서 리턴하는 라이브러리 함수들로 <표 11-3>에서 보여주듯이 주어진 시간 값을 date 명령의 출력으로 보여준다. asctime()의 인자는 분할된 시간 값을 가리키는 tm 구조체의 주소이다. ctime()의 인자는 달력 시간을 가리키는 time_t의 포인터이다.

〈표 11-3〉 date 명령의 결과

```
oslab@localhost:~$ date
Thu Jan 26 16:07:36 KST 2017
```

•ctime() 예제

〈ssu_ctime.c〉

```
#include <stdlib.h>
#include <stdio.h>
#include <unistd.h>
```

```
#include <sys/types.h>
#include <time.h>

int main(void)
{
    struct tm manual_time;
    time_t time;

    manual_time.tm_year = 117;  // 2017 - 1900
    manual_time.tm_mon = 1;
    manual_time.tm_mday = 3;
    manual_time.tm_wday = 3;
    manual_time.tm_hour = 16;
    manual_time.tm_min = 30;
    manual_time.tm_sec = 31;

    time = mktime(&manual_time);
    printf("%s\n", ctime(&time));
    exit(0);
}
```

실행 결과

```
root@localhost:/home/oslab# ./ssu_ctime
Fri Feb  3 16:30:31 2017
```

mktime() 예제는 임의로 초기화한 manual_time 구조체를 mktime()의 인자로 줘서 그 시각에 대한 내용을 문자열로 출력하기 위해 ctime()를 호출한다. tm구조체에 임의로 값을 배정한 다음, mktime()의 인자로 임의의 값을 넣은 구조체를 넘겨줘서 time_t형의 리턴 값을 받는다. 그리고 그 리턴 값은 ctime()의 인자로 줘서 시간을 출력한다.

14. strftime(3)

```
#include <time.h>
size_t strftime(char * buf, size_t maxsize, const char * format, const struct tm * tmptr);
```

리턴 값: 버퍼가 넉넉한 경우 배열에 저장된 문자 개수, 그렇지 않으면 0

strftime()는 시간 값을 사람이 읽기 편하도록 printf()와 비슷한 방식으로 서식화하는 라이브러리 함수이다. strftime()의 마지막 인자인 tmptr 인자는 서식화 할 시간 값으로써, 분할된 시간 값을 가리키는 tm 구조체의 포인터이다. 서식화가 완료된 결과는 buf 인자가 가리키는 배열에 저장된다. maxsize 인자에는 저장될 배열의 크기를 넣는다. 변환된 결과를 담기에 충분한 크기의 버퍼가 지정되었다면 함수는 buf 인자에 제일 마지막의 NULL을 제외한 저장된 문자들의 개수를 리턴하고, 그렇지 않다면 0을 리턴한다.
format 인자는 시간 값의 서식화 방식을 결정한다. printf()와 비슷하게 %문자 뒤에 제어문자를 넣어줌으로써 서식화를 진행하게 되는데, 이러한 변환 지정자를 제외한 모든 문자들은 출력 버퍼 buf 인자에 그대로 복사된다. %문자를 쓰려면 %%와 같이 넣어주면 된다. <표 10-4>는 변환 지정자들의 예시 및 설명을 보여준다.

〈표 11-4〉 포맷의 종류, 설명 및 예시

포맷	설명	예
%a	간략한 요일 이름	Tue
%A	완전한 요일 이름	Tuesday
%b	간략한 월 이름	Jan
%B	완전한 월 이름	January
%c	날짜와 시간	Tue Jan 10 17:00:23 1995
%d	월중의 일:[01, 31]	14
%H	24시간중의 시:[01, 23]	19
%I	24시간중의 시:[01, 12]	07
%j	1년 중의 일:[001, 265]	014
%m	월:[01, 12]	01
%M	분:[00, 59]	40
%p	AM/PM	PM
%S	초:[00, 61]	33
%U	일요일 주수(week number):[00, 53]	02
%w	요일:[0=일요일, 6]	02

%W	월요일 주수(week number):[00, 53]	02
%x	날짜	01/14/92
%X	시각	19:40:30
%y	세기(century)없는 년도[00, 99]	92
%Y	세기 있는 년도	1992
%Z	시간대 이름	MST

%U는 일 년 중 첫 번째 일요일을 포함하는 주를 첫째 주로 카운트한 현재의 주수이며 %W는 첫 번째 월요일을 포함하는 주를 첫째 주로 한 주수이다. 앞에서 다루었던 함수들인 localtime(), mktime(), ctime(), strftime()는 TZ 환경변수의 값에 영향을 받는다. 이 함수들은 TZ이 정의되어 있으면(예를 들어, TZ=EST5EDT) 기본 시간대 대신, TZ에 설정된 시간대 값을 고려한 시간 값을 리턴한다. 만약 TZ가 NULL로 지정되어 있으면, 시간대로서 UTC가 사용된다.

15. 이 장에서 배운 내용

```
struct passwd *getpwuid(uid_t uid);
struct passwd *getpwnam(const char *name);
struct passwd *getpwent(void);
void setpwent(void);
void endpwent(void);
struct spwd *getspnam(const char *name);
struct spwd *getspent(void);
void setspent(void);
void endspent(void);
struct group *getgrgid(gid_t gid);
struct group *getgrnam(const char *name);
struct group *getgrent(void);
void setgrent(void);
void endgrent(void);
int getgroups(int gidsetsize, gid_t grouplist[]);
int setgroups(size_t size, const gid_t *grouplist);
```

```
int initgroups(const char *username, gid_t basegid);
int uname(struct utsname *name)
int gethostname(char *name, size_t namelen);
time_t time(time_t *calptr);
int gettimeofday(struct timeval * tp, struct timezone * tzp);
struct tm *gmtime(const time_t *calptr);
struct tm *localtime(const time_t *calptr);
time_t mktime(struct tm *tmptr);
char *asctime(const struct tm *tmptr);
char *ctime(const time_t *calptr);
size_t strftime(char * buf, size_t maxsize, const char * format, const
struct tm * tmptr);
```

연습문제

1. 5초마다 /var/log/system.log 파일에 프로세스가 생성 된 시간과 운영체제 정보를 로그메시지로 남기는 디몬 프로세스를 생성하는 프로그램을 작성하시오, 디몬 프로세스를 생성하는 프로그램은 다음 디몬 코딩 규칙에 맞추어 작성하시오. (1)백그라운드 수행 (2)새로운 프로세스 그룹 생성 (3)터미널 입출력 시그널 무시 (4)파일 모드 생성 마스크 해제 (4)루트 디렉토리를 현재 디렉토리로 설정 (5)기존에 오픈되어있던 모든 파일 디스크립터를 닫음 (6)표준 입출력, 에러 출력을 /dev/null로 재지정

<ex10.c>

```
#include <stdio.h>
#include <stdlib.h>
#include <unistd.h>
#include <fcntl.h>
#include <signal.h>
#include <syslog.h>
#include <sys/stat.h>
#include <sys/types.h>
#include <sys/utsname.h>
#include <time.h>
```

```
int ssu_daemon_init(void);

int main(void)
{


    exit(0);
}


int ssu_daemon_init(void) {


    return 0;
}

실행 결과
root@localhost:/home/oslab# ./ex10
daemon process initialization
root@localhost:/home/oslab# ps  -e ¦ grep ex10
3409    ?    00:00:00 ex10
root@localhost:/home/oslab# tail  -1 /var/log/syslog
Jan 19 18:32:59 oslab ex10: [Created : Fri Jan 19 18:32:54][Uname : Linux
4.10.0-42-generic i686]
*PID와 시간 및 운영체제 정보는 다를 수 있음
```

XII. 설계

본 장에서는 이 책에서 배운 시스템호출 함수와 라이브러리 함수 등을 기반으로 Linux·Unix 시스템 상에서 프로그래밍하는 능력을 배양하기 위한 몇 가지 설계 응용을 제시한다. 제시한 기능과 결과를 도출할 수 있는 프로그램을 작성해 보자. 제시된 일부 기능은 실제 프로그래밍에서 잘 사용되지 않는 것도 있다. 이는 다소 억지로 만든 측면도 있으나, 다양한 시스템호출 함수와 라이브러리 함수의 활용법을 익히면서 시스템 프로그래밍 능력을 배양하기 위함이다.

XII. 설계

1. shell

shell은 사용자로부터 명령을 받아서 명령어를 실행하는 프로그램이다. 다음 기본적인 프로그램 명세, 입력 요구조건, 프로그램 기능에 따라 프로그램을 작성해 보자.

프로그램 명세

기본 프롬프트 형태인 "프롬프트 $:"에서 "CMD"를 입력하고 엔터 키를 누르면 "CMD"가 실행되어야 한다. 여기서 "프롬프트 $"는 제작자의 학번, 공백 글자 한개, '$' 글자, 공백 글자 한개를 순서대로 출력한 형태이며, CMD는 실행할 명령어(프로그램)이며 CMD 다음에 다양한 인자들이 있을 수 있다. 예를 들면 학번이 20150000이라고 하면 "20150000 $"가 프롬프트의 형태가 된다. CMD로 사용될 수 있는 명령어을 위한 프로그램은 다음 설계 문제에서 다룬다.

입력 요구 조건

입력 요구 조건은 다음과 같다.

- CMD에 사용자가 원하는 기능의 명령어 이름과 인자를 입력할 수 있어야 한다. 단, 명령어는 Ctrl + C(프로그램 종료) 입력될 때까지 명령을 입력받아 실행해야 한다.

출력 요구 조건

출력 요구 조건은 다음과 같다.

- 프롬프트 출력, 즉 학번, 공백 글자 한 개, '$'글자 및 공백 글자 한개를 출력 후 사용자의 CMD를 기다린다.
- 사용자가 CMD를 입력하고 엔터 키를 누르면, 입력된 CMD가 실행되어야 한다. 단, 입력이 없거나 알 수 없는 명령어는 무시하고 바로 기본 프롬프트 형태인 "프롬프트 $:"로 다음 CMD를 받아들일 준비를 해야 한다.

실행 예는 <표 12-1>과 같다.

〈표 12-1〉 shell 프로그램 실행 예

```
root@localhost:/home/oslab# ssu_tree /home/oslab/hw1 -l 2
/home/oslab/hw1
    ├── test_dir2   drwxr-xr-x.  4096
    ├── test1   -rwxr-xr-x.  0
    ├── copy_ssu_tree.c   -rwxr-xr-x.  5221
    ├── test2   -rwxr-xr-x.  0
    ├── ssu_tree.c   -rwxr-xr-x.  5213
    ├── a.out   -rwxr-xr-x.  12282
    ├── test3   -rwxr-xr-x.  0
    ├── test_dir1   drwxr-xr-x.  4096
```

2. diff

diff는 두 파일 또는 디렉터리의 차이를 비교하는 프로그램이다. 다음 기본적인 프로그램 명세, 입력 요구조건, 프로그램 기능에 따라 프로그램을 작성해 보자.

프로그램 명세

기본 프롬프트 형태인 "프롬프트 $:"에서 ssu_diff FILE1 FILE2 [OPTION] 라고 입력하면 인자로 주어진 FILE1과 FILE2의 차이를 비교한다. 단 여기서 FILE1은 원본파일이며, FILE2는 비교할 대상파일이다. 옵션으로 -o 이 있으며 -o옵션 뒤에 OUTFILE을 인자로 주면 출력을 stdout이 아닌 인자로 준 OUTFILE에 비교한 내용을 저장한다.

입력 요구 조건

입력 요구 조건은 다음과 같다.

- FILE1 및 FILE2는 1,023개 이하의 문자로 텍스트 형태의 일반 파일이어야 한다.

출력 요구 조건

출력 요구 조건은 다음과 같다.

- FILE1 및 FILE2가 일반 파일이 아니면 오류 출력 후 종료해야 한다.
- FILE1 및 FILE2의 크기가 1, 023 바이트 이상이면 오류 출력 후 종료한다.
- -o 옵션이 설정 되어 있다면 OUTFILE 파일에 결과를 출력, 설정되지 않았다면

stdout에 결과를 출력해야 한다. 일반 파일을 비교할 때는 두 텍스트 파일을 글자 단위로 비교하여, 중복된 글자를 제외한 차이점을 출력해야 한다. 비교 후 파일의 차이는 "o1(,o2)[adc]n1(,n2)" 형태로 출력해야 한다. 여기서 o1과 o2는 원본파일에서 변경되기 전의 범위를 나타내며 한 개의 문자만 다를 경우 o1만 출력해야 한다.

- n1과 n2는 대상파일에서 변경된 후의 범위를 나타내며, 한 개의 문자가 다를 경우 n1만 출력해야 한다.
- [adc]는 변경된 내용에 따라 추가되었으면 a, 삭제되었으면 d, 변경되었으면 c를 출력한다. 변경 내용은 < 와 > 로 나타내야 한다.
- 원본파일에 있던 내용은 "< 원본파일내용", 새 파일에 있던 변경내용은 "> 대상파일내용"으로 출력해야 한다. 단, 내용의 변경이 없는 줄은 출력하지 않는다. 삭제된 내용은 원본파일에서 변경된 내용만 "< 원본파일내용↲" 형태로 출력해야 한다.
- 추가된 내용은 대상파일에서 변경된 내용만 "> 대상파일내용↲" 형태로 출력해야 한다. 변경된 내용은 "원본파일의 변경내용, "---↲", 대상파일의 변경내용" 순으로 출력해야 한다. 이를 요약하면 <표 12-2>와 같다.

〈표 12-2〉 원본파일과 대상파일의 비교 후 표시

	원본파일과 새파일의 차이		
	추가	삭제	변경
범위	*o1*a*n1*(,*n2*)	*o1*(,*o2*)d*n1*	*o1*(,*o2*)c*n1*(,*n2*)
설명	대상 파일에서 o1번째에 해당하던 글자가 있던 위치 다음에n1(~n2)의 내용이 추가됨	원본 파일에서 n1번째에 해당하던 글자가 있던 위치 다음에o1(~o2)의 내용이 삭제됨	원본 파일에서 o1(~o2)에 해당하던 내용이 대상파일의 n1(~n2)의 내용으로 교체됨
변경 내용	< "대상 파일 추가 내용"	> "원본 파일 삭제 내용"	> "원본 파일 변경 내용" --- < "대상 파일 변경 내용"

- 연속되게 차이가 나는 것은 하나의 블록으로 취급해야 한다. 예를 들어, 한 줄이 삭제되고 바로 다음 한 줄이 변경 되었다면, 변경된 것은 한 개의 블록으로 취급한다. 또한 한 줄이 추가되고 바로 다음 한 줄이 변경 되었다면, 변경된 것은 하나의 블록을 취급한다.

실행 예는 <표 12-3>과 같다.

〈표 12-3〉 diff 프로그램 실행 예

```
root@localhost:/home/oslab# cat t1
1234567890root@localhost:/home/oslab#
root@localhost:/home/oslab# cat t2
2ab567cde8fgroot@localhost:/home/oslab#
root@localhost:/home/oslab# ./ssu_shell
root@localhost:/home/oslab# ssu_diff t1 t2
1d1
<1
3,4c2,3
<34
>ab
8a7,9
>cde
9,10c11,12
<90
>fg
root@localhost:/home/oslab#
```

3. diff

tree는 지정한 디렉터리의 하위 계층 구조를 출력하는 프로그램이다. 다음 기본적인 프로그램 명세, 입력 요구조건, 프로그램 기능에 따라 프로그램을 작성해 보자.

프로그램 명세

기본 프롬프트 형태인 "프롬프트 $:"에서 ssu_tree [DIRECTORY] [OPTION] [DEPTH] 라고 입력하면 인자로 주어진 [DIRECTORY]부터 하부 디렉토리와 파일을 트리 형태로 출력해야 한다. 여기서 [DIRECTORY] 인자는 읽을 디렉터리의 절대경로 또는 상대경로가 모드 가능해야 하며, 생략할 경우 현재디렉터리가 되어야 한다. -al 옵션은 하위 파일에 대한 상세정보를 출력을 그리고 -l [DEPTH] 옵션은 [DEPTH]만큼의 [DIRECTORY] 하위 계층 구조를 출력하는 것을 의미한다.

입력 요구 조건

입력 요구 조건은 다음과 같다.

- [DIRECTORY] 인자가 디렉터리가 아닌 경우 오류 출력 후 종료해야 한다.

- OPTION]과 [DEPTH]의 순서는 바뀌지 않고 고정되어 있어야 하며, -al, -l 옵션을 동시에 사용 가능해야 한다.
- -l 옵션의 [DEPTH]의 범위는 1 ~ 100까지로 한다.

출력 요구 조건

출력 요구 조건은 다음과 같다.

- 인자 없이 tree 명령어가 실행되면 [DIRECTORY]의 하위 파일 계층 이름을 출력해야 한다.
- -l 옵션 설정되어 있다면 [DEPTH]만큼의 하위 계층 구조를 출력한다.
- -al 옵션이 설정되어 있다면 하위 파일 계층들의 상세 정보는 <파일명> <파일 타입> <파일권한> <파일 사이즈> 형태로 출력해야 한다. 단, 여기서 <파일명>은 FILE의 이름을 나타내고, <파일 타입>은 FILE의 종류(디렉터리, 일반파일, FIFO, Socket 등)를 나타낸다. 디렉터리 파일이면 d, 일반파일이면 -, 블록 특수파일이면 b, 문자 특수파일이면 c, FIFO 파일이면 f, 소켓 파일이면 s, 심볼릭 링크 파일이면 l, 파일의 종류를 알 수 없으면 u를 표시해야 한다.
- <파일 권한 >의 FILE의 사용자권한, 그룹권한, 기타권한을 rwx로 나타내고, <파일 사이즈>는 FILE의 크기를 나타낸다.

실행 예는 <표 12-4>과 같다.

〈표 12-4〉 tree 프로그램 실행 예

```
root@localhost:/home/oslab# ssu_tree /home/oslab/hw1
/home/oslab/hw1
    ├── test_dir2
        ├── test_dir2_f5
        ├── test_dir2_f4
        ├── test_dir2_f3
        ├── test_dir2_f2
        ├── test_dir2_f1
        ├── test_dir2_dir1
            ├── test_dir2_dir1_f3
            ├── test_dir2_dir1_f1
            ├── test_dir2_dir1_f2
        ├── test1
        ├── copy_ssu_tree.c
        ├── test2
        ├── ssu_tree.c
        ├── a.out
        ├── test3
```

```
        ├── test_dir1
            ├── test_dir1_f1
            ├── test_dir1_f2
            ├── test_dir1_f3

root@localhost:/home/oslab# ssu_tree /home/oslab/hw1 -al
/home/oslab/hw1
    ├── test_dir2   drwxr-xr-x.  4096
        ├── test_dir2_f5   -rwxr-xr-x.  0
        ├── test_dir2_f4   -rwxr-xr-x.  0
        ├── test_dir2_f3   -rwxr-xr-x.  0
        ├── test_dir2_f2   -rwxr-xr-x.  0
        ├── test_dir2_f1   -rwxr-xr-x.  0
        ├── test_dir2_dir1   drwxr-xr-x.  4096
            ├── test_dir2_dir1_f3   -rwxr-xr-x.  0
            ├── test_dir2_dir1_f1   -rwxr-xr-x.  0
            ├── test_dir2_dir1_f2   -rwxr-xr-x.  0
        ├── test1   -rwxr-xr-x.  0
        ├── copy_ssu_tree.c   -rwxr-xr-x.  5221
        ├── test2   -rwxr-xr-x.  0
        ├── ssu_tree.c   -rwxr-xr-x.  5213
        ├── a.out   -rwxr-xr-x.  12282
        ├── test3   -rwxr-xr-x.  0
        ├── test_dir1   drwxr-xr-x.  4096
            ├── test_dir1_f1   -rwxr-xr-x.  0
            ├── test_dir1_f2   -rwxr-xr-x.  0
            ├── test_dir1_f3   -rwxr-xr-x.  0

root@localhost:/home/oslab# ssu_tree /home/oslab/hw1 -l 2
/home/oslab/hw1
    ├── test_dir2   drwxr-xr-x.  4096
    ├── test1   -rwxr-xr-x.  0
    ├── copy_ssu_tree.c   -rwxr-xr-x.  5221
    ├── test2   -rwxr-xr-x.  0
    ├── ssu_tree.c   -rwxr-xr-x.  5213
    ├── a.out   -rwxr-xr-x.  12282
    ├── test3   -rwxr-xr-x.  0
    ├── test_dir1   drwxr-xr-x.  4096
```

4. matrix

matrix는 두 정사각 행렬을 곱하고 그 계산 결과와 경과시간을 출력하는 프로그램이다. 다음 기본적인 프로그램 명세, 입력 요구조건, 프로그램 기능에 따라 프로그램을 작성해 보자.

프로그램 명세

기본 프롬프트 형태인 "프롬프트 $:"에서 ssu_matrix FILE1 FILE2 [OPTION] 라고 입력하면 FILE1은 첫 번째 입력할 행렬 파일을 FILE2는 두 번째 입력할 행렬 파일을 뜻한다. OPTION은 다음과 같다.

- -a : 하나의 프로세스로 작업을 수행한다.
- -m : 여러 개의 프로세스로 작업을 수행한다.
- -a 옵션과 -m 옵션이 없을 때 기본 값은 -a이다.
- -a와 -m 옵션 둘 다 사용 시, 두 작업이 모두 실행된다.
- -s SIZE : 입/출력할 정사각 행렬의 크기를 결정한다.
- -s 옵션의 기본값은 2이고, 범위는 2 ~ 1000이다.
- -l : 멀티 프로세스 처리에서, 한 프로세스가 처리할 행의 개수를 결정한다.
- -l 옵션의 기본값은 2이고, 범위는 1 ~ (정사각행렬의 크기) 이다.
- -t : 처리 시간을 출력한다.
- -o DESTINATION : 출력파일을 설정한다.
- 기본 출력 파일은 outfile.txt
- -a와 -m 둘 다 사용 시, 결과가 같다는 가정 하에 한 파일에 기록하고 다시 덮어씌워서 출력한다.

입력 요구 조건

입력 요구 조건은 다음과 같다.

- FILE1, FILE2는 정사각행렬이 입력된 텍스트 파일이다.
- 행렬 크기는 2 * 2 이상, 1000 * 1000 이하로 제한하고, 행렬의 원소 범위는 -1000 이상, 1000 이하로 제한한다.
- 각 행은 개행 문자로 구분하고, 각 원소는 하나 이상의 공백문자로 구분한다.

출력 요구 조건

출력 요구 조건은 다음과 같다.

- -a 옵션 설정되어 있거나, -m 옵션과 -a 옵션이 설정되지 않을 때 행렬 곱 계산을 하나의 프로세스로 수행한다.
- -m 옵션이 설정되어 있다면 행렬 곱 계산을 여러 프로세스로 수행한다.
- 여러 프로세스로 작업 실행 시, -l 옵션으로 지정된 행 개수만큼 각 프로세스가 작업을 처리한다.

• 행렬의 크기가 행의 개수로 나누어 떨어지지 않을 경우, 마지막 프로세스는 더 적은 행을 처리한다. 예를 들어, ssu_matrix -s 3 -l 2 mat1 mat2 는 첫번째 프로세스 1에서 2행을 처리하고 두 번째 프로세스가 1행 처리함을 뜻한다.

실행 예는 <표 12-5>와 같다.

〈표 12-5〉 matrix 프로그램 실행 예

```
root@localhost:/home/oslab# cat mat1
6       4       2       9
6       3       10      0
10      10      7       2
7       4       7       7
root@localhost:/home/oslab# cat mat2
3       2       6       5
0       0       2       1
7       7       9       7
9       3       8       0
root@localhost:/home/oslab#./ssu_matrix mat1 mat2 -s 4 -o out
root@localhost:/home/oslab# cat out
113     53      134     48
88      82      132     103
97      75      159     109
133     84      169     88
```

5. history

history는 사용자가 입력했던 명령들을 출력하는 프로그램이다. 다음 기본적인 프로그램 명세, 입력 요구조건, 프로그램 기능에 따라 프로그램을 작성해 보자.

프로그램 명세

기본 프롬프트 형태인 "프롬프트 $:"에서 ssu_history [OPTION] 라고 입력하면 쉘에서 사용한 명령어들을 보여준다. OPTION은 다음과 같다.

• -c : 가장 많이 사용한 명령 20개를 출력한다.
• -n NUMBER : 명령을 NUMBER개 출력한다.
• -r : 이 옵션이 없을 때 출력되는 순서의 역순으로 출력한다(줄 단위).

입력 요구 조건

입력 요구 조건은 다음과 같다.

- 모든 옵션을 동시에 쓸 수 있어야 한다(예, ssu_history -c -n 10 -r).
- -n 옵션이 설정되어 있다면 개별적인 인자로 입력되어야 한다(예, ssu_history -ni 10 으로 입력 시 알 수 없는 옵션으로 처리).
- -c, -r 옵션이 설정되어 있다면 한꺼번에 인자로 입력될 수 있어야 한다 (예, ssu_history -cr).

출력 요구 조건

출력 요구 조건은 다음과 같다.

- 명령들을 출력할 때 각각의 명령들을 다른 줄로 출력한다. 명령들을 출력할 때 시간상으로 먼저 입력된 명령들을 먼저 출력한다(터미널 상에서 위에 존재).
- -c 옵션이 설정 되었다면 가장 많이 사용한 명령들을 순서대로 20개를 출력한다(가장 많이 사용한 명령을 가장 먼저 출력).
- -n 옵션이 설정 되었다면 명령을 최대 NUMBER개 출력한다(명령이 NUMBER개가 안 될 시 모든 명령 출력). NUMBER가 0이하거나 100초과 시 사용법을 출력한다.
- -c와 -n 옵션이 같이 설정 되었다면 가장 많이 사용한 명령들을 NUMBER개 출력한다.
- -r 옵션이 설정 되었다면 출력되는 명령의 순서를 역순으로 하려 출력한다. 알 수 없는 옵션이 입력되면 사용법을 출력한다.
- 저장할 명령어는 최대 100개까지 저장 가능하다.
- 100개를 초과 시 가장 처음 입력한 명령어부터 제거하며 저장한다. 쉘이 종료되어도 history는 유지되어야 한다.

실행 예는 <표 12-6>과 같다.

〈표 12-6〉 history 프로그램 실행 예

```
root@localhost:/home/oslab# ssu_history
ls
ls
ls -l
ssu_history
```

```
time: 0.000
root@localhost:/home/oslab# ssu_history -c
ls 2
ls -l 1
ssu_history 1
ssu_history -c 1

time: 0.000
```

```
root@localhost:/home/oslab# ssu_history -cr
ssu_history -cr 1
ls -l 1
ls 2

time: 0.000
```

```
root@localhost:/home/oslab# ssu_history -n 2
ssu_history -c
ssu_history -n 2

time:0.000
root@localhost:/home/oslab# ssu_history -c -n 50 -r
ssu_history -c -n 50 -r 1
ssu_history -n 2 1
ssu_history -c 1
ssu_history 1
ls -l 1
ls 2

time: 0.000
```

```
root@localhost:/home/oslab# ssu_history -a
unknown option -a
Usage: ssu_history [OPTION]
    -c: print number of each history
    -n NUMBER: print history maximum NUMBER
    -r: print history in reverse order

time: 0.000
```

6. find

find는 디렉터리의 하위 파일들 중 조건에 맞는 파일의 절대경로를 출력하는 프로그램이다 다음 기본적인 프로그램 명세, 입력 요구조건, 프로그램 기능에 따라 프로그램을 작성해 보자.

프로그램 명세

기본 프롬프트 형태인 "프롬프트 $:"에서 ssu_find [OPTION], ssu_find filename_or_pattern [TYPE], ssu_find start_path -name filename_or_pattern [TYPE], ssu_find start_path filename_or_pattern [TYPE]이라고 입력하면 조건에 맞는 파일의 절대경로를 출력한다. 여기서 start_path는 검사할 디렉터리 또는 파일이다. [OPTION]은 다음과 같다.

- -name filename_or_pattern : 파일명이 filename이거나 pattern에 맞는 파일명인 파일을 검색한다.
- TYPE : 파일의 종류가 {f|d|b|c|p|l|s}에 속하는 파일을 검색한다.

입력 요구 조건

입력 요구 조건은 다음과 같다.

- filename_or_pattern은 와일드카드 패턴이다.
- 프로그램 명세에 나온 4가지 포맷만 존재할 수 있다. 단, 인자들의 순서가 바뀔 수 있으나, 단, 4번째 포맷인 start_path filename_or_pattern은 순서가 고정되어어야 하며 [TYPE]과는 순서 바뀔 수 있다.
- -type 다음 인자는 -f,-d,-b,-c,-p,-l,-s중 하나이다(예, ssu_find -type -f).
- -type옵션과 -name옵션은 한번만 입력 된다.
- filename_of_pattern에 /가 존재할 수 있다.

출력 요구 조건

출력 요구 조건은 다음과 같다.

- 조건에 맞는 파일의 절대경로를 출력한다.
- 출력 요구 조건에서 출력하라고 한 것을 제외한 모든 오류 메시지는 표준 오류로 출력한다.
- filename_or_pattern을 와일드카드 매칭하여 파일을 검색한다.
- start_path가 디렉터리일 경우 디렉터리의 하위파일들을 전부 검색한다.
- start_path가 없는 경우 root 디렉터리를 검색한다.
- filename_or_pattern이 없는 경우 파일명에 상관없이 검색한다.
- filename_or_pattern은 '와 "로 묶일 수 있다(예, 예, ssu_find -name 'oslab')/
- -type -{f|d|b|c|p|l|s}: 파일의 종류가 {f|d|b|c|p|l|s}에 속하는 파일을 검색한다. 여기서 f는 정규 파일, d는 디렉터리 파일, b는 블록형 디바이스 파일, c는 문자형 디바이스 파일, p는 FIFO 또는 Pipe 파일, 1은 심볼릭 링크, 그리고 s는 소켓 파일을

나타낸다.

- 지정하지 않은 옵션이 오면 전체 사용법을 출력한다.
- TYPE 옵션 뒤의 인자가 알 수 없는 옵션이면 전체 사용법을 출력한다.
- ssu_find filename_or_pattern일 경우 filename_or_pattern이 디렉터리일 경우 filename_or_pattern디렉터리와 하위 디렉터리의 모든 파일과 하위디렉터리를 출력한다.

실행 예는 <표 12-7>과 같다.

〈표 12-7〉 find 프로그램 실행 예

```
root@localhost:/home/oslab# ssu_find /home/oslab/jiman -name shell
/home/oslab/jiman/hw/shell

time: 0.000
root@localhost:/home/oslab# ssu_find . -name '*.c' -type -f
/home/oslab/jiman/hw/ssu_find.c
/home/oslab/jiman/hw/ssu_shell.c

time: 0.000
```

```
root@localhost:/home/oslab# ssu_find ji*/j*
/home/oslab/jiman/hw
/home/oslab/jiman/hw/ssu_find.c
/home/oslab/jiman/hw/ssu_shell.c
/home/oslab/jiman/hw/ssu_shell.h
/home/oslab/jiman/hw/ssu_shell.o
/home/oslab/jiman/hw/ssu_find.h
/home/oslab/jiman/hw/Makefile
/home/oslab/jiman/hw/ssu_find.o
/home/oslab/jiman/hw/shell

time: 0.661
```

```
root@localhost:/home/oslab# ./shell
root@localhost:/home/oslab# ssu_find /home -name jiman/hw
/home/oslab/jiman/hw
can't read directory /home/hwan/
can't read directory /home/lost+found/

time: 0.000
root@localhost:/home/oslab# ^C
root@localhost:/home/oslab# ./shell 2>/dev/null
root@localhost:/home/oslab# ssu_find /home -name jiman/hw
/home/oslab/jiman/hw

time: 0.084
```

```
root@localhost:/home/oslab# ls -l ~ ~/jiman | grep jiman
drwxrwxr-x   4   oslab   oslab   4096   Mar   31   16:58   jiman/home/oslab/jiman:
-rw-rw-r--   1   oslab   oslab   0      Mar   31   16:58   jiman

time: 0.007
root@localhost:/home/oslab# ssu_find jiman -type -f
/home/oslab/jiman/jiman

time: 0.668
```

7. grep

grep은 파일 내에 특정 문자열이 존재하면 출력해주는 프로그램이다. 다음 기본적인 프로그램 명세, 입력 요구조건, 프로그램 기능에 따라 프로그램을 작성해 보자.

프로그램 명세

기본 프롬프트 형태인 "프롬프트 $:"에서 ssu_grep STRING FILE... [OPTION] 이라고 입력하면 지정한 FILE에서 찾고자 하는 string을 출력해 준다. OPTION은 다음과 같다.

- -d : 검사한 파일에 STRING이 존재하면 파일을 제거한다.
- -e NAME : 파일명에 NAME이 들어간 파일 및 디렉터리는 검사하지 않는다.
- -i : 대소문자를 구분하지 않고 검사한다.
- -n : 문자열이 존재하는 줄 번호도 출력한다.
- -r : FILE이 디렉터리일시 하위 파일까지 검사한다.

입력 요구 조건

입력 요구 조건은 다음과 같다.

- STRING은 100자 이내의 개행문자('₩n') 없는 문자열이라고 가정한다. 모든 옵션을 한꺼번에 다 사용할 수 있다(예, ssu_grep –d –e abcd –i –n –r).
- -e 옵션이 설정되어 있다면 개별적인 인자로 입력되어야 한다(예, ssu_grep –ei abcd 로 입력 시 알 수 없는 옵션으로 처리되어야 한다).
- -e 옵션을 제외한 모든 옵션은 같은 인자로 입력될 수 있어야 한다(예, ssu_grep – dinr).

출력 요구 조건

출력 요구 조건은 다음과 같다.

- 문자열이 FILE내에 존재하면 존재하는 줄 전체를 출력한다.
- 문자열이 FILE내에 여러 개 존재하면 존재하는 모든 줄을 출력한다.
- 명령어(ssu_grep)을 포함한 인자가 3보다 작으면 사용법을 출력한다.
- -d 옵션이 설정되었다면 검사한 파일에 STRING이 존재하는 경우 파일을 제거한다.
- 다른 출력 요구조건을 다 충족 한 후 제거한다.
- -e 옵션이 설정되었다면 파일명에 NAME이 들어간 파일은 검사하지 않는다.
- ssu_grep –e bcd 로 입력 시 abcdefg.txt 파일은 검사하지 않는다.
- -r 옵션이 설정 되었다면 FILE이 디렉터리일 때 하위 파일까지 검사한다.
- 디렉터리 하위에 디렉터리가 존재하면 그 디렉터리도 하위 파일까지 검사한다.
- -r 옵션이 설정 되었다면 "문자열이 존재하는 파일의 상대주소:"를 출력 후 뒤에 문자열이 있는 줄을 출력한다(-n 옵션도 설정 되었다면 "문자열이 존재하는 파일의 상대주소:줄번호:"를 출력한다).
- -n 옵션이 설정 되었다면 문자열이 존재하는 줄 번호도 출력한다.
- -i 옵션이 설정 되었다면 문자열의 대소문자를 구분하지 않고 검사한다.
- 알 수 없는 옵션이 입력되면 사용법을 출력한다.
- symbolic link가 directory면 "파일경로 is directory"만 출력하고 하위 파일은 검색하지 않는다.

파일 종류에 따른 출력 방법은 다음과 같다.

- 바이너리 파일 : binary file [파일경로] matches
- 텍스트 파일 : 출력 요구 조건에 맞게 출력
- 디렉터리 : 파일경로 is directory
- 블록 특수 파일 : 파일경로 is block special file
- 문자 특수 파일 : 파일경로 is character special file
- FIFO : 파일경로 is FIFO
- 소켓 : 파일경로 is socket
- symbolic link : 링크가 가리키는 파일 혹은 디렉토리에 맞게 출력(단, 파일경로는 symbolic link 이름으로 한다)

실행 예는 <표 12-8>과 같다.

〈표 12-8〉 grep 프로그램 실행 예

```
root@localhost:/home/oslab# ssu_grep main ssu_shell.c
ssu_shell.c:int main(void)

time: 0.000
root@localhost:/home/oslab# ssu_grep main . ssu_shell.c shell.c
. is directory
ssu_shell.c:int main(void)
ssu_grep: shell.c: No such file or directory

time: 0.000
```

```
root@localhost:/home/oslab# ssu_grep main . -r
. is directory
./ssu_shell.c:int main(void)
./.ssu_history:ssu_grep main . -r
binary file ./ssu_shell matches

time: 0.000
root@localhost:/home/oslab# ssu_grep main . -r -e .c
. is directory
./.ssu_history:ssu_grep main . -r
./.ssu_history:ssu_grep main . -r -e .c
binary file ./ssu_shell matches

time: 0.000
```

```
ssu_shell.c:70:int main(void)

time: 0.000
root@localhost:/home/oslab# ssu_grep main . -r
. is directory
./ssu_shell.c:int main(void)
binary file ./ssu_shell.o matches
./.ssu_history:ssu_grep main ssu_shell.c
./.ssu_history:ssu_grep main . ssu_shell.c shell.c
./.ssu_history:ssu_grep main . -r
binary file ./ssu_shell matches

time: 0.000
root@localhost:/home/oslab#
```

```
root@localhost:/home/oslab# ssu_grep
Usage: ssu_grep STRING FILE... [OPTION]
    -d: delete file that has STRING
    -e NAME: don't check file that includes NAME in file name
    -i: ignore case distinctions
    -n: print line number with output lines
    -r: check all file in directory

time: 0.000
```

```
root@localhost:/home/oslab# echo abcde > test.txt

time: 0.003
root@localhost:/home/oslab# echo fghij > test2.txt

time: 0.002
root@localhost:/home/oslab# echo cdefgh > test3.txt

time: 0.002
root@localhost:/home/oslab# ssu_grep cde . -r -e ssu
. is directory
./test3.txt:cdefgh
./test.txt:abcde

time: 0.000
root@localhost:/home/oslab# ssu_grep cde . -r -d -e ssu
. is directory
./test3.txt:cdefgh
delete file ./test3.txt succeeded
./test.txt:abcde
delete file ./test.txt succeeded

time: 0.000
root@localhost:/home/oslab# ls -l
total 40
-rwxrwxr-x.   1   oslab   oslab   17661   Mar   16   00:15   ssu_shell
-rw-rw-r--.   1   oslab   oslab   14976   Mar   16   00:15   ssu_shell.c
-rw-rw-r--.   1   oslab   oslab       6   Mar   16   00:17   test2.txt

time: 0.006
```

부 록

부록

1. 리눅스/유닉스 시스템의 표준 동향

가. ANSI C(1989년)

미국 국립 표준 협회(American National Standards Institute)가 다양한 운영체제 환경에서 C 프로그램의 호환성을 높이기 위해 C 언어의 문법, 라이브러리와 헤더 파일의 표준을 제정하였다.

〈표 13-1〉 ANSI C 헤더 파일과 그 헤더 파일에 대한 설명

헤더 파일	헤더 파일 설명
<assert.h>	프로그램 검증 관련
<ctype.h>	char 데이터 타입 관련
<errno.h>	에러 코드 관련
<float.h>	부동 소수점 관련 상수 포함
<limits.h>	구현에서 사용되는 상수 포함
<locale.h>	위치 관련 정보
<math.h>	수학 관련 상수 포함
<setjmp.h>	비지역적 goto관련 내용 포함
<signal.h>	시그널 관련 내용 포함
<stdarg.h>	가변 인자들 관련 내용 포함
<stddef.h>	표준 정의 내용 포함
<stdio.h>	표준 라이브러리 내용 포함
<stdlib.h>	유틸리티 함수들 포함
<string.h>	문자열 연산 포함
<time.h>	시간과 날짜 관련 함수 포함

나. POSIX(1988년)

Portable Operating System Interface for Computer Environments의 약자로 운영체제가 제공해 주어야 하는 서비스를 정의(POSIX Compliant)한다. 운영체제의 인터페이스 표준(POSIX.1)인 1003.1과 1003.2, 1003.7 등이 있다.

〈표 13-2〉 POSIX 헤더 파일과 그 헤더 파일에 대한 설명

헤더 파일	헤더 파일 설명
<cpio.h>	cpio archive 형식에 맞는 상수 정의
<dirent.h>	디렉토리 항목 관련 함수 포함
<fcntl.h>	file control 관련 함수 포함
<grp.h>	group 파일 관련 함수 포함
<pwd.h>	passwd 파일 관련 함수 포함
<tar.h>	tar archieve 관련 상수 포함
<termios.h>	terminal I/O 인터페이스 관련 함수 포함
<unistd.h>	symbolic 상수 및 데이터 타입을 포함
<utime.h>	파일 접근 및 수정 시간에 관련 함수 포함
<sys/stat.h>	stat() 함수에 의해 반환 되는 값에 대한 정보 포함
<sys/times.h>	process times
<sys/types.h>	primitive 시스템 데이터 타입 관련 정보 포함
<sys/utsname.h>	system 이름 관련 정보 포함
<sys/wait.h>	프로세스 컨트롤 관련 정보 포함

2. 시스템 한계값

가. 구현 시스템의 한계값

(1) 컴파일 시간에 결정되는 요소

•헤더 파일에서 정의 E.g CHAR_BIT, INT_MAX

- Implementation-related
- char(limits.h), float(FLT_MAX in float.h), open(FOPEN_MAX & TMP_MAX in stdio.h)
- #if defined(_CHAR_IS_SIGNED)
- #define CHAR_MAX SCHAR_MAX
- #elif defined(_CHAR_IS_UNSIGNED)
- #define CHAR_MAX UCHAR_MAX

(2) 수행 시간에 결정되는 요소

•파일이나 디렉토리와 관련 없는 함수

- sysconf()를 이용하여 수행 시간에 결정

•파일이나 디렉토리와 관련 있는 함수

- pathconf(), fpathconf() 등을 이용하여 수행 시간에 결정

나. ANSI C에서의 한계값

〈표 13-3〉 〈limits.h〉에 정의

이름	내용	가능한 최소값	일반적인 값
CHAR_BIT	char의 비트수	8	8
CHAR_MAX	char의 최대값	-	127
CHAR_MIN	char의 최소값	-	-128
SCHAR_MAX	signed char의 최대값	127	127
SCHAR_MIN	signed char의 최소값	-127	128
UCHAR_MAX	unsigned char의 최대값	255	255

INT_MAX INT_MIN UINT_MAX	int의 최대값 int의 최소값 unsigned int의 최대값	32,767 -32,767 65,535	2,147,483,647 -2,147,483,648 4,294,967,295
SHRT_MAX SHRT_MIN USHRT_MAX	short의 최대값 short의 최소값 unsigned short의 최대값	32,767 -32,767 65,535	32,767 -32,768 65,535
LONG_MAX LONG_MIN ULONG_MAX	long의 최대값 long의 최소값 unsigned long의 최대값	2,147,483,647 -2,147,483,647 4,294,967,295	2,147,483,647 -2,147,483,648 4,294,967,295

다. POSIX에서의 한계값

〈표 13-4〉 〈limits.h〉에 정의

이름	내용	가능한 최소값
_POSIX_ARG_MAX	exec()에서의 인자의 길이	4096
_POSIX_CHILD_MAX	real user ID에 속할 수 있는 자식 프로세스의 수	6
_POSIX_LINK_MAX	파일에 대한 연결계수	8
_POSIX_MAX_CANON	터미널 정규 입력 큐의 크기	255
_POSIX_MAX_INPUT	터미널 입력 큐에서 사용 가능한 공간	255
_POSIX_NAME_MAX	파일 이름의 길이	8
_POSIX_NGROUPS_MAX	프로세스가 동시에 속할 수 있는 보조 그룹 ID 수	0
_POSIX_OPEN_MAX	프로세스가 동시에 개방 가능한 파일의 수	16
_POSIX_PATH_MAX	경로 이름의 길이	255
_POSIX_PIPE_BUF	pipe에 한 번에 쓸 수 있는 데이터의 크기	512
_POSIX_SSIZE_MAX	ssize_t에 저장 가능한 수의 값	32,767
_POSIX_STREAM_MAX	프로세스가 동시개방 가능한 표준입출력 스트림 수	8
_POSIX_TZNAME_MAX	Time zone 이름의 길이	3

라. sysconf(3), pathconf(3), fpathconf(3)

```
#include <unistd.h>
long sysconf(int name);
long pathconf(const char *pathname, int name);
long fpathconf(int filedes, int name);

                                        리턴값: 성공 시 해당 값, 오류 시 -1
```

시스템 혹은 파일에 대한 설정 값을 얻을 때 사용한다. sysconf() 함수는 파일과 관련 없는 사항을 알려주며, _SC_XXX를 인자로 사용하는 라이브러리 함수이다. pathconf() 함수, fpathconf() 함수는 파일과 관련 있는 사항을 알려주며, _PC_XXX를 인자로 사용하는 라이브러리 함수이다.

〈표 13-5〉 sysconf()의 인자로 사용할 수 있는 값

이름	내용	name 인자
ARG_MAX	exec 함수에서의 인자의 길이	_SC_ARG_MAX
CHILD_MAX	real user ID에 속할 수 있는 자식 프로세스의 수	_SC_CHILD_MAX
clock ticks/second	클록 틱 수	_SC_CLK_TCK
NGROUPS_MAX	프로세스가 동시에 속할 수 있는 보조 그룹 ID의 수	_SC_NGROUPS_MAX
OPEN_MAX	프로세스가 동시에 개방 가능한 파일의 수	_SC_OPEN_MAX
PASS_MAX	패스워드로 유효한 문자의 최대 길이	_SC_PASS_MAX
STREAM_MAX	동시 개방 가능한 표준 입출력 스트림의 수	_SC_STREAM_MAX
TZNAME_MAX	Time zone 이름의 길이	_SC_TZNAME_MAX
_POSIX_JOB_CONTROL	Job control의 지원 여부	_SC_JOB_CONTROL
_POSIX_SAVED_IDS	saved set-user-ID와 saved set-group-ID의 지원 여부	_SC_SAVED_IDS
_POSIX_VERSION	POSIX.1의 버전을 표시	_SC_VERSION
_XOPEN_VERSION	XPG의 버전을 표시	_SC_XOPEN_VERSION

〈표 13-6〉 pathconf()의 인자로 사용할 수 있는 값

이름	내용	name 인자
LINK_MAX	파일에 대한 연결계수	_PC_LINK_MAX
MAX_CANON	터미널 정규 입력 큐의 크기	_PC_MAX_CANON
MAX_INPUT	터미널 입력 큐에서 사용 가능한 공간	_PC_MAX_INPUT
NAME_MAX	파일 이름의 길이	_PC_NAME_MAX
PATH_MAX	경로 이름의 길이	_PC_PATH_MAX
PIPE_BUF	파이프에 한 번에 쓸 수 있는 데이터의 크기	_PC_PIPE_BUF
_POSIX_CHOWN_RESTRICTED	chown의 사용 제한 여부	_PC_CHOWN_RESTRICTED
_POSIX_NO_TRUNC	NAME_MAX 보다 긴 경로 이름에 대해서 오류를 나타내는 지의 여부	_PC_NO_TRUNC
_POSIX_VDISABLE	터미널의 복수 문자에 대한 기능 정지를 위해 사용	_PC_VDISABLE

•sysconf() 예제

ssu_sysconf.c

```
#include <stdio.h>
#include <stdlib.h>
#include <unistd.h>
#include <errno.h>

static void pr_sysconf(char *mesg, int name);
static void pr_pathconf(char *mesg, char *path, int name);

int main(int argc, char *argv[])
{
    if(argc != 2){
        fprintf(stderr, "usage: a.out <dirname>\n");
        exit(1);
    }
```

```
    pr_sysconf("ARG_MAX =", _SC_ARG_MAX);
    pr_sysconf("CHILD_MAX      =", _SC_CHILD_MAX);
    pr_sysconf("clock ticks/second =", _SC_CLK_TCK);
    pr_sysconf("NGROUPS_MAX =", _SC_NGROUPS_MAX);
    pr_sysconf("OPEN_MAX =", _SC_OPEN_MAX);

#ifdef   _SC_STREAM_MAX
    pr_sysconf("STREAM_MAX =", _SC_STREAM_MAX);
#endif

#ifdef   _SC_TZNAME_MAX
    pr_sysconf("TZNAME_MAX =", _SC_TZNAME_MAX);
#endif

    pr_sysconf("_POSIX_JOB_CONTROL =", _SC_JOB_CONTROL);
    pr_sysconf("_POSIX_SAVED_IDS =", _SC_SAVED_IDS);
    pr_sysconf("_POSIX_VERSION =", _SC_VERSION);
    pr_pathconf("MAX_CANON =", "/dev/tty", _PC_MAX_CANON);
    pr_pathconf("MAX_INPUT =", "/dev/tty", _PC_MAX_INPUT);
    pr_pathconf("_POSIX_VDISABLE =", "/dev/tty", _PC_VDISABLE);
    pr_pathconf("LINK_MAX =", argv[1], _PC_LINK_MAX);
    pr_pathconf("NAME_MAX =", argv[1], _PC_NAME_MAX);
    pr_pathconf("PATH_MAX =", argv[1], _PC_PATH_MAX);
    pr_pathconf("PIPE_BUF =", argv[1], _PC_PIPE_BUF);
    pr_pathconf("_POSIX_NO_TRUNC =", argv[1], _PC_NO_TRUNC);
    pr_pathconf("_POSIX_CHOWN_RESTRICTED =", argv[1],
_PC_CHOWN_RESTRICTED);
    exit(0);
}

static void pr_sysconf(char *mesg, int name){
    long val;

    fputs(mesg, stdout);
    errno = 0;
```

```
    if((val = sysconf(name)) < 0){
        if(errno != 0){
            fprintf(stderr, "sysconf error\n");
            exit(1);
        }

  fputs("(not defined)\n", stdout);
    }
    else
        printf("%ld\n", val);
}

static void pr_pathconf(char *mesg, char *path, int name){
    long val;

    fputs(mesg, stdout);
    errno = 0;

    if((val = pathconf(path, name)) < 0){
        if(errno != 0){
            fprintf(stderr, "pathconf error for %s\n", path);
            exit(1);
        }

  fputs("(no limit)\n", stdout);
    }
    else
        printf("%ld\n", val);
}
```

실행 결과

```
root@localhost:/home/oslab# ./ssu_sysconf .
ARG_MAX =2097152
CHILD_MAX        =62102
clock ticks/second =100
NGROUPS_MAX =65536
```

```
OPEN_MAX =1024
STREAM_MAX =16
TZNAME_MAX =6
_POSIX_JOB_CONTROL =1
_POSIX_SAVED_IDS =1
_POSIX_VERSION =200809
MAX_CANON =255
MAX_INPUT =255
_POSIX_VDISABLE =0
LINK_MAX =65000
NAME_MAX =255
PATH_MAX =4096
PIPE_BUF =4096
_POSIX_NO_TRUNC =1
_POSIX_CHOWN_RESTRICTED =1
```

sysconf() 예제는 pr_sysconf() 함수를 통해 excec 함수에서의 인자길이, real user ID에 속할 수 있는 자식프로세스의 수, 클록 틱 수, 프로세스가 동시에 속할 수 있는 보조 그룹 ID의 수, 프로세스가 동시에 개방 가능한 파일의 수, 동시 개방 가능한 표준 입출력 스트림의 수 , Time zone 이름의 길이, Job control 지원여부, saved set-user-ID와 saved set-group-ID의 지원여부, POSIX.1의 버전표시의 사항을 sysconf() 함수의 인자로 사용하여 알려주는 예제이다. 또한 pathconf() 함수을 통해서 파일 이름의 길이, 경로 이름의 길이, 파이프에 한 번에 쓸 수 있는 데이터의 크기, chown의 사용 제한 여부, NAME_MAX보다 긴 경로 이름에 대해서 오류를 나타내는 지의 여부, 터미널의 복수 문자에 대한 기능 정지를 위해 사용의 사항들을 pathconf()의 인자를 통해서 알려주는 예제이기도 하다.

3. 특성 테스트 매크로

일반적으로 실제 구현된 시스템에서는 POSIX, XPG 등에서 정의한 심볼 외에도 각각 자신만의 심볼을 별도로 정의해서 사용하기 때문에 각 구현 시스템 간의 비호환성이 발생한다.

〈표 13-7〉 특성 테스트 매크로

매크로	내용
_POSIX_SOURCE	프로그램을 컴파일 할 때, POSIX에서 정의한 심벌만을 사용하여 컴파일 하도록 지시한다. $ gcc -D_POSIX_SOURCE myfile.c
_XOPEN_SOURCE	프로그램을 컴파일 할 때, XPG3에서 정의한 심벌만을 사용하여 컴파일 하도록 지시한다.
__STDC__	ANSI C를 지원하는 컴파일러에서는 자동적으로 정의되어 있다.

〈표 13-8〉 ANSI C를 지원하는 컴파일러일 때 사용하는 방법

```
#ifdef __STDC__
void *myfunc(const char *, int);
#else
void *myfunc();
#endif
```

4. 기본 시스템 데이터 타입 (Primitive System Data Type)

일반적으로 실제 구현된 시스템에서는 POSIX, XPG 등에서 정의한 심볼 외에도 각각 자신만의 심볼을 별도로 정의해서 사용한다.

〈표 13-9〉 〈sys/types.h〉에 정의된 일부분의 데이터 타입

형(type)	내용
caddt_t	메모리의 주소
clock_t	프로세스 시간을 위한 클록 틱
dev_t	디바이스 번호
fd_set	파일 디스크립터 집합
fpos_t	파일 위치
gid_t	그룹 ID

ino_t	i-node 번호
mode_t	파일 종류, 파일 생성 모드
nlink_t	파일에 대한 링크 수
off_t	파일의 크기와 오프셋
pid_t	프로세스 ID와 프로세스 그룹 ID
ptrdiff_t	두 포인터 값의 차이
rlim_t	자원의 한계값
sigset_t	시그널 집합
size_t	객체의 크기
ssize_t	바이트 수
time_t	달력 시간
uid_t	사용자 ID
wchar_t	모든 문자 세트를 표시할 수 있는 형

〈표 13-10〉〈sys/types.h〉의 일부 내용

```
typedef    char *            caddr_t;
typedef    long              daddr_t;
typedef    long              off_t;
typedef    short             cnt_t;
typedef    long              uid_t;
typedef    uid_t             gid_t;
typedef    ulong_t           nlink_t;
typedef    ulong_t           dev_t;
typedef    ulong_t           ino_t;
typedef    long              pid_t;
typedef    uint_t            size_t;
typedef    nt                ssize_t;
typedef    long              time_t;
typedef    long              clock_t;
typedef    unsigned char     unchar;
typedef    unsigned short    ushort;
typedef    unsigned int      uint;
typedef    unsigned long     ulong;
```

찾아보기

영문 색인

국문 색인

저자 프로필

홍지만

- 숭실대학교 컴퓨터학부 교수
- ACM SIGAPP 회장

도서출판 **그린**

리눅스시스템 프로그래밍 V1.0

초판 발행 ▶	2019년 2월 27일
저　자 ▶	홍 지 만
발행처 ▶	도서출판 **그린**
발행인 ▶	윤 덕 우
출판등록 ▶	제8-161호(1995. 5. 3.)
주소 ▶	서울특별시 서대문구 연희로5길 50(연희동) (우) 03716
전화 ▶	02)333-2574, 2575
Fax ▶	02)333-2561
E-mail ▶	greenpress@greenpress.co.kr
Homepage ▶	http://www.greenpress.co.kr

정가 : 29,000원

ISBN 978-89-5727-254-1 (93560)